新世纪高等学校教材

普通高等教育“十一五”国家级规划教材

电视学专业课系列教材

# 电视采访：探寻事实真相

DIANSHI CAIFANG TANXUN SHISHI ZHENXIANG

叶　子　赵淑萍　著

**图书在版编目(CIP)数据**

电视采访：探寻事实真相 / 叶子，赵淑萍著. —北京：北京师范大学出版社，2009.1

普通高等教育"十一五"国家级规划教材．新世纪高等学校教材．电视学专业课系列教材

ISBN 978-7-303-09587-2

Ⅰ.电… Ⅱ.①叶…②赵… Ⅲ. 电视新闻-新闻采访-高等学校-教材 Ⅳ.G222.1

中国版本图书馆 CIP 数据核字(2008)第 154768 号

出版发行：北京师范大学出版社 www.bnup.com.cn
北京新街口外大街 19 号
邮政编码：100875

印　　刷：北京新丰印刷厂
经　　销：全国新华书店
开　　本：170 mm×230 mm
印　　张：29.5
字　　数：434 千字
印　　数：1~3 000 册
版　　次：2009 年 1 月第 1 版
印　　次：2009 年 1 月第 1 次印刷
定　　价：44.80 元

选题策划：景　宏　责任编辑：景　宏　装帧设计：高　霞
插图绘制：李　宽　责任校对：李　菡　责任印制：李　丽

**叶子**（叶凤英）

中国传媒大学电视学院教授，博士研究生导师。

1963年毕业于北京广播学院新闻系电视专业，曾长期从事电视新闻采、编工作。1979年回校执教，从事电视采访、编辑及新闻节目研究等教学科研工作。曾赴国外学习。历届“中国新闻奖”、“中国电视新闻奖”评委，享受国务院政府津贴。

从教以来，撰写过《电视创作概论》、《电视记者工作》、《电视新闻学》、《电视新闻节目研究》等专著；是《中国应用电视学》副主编、撰稿人，该书多次获国家及部委高校优秀教材奖。

**赵淑萍**

中国传媒大学电视学院教授，硕士研究生导师。

中国节目主持人研究委员会学术委员。在长达20多年的教育实践中，致力于新闻采访、节目制作、节目主持艺术、国外电视节目评析等学科的教学研究。已出版的教材与专著有：《电视采访与写作》、《电视新闻节目主持艺术》、《新闻权威与个人魅力》、《美国电视全方位透视》、《电视采访艺术》。作者于20世纪80年代初开始对电视节目采访进行探讨，积累了较为丰富的材料并发表了数篇论文。

电视采访是“面对面”的沟通，是心灵的碰撞，思想的交锋。

电视采访展现了现代电子采访的新潮流，促动了即时进行的全球性信息传播。

采访是新闻报道的基础。而电视采访还可以成为报道的表现手法，节目形态的突出特征；在报道方式中起到结构作用；构成特有的电视节目样式。

本书是中国第一部系统阐述电视采访这门学科的专著性教材。书中对电视采访的共性与个性、采访策划、采访准备、采访基本方法、现场采访、人物专访、调查采访、采访方式与手段、采访心理、电视采访思维方式等方面进行了比较全面透彻的阐述。

# 序

钟大年　任金州

伴随着跨入新世纪的步伐，中国传媒业也进入了剧烈的变革期。媒体集团、资本运作、产业化、新媒体……这些词汇不断地进入传媒操作和传媒研究的视野。而首当其冲的中国电视更显得生机勃勃和伤痕累累，其生机勃勃表现在电视不断地被品牌化、频道专业化、经营模式、媒介产品等新生概念裹挟着去寻求创新；其伤痕累累则表现在白热化的竞争、收视率的压力、盈利指标等将电视逼入了寻求生存的茫然境地。

这种变革，为电视理论研究提供了更加多维的思考取向。

我们将电视研究分为三个层次：一是前沿研究，它着眼于变革时期的中国电视，对其间出现的新的电视现象、电视形态以及新问题和新趋势进行理论的探讨，这是一种功能性的研究，具有探索性和不稳定性。二是实用理论研究，它侧重于电视作为一种媒介本身所具有的特征、规律和操作规则等的研究，这是一种本体论的研究，它具有相对的实用性和稳定性。三是基础理论研究，它侧重从一个宏观的哲学视角来对电视的传播属性和功能作研究，这是一种学理性的研究，通常具有形而上的意味。对于电视研究而言，打破这些层次之间的界限，使前沿研究既有基础理论的指引，又使基础理论研究有更多的实用性，一直是电视研究与教学在不断尝试的。

近20年来，电视专业教育有了超乎想象的发展，到2008年全国高校已有660多个新闻传播学的教学点，每年有几万毕业生进入广播电视行业，去参与越来越激烈的竞争，这也对电视专业教育提出了更高的要求。

中国传媒大学（原北京广播学院）在50多年的电视专业教育实践中，积累了教学与研究的丰富经验。特别是在近20年，不断建立与完善了中国电视学的学理基础。1987年的《电视节目制作丛书》、1993年的《中国应用电视学》、1998年的《电视学系列教程》都是几代教师的心智结晶，并以此培养了一大批专业的电视人才。

作为国家“九五规划”重点教材的《电视学系列教程》，是我国第一套系统的高等院校电视专业用的专业教材，自1998年出版以来，被许多大学采用，并受到好评。此间我们经历了电视发展最活跃的几年，电视实践已为我们的教学提供了许多新思路、新观点、新实例，但是作为教材的《电视学系列教程》仍然重复着从前。

1998年在《电视学系列教程》的前言中我们说过“也许在下个世纪，电视的发展将给我们提供新的课题，我们可能会再一次作出新的解答”，看来时代的发展使得我们现在不得不去实践那个预言了。电视的理论是一种新兴的发展变化的理论，我们从《电视学系列教程》中选择了部分与电视实践联系最为紧密的课程进行修订，并更名为《电视学专业课系列教材》，加入最为鲜活的新思路、新观点、新实例。希望这次修订能够赶上中国电视发展的步伐。

# 目 Mu 录 Lu

# 第一章

电视学系列教程

## 电视采访的继承与拓展

电视采访，是记者认识客观事物，采集、发现、挖掘事实与信息的调查研究活动；也是电视报道的表现手法之一；还是许多电视节目表现形态的突出特点，构成特定的节目样式。

众所周知，精彩的电视采访能够给观众留下智慧、机敏的印象；而蹩脚的电视采访则给人以无知、愚钝的印象。“理想的电视采访，应该是传达某种信息、某种印象、某种只能用电视媒介传达的重要东西。”*（肯·梅茨勒：《创造性采访》，94页，普伦蒂斯学院出版公司，1977）*

显而易见，电视采访是应用性和技巧性很强的专业。许多中外记者确认：采访是一门艺术。

那么，这门艺术都包含了哪些内容呢？我们又将怎样去理解、认识、掌握、运用、发展这门艺术呢？

首先，要从宏观上对新闻采访活动的共性及其特征有一个清楚的认识。

其次，再从微观上对电视采访的个性特点进行分析。

最后，再深入地了解并把握采访的技巧、方法及思维方式。电视采访作为一门艺术，不但继承了采访活动的历史遗产，而且展现了现代采访的新潮流。

自从电视诞生以来，采访就作为记者工作的基本手段，奠定着电视节目传播的基础。

传统上，采访被看做是报道的基础。没有采访，就没有报道；采访第一，报道第二。这些观点都强调了采访的重要性，是唯物主义认识论在新闻报道中的具体体现。

今天，人类已进入了即时通信时代，技术的进步可以使电视记者用过去难以想象的方式、手段、速度进行采访报道。采访的作用已经突破了传统的认识，进一步得以拓展，成为电视传播的基础、电视报道的表现手法、结构方式、电视节目样式。

## 一、采访活动的历史演变

追根溯源，电视采访的历史至今已经有半个多世纪的记载。然而，新闻记者的采访活动却可以追溯到15世纪末期。

可以说，电视记者的采访活动既体现着现代采访的突出特征，同时，也使得传统的采访活动得到历史性延续和拓展。

### 1. 近代记者的采访活动

职业记者的新闻采访活动是伴随着近代化报纸的出现而产生的一种社会活动。简要概括起来，近代记者的采访活动大致经历了以下几个阶段。

#### *(1) 萌芽时期*

15世纪末至16世纪末，西方世界资本主义生产关系逐步滋生蔓延，商品经济开始呈现异常活跃的势头，增长了信息沟通的需要。于是，手抄新闻、活页小报开始出现；专门从事采集消息、信息的资本主义萌芽时期的早期记者开始了较随意的采访活动。

信息沟通的社会需要，是采访活动产生的社会基础。伴随着生产技术的进步，社会劳动分工的扩大，商品生产的增长和国外市场的形成，首先在地中海沿岸具备了产生资本主义萌芽时期报纸的政治、经济、文化、交通等必备条件。于是，在文艺复兴的发源地意大利的威尼斯首先出现了“手抄新闻”。

威尼斯是个有名的商港，交通便利，商业贸易繁荣，成为当时欧洲的经济中心。云集于威尼斯的商人要扩大市场，迫切需要了解外部情况；在此游玩消遣的贵族乐于知晓各种奇闻轶事；乘船往返的旅客希望及时了解船开船到的准确日期……上述各方面对信息沟通的需求和威尼斯所具备的政治、经济、文化上升发展的客观条件，构成了早期记者开始新闻活动的社会基础。同时，来往的旅客把各处发生的消息带到威尼斯，提供了大量新闻来源。于是，专门为提供新闻与信息的“手抄新闻”便出现了。后来印刷、造纸术的发展又把“手抄新闻”变成印刷品，这就是资本主义萌芽时期的报纸。

继“手抄新闻”变成印刷品之后，印刷商开始印刷不定期的小册子和活页小报，上面登载宫廷庆典、王公葬礼、灾难战役、奇闻轶事、宗教论战、政治论战等内容。从内容上看，当时的新闻并没有侧重于新近发生的动态性的新闻事件。显而易见，萌芽时期记者的采访活动不可避免地受到当时交通技术不发达等社会条件及新闻业本身处于萌芽状态的限制。

萌芽时期的记者实际上也是编辑、出版者和发行人。他们采集的新闻并不像今天一样讲求迅速、及时，许多事情已经发生了很长一段时间，但是当时交通、通讯很不发达，相互隔离的世界仍然对用今天的标准衡量是“旧闻”的东西感到新鲜。此外，他们采集的奇闻轶事大多是在码头上、大街小巷、餐馆酒店听别人转述的，许多内容可能有所夸大、有所遗漏，甚至完全失实。但是当时还没有形成严格的新闻报道原则，因而在某种程度上讲，萌芽时期记者是尽着“有闻必录”的职责。

### *(2) 开创时期*

17 世纪初至 17 世纪末，定期印刷报纸诞生；专门从事新闻采访活动的近代记者成为一种独立的社会分工；记者的采访活动成为有组织、有意图的社会活动。

这一时期，记者对一些重大政治、军事事件进行了采访报道，产生了一定社会影响。

定期报纸的诞生促使记者采访视野进一步拓宽，开始面对广阔的社会舞台。

记者的采访活动从萌芽时期过渡到开创时期经历了一个世纪左右的历程。

1609年，世界上第一家定期出版的报纸《通讯及报道》在德国的斯特拉斯堡问世。它的问世，标志着近代化报纸的诞生。

所谓近代化报纸，在含义上是指定期印刷出版拥有一定发行量的报纸。《通讯及报道》是一份定期出版发行的周刊。在它之前，无论是活页小报还是新闻记事小册子均不是定期出版物。继《通讯及报道》之后，西方国家印刷报纸纷纷采取周刊形式发行。例如：德国的《法兰克福》新闻，英国的《每周新闻》，以及《每周匈牙利新闻》等周报相继问世。到 17 世纪末，由于社会需求，报纸得以增多、发展和廉价出售。周刊的内容主要是政治、军事、经济事态，偶尔发表言论。这一时期，记者的采访活动对一些重大的政治、军事事件进行了涉猎。

定期报纸的诞生促使记者的采访视野进一步拓宽，开始面向广阔的社会舞台。

### *(3) 成熟时期*

18 世纪初至 18 世纪中期，日报出版发行；记者从编辑、出版、发行工作中分离出来，成为专门采集新闻的专职记者。

记者职业的专门化分工标志着采访活动进入成熟时期。

日报使报纸成为真正意义上的“新闻纸”；同时带动了专职记者的进一步较细的分工，产生了政治新闻记者、经济新闻记者、军事新闻记者、体育新闻记者以及驻外记者等。

1704 年，世界上第一家日报《波士顿新闻通讯》在北美洲问世。同周刊相比，日报缩短了出版周期，扩大了内容容量和读者面。日报使报纸成为真正意义上的“新闻纸”，同时带动了记者采访活动的进一步发展。

## 近代新闻记者采访活动发展进程

| 萌芽时期 | 开创时期 | 成熟时期 |
| --- | --- | --- |
| 15世纪末至16世纪末，手抄新闻、活页小报出现；专门采集消息、信息的资本主义萌芽时期的早期记者开始了较随意的独立采访活动。 | 17世纪初至17世纪末，定期印刷报纸诞生；专门从事新闻活动的近代记者成为一种独立的社会分工；记者的采访活动成为有组织、有意图的社会活动。 | 18世纪初至18世纪中期，日报出版发行；记者从编辑、出版、发行工作中分离出来，成为专门采集新闻的专职记者。 |

◁ 图1-1　记者职业的专门化分工，标志着采访活动进入成熟时期 ▷

从 17 世纪初到 18 世纪初，记者采访活动随着日报的发展日臻成熟。在这个历史阶段，记者完成了从编辑、出版、发行工作之间的分离，成为专门的采集新闻的专职记者。同时，专职记者自身根据社会生活不同领域的区分逐步实行了较细的工作分工，对政治新闻、经济新闻、体育新闻、军事新闻、文教新闻进行了专门化的分类和采访报道。

促成记者专门化工作分工的因素主要有三个：一是造纸、印刷、交通业的迅速发展给报纸提供了大量出版发行的物质技术条件，致使报纸成为有利可图的企业。因此，少数人包揽采、写、编、排、出版、发行的全部工作状态显然不能适应发展的需要。二是新闻传播的社会功用日益扩大，报纸成为广为流传的读物。因此，需要一支数量众多的专门采集新闻的记者队伍。三是新闻报道形式、体裁多样化发展和新闻报道领域的不断开拓扩大，需要记者采访报道多渠道、多侧面。因此，职业记者自身必须实行较细的工作分工。

记者职业的专门化分工标志着记者采访活动进入成熟时期，到 18 世纪中期，记者的采访活动又经过半个世纪的实践，更加趋于完善。记者的采访活动对社会生活不断产生影响，作用于历史发展进程。

### 2. 现代记者的采访活动

追溯近代记者采访活动的历史，我们看到：近代报纸是社会需要的产物，职业记者是新闻业发展的产物。从 15 世纪末到 16 世纪末的百余年间，记者采访活动处于萌芽时期；从 17 世纪初到 18 世纪初的又一个百余年间，记者采访活动进入开创时期；从 18 世纪初到 18 世纪中期又经历半个世纪的时间，记者采访活动才步入成熟时期。在这 250 余年的历史进程中，报纸记者作为职业记者的先驱积累了较为丰富的采访经验，形成了一定的传统。他们的经验和传统奠定了现代记者采访活动的基础，有些经验和传统仍然沿用到今天。

依照时间顺序，现代记者的采访活动经历了这样几个发展阶段：

#### *(1) 巩固提高时期*

18 世纪中期至 19 世纪中期，报纸记者采访活动进一步巩固提高，形成了一定的传统；通讯社诞生，标志着记者职业大军形成，意味着“新闻托拉斯”的垄断即将来临；记者采访视野不断拓宽，采访更加讲求时间效率。

这一时期，报纸的形式、内容已经形成一定规范，采访速度、节奏开始加快。通讯社记者的采访构成庞大的采集系统，形成密集化的特点。1776年，在北美殖民地宣布独立前不久，伦敦已有50多家报纸，欧洲大陆国家有近40家报纸，北美殖民地的报纸超过30家。到18世纪末，报纸的形式、内容已经形成一定规范。记者的采访速度、节奏加快、报道质量不断提高，新闻视野进一步拓宽。

**现代新闻记者采访活动发展进程**

| 巩固提高时期 | 飞跃发展时期 | 激烈竞争时期 |
|---|---|---|
| 18世纪中期至19世纪中期，报纸记者采访活动进一步巩固提高，形成了一定传统；通讯社诞生，标志着记者职业大军形成，意味着“新闻托拉斯”的垄断即将来临；记者采访视野不断拓宽，采访更加讲求时间效率。 | 19世纪中期至20世纪20年代，报纸、通讯社新闻业务形成世界性格局；电讯新闻诞生，促使记者采访报道进入飞跃发展阶段，新闻采访探索出自身规律；报道形式、新闻文体形成一定风格；文字记者大显身手，新闻对社会影响越来越显著。 | 20世纪20年代至今，广播、电视诞生，记者采访报道进入电子化时代；报纸、通讯社、广播、电视四大新闻媒介形成相互并存相互竞争的新格局；记者采访活动蒙上了激烈竞争的色彩；电视记者的采访活动格外引人注目。 |

巩固提高时期、飞跃发展时期、激烈竞争时期18世纪中期至19世纪中期，报纸记者采访活动进一步巩固提高，形成一定传统；通讯社诞生，标志着记者职业大军形成，意味着“新闻托拉斯”的垄断即将来临；记者新闻采访视野不断拓宽，采访更加讲求时间效率。19世纪中期至20世纪20年代，报纸、通讯社新闻业务形成世界性格局；电讯新闻诞生，促使记者采访报道进入飞跃发展阶段，新闻采访探索出自身规律；报道形式、新闻文体形成一定风格；文字记者大显身手，新闻对社会影响越来越显著。20世纪20年代至今，广播、电视诞生，记者采访

报道进入电子化时代；报纸、通讯社、广播、电视四大新闻媒介形成相互并存相互竞争的新格局；记者采访活动蒙上了激烈竞争的色彩；电视记者的采访活动格外引人注目。

1835年，世界上第一家通讯社——法国的哈瓦斯通讯社成立，带动了记者采访活动的进一步发展。之后，1848 年美联社在芝加哥成立，1849 年德国沃尔夫通讯社成立，1850 年英国的路透社成立。由于通讯社具有“新闻采集托拉斯”的特性，各地记者的采访活动构成庞大的新闻采集系统，因而可以提供大量的内容广泛的新闻。

### *(2) 飞跃发展时期*

19 世纪中期至 20 世纪 20 年代，报纸、通讯社新闻业务形成世界性格局；电讯新闻诞生，促使记者采访报道进入飞跃发展时期，新闻采访不断探索自身的规律。

这一时期，报道形式、新闻文体形成一定风格；新闻的真实、客观、公正、准确的报道原则得以确立；新闻五要素、导语写作、倒金字塔结构等新闻写作要领在电讯新闻的带动下得到确认；尊重事实，用事实说话、新闻是事实的报道等报道规则逐步明确起来；报刊的言论与客观报道逐步分开；新闻语言也逐步趋向于简洁、明白；报道方式也越来越多地采用直截了当的方式。这一切变化和发展对记者的采访提出了更高的要求。

现代记者的采访活动伴随着电讯新闻的出现发生了巨大的变化。

及至 19 世纪 40 年代末，沃尔夫通讯社、哈瓦斯通讯社先后尝试用电报发送新闻，从此引发了电讯新闻的诞生。

电讯新闻的诞生使记者的采访速度、报道方式发生了戏剧性变化。由于当时电报业务因各种原因时而发生中断，记者必须以最简洁的语言、最直接的方式报道新闻。因此，便提出了导语写作必须包含新闻五要素的“定律”，导致了倒金字塔结构的形成，奠定了新闻文体及写作风格的形成。

此外，由于通讯社新闻向许许多多的报纸提供新闻，为了让更多的报纸采用它的新闻，通讯社向记者提出采写新闻力求客观，不掺进个人的意见，不偏袒任何一方。因为当时许多报纸有政党色彩、政治倾向性很强，报纸内容充满了形形色色的政治意见，通讯社应“采取不偏不倚的态度”就是在这种背景下提出的。例如：1856 年美联社驻华盛顿记者劳伦斯·戈布赖特曾这样阐明这一原则：我的职务是传送事实。我接到的指示不允许我发表任何评论。我写的报道是送给各种政治态度的报纸的。因而，我只报道我认为是正当的新闻，而且力求真实和不偏不倚。后来通讯社这种报道新闻的观点也被报纸所接受。报纸的意见逐步同新闻分开，意见发表在社论版，采用不署名形式。读者、特约撰稿人、专栏作家发表的意见采取署名形式，登在社论对页的专栏版。记者采写的消息以报道事实为主，新闻中尽可能避免发表意见。随着实践经验的积累，新闻报道的真实、客观、公正、准确的原则便得到了确立。

资本主义工业化社会的发展，对记者的新闻采访活动提供了科学技术条件。蒸气印刷机、双面印刷机、自动排版机、新闻摄影等技术的发明改善了报纸排版、印刷程序，提高了版面效果；电报的发明加快了新闻的传递；交通业的发展加快了报纸发行。可以说，在工业化时代，是报纸、通讯社记者大显身手的时代。值得特别提及的是，在工业化时代，无产阶级记者的新闻活动揭开了新闻事业发展历史的崭新一页。1848 年 6 月 1 日，马克思主办的《新莱茵报》在欧洲革命高潮中诞生了。马克思、恩格斯、卢森堡、李卜克内西等革命先导的新闻实践活动，为无产阶级记者树立了光辉的典范。

在工业化时代，记者的采访活动由巩固提高上升到飞跃发展，经历了近一个世纪的历史演变。资产阶级工业革命在 18 世纪 60 年代开始，大体在 19 世纪中期完成。现代记者采访活动的发展演变恰好与这个发展同步。

### *(3) 激烈竞争时期*

20 世纪 20 年代，广播诞生；30 年代，电视诞生。从此，记者采访迎来了电子化时代。

报纸、通讯社、广播、电视四大传媒形成了相互并存、相互竞争的新格局；记者采访活动蒙上了激烈竞争色彩，电视记者的采访后来居上，格外引人注目。在四大传媒激烈竞争时期，现代的科学技术的发展，特别是电子技术的发展，使记者采访活动发生了戏剧性变化。

这一时期记者采访活动有两个特点：一是利用新技术手段，加速新闻采访节奏；二是发挥各自优势，向采访报道的深度广度拓展。

· 中国电视的第一天　播音员沈力 ·

· 第一天播出时导演控制室 ·

· 1958 年在天安门实况转播 ·

◁ 图 1–2　中国电视的第一天 ▷

20 世纪 20 年代，报纸的繁荣已不容置疑；通讯社业务遍及整个世界；以美国卢斯·哈登在 1923 年创办的《时代》周刊为代表的新闻杂志相继问世；新闻文摘、画刊纷纷出笼。一时间，文字记者汇成浩浩荡荡的采访队伍占领世界新闻传播的阵地。然而，正当文字记者称雄天下的时刻，广播记者伴随着无线电广播的发展应运而生。

1920 年 11 月，美国威斯汀豪斯电气公司在匹兹堡创办了世界上第一座广播电台——KDKA，它的创办标志着广播媒介的诞生。

开创初期的广播令世人欣喜若狂，广播中传出奇妙的音乐和歌声。因而，广播被人们视为娱乐工具。当时，通讯社、报界记者的采访活动自然而然独领风骚。

虽然无线电广播事业创办于20年代初，但是广播记者采访活动却是在数十年后才开始的。原因在于初创时期的广播被看成是娱乐消遣的工具，早期的口播新闻仅仅是从报纸、通讯社那里转发的简明新闻。随着广播事业的不断完善，广播自己采集新闻的愿望呼之欲出。以美国为例，1932年，NBC和CBS成功报道了总统竞选活动。广告商开始把目光转向广播，报纸收入明显下降。为了抵制广播的挑战，美国报刊人发行协会决定不再向广播提供新闻，美联社、合众社和国际社也做出了相应的决定。报界和通讯社采取的行动迫使NBC和CBS于1933年秋天开始自己组织力量采集新闻。

◁ 图1-3 广播记者在“二战”中大显身手 ▷

广播记者的诞生是同文字记者竞争的产物，因而从一开始广播记者的采访活动便蒙上了竞争色彩。CBS 新闻部主任前合众社记者怀特发起组建正式的 CBS 新闻社，并同国外一些新闻机构谈判交换新闻。报界、通讯社看到广播咄咄逼人的势头，又一次发起进攻，迫使广告商取消做广播广告的计划。双方势不两立的局面驱使广播、报纸、通讯社三家于 1933 年 12 月在纽约举行联合会议，达成一项“和平”协议。这项协议实质上是限制广播新闻的发展，条款极其苛刻：〈1〉解散 CBS 新闻社；〈2〉NBC 不再组建新闻社；〈3〉由广播网提供经费成立报纸广播局，以便向电台提供简明新闻。每条新闻不超过 30 个字，必须在早 9：30 播送 5 分钟，晚 9 点或稍晚时间再播 5 分钟；〈4〉电台评论员不能评论从现场发生的新闻，新闻事件发生 12 小时后才允许电台播发、评论。由于广播新闻受到如此严格的限制，好几个独立新闻社随之成立，自愿向广播提供新闻。报纸广播局认为独立新闻社破坏了“协议”精神，应该取消，但一直未能办到。最终，反广播“协议”逐渐失效、瓦解。

自 30 年代中期起，广播记者队伍一步步发展壮大。特别是在第二次世界大战期间，广播记者利用无线电短波技术，先于报纸从现场发回战事新闻，令文字记者望尘莫及。“新闻联播”报道形式在“二战”前夜诞生，开创了广播新闻自成一体的风格。现场录音实况报道、现场记者口头报道等形式在战争期间特别受听众欢迎。“二战”使广播记者采访活动进入了“黄金时代”。

广播记者队伍经过“二战”的洗礼，锻炼成一支素质较高的队伍。其中以 CBS 著名记者爱德华·默罗组建的全明星记者队伍最为优秀。报纸、通讯社对广播不能再等闲视之，许多记者在战争期间和战后流入广播。客观地讲，文字记者流入广播，为广播记者采访活动打下了基础。在这个基础上，广播记者通过摸索、比较，逐步探索出广播新闻采访的特点。

1936 年 11 月 2 日，世界上第一座电视台在英国伦敦市郊的亚历山大宫开播。1939 年 4 月 30 日，美国纽约世界博览会展出电视机，罗斯福总统在电视上发表讲话。电视机进入家庭，电视大面积传播已经指日可待。不料，“二战”爆发迫使电视发展进入“冷冻”时期。战后，电视“复苏”。美国、英国、法国、苏联、日本等国家先后开办了电视广播。

◁ 图 1-4　美国早期电视记者在报道新闻 ▷

1946 年，美国无线电公司将黑白电视机投放市场，电视机进入家庭，电视广播有了收看群体。1954 年，美国正式播出彩色电视节目。1960 年，日本播出彩色节目。1967 年，英、法、苏、联邦德国相继播出彩色电视节目。

随着电视的崛起，电视记者的采访活动开始起步。

40 年代中期，电视新闻仅仅是新闻电影纪录片和广播新闻的结合物。当时的电视记者只不过是从报纸、电影系统请来的摄影师。电视新闻摄影组通常由 2~3 人组成，使用好几百磅重的设备。电视新闻报道方式采取“分割式”剪接方法。先出字幕，再出图像，然后配上声音解说。尽管设备沉重，电视记者仍然拍下了一些持续发生的事件和预知的新闻，如灾难、战争、奠基典礼、选美比赛、体育比赛、军事演习、总统竞选等。这些报道弥补了广播和报纸的不足。一个真实的画面往往胜过一组报纸图片，胜过一千字的文字报道。

经过数十年摸索，电视记者的采访活动在 50 年代中期有了长足发展。60 年代，录像磁带，“并行剪接法”技术手段使得记者的采访更上一层楼，同步录制画面和声音、文字、解说、画面融为一体。70 年代，卫星通讯技术进一步发展，电视记者通过卫星进行采访报道新闻为

◁ 图 1–5 电视的诞生预示活动图像报道的时代即将到来 ▷

举世瞩目。80 年代，电视新闻影响越来越大，电视记者的采访活动遍布全球。哪里出现新闻热点，哪里就有电视记者的足迹。

### *(4) 即时通讯时期*

如果说，19 世纪中期通讯社记者发出的电讯新闻标志着记者采访进入即时性开端的话，那么在 20 世纪 60 年代以来，通讯社的电传新闻以电子信号形式传到世界各国用户手中，整个过程不到 1 分钟。这样的传送速度无疑对记者的采访提出了新的挑战。

在报纸新闻编辑部，新闻的产生过程已完全实现现代化。从手写到使用打字机，再到应用电脑、电子传真机、国际互联网，这一切新的技术都对记者的技能提出了更多的要求。面对电视的挑战，报纸记者注重深度报道、解释分析、视觉新闻，这对于记者的采访功力、报道水平都提出了更高的标准。

◁ 图 1–6　1939 年美国纽约世界博览会展出电视机 ▷

广播记者以快捷、迅速的采访报道发挥着优势；热线电话、同步报道等形式对记者的采访提出特别的要求。

◁ 图 1–7　早期电视记者采访使用的流动转播车 ▷

电视记者的采访报道伴随着电视媒介的影响不断地拓展。采访报道同步化、重大事件的直播报道、新闻事件的调查报道、现场口头报道等报道形式都离不开记者的采访。在某种意义上讲，电视采访同报道形式相互促进、相互作用已成为新的发展趋向。

在我们进入电子时代

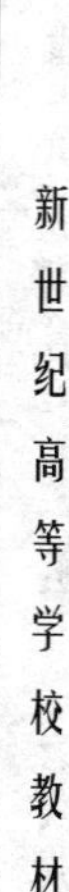

的今天，我们看到：职业记者的采访活动在社会发展进程中起到了沟通社会、推动社会前进的不可低估的作用。世界未来学家认为，在未来世界中，不管社会结构发生什么变化，职业记者的采访活动将继续进行下去，因为全世界的人们永远需要了解和他们生活有关的新情况、新变化、新信息。

### 3. 中国记者的采访活动

中国记者的采访活动比西方记者晚 200 多年。如果从 17 世纪初定期印刷报纸诞生算起，西方国家记者采访活动至今已经经历了近四个世纪的历程。中国的近代化形式的报纸在 19 世纪初才出现，而且是由传教士率先创办的。因而，中国记者早期的采访活动不但比西方记者起步晚，而且活动方式在一定程度上受到外国人办报意图的限制。中国记者的采访活动真正有所发展是在辛亥革命以后。时至今日，中国记者的采访活动的经验已经系统化、理论化，构成了一门独立的实际应用新闻采访学科。

按照时间顺序，中国记者的采访活动大致经历了这样一个发展历程：

#### *(1) 起步阶段*

1815 年 8 月 5 日，第一张中文近代化报纸——《察世俗每月统纪传》在马来西亚的马六甲出版。创办人是第一个到中国传教的英国传教士马礼逊，主编是另一位英国传教士米怜。中国人梁发，又名梁亚发担任刻板、印刷、发行工作。梁发原是个刻工，应募为英美传教士刻印宗教书籍。1815 年随米怜到马六甲，转年受洗礼入基督教。在《察世俗每月统纪传》出版期间，他曾以“学业”的笔名为该报写稿。在我国新闻史上，他以第一个广义上的新闻记者身份占有一席之地。但是，由于这份报纸的内容首为宗教，次为伦理道德，再次为科学知识，梁发的新闻活动必然受到该报办报意图的限制，因而他的新闻活动并不是狭义概念上的采访活动。

从 1815 年始到 19 世纪中期，外国人在海外和中国境内创办了多种中外文报刊。创办人多是熟悉中国情况或通晓中文的传教士和商人。报刊的内容从宗教宣传起始逐步拓宽到商业活动、文化信息、时事新闻、社会新闻等。例如：1828 年创办的《天下新闻》突破书本式装订，采用活版印刷、散装发行，主要刊载中国和欧洲新闻。1832 年创办的英文月刊《中国丛报》对中国的政治制度、政府机构、法律条例、朝廷要员、中外关系、内外贸易、山川海港、军队装备、文化教育、风俗习惯等做了相当详尽的介绍，同时也广泛报道了西方商人、传教士在中国的活动。该报文体多样，有论文、游记、消息、通讯、书信等。文章的主要撰写者大多为西方在华的知名人士，中国人梁进德等也曾为之写报道。1833 年创办的中国境内第一张中文报纸《东西洋考每月统纪传》以宣传西方科学文化知识为主要内容，兼载宗教文化、行情物价。该刊关于酒徒打人致命的报道、关于 105 岁老翁同 22 岁女子结婚并生子的报道，是近代中国报刊中最早的社会新闻。

由于在中国近代化报刊发展初期的近半个世纪里都是外国人垄断，中国记者的采访活动不可能不受到历史的局限。无论是梁亚发还是梁进德等人，他们的新闻活动仅仅是一般性地写文撰稿。即使是外国人，他们自身的工作分工主要是编撰文章，专职采访记者寥寥无几。

从根本上看，外国人在中国办报意图是为其文化入侵服务的。但在客观上，这些报刊引入了西方新闻业的经验，展现了中国新闻业初期发展的一角天地。

### *(2) 开创时期*

19 世纪 50 年代，中国人打破了洋人完全垄断中国新闻业的格局，自己开始创办报刊。

1858年 11 月 15 日，中国人自己创办的第一种报刊《中外新报》在香港创刊。初为双日刊，很快改为日报。该报新闻来源多译自外报或转录清朝的《京报》。此外，向社会征求社会新闻的来稿。同时，注重商业行情和交通信息，另印《行情报》，随《中外新报》一并发送。值得一提的是，《中外新报》发行期间，提出“序事必求实际，持论务期公平”的报道原则。由此可见，中国人自己办报伊始就注意到了要遵循新闻报道的通常规则。

| 起 步 | 开 创 | 发 展 | 壮 大 |
| --- | --- | --- | --- |
| 1815年外国传教士创办第一张中文报纸，中国人梁发为其刻板、印刷、发行并以“学业”笔名写稿，成为第一个广义上的中国近代职业记者。从1815年始至19世纪中期，外国人在中国创办多种报刊，多数为宗教宣传服务，使中国早期记者的新闻活动受到一定程度的限制。 | 1858年始至19世纪末，中国人先后自己创办报刊，不但刊载新闻，而且传播思想观点。外国人办报由宗教宣传扩大范围，以《申报》为代表的报纸设立了专门从事采访的专职记者——“访员”。外国通讯社业务在中国境内开始展开，电讯新闻开始发挥作用。 | 辛亥革命胜利后，报刊迅速发展；广播开始起步；中国人自办通讯社业务得以发展。记者职业分工进一步划分，出现了黄远生、邵飘萍、范长江、瞿秋白等以采访报道新闻事件而闻名的杰出记者，中国记者的采访活动有了真正的发展。 | 中华人民共和国成立后，中国新闻事业全面发展，记者队伍迅速壮大。电视作为四大新闻媒介中唯一由中国人自己着手创办的事业逐步兴起。新中国的报纸、通讯社、广播、电视记者的采访活动不仅遍布全国，而且走向世界各地。 |

继《中外新报》之后，中国开始进入自己开创新闻业的新阶段。1873年，艾小梅在汉口创办中国境内的中国人自办的报纸《昭文新报》；1874年，王韬在香港创办《循环日报》……王韬是中国新闻史上的第一个政论家。他以报纸为武器，每日刊有论说一篇，鼓吹变法自强，开我国报刊重视政论之先河，成为康有为、梁启超所领导的维新变法运动的思想先驱。《循环日报》不但以政论著称于世，还由于刊载京城、羊城、海外新闻及交通信息而受到欢迎。

甲午战争后，中国资产阶级作为新的社会力量登上历史舞台。在整个戊戌维新运动时期，维新派共创办了30多种报刊。他们利用报纸宣传维新变法，在中国新闻史上掀开了新的一页。

在中国人自己开创新闻业的同时，外国人在中国办报也有所发展。1872年由英国商人美查等创办于上海的《申报》一开始就设有两个

“访员”，专门采集社会新闻。1874年，派人赴台湾实地采访日军侵台战事，刊出中文报纸上最早的军事通讯；1882年1月16日，登载了发自天津的我国第一条国内新闻电讯；1884年8月6日晚7时，发出了报道福州海面法国舰艇动态的第一张中文号外。从上述新闻事件的报道可以看出，新闻记者的采访活动范围正在逐步拓宽。

在报纸记者的新闻采访活动迈出新的一步之时，外国通讯社业务也在中国开始经营。1872年，英国路透社最先在中国发稿。此后，日本东方通讯社、同盟社，法国的哈瓦斯社，美国的合众社，德国的电报社等，都在中国设立了分支机构。从此，电讯新闻开始在中国发挥作用，进一步加强了中国和西方世界的信息沟通。

从19世纪初期到19世纪末，外国人在中国创办了近200种报刊，占我国当时报刊总数的80%以上。中国记者的采访活动自然不可避免地受到这样一个历史条件的限制。能够打破洋人办报的一统天下，开创中国人自己的新闻业是十分艰难的。这也是为什么中国职业记者队伍形成比较缓慢的重要原因之一。

### *(3) 发展时期*

中国记者的采访活动真正得以发展是在辛亥革命以后。

辛亥革命时期，资产阶级革命派共创办了120种报刊。据统计，到1912年5月，全国报刊总数增加到近500种。随着新闻业的快速发展，职业记者进行了较细的工作分工。在民国初期，报刊内容基本上做到不疏漏重大新闻事件。也就是在这个时候，出现了以采写政治通讯，披露政治事件内幕而闻名的杰出记者黄远生。

黄远生（1877—1915）是中国新闻史上的第一个著名记者。在他以前的著名新闻工作者都是政治家。他采写的政治通讯语言文字流畅生动，他善于采访，经常能采集到一般记者难以获悉的消息。他提出一个好记者应有“四能”：能想、能跑、能听、能写。当时，《东方杂志》和上海的《申报》都大量登载他写的通讯，后起的新闻记者有不少深受他的影响。袁世凯帝制活动开始后，报刊想利用他的文笔和声望，一面要他写文章，一面要他出任筹备出版的《新亚细亚报》上海的总撰述。由于黄远生的改良主义世界观，不能断然拒绝这种收买和利用，写了一篇自以为“似是而非”、“并不怎么赞成帝制”的文章，同时也担任了总撰述的名义。袁世凯并不满意，叫人授意他再写。这时，他觉得“再无可转身了”，于9月3日离开北京转到上海乘船去美国。结果12月27日，在美国旧金山被人当成帝制派暗杀。这是中国新闻史上的一个悲剧事件。

五四运动带动了中国现代报刊的发展，一批以宣传新文化、新思想为内容的报刊先后出现。同时，出现了邵飘萍、范长江等著名进步记者。

邵飘萍（1884—1926）早在1908年就担任《申报》特约通讯员。1915年初，是他最早把日本政府向袁世凯提出灭亡中国的《二十一条》秘密协定通报国内的。1916年6月袁世凯死后，被《申报》聘为特派记者去北京，以发表“北京特约通讯”而驰名国内。1918年7月，创办新闻编译社，为国人在北京自办最早的通讯社。同年10月5日，创办《京报》。1919年10月5日被北京大学校长蔡元培聘为新闻学研究会讲师，主讲新闻采访学。邵飘萍的讲学对中国许多进步青年产生过深刻影响，毛泽东曾对他的讲学留有深刻的印象。在邵飘萍的新闻生涯中，其主体思想倾向进步革命，曾披露段祺瑞政府的卖国罪行，赞颂十月革命，拥护孙中山的三大政策，支持反帝反军阀斗争。1926年4月26日，被奉系军阀以“勾结赤俄，宣传赤化”逮捕，惨遭杀害。

范长江（1909—1970）1933年下半年开始为北平《晨报》、《世界日报》和天津《益世报》写稿。一年之后，成为《大公报》撰稿人。1935年7月，他以《大公报》旅行记者身份，从成都出发，开始了西北地区考察采访，历时10个月，足迹及于川、陕、甘、内蒙等地区，全程4000余里。他的旅行游记陆续在《大公报》发表，引起轰动。这些游记汇成《中国的西北角》一书，几个月内连出七版。1936年8月他去西部采访，写出通讯集《塞上行》。“西安事变”后，他从宁夏到延安，同毛泽东作了通宵长谈，促使他思想发生重大转变。他所写的《陕北之行》，打破蒋介石新闻封锁，报道了陕北革命根据地的实况。1939年5月，在重庆加入中国共产党。

黄远生、邵飘萍、范长江三位名记者的采访活动标志着中国职业记者采访活动的深入发展。

从19世纪初到19世纪中期，中国报纸记者采访活动进入发展阶段的同时，中国民办通讯社、官办通讯社也先后开展了新闻报道业务，广播事业也开始发展。

1904年，中国人自办的民营通讯社——中兴通讯社在广州成立；

1924年，国民党中央政府在广州创办“中央通讯社”；1931年，中华苏维埃共和国中央政府创办“红中社”……1923年，美国人奥邦斯在上海开办“大陆报道”——中国无线电广播电台；1927年，北洋军阀政府在天津创办了中国人自办的第一座广播电台；1928年，国民党中央在南京创办“中央广播电台”；1940年，中国共产党创办“延安新华广播电台”。

追溯中国记者采访活动的历史，可以看到中国记者的采访活动是同整个新闻事业的发展及时代背景紧密相连的。

为什么中国职业记者的采访活动比西方记者晚200多年？一是由于闭关自守的小农经济，自给自足，很闭塞；二是由于政治上统治阶级控制严密，旧秩序不肯改革，压制言论自由；三是由于思想文化受到了封建文化的束缚。此外，是由于整个社会处于封建割据状态，没有沟通的需要。

### (4) 壮大时期

自新中国成立以来，中国新闻事业有了空前规模的发展，记者的采访活动也发生了历史性演变。

新中国成立50多年以来，记者的采访活动可以分为两个阶段：一是十一届三中全会以前；二是十一届三中全会以后。

不可否认，十一届三中全会以前中国新闻事业发展迅速，规模都是新中国成立前所达不到的，记者队伍扩大，素质提高。记者的采访报道不乏有很多精彩、高水准的好新闻。但是，也要看到，由于历史原因，记者的采访报道自然也会受到时代限制，有一些的确违背了新闻规律。十一届三中全会以后，随着改革开放的深化，我国新闻界总结历史经验，记者的采访活动发生了历史演变。记者的新闻活动无论在采访上还是在报道上都在探索新闻自身的规律。

报纸记者随着报业结构的变化其采访活动不断朝着新闻报道的深度和广度进军。过去，中国报纸是党报独揽天下，报纸种类基本上是综合性为主。现在，报业结构形成多层次格局，群众团体、民主党派报纸先后创刊。报纸种类呈现比较齐全的可观前景，中央、地方，综合、专业报纸全面发展。报纸新闻业务从业人员占全国新闻从业人员的一半左右，达到2.5万人。记者素质和业务水平随着社会进步和新闻教育发展进一步提高。

通讯社记者的采访活动随着中国通讯社业务的发展而不断开拓。新华社提出新的目标，在20世纪末或更长一些时间，把新华社建成现代化的世界性通讯社。为达到这一目标，新华社提出了许多具体措施，其中之一就是加速人才培养，拥有一批能洞察国内外事务，纵论世界风云，在国内外有影响的名记者。新华社在国外已建立 90 多个分社，世界上有 30 多个国家的通讯社抄收新华社的对外新闻。20 世纪末中国新闻社的新闻业务也发展较快，采用中新社电讯、专稿和图片的海外报刊已有 100 多家，遍及世界五大洲。可以说，近 20 年来，通讯社记者的采访活动真正打开了世界性的局面。

广播记者采访活动通过总结历史经验，朝着“自己走路”的目标迈出新的一步。过去，特别是“文革”期间，我国广播新闻报道主要是依靠通讯社和报纸。十一届三中全会后，广播记者逐步改变这种被动局面，自采、自报、自编的新闻数量增加。录音报道、现场报道、节目主持人等广播特点的采访报道形式的运用越来越普遍。

中国电视自 1958 年正式开播，虽然比国外晚了 20 多年，但却是四大新闻媒介中唯一由中国人自己创办的事业。我国电视的发展受到“文化大革命”的影响而中途搁置，直到 70 年代中期后才真正有所发展。电视记者的采访活动“后来居上”，在人民政治生活、经济生活、精神生活中起到不可低估的作用。1984 年，我国成功地发射了试验通讯卫星，随后卫星地面站相继建成并投入使用，中央电视台播出的节目可以当天同全国观众见面。我国电视已基本形成从中央到地方、从无线到有线，既有竞争又有合作的电视传播网络。电视新闻日益成为人们获得新闻的重要来源，电视记者队伍迅速形成壮大。

电视记者的采访活动不但继承了传统，而且进一步丰富发展。许多电视采访报道自身成为举世瞩目的重要新闻；许多采访报道对推进社会改革和进步起到了不可低估的作用。

在我们追溯中国记者采访活动历史的同时，我们也看到中国记者采访活动的前景是令人乐观的。因为了解了历史，就会对现状有比较清楚的认识。相信中国记者的采访活动会伴随时代的进步而不断开拓前进。

## 二、电视采访的新拓展

电视采访的发展历史既是一个在短时期内迅猛发展、变化的惊人历程，又是一个多种因素相互促进、相互催化的复杂过程。

说其惊人，是因为它历史短、变化快、影响大；说其复杂，是因为它的采集手段与方式比其他媒介更为依赖现代电子技术的发展。

### 1. 划时代的突破

从时间流程上看，电视采访在20世纪每一个年代都有历史性的飞跃。

30年代，电视采访由单一的转播发展到流动采拍；

40年代，电视采拍由使用35毫米胶片过渡到使用16毫米胶片；

50年代，电视采拍开始尝试使用达到实用水平的磁迹摄像机；

60年代，通讯卫星将电视报道推向最高水准——同步化；同时，电子新闻采集系统（ENG）在60年代末问世；

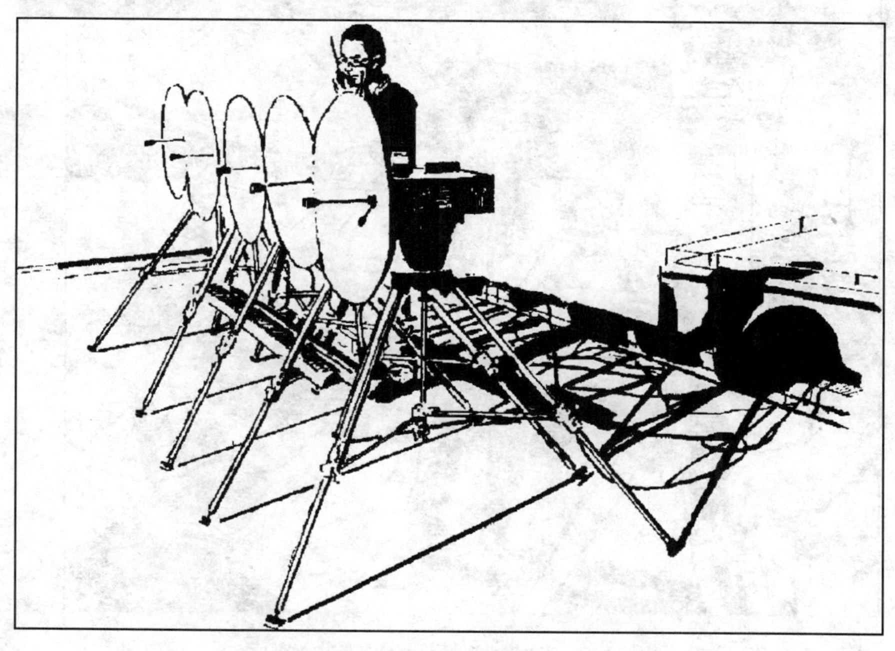

◁ 图1-8 通讯卫星将电视报道推向同步化 ▷

70年代，ENG的普遍推广，使电视采拍在诸种媒介中确立了优势——声画同步；

◁ 图 1-9　ENG 技术使记者采访进入画面 ▷

80 年代，ENG 更新换代，一体化摄像机又使电视采访向新的广度和深度发展；CNN 有线电视新闻网 24 小时全天候的新闻报道，带动了全球电视新闻的采访活动；

90 年代，数字化金属磁带使电视采拍更为轻便，画面质量达到更高的标准；卫星直播电视、大型电缆电视、电视节目频道化的发展，使电视采访又面临新的挑战；国际互联网的启动和推广使用，带动了电视节目与受众之间的互动。可以预见信息高速公路对媒体的影响和作用将是巨大的，这无疑对电视记者的采访也将产生始料不及的影响。

面对信息时代的挑战，电视记者的采访将进入一个崭新阶段。紧紧跟上新技术的发展，发展思维能力和采访技巧，才能胜任富有创造性的电视采访活动。

### 2. 根本性的变革

电视采访根本性的变革，首先依赖于技术的进步；技术的进步引起的变化又带动观念的更新。

——从技术上看，电视采访的关键性突破是采用ENG技术。ENG对采访的作用是：加快采集速度；扩大采集范围；同期采录图像和声音；记者进入画面采访，采摄开始分离。

——从采访的应用范围看，电视采访由专门的新闻采访全面渗透到各类节目之中。近几年来，我国电视综艺节目中的采访介入已经成为新的走向，引起社会的特别关注。传统上，新闻与娱乐是不能相互渗透的，如今这两种截然不同的节目形式在电视综合性特征的效应中相互渗透，产生了始料不及的社会效果。自从1983年中央电视台《春节联欢晚会》节目引入现场采访以来，历年晚会的高潮场面大多是由采访来启动的。老山前线归来的英雄的婚礼；棋圣聂卫平一家对小保姆的爱心；从台湾回到内地的李大维、黄植诚等新闻人物的出场……至今令观众难以忘怀、历历在目。中央电视台历届的《三·一五》晚会之所以产生巨大的社会反响，主要在于晚会上披露的事实真相震撼人心以及现场同步采访的真实可信。

——从采访的时效上看，电视采访一度因为设备繁重、行动不便，对突发事件束手无策，致使对预知性新闻的采访也十分有限。然而，通讯卫星的上天和微波通讯网络的形成以及直播卫星与电缆电视的结合，转眼之间将电视采访的时效带入了与事件同步进行的轨道。采访的过程既是报道的过程，也是观众目睹的过程，已不是什么神话故事。1991年海湾战争爆发，全世界的观众在同一时间目睹了这场战争的发生、发展及结果。传播学家认为，这样的采访报道在人类战争史和传播史上创造了一个奇迹。

——从采访的深度和广度上看，过去，因为技术条件的制约，电视采访被认为是浅尝辄止的。今天，电视记者的足迹遍布于全球。即使人类难以涉足的南极、北极乃至月球，也留下了电视记者勇于探索、敢于历险的采访记录。以往，电视采访在深度报道方面有所局限。现在，电视采访已经在现场的报道、调查报道、精辟透彻的人物专访、夹叙夹议的述评、解释分析的专题报道、记者的现场即席采访与点评、大型的特别报道等报道形式上大显身手，独树一帜。记者采访与报道形式的相互催化，促动了电视报道的纵深发展。

——从采访的方式上看，电视采访由单一的画面拍摄发展到多种形式。有些采访方式作为固定的报道形式、特有的节目样式而大受欢迎。如现场报道、人物专访、快速提问、讨论、辩论、谈话等报道或节目展示的都是完整的采访进程。特别值得一提的是，电视采访还将采访对象和观众引入了屏幕，增加了采访的可视性和参与性，产生了双向交流与双向互动的效果。

### 3. 创造性的开拓

自从电视诞生以来，采访就作为记者工作的基本手段，发挥着巨大的作用，奠定着电视节目传播的基础。“当今新闻工作最有价值和最具独创性的成就，通常都是从采访中得来的。”*（约翰·布雷迪：《采访技巧》，新华出版社，1986年版，2页）*

电视采访的作用日益得以显现，确是不可估量。应用范围的不断延伸，体现了创造性的开拓。

——以节目形式而论，新闻、社教、服务、体育、综艺、谈话节目等等，在各档节目中往往插入采访片段或展示采访整个过程。采访不但是节目内容的采集手段，而且成为一种生动活泼的表现手法，乃至节目的一种表现形态。正如美国全国广播公司（NBC）新闻部经理鲁文·弗兰克所说：“采访是我们这个行业的基本工具，没有它，我们就无法生存。”*（约翰·布雷迪：《采访技巧》，3页）*

——以节目内容而论，其质量高低依赖于记者对客观世界的认识水准及采访的深入与否。现在，许多电视发达国家的电视机构每天播出18~24小时的节目；电视发展中国家播出10~12小时的节目。1年365天，电视节目的吞吐量之大近于天文数字，难以估量。然而，绝大多数节目内容的传播依赖于采访的拓展；节目质量、数量的保证也同样离不开采访的深度和广度。“智力竞赛节目、游戏节目、广播电视论坛节目都是从问答形式衍变而来。当然，新闻节目更是离不开采访。”*（肯·梅茨勒：《创造性采访》，3页）*

——以传播效果而论，大凡能够对社会产生广泛的直接或间接影响的传达内容，大都是贴近生活、贴近社会、贴近观众的现实题材。而“三贴近”题材的选择，往往来自于深入的采访。美国畅销书《杀人犯和其他友好的人们》的作者丹尼斯·布赖恩认为：“我们对我们同时代人的最生动的印象是通过采访得来的，这种情况现在比以往任何时候都更为明显。几乎每一件重大的事件，都是通过一个人问另一个人才让我们知道的。因此，采访者处在具有无可比拟的权力和影响的位置上。”*（约翰·布雷迪：《采访技巧》，2页）*

——以采访的功用而论，且不说以采访为基础的新闻、时事节目，即使是影视剧中引起观众共鸣的作品，往往也是深入生活观察采访的结果。从《新闻启示录》到《新星》，从《16岁花季》到《外来妹》，从《凡人小事》到《大考之年》……无论是故事性还是纪实性的电视剧创作，其成功都离不开对现实生活的“采风”。美国是“电影王国”，可是美国公众却从来没有根据哪一部电影的生活方式来安排自己的生活。然而，一些医院利用电视剧中的“模型”开展集体疗法业务，确是当今美国社会的事实。评论家们认为，由于电视剧题材大多贴近现实生活，为许多观众提供了替代疗法。观众把剧中

◁ 图1-10 电视记者足迹遍布全球，这是记者站在珠穆朗玛峰上 ▷

人物遇到的问题、障碍、麻烦、矛盾，同他们自己的实际联系起来，达到心理上的平衡。由此可见，以现实生活为题材的节目创作，必然要以深入生活观察采访为途径。

——以节目制作的流程而论，采访是节目制作环节的第一道工序。对此，可以用一个简单图表来显示：

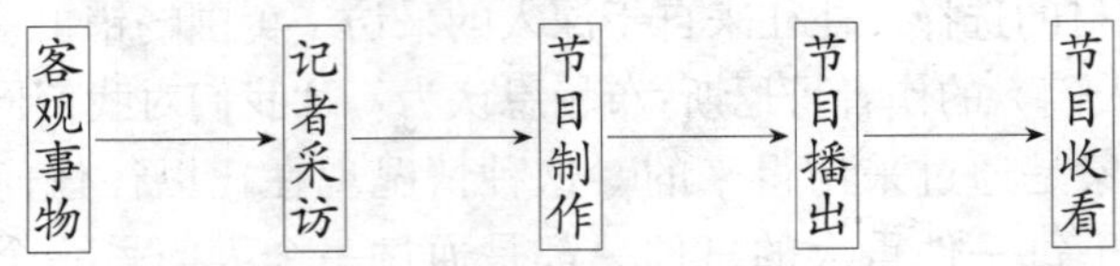


通过上述的分析、归纳，我们可以比较清楚地了解电视采访的历程、变革和作用。

电视采访的历史演变，可以说是由模仿到自成一体的探索历程。“电视拥有巨大的潜能，但要发挥它的威力，必须依靠人的主观能动性，有赖于电视工作者对电视特性的不断认识和开掘。”*（洪民生：《回顾引起的思考》，载《中国中央电视台30年》，41页，1988）*中国电视记者的采访活动虽然起步晚，但技术手段已达到现代国际水平；一支稳定的职业记者队伍已经形成；采访实践已积累了40年的经验；采访的触角不但遍及全国，而且伸向了世界；电视记者所到之处，受到社会的重视……这一切都表明：中国电视记者的采访已经进入了创造性的成熟时期。

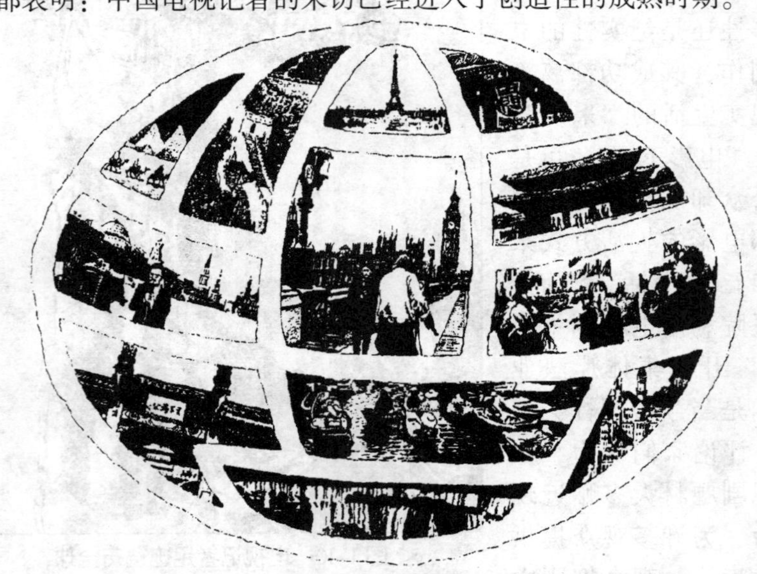

◁ 图1-11　采访成为电视报道表现手法 ▷

◁ 图 1-12　采访形式成为电视专访节目的特有样式 ▷

## 三、新闻记者的职业要求

作为一种社会分工，记者工作都有哪些职业要求呢?

这里我们从记者的职业道德和素质构成两个主要方面来进行阐述。

### 1. 职业道德

记者道德是记者新闻活动的行为规范与准则。一个优秀的记者，不仅要具有较高的采访写作水平、敏锐的新闻嗅觉，而且还必须具有良好的职业道德。在某种程度上讲，良好的职业道德是一个合格的新闻记者的先决条件。

#### *(1) 职业道德的内容规范*

记者职业道德的内容包括：指导思想、品德修养、立场态度、工作作风、事业心、责任感等。

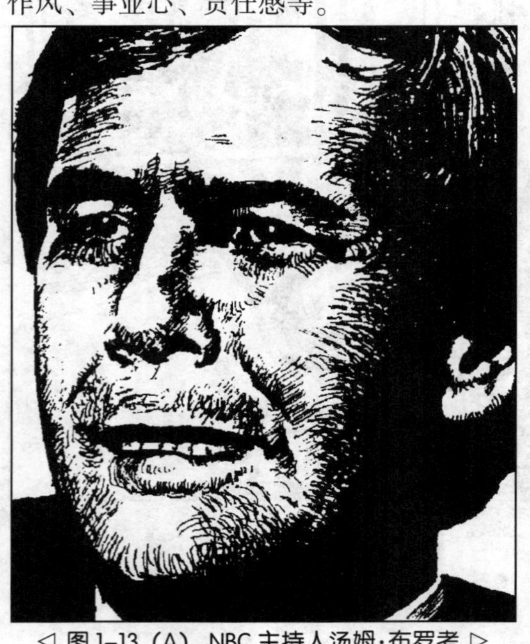

◁ 图1-13（A） NBC主持人汤姆·布罗考 ▷

这些内容规范是依据新闻记者职业活动特点而确定的，每一方面都有其具体的标准。

具体来讲，记者职业道德的核心内容是尊重事实，这是贯穿于记者新闻活动的指导思想。记者的立场、思想作风、工作态度、事业心、责任感都围绕这个核心而发挥作用，离开了这个核心，诸种职业道德标准就没有了着眼点，就失去了目标。

记者要尊重事实，就

要客观、公正、全面、真实地报道新闻。而要做到客观、公正、全面、真实，则必须坚持正义、追求真理、热爱事业、献身事业、不辞劳苦、百折不挠、不为虚荣利禄所羁缚、不受社会恶风邪气所熏染……记者实事求是地报道新闻就是对观众负责、对历史负责。

事实上，记者职业道德是应该自觉地体现在具体的采访报道之中的。特别是在一些重大事件的采访报道过程中，往往能够检验出一个记者的自觉程度。美国三大电视网对挑战者号航天飞机失事的报道，采取了克制慎重的态度，从中可以看到三位资深新闻节目主持人的思想感情和责任感。

1986年1月28日上午11点38分，美国“挑战者”号航天飞机发射不久突然在空中爆炸。这一人类科学史上的重大悲剧震惊了全球，引起世人关注。

灾难发生后，电视成为美国公众寻找答案与安慰的地方。无数双眼睛紧紧盯住电视机，期待电视给予解答。

面对这一悲剧，三大电视网一反常态，没有采取过去抢发新闻的做法，电视网之间几乎看不到相互竞争的迹象。观众看到的是三大电视网极为克制、慎重的报道。而在过去肯尼迪总统、里根总统遇刺等突发事件中，三大电视网则争先恐后地抢播最新动态，个别报道出现失实。

三大电视网首先报道了事件的发生；然后播发了官方和非官方的反应；接下来是请航天专家分析爆炸原因，这种分析是猜测性的。三大电视网反复采取同样的程序进行报道，报道内容没有什么实质性区别。观众也不像以往收看重大事件报道那样从一个网转到另一个网了解不同的信息、解释、观点，

◁ 图1–13（B） ABC主持人彼得·詹宁斯 ▷

而仅仅固定收看一个网的报道。

三大电视网晚间新闻的三位资深记者出身的权威主持人奋力将事件、反应和分析串到一起进行报道。连续报道三个小时后，美国广播公司的詹宁斯向观众承认：我们没有多少能告诉你们的消息。

按惯例，三大电视网在“挑战者”号发射时都做了实况转播。“挑战者”号突然在空中爆炸是任何人都想不到的。起初，主持人和记者们甚至不愿承认从电视看到的令人震惊的事实——没有一个人能在爆炸中幸存下来。

哥伦比亚广播公司的拉瑟不断重复说：“这是一个巨大的火球。”美国广播公司记者史蒂夫·比尔只说：“这是一场严重事故。”全国广播公司的布罗考最后还是用不完全肯定的语气报道说：“看来，也许没有一个人能够幸存。”记者比尔也沉痛地说：“希望微乎其微。”

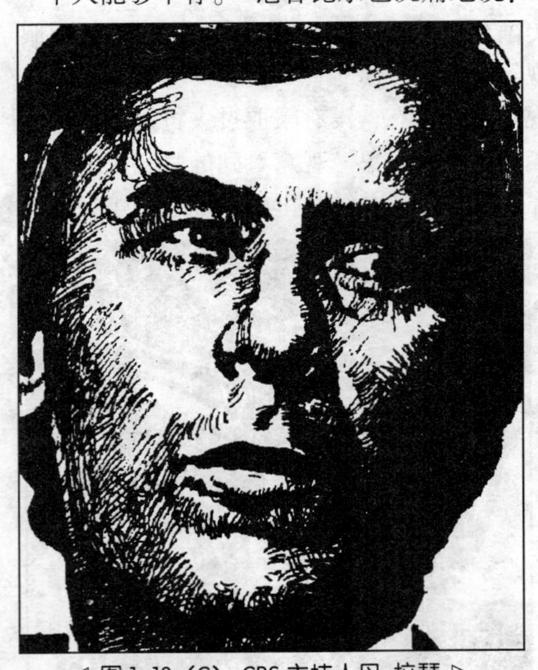

◁ 图 1-13（C） CBS 主持人丹·拉瑟 ▷

爆炸 4 小时后，三大电视网仍然没有用肯定语气报道事件造成 7 人死亡的悲剧，尽管看不到任何希望。而在 1963 年肯尼迪遇刺时，电视在枪响后 10 分钟就用肯定的语气告诉观众“总统伤势严重”；枪响后 1 小时 5 分钟，电视便告诉观众“总统已经去世”。素以采访能力强、判断事物准确的三位主持人面对实况图像却不愿作肯定的判断；他们常常是若有所思地进行报道，他们的神态使这一事件的悲剧色彩更为浓重。这一事件本身是整个美国民族以至世界科学历史的悲剧，在这样惨痛的悲剧面前，主持人的感情、情绪同全国民众相吻合，不能不抱以克制的态度，慎重地进行报道。

拉瑟无休止地重播“挑战者”号爆炸的画面，向观众展示慢镜头。

他和所有有关专家通话，了解事件的来龙去脉，但得到的只是模糊的答复。明确答案只能等待下一步海上打捞的结果。电视画面上长时间展示空荡荡的海洋镜头，所有观众的心好像都要沉到海底一般。

詹宁斯利用一个航天飞机模型向观众说明造成爆炸的可能原因。他反复向观众报道有关遇难者女教师麦考利夫的事迹，他把女教师称为“空间的第一位真正的市民”。他说，“我们认为她的精神就是我们的精神”。由于他对麦考利夫做了较为完整的报道，麦考利夫在观众心目中占据了比其他六位遇难者更大的位置。

布罗考在电视上报道的时间最长。他为观众提供了较多的事实和背景：7 位遇难者的个人经历；“挑战者”号推迟发射的原因；引起爆炸的某些推测；海上打捞的进展等。

美国三大电视网对这一悲剧性突发事件的报道表明，电视可以将事件、反应、分析组织到一起；可以为观众担任事实的搜集者；同时在分析中注入思想和感情，给观众以启迪和安慰。

从中我们还可以看到，记者职业道德的核心标准是尊重事实，记者的感情、态度、责任心、作风是围绕这个核心发挥着作用的。

### (2) 职业道德的体现形式

记者职业道德在表现形式上，一般通过“记者守则”、“记者信条”等形式体现出来，其特点是具体、适用、针对性强、易于实践与检验。20 世纪 20 年代初期美国等西方国家开始较系统地制定记者道德准则，到 70 年代末，世界上已有 60 多个国家制定记者道德守则。1981 年我国中宣部新闻局与中央新闻单位共同商拟了《记者守则》（试行草案），这是新中国成立以来我国新闻工作者第一个成文的记者职业道德守则。

纵观中外新闻界对记者职业道德的要求，我们发现，记者职业道德准则有一定的沿袭性，早期制定的规则在今天仍然是适用的。这说明新闻记者的活动是具有共同规律的。这个规律一方面表现在记者的职业道德受社会公认的社会公德的制约；另一方面表现在记者职业道德受新闻事业自身特点的规定。表现在形式上，国际上大多数新闻机构确认记者职业道德最重要的内容是：客观、公正、真实、庄重，向读者、听众、观众负责，保持正直和独立，保守秘密，保护消息来源，尊重他人名誉、不得接受贿赂，等等。这些细则规定了新闻记者必须具有较好的道德修养。

在1992年我国广播电影电视部实施的《广播电视岗位规范》中，明确提出记者的岗位职责要求。其中，在政治素质要求中包含这样一些内容：

△有较高的马克思主义理论水平和政策水平，并能用以指导业务实践。

△有强烈的事业心和责任感，坚持党的“一个中心、两个基本点”的基本路线，坚持新闻工作者的党性原则。

△遵守纪律，有良好的职业道德。

△勤奋工作，实事求是，开拓进取，作风正派，廉洁奉公，联系群众。

需要指出的是，记者职业道德虽然因其自身的规律形成了为世界新闻界共同接受的准则，但是在具体履行准则过程中，不同社会道德原则对记者的影响和约束是不同的，不同的记者因其观点、立场不同，报道事实的角度、态度也是不同的。在这个意义上说，记者职业道德也受到不同社会道德标准的影响。在现实社会里，记者道德标准的施行在不同程度上体现着不同阶层社会利益的要求。一些西方国家虽然有明文规定不允许过多过细地报道犯罪、凶杀、色情的新闻，但是由于他们的新闻业一味追求利润，他们的报纸、电视、杂志上这类的报道仍然是占有相当比重，甚至成了污染社会风气的一大公害。

职业道德对社会、对公众能够产生直接作用，如果违背职业道德操守，必将对社会造成不良的影响。

新闻传播每日每时都不断反映运动变化的世界，影响着社会各个不同阶层的人，享有“社会道德天平”之称。故此，新闻记者的职业道德是取得记者资格的先决条件。

### (3) 培养提高记者的职业道德

培养提高记者的职业道德，起码要作四个方面的努力：

一是记者职业道德法规的约束；

二是新闻机构的监督；

三是新闻教育的熏陶；

四是记者自身修养的加强。

△道德法规的约束与新闻机构的监督。

记者职业道德法规的约束和新闻机构监督是对记者遵守道德操守的强制性控制手段。

目前，世界上许多国家都将记者职业道德诉诸法律形式，以约束记者的行为。

新闻法规一方面保障记者权力；一方面也约束记者的行为；同时也为受到诽谤、侵犯的公众起到法律上的保护作用。

美国哥伦比亚广播公司曾辞退一名较有名气和能力的体育节目主持人吉米·斯奈德，原因是斯奈德在节目中公开评论说：“黑人是最好的运动员，这是因为在奴隶制时代主人养育了他们的结果。”“早在南北战争之前的奴隶制时代，主人们就曾把强壮的黑人男子和女子弄到一起，好让他们生育强壮的后代。”*（木华辑：《名解说员因侮辱黑人被辞退》，载《中国电视报》1988年10期）*斯奈德的言论引起捍卫人权组织和各界人士的强烈抗议。电视网为维护声誉将他辞退，同时声明斯奈德的意见不能代表电视网的意见。

这个例证说明，新闻记者道德法规的施行必须有新闻机构的配合才能更有效力。新闻机构按照记者道德标准监督检查记者的行为，把记者道德作为衡量记者是否具备职业资格的尺度。

△新闻教育熏陶与自我修养加强。

新闻教育熏陶对培养提高记者职业道德有着潜移默化的作用。自我修养的加强是培养提高记者职业道德的主导因素。

对新闻记者进行职业道德教育，首先应使其了解新闻记者工作的特点，对其职业道德基本准则有一定认识。一般刚刚进入新闻记者队伍的人，往往处于主体意识不强、自觉性不高的阶段，因此，必要的职业道德教育是一项重要的工作。南斯拉夫、日本、英国等国都十分重视新闻记者的入门教育，其中职业道德是最基本的内容，也是最高的要求。

伟大的物理学家爱因斯坦指出：卓越人物的道德品质，可能比单纯智力上的成就具有更大的意义。智力上的成功，在很大程度上依赖于性格的伟大，这一点往往超出通常的认识。培养提高记者职业道德最根本的是加强自我修养。在我国新闻史上有许多“宁为玉碎，不为瓦全”的品德高尚的记者，在他们身上都体现出较高的自我修养。著名的前辈记者邵飘萍拒绝奉系军阀张作霖以三十万银元阻止他报道其倒行逆施的要求，最后死在张作霖手下。他在其著作《实际应用新闻学》中讲道：“……故外交记者精神上之要素，得品性为第一。所谓品性者，乃种种新闻记者应守之道德，贫贱不能移，富贵不能淫，威武不能屈，泰山崩于前麋鹿兴于左而志不乱，此外交记者之训练修养所最不可缺也。”

*（邵飘萍：《实际应用新闻学》，1923年版，摘自《外交记者之资格与准备》一章）*

综上所述，我们可以十分清楚地认识到：记者职业道德法规是对记者行为的法律约束；新闻机构的监督和新闻教育的熏陶，是对记者树立职业道德的灌输；新闻记者自我修养的加强是记者遵守职业道德的保证。

因此，培养提高记者的职业道德，应该有主观和客观两方面的相互促动、相互作用，才能取得相对良好的结果。

### (4) 正确认识记者的社会地位

新闻记者在今天被视作有一定社会地位的专门职业，是同记者的采访活动对人类社会产生的影响相关联的。

在过去很长一段时间，记者职业意味着是一种自由不羁的工作。在西方，早期的新闻编辑部杂乱无章，充满了气味、吵嚷。角落里有闲散的记者打牌，办公桌旁甚至有醉汉拿出酒瓶狂饮。众所公认记者仅仅是热爱传奇故事的人物。而现在，新闻编辑部早已发生了历史变迁，新闻的生产过程从采集到传播都发生了戏剧性变化。在现代新闻编辑部里，电脑替代了手动打字机，电传机替代了电讯、电报传递。新闻记者按动键盘写稿，已经取代了笔和墨水。在受众眼里记者已不是那种手拿笔和本的精明人了，而是手持麦克风对着话筒说话的不平常的人物。记者被邀请参加宴会，被认为是席间重要人物，或至少是最有趣的人物。在往昔，记者是不会被邀请参加宴会的。今日许多记者成为知名人士；成为政治家的顾问，甚至智囊人物；少数记者进入政府担任要职；也有些记者成为明星人物，成为被采访报道的对象。调查美国水门事件的《华盛顿邮报》记者鲍勃·伍德沃德和卡尔·伯恩斯坦都成了最有名气的世界性新闻人物。他们采写的披露水门事件的书《总统的人马》被拍成电影《惊天动地大阴谋》。好莱坞巨星罗伯特·雷德福和达斯廷·霍夫曼分别扮演两位记者。伍德沃德和伯恩斯坦本人则在电视上抛头露面，参加了一个介绍好莱坞影星的电视节目。

记者的社会地位无可争辩已经坐上上乘之席。有人说，记者拥有的受众比世界上任何传教士、教师或政治演讲家都要多。据美国权威的《赫德森氏华盛顿新闻媒介联系人名录》记载，到1981年，在华盛顿的新闻记者和编辑共有3266人，但是他们在世界范围内拥有的听众、观众、读者都超过这个数字的1000倍。

显而易见，在今天这样一个即时通讯时代，记者的采访活动对社会之所以产生越来越大的影响，不仅是由于新闻本身传播速度加快，还由于传播范围扩大，受众比以往任何时候都多，记者对时代的影响越加广泛、深入。

记者职业确有着诱人之处，但也充满危险和困难。记者采访最大的难点在于：必须在有限的时间内对纷繁复杂的事件作出及时的判断、选择、反映。记者要在瞬间记录今天的历史，他们必须在截稿前或就在事件进行之中作出判断，而不同于历史学家那样可以有充分的时间沉思默想，考证研究。有时记者不可避免地可能在判断事实上出错，因此，大凡成功的记者往往都是最精明、最敢于冒险，又最小心谨慎的人。

无论时代发生什么变迁，无论技术手段多么进步，作为记者，始终要充分发挥自己的聪明才智，用清醒的头脑来观察、判断、选择、报道新闻，这是记者职业道德的核心内容。只有尊重事实，用事实说话，才能行使记者的使命。

### 2. 素质构成

依照心理学的解释，素质是人的先天解剖生理特点，主要是感觉器官和神经系统方面的特点。

素质是人的心理发展条件，不能决定人的心理内容和发展水平。人的心理来源于社会实践，素质也是在社会实践中逐渐发育和成熟起来的。某些生理素质上的缺陷可以通过实践和学习得到不同程度的补偿。

对于新闻记者来说，知识总量的汇集，能力的提高，修养的培育，作风的形成，品格的铸造，自然也有一个逐渐积累、成熟的过程。

一个称职的记者应该具备哪些基本素质呢?

从记者工作的特性和职责看，应具备良好的政治素质、精神素质、业务素质。

政治素质的要求是：坚持真理、坚持正义，具有高度社会责任感和政治思想水平；

精神素质的体现是：热爱事业、献身事业，具有顽强的职业作风，强烈的竞争意识；

业务素质的构成是：深厚广博的知识，纯熟的技巧，综合的能力。

### *(1) 政治素质*

任何一个国家、政党的电视媒介，都有其政治主张、政治观点，中国当不例外。任何一个电视机构都会受本社会、本阶级、本民族的影响、控制，只是程度不同而已。在我国电视的主要任务是宣传党的政策、方针，教育、鼓舞、激励人们投身国家的各项事业中，为国家的繁荣昌盛贡献自己的力量。由于这一重要特征，决定了中国电视的性质——党、国家和人民的宣传媒介。它一方面要传播党中央的声音、传播、报道国家的重要政策、法律以及各个时期的工作重点；另一方面要反映人民群众的呼声、要求、愿望，以便起到“桥梁”作用。

我国电视的性质规定了记者的政治素质必须与党和国家的要求相一致。唯有如此，才能从宏观上把握党的宣传精神，在微观中加以贯彻、体现。

在我国，党和人民的根本利益是一致的，所以不能违背这一根本利益，不能超越于党派、社会、人民，而应为本阶级的利益从事电视工作，才不会被社会、时代、人民所淘汰。

政治思想水准之于记者，其重要性占据首位。政治上站不住脚，其他一切都无从谈起。当然，政治思想水准不是空洞的口号或标签，而是对国内外形势的准确把握，对各个时期的宣传精神的领会、贯通，尤其是生动、准确、具体地把党和政府的宣传精神体现在电视节目中。

社会责任感是记者政治素质的另一个重要内容。记者的工作责任重大，需要具备较强的社会责任感。

记者在采访报道中批评什么、赞扬什么、肯定什么、否定什么，都具体地反映出记者的社会责任感。

记者的新闻采访活动本质上是一种社会活动。记者对人类世界发生的事物是否有明智理解，对报道内容同社会发展密切的关联程度是否有清醒认识，都直接影响到传播的社会效果和电视机构的声誉。

记者也是一定意义上的社会活动家。观众对记者采访报道的信赖程度往往取决于记者对人类、国家、民族、公众利益的关心程度。

反过来，记者的采访活动也时刻受到公众和社会的监督。记者要胜任本职工作，一定要具有良好的政治素质。

### (2) 精神素质

从纯职业的观点看，记者工作既意味着光荣与神圣，也意味着艰辛和危险。

从某种程度上讲，记者工作是高强度的脑力与体力劳动的结合。这种工作的特性决定记者的精神追求与付出。

热爱与献身是相互促进的。热爱，是动力的源泉；热爱，才能有所追求；热爱，本身就是力量。献身是一种崇高的精神境界，它促使主持人调动自己的潜在力量、勇气、智慧，为了实现理想去做艰苦卓绝的努力，甚至牺牲自我利益。

可以说，由热爱、追求、献身而形成的顽强的职业作风和强烈的竞争意识，反映出记者采访活动的特殊性。这种特殊的工作也充满了刺激和传奇色彩，许多优秀记者正是被这样的特殊状态所吸引，所激励。他们不畏惧危险，不躲避艰辛，不害怕吃苦，反而在危险、艰辛、劳苦中体会出人生经历和职业活动的乐趣，促使他们调动自身的潜在智能，无比的勇气和信心，为完成记者的神圣使命而奋斗不止。

### (3) 业务素质

能力、知识、技巧是构成记者业务素质的基本因素。

人的知觉或思维活动是人在从事这样那样的工作或操作中进行的。若要顺利地、成功地完成工作，重要的前提是具备相应的综合业务能力。

任何单独的能力都不能成功地完成某种活动。例如，学习活动需要观察力、记忆力、概括力、理解力等等。记者的新闻采访实践活动是复杂的劳动，更需要多种能力的综合。

记者业务能力的发展是在掌握和运用知识、技巧的过程中完成的。离开了知识的学习积累和业务技巧的训练掌握，业务能力是得不到发展的。同时，能力在一定程度上决定着记者在知识、技巧的掌握上可能取得的成就。

记者要提高自己的业务素质，需要在能力、知识、技巧三个方面下工夫。

能力是为顺利完成特定活动在个体经常、稳固地表现出来的心理特点，因此，它是在个体固定下来的概念化的东西。

知识是头脑中的经验系统，它以思想内容的形式为人所掌握。

技巧是指那些在个体固定下来的行动方式，这些行动方式虽然具有概括性，但它相对来说仍是比较具体的。而能力不是这些行动方式本身，而是调节这些行为方式的心理活动的概括化。

记者在采访中对具体方式的掌握，这是技巧；在运用技巧的过程中，如果支配动作的心理过程进行的敏捷性能够经常出现，并成为巩固的概括化系统时，它才成为能力。

在记者的新闻采访活动中，能力、知识、技巧密切地联系着，他们之间相互联系和相互制约的体现是：掌握知识、技巧以一定能力为前提；能力制约着掌握知识、技巧的快慢、深浅、难易和巩固程度；而知识的掌握又会导致能力的提高。

“电视采访记者应该是一个什么样的人？应该是感觉灵敏、理智、好奇、热忱，有耐力，富于想象力，灵活，有创造性，可信赖，足智多谋，真诚，顽强，富有同情心，机警，勇敢，自信……优秀的电视记者为观众、为采访对象，也为自己做能提供新信息的采访。”*（肯·梅茨勒：《创造性采访》，96 页）*可以说，电视记者业务素质的提高主要从能力、知识、技巧三个方面进行综合培养，这也是其职业特征所决定的。

## 本章重点

1. 电视采访的基本含义是：记者认识客观事物、采集、发现、挖掘事实的特殊的调查研究活动；也是电视报道的表现手法之一；还是许多电视节目表现形态的突出特点，成为一种节目样式。

2. 在即时通讯时代，技术的进步可以使电视记者用过去难以想象的方式、手段、速度进行采访报道。采访的含义、作用、方式等已突破了传统的认识，得到进一步拓展。因而，学习电视采访，不但要继承采访活动的历史遗产，而且要关注现代电视采访的新趋向。

3. 追根溯源，职业记者的采访活动已经有 500 多年的历史。公元

15世纪末到16世纪末，就出现了以传递消息为主的手抄新闻、活页小报，专门从事采集消息的资本主义萌芽时期的早期记者开始了较随意的采访活动。

4. 17世纪初至17世纪末，定期印刷报纸诞生，专门从事新闻采访活动的近代记者成为一种独立的社会分工。18世纪初至18世纪末，日报出版发行，记者从编辑、出版、发行工作中分离出来，成为专门采集新闻的专职记者。18世纪中期至19世纪中期，通讯社诞生，标志着记者职业大军形成。

5. 19世纪中期至20世纪20年代，电讯新闻诞生，促使记者采访进入了飞跃发展阶段。新闻报道原则得以确立；新闻文体形成一定风格；新闻报道手法、写作要领、采访方法进一步得到确认。这一切变化和发展对记者采访提出了真实、准确、快速的要求。

6. 20世纪20年代，广播诞生；30年代，电视诞生；记者采访活动进入了电子化时期。至20世纪60年代，通讯卫星、微波通讯技术的发展，又使记者的采访进入了即时通讯时期。从此，四大传媒展开了竞争，这对记者的采访时效、采访技巧、采访手段以及自身条件都提出了新的挑战。

7. 电视采访的发展历史是一个在短时期内迅速发展、变化的惊人历程。从时间流程上看，电视采访在每一个年代都有历史性的变革，其主要表现是：加快采集速度、扩大采访范围、同期采录图像和声音、记者进入画面，采摄分工。

8. 电视采访的作用突破了以往的范围。不但是新闻报道的采集方式，而且成为一种表现手法；不但是报道的基础，而且成为报道的一种形式；不但是报道中插入的内容，而且成为一种结构方式；不但应用于新闻节目之中，而且应用于其他类型的节目之中；不但是一种有效手段，而且成为节目的突出表现形态；不但展现记者提问的技巧，而且树立了记者形象；不但在固定场所进行采访，而且可以活动采访；不但以画面形式表现，而且可以弥补画面的不足，构成特定的画面内容；不但进行前期采访策划，而且能够同期报道，使采访的进程与报道的进程同步化。

9. 记者的职业道德是记者新闻活动的行为规范和准则。其内容包括：指导思想、品德修养、立场态度、工作作风、事业心、责任感等。

记者职业道德的核心内容是尊重事实，这是贯穿于记者新闻活动的根本性的指导思想。记者的立场、作风、态度、事业心、责任感都围绕这个核心而发挥作用，离开了这个核心，职业道德就没有了着眼点，失去了目标。

10. 记者职业道德的体现形式一般通过“记者守则”、“记者信条”、“岗位规范”等形式得以体现。在世界上，大多数国家新闻机构都确认记者职业道德中最重要的内容是：客观、公正、真实、准确、庄重地报道新闻；向读者、听众、观众负责；保持正直和独立；保守国家秘密；保护消息来源；尊重他人名誉；不得接受贿赂，不搞有偿新闻等。

11. 培养提高记者的职业道德，起码要从四个方面努力：一是职业道德法规的约束；二是新闻机构的监督；三是新闻教育的熏陶；四是记者自身修养的加强。

12. 记者的政治素质要求是：坚持真理、支持正义，具有高度社会责任感和政治思想水平；精神素质的体现是：热爱事业、献身事业，具有顽强的职业作风和竞争意识；记者的业务素质构成是：深厚广博的知识、纯熟的技巧和综合的能力。

**思考题**

1. 电视采访的基本含义是什么？

2. 职业记者采访活动的历史演变经历了哪几个时期？

3. 记者职业大军形成的标志是什么？

4. 电视采访的拓展在时间流程上都有哪些阶段性的飞跃？

5. ENG 技术手段的采用，对记者采访起到什么样的根本作用？关键性的突破是什么？

6. 电视采访的广度与深度主要表现在哪些方面？同电视节目发展有什么关系？

7. 采访作为表现手法起到什么作用？

8. 记者进入画面起到什么作用？

9. 采访报道同步化的优势有哪些？

10. 为什么说采访是记者行业的基本工具？

11. 采访活动同新闻报道原则存在什么样的内在联系？

12. 记者职业道德的核心内容是什么？

13. 记者为什么要加强自我修养？

14. 怎样正确认识记者的社会地位？

15. 记者的基本素质构成体现在哪些方面？具体内容是什么？

16. 知识、能力、技巧三者是什么关系？在业务活动中是如何发挥作用的？

# 第二章

電視學案例教程

# 电视采访的共性与个性

所谓共性，是指事物共同具有的性质；所谓个性，是指事物的特性。

电视采访的共性，即是新闻采访活动共同具有的性质，也就是共性规律。

电视采访的个性即是电视采访自身固有的特殊方面，也就是个性特点。

作为电视记者，必须遵循采访的共性规律，在这个前提下，把握好电视采访的个性特点，不可偏废忽略任何一个方面。

电视采访共性与个性的关系是相互依存、相互作用的关系，二者之间有着不可分割的内在联系。这种内在的联系是如何体现于电视记者的采访活动之中呢？

从整体上看，电视采访可分为共性和个性两个组成部分。

在共性方面，电视采访同文字、广播记者采访一样，要遵循采访活动的基本规律并运用基本的方法，只不过最后对事实材料处理的手段有所不同。报纸记者将事实材料以文字符号形式展示给读者；广播记者将事实材料以声音符号形式诉诸听众的听觉；而电视记者则将事实材料转化为画面、声音、文字，以流动的画面和声音进行传播，诉诸观众的听觉和视觉感官。

在个性方面，电视采访同文字、广播记者采访的最大区别是镜前采访。这种直接展现在电视屏幕上的采访发挥了电视媒介的独特优势，将记者的采访由单一的采集手段拓展为一种表现手法、一种结构方式、一种节目形态。

需要说明，电视记者的镜前采访的成功，同样也离不开先期的屏幕后的采访，包括静态采访的准备工作和到事件现场的调查研究。

电视采访正是作为节目内容的采集手段——屏幕后采访活动的共性体现；同时又作为电视节目内容的表现手法——屏幕前电视采访的个性体现；这两者的相互结合，发挥着不可替代的作用。

## 一、采访活动的共性特征

以唯物主义的哲学观来考察，采访活动是主体认识客体的活动。

因此，采访活动是一种广泛的社会活动，同时又是一种特殊的调查研究活动。

作为记者，这种社会活动的广泛性和调查研究的特殊性是怎样体现于采访之中的呢？

总括起来，社会活动的广泛性主要体现于记者的采访使命、采访视野、采访认知之中；调查研究的特殊性主要体现于采访目的、采访方法、采访时效、采访任务之中。

### 1. 采访使命

记者的采访使命是记录今天的历史。

记者的特殊使命，决定了采访的范围无限广阔——以整个人类社会为舞台。

由于记者行使着记录今天历史的使命，他的采访活动才得以影响人类社会的进程；

又由于采访活动发挥着推动历史前进的作用，记者的社会地位才无可争辩地坐上上乘之席。

据美国权威的《赫德森氏华盛顿新闻媒介联系人名录》记载，在华盛顿的记者每天拥有的受众超过记者人数的1000倍。一些传播学家认为，记者拥有的受众比世界上任何传教士、教师和政治演讲家都要多。拿破仑曾说过一句名言，记者一支笔，能抵三千毛瑟枪。

1997年，香港回归中国，全世界众多名记者云集香港，报道这一重大的历史事件。中国中央电视台进行了72个小时的直播报道；香港凤凰卫视中文台进行了60个小时的直播报道；香港无线电视台进行了48个小时的报道。可以说，香港回归的报道是一次世纪性的报道，众多媒介的记者的采访活动也是一次世纪性的活动。从中可以看到记者记录历史的使命是神圣而光荣的。

采访使命也是对记者履行职责的一种考验。

1998年8月，中国遭受特大洪水袭击，长江沿岸九江段4号闸附近决堤，《中国青年报》记者贺延光冒着生命危险第一个赶到出事现场，一边协助部队营救灾民，一边拍摄照片，同时用手机向报社不断报告情况。他以现场目击的方式，向报社发回8条消息，总共只有700余字，但现场感与紧迫感动人心魄，引起很大反响，获得全国抗洪救灾优秀新闻一等奖。

◁ 图2-1 记者采访的使命是记录今天的历史 ▷

在一定程度上讲，贺延光对长江主堤最大险情的报道，也是中国新闻界对重大自然灾害报道的一次突破——让人民群众了解实情。我们可以从下述的报道中进一步理解记录历史的意义，看到记者的使命感。

〔例文〕

## 九江段4号闸附近决堤30米<br>两千余军民奋力抢险

本报江西九江8月7日16时5分电（记者贺延光）今天13时左右，长江九江段4号闸与5号闸之间决堤30米左右。洪水滔滔，局面一时无法控制。现在，洪水正向九江市区蔓延。市区内满街都是人。靠近决堤口的市民被迫向楼房转移。

本报江西九江8月7日16时35分电（记者贺延光）现在大水已漫到九瑞公路。据悉，决堤时，一些居民还在睡午觉。现在在堤坝上被洪水围困的抢险人员大约上千人。

本报江西九江8月7日17时5分电（记者贺延光）国家防汛总指挥部的有关专家正在查看缺口。专家们决定用装满煤炭的船沉底的办法堵缺口。

本报江西九江8月7日17时15分电（记者贺延光）记者已赶到缺口处。汹涌的江水正从30米宽的缺口涌向市区。南京军区两个团正在国家防总、省防总有关专家的指挥下现场抢险。现在有一条100多米长的船无法靠近缺口，抢险队正在想办法。

本报江西九江8月7日17时40分电（记者贺延光）专家们拟定了三套抢险方案：〈1〉将低洼处的市民转移到安全地带。〈2〉市区内的军队、民兵组成一道防洪线。〈3〉全力以赴堵住缺口。

现在，一条大船装满煤，正由北向南岸靠近，准备堵缺口。

本报江西九江8月7日22时5分电（记者贺延光）截至记者21时撤离时，决堤口还没有堵上。一条装满煤炭的百米长的大船已横在距决堤口20米处，在其两侧，三条60米长的船已先后沉底。数千军民正在沉船附近向江里抛石料。水势稍有缓解。

目前，留在决堤处抢险人员总计有2 000多人。防汛总指挥部组织抢险人员正在市区的龙开河垒筑第二道防线。

据悉，市中心距决堤处的直线距离约5公里。市区内目前还未进水。记者赶回市区时看到，一些店铺还在营业。市民们的情绪较下午平稳了一些。

路上，出租车司机告诉记者，市政府已在电视上发出紧急通知，告诫市民，凡家住低于24米水位的住户，要迁到更高的楼上。

本报江西九江8月8日零时15分电（记者贺延光）记者刚刚与前线指挥人员通话：现在沉船部位上端水流有所减弱，但船下的漏洞水流仍然很急，缺口处洪水不见缓解。抗洪军民仍在连夜奋战。

本报江西九江8月8日零时45分电（记者贺延光）记者刚刚得到消息，从昨天下午4点开始，万余名解放军战士正在龙开河连夜奋战，构筑一道10公里长、5米宽的拦水坝，作为市区的最后防线。至发稿时止，仍有大批军车赶往此地。

记录历史，对记者采访提出了一个基本性的前提要求：记者必须站在时代的高度，以整个人类社会为舞台，才能完成这种特殊的使命。这个前提，决定了记者的采访视野应该是无限广阔的。

### 2. 采访视野

记者的采访视野是面向整个人类社会。

世界著名报人约瑟夫·普利策认为，倘若一个国家是一条航行在大海上的船，记者就是站在船头的望者。他要在一望无际的海面上观察一切，审视海上的不测风云和浅滩暗礁，及时发出警告。在人类社会的发展史上，许多自然科学家可以在一间斗室创造出人间奇迹，像马克尼、贝尔、爱迪生如痴如狂闭门不出潜心钻研实验，发明了无线电、电话、电唱机。然而，记者的采访若期望通过关起门来专心致志研究某一特定领域的物质现象，就能够透视整个社会，是绝不可能的。

美国哥伦比亚广播公司（CBS）的名牌新闻节目《60分钟》以其报道题材广泛、面向整个社会；报道内容深刻，具有力度；报道手法引人入胜，调查深入等特点而成为电视新闻深度报道的代表性节目。《60分钟》节目亦被看做是“美国社会的一面镜子”，一些历史学家和社会学家认为，要了解美国当今社会的状态及人们的思想情绪，较好的途径之一是看《60 分钟》。《60 分钟》节目成功有许多因素，其中较为重要的因素是记者的调查采访深入，范围宽、视野广。

◁ 图 2-2 美国《60 分钟》节目中有关中国的报道 ▷

中央电视台《新闻调查》、《焦点访谈》节目虽然推出时间不长，但很快引起受众普遍关注。其中重要原因之一，是节目具有深度和广度，触及时弊，审视了社会生活的诸多重要方面。值得提及的是，正是由于《新闻调查》、《焦点访谈》节目的记者采访活动深入广泛，才奠定了节目内容质量的基础。

在某种意义上讲，电视新闻报道作用于人类社会，首先是以记者面向整个人类社会为前提的。

记者的采访视野必须面向整个人类社会，才能够发掘和再现具有时代特征的客观物质世界。

### 3. 采访认知

记者的采访认知是主体认识客体。

◁ 图 2-3 《焦点访谈》节目报道 ▷

认知是指人的头脑对客观世界的反应，并通过这种反应得出一定的看法。

采访是记者认识客观事物的活动，这种认识活动是以唯物主义的认识论为理论依据的。换言之，采访不是借助客观表达主观意向的活动。

诚然，确认采访是记者认识客观事物的活动，并不是说记者的采访是盲目的、消极的、无意识的。恰恰相反，采访是有意识的、有目的的认知活动，因而也是积极的。

问题的关键在于：怎样认识和反映客观事物。

依照唯物主义认识论，记者采访的认识路线应该是：先有事实，后有新闻；先有采访，后有报道。

记者要在头脑中树立正确的唯物主义认识论的观念；客观事物是第一性的；采访认知是第二性的。

在某种程度上讲，采访活动始终有一个思想方法问题，记者应该把握好认识与反映客观事物的主从关系。

1991年全国电视社教节目一等奖作品《南极与人类》用生动的画面语言，向观众展示了南极那神秘壮观的极地世界。浙江电视台记者历尽千辛万苦，拍摄了6集系列片。在节目中，他们不但拍摄了南极那天造地设的自然景观，而且站在全球的高度，从自然科学和社会科学两个方面揭示了南极对人类社会的影响。节目中特别强调，南极属于全人类，是一块没有国界的圣地。为了人类和平是南极条约的宗旨，全世界的人们都应该为明天、为和平而保护这块极为神圣的净土。

可以说，这部6集系列片的报道水平取决于记者、编导的认识水准。在第二集《白色》中，揭示出发人深思的对南极的再认识：

许多人看来，这毫无生机的白色世界是被遗忘在天涯海角的太古荒野，它远离文明世界，与人类社会绝缘。

实际情况并非如此。全部科学的成就充分证明，正是这遥远的白色世界，无时无刻不在影响着整个地球系统的运转。从某种意义上讲，这白色世界和绿色世界一样，制约着人类的生存环境，控制着人类的未来。

因此，在工业污染日益严重，人们呼吁要保护绿色世界的今天，极地科学家急迫地提出，要重视白色世界的存在。

今天许多科学家投身风雪严寒的动力，已不再仅仅是对神秘的白色世界的好奇，更多的是对于人类未来的责任感。（《1991年优秀电视社教稿选》，150页，中国广播出版社，1993）

《南极与人类》虽然是一部科教系列片，但是由于创作者从自然科学与社会科学的角度去挖掘、去发现，使节目具有了深刻的内涵。节目中解剖人类社会在进行工业文明的同时对环境的破坏所造成的恶果，以此来强调保护南极的重要性；同时，深层次、多角度地分析解释南极对人类生存的影响，从而体现出南极的价值。

这部系列片，记者在许多层面上对南极进行了深入的了解、认识。极地采访不能不说是艰辛的，然而，对客观事物的认识也不能不说是复杂的、支付心力的思维活动。

我们主张，记者采访首先要在正确的认识路线指导下，花大力气，开动脑筋全面地认识客观事物。

### 4. 采访目的

记者的采访目的是：传播信息、交流信息、沟通社会。

记者采访的目的决定了记者职业的突出特征——社会活动家。

作为社会活动家，记者采访方式具有特殊性，其主要表现是：

记者采访常常以同人打交道即人际交往的方式进行，但它的性质不是纯私人的活动，而是一种社会活动。

记者代表的是所属的传播媒介，采访对象也不仅仅是代表个人，而是作为某一方面的社会现象的代表而被采访的。

记者采访的着眼点是采访对象的社会联系，以及具有一定社会意义的情况，双方接触不是为个人，而是为社会。

采访的最终结果，必然超出个人的圈子，在社会上产生广泛影响。

举例来讲，歌唱演员XXX因偷税漏税的问题，曾几次在媒体上曝光。虽然记者采访披露的是XXX个人的问题，但她是作为这类社会现象的一个代表而被采访的。采访的结果，必然在社会上产生影响。可见记者采访是在传播信息，这种目的和作用是相互关联的。

我们知道，新闻的产生是基于社会对信息沟通的需要。记者采访的目的同这种需要是分不开的。随着社会的发展，公众对信息的需求不断发生变化，人们不但需要获得信息，而且还需要信息交流。这对记者的采访提出了新的标准，“创造性的采访，不但能够传达信息，而且能够进行信息交流”。（*肯·梅茨勒：《创造性采访》，94页*）

信息交流虽然有多种渠道，但通过记者采访所交流的信息具有更广泛的社会意义，因而更具有吸引力，更能引起受众的普遍关注。

美国著名的名人专访记者巴巴拉·沃尔特斯非常善于在采访中进行信息的交流。这种交流并非是仅指记者同采访对象之间的交流，而是让信息流动到公众方面，并带着公众关心的问题来提问。

一次，沃尔特斯采访总统尼克松，尼克松对她说，希望在他夫人生日之时多谈谈他的这位配偶。沃尔特斯首先同意总统的要求，但当他们谈了一会儿后，她对尼克松说："总统先生，我们已经谈了您的家庭，现在我们来谈谈困扰着美国这个大家庭的问题吧。"接着她就提出了越南战争和吸毒等问题，尼克松都做了回答。事后，沃尔特斯对同事说，我不能够让40分钟的电视采访时间都来谈论他的夫人，我应该谈一些观众想谈论的问题。事实上，观众想谈论或人们普遍关注的问题，就是人们需要交流的内容。

简而言之，记者采访的目的及其功用主要是传播、交流、沟通。无论以什么样的形式来报道、反映客观事物，最终的目的是相同的。

明确了采访同一般调查研究的区别，再来看看采访特殊性对记者的要求。

△注重事实。

哲学家依靠概念、判断和推理说服人，文学家靠形象说服人，统计学家用数据说服人，新闻记者靠什么说服人呢？靠事实。因而，记者采访一定要能够捕捉到构成新闻事实的材料。

具体来讲，构成新闻事实的材料有这样十个方面：事件、时间、地点、人物、例证、观点、数字、引语、原因、结果。

△讲求速度。

记者采访的特点之一就是讲求速度。新闻之所以是新闻就在于是新鲜的事实。而新鲜的事实必须以最快的速度传播出来才能成为新闻。因而，在某种程度上，速度成为新闻竞争的焦点。这就是记者采访为什么要"抢"新闻的原因。

△判断准确。

有一位外国新闻学家来华讲学时说，新闻报道无非是两个字：一个是"真"；一个是"快"。这两个字道出了新闻采访的难点。既要快，又要准确。因而，记者判断事实的准确程度关系到记者的新闻生涯的声誉。任何一个记者，担心出错主要是事实判断上的失误。

◁ 图 2-4 美国著名的采访记者沃尔特斯采访古巴首脑卡斯特罗 ▷

概括起来，记者采访就是要迅速地捕捉到真实的有新闻价值的事实。

### 5. 采访方法

记者采访的基本方法是：访问、观察、体验、研究资料。

记者的采访是一种特殊的调查研究，而这种调查研究正是运用这些基本方法来进行的。

这里需要特别提示的是，其他类型的调查研究也采用这样一些方法，但因其目的不同、社会连接的方式不同，所以在方法的运用过程中仍存在很大差异。明确这些不同点，可以使我们更为清楚地了解、认识记者采访的规律。

历史学家调查研究是为了考证史实，探究历史的本来面目，他们考察，研究注重的是史料。而记者研究史料是为了武装头脑、增强洞察力，运用史料是作为背景分析，而侧重于主要事实，最新的信息。

侦探调查研究是为了破案，他们可以使用破案的手段。记者调查是为了探明事实真相，不能使用破案的手段。

记者采访注重捕捉现场场景、氛围、细节，而行政、科研调查却不必这样。

记者同人打交道是建立在双方平等自愿的基础上，因而不具有行政指令或司法上的强迫性。因而，采访的方法在使用上具有许多的特殊点。

那么，访问、观察、体验、研究资料这几种方法在记者采访中如何运用呢？

一般来讲，每一种方法都具有各自的特点，有时采用一种方法，有时采用两种方法，有时多种方法并用。这其中没有什么特别的规定，完全视采访的需要而定。

访问是以交谈或问答的方式获得事实的采访方法，有人认为75%的信息来自访问。

观察是记者亲临现场，亲眼目睹事件的发生、发展或结果，是取得第一手材料的重要途径。体验是记者感受事物的方法，可以产生最直接的、切身的体会，这种独特的方式可以在特殊情况下发挥特殊的作用。

研究资料是为正式采访而进行的采访。我国著名记者艾丰认为，它是采访的入手点，也是最基本的方法之一。

电视记者在运用这些方法时，同其他媒介记者一样要遵循基本规则。所不同的是，电视采访的一些方式能够作为报道的形式或节目样式在屏幕上展现出来。

◁ 图 2-5 记者运用提问方法进行采访 ▷

◁ 图 2-6 记者运用观察方法进行采访 ▷

例如，中央电视台《万家灯火》节目的“体验”栏目，就经常采取记者体验感受不同生活角色的方式进行采拍报道，具有一定的趣味性和启发性。有一次，记者张越体验一个残疾人的生活，从早到晚坐在轮椅上到社会上进行各种生活中必须进行的活动，打出租车、看电影、打公用电话等等，另外的记者将她的感受和所遇到的各种情况采拍下来，展现在屏幕上，给人以独特的视觉感受。

当然，体验感受的方法并不仅仅是用于这样的采访活动中，它还适用于其他特殊的采访活动。例如，新华社记者郭超人，20 世纪 60 年代采访中国登山队员攀登珠穆朗玛峰的壮举时，就亲自登上了 6600 米的高度，写下了著名的通讯《英雄登上地球之巅》。

### 6. 采访时效

记者的采访时效是分秒必争。

相对来讲，记者的采访作为一种社会活动，其中突出的特点之一就是讲求时间效率，有时甚至要与事件的发生同步进行。

截稿时间、播出时间对记者采访时效具有一定强制性的要求，这种时间上的压力往往可以锻炼记者采访的速度。

有时候，记者处在一种刻不容缓的状态，心理上会产生较大的压力，这时镇定的态度、纯熟的技巧往往可以减轻这种压力。

“抢新闻”这三个字形象地刻画了记者采访的状态。对于采访动态性新闻的记者来说，时间好比是催促的动力，时刻要想到截稿的时间在等待着，这不能不说是一种挑战。

在某种意义上讲，时效性集中体现了记者采访的难点——在有限时间内挖掘到新的、真实的、有价值的信息和事实。

时效性也使记者采访蒙上了激烈竞争的色彩。对此，可以从美国总统约翰·肯尼迪遇刺事件的报道中略见一斑。

1963 年 11 月 22 日，美国达拉斯时间 12 点 30 分。肯尼迪总统的车队的最后一辆车——第六辆上的合众社记者梅里曼·史密斯听到一声枪响，职业敏感使他立即抓住车上的无线电话向合众国际社达拉斯分社报告了这一消息“总统车队遭到枪击”。同在第六辆采访车上的美联社记者听到枪声也迅速反应过来，他要抢过史密斯的电话，结果两人滚作一团。最后史密斯拼命抱住电话不放，连续报道他认为是他生命中最重要的一条新闻。事后，随总统采访的新闻车安装上了两部电话。

◁ 图 2–7　肯尼迪葬礼的报道。这是肯尼迪妻子和小女儿 ▷

枪响 4 分钟后，史密斯报告的消息就在电传打字机上吧嗒吧嗒响起来，向电台、电视台、报纸发布新闻：

“合众国际社达拉斯 11 月 22 日电：肯尼迪总统的车队今天在达拉斯商业区遭到三枪袭击。”

12点 36 分，唐·加德纳在纽约 ABC 电台播出了这条消息，离枪响后只过了 6 分钟。

肯尼迪总统被送到白克兰德医院。史密斯紧跟着到医院，他看到倒在血泊中的软弱无力的总统，立即跑到医院的一个公用电话间，向达拉斯分社发出第二条消息。这条简讯在12点39分在合众国际社电传打字机上打出并传向四面八方：

“肯尼迪总统伤势严重，或许很严重，或许遭到暗杀子弹的致命伤害。”

一分钟后，CBS的沃尔特·克朗凯特突然出现在系列片《当世界改变时》节目中，打断正常播出，根据这两个简讯报告说：

“在得克萨斯州达拉斯市有三枪射向肯尼迪总统的车队。第一次报道说，‘总统伤势严重’。”

几分钟后，广播、电视的听众和观众一片恐慌和震惊。

1点35分，人们听到总统已经离开了人世的消息。这时人们都把目光转向了电视，了解事态的发展。

以后的4天，电视连续报道了这一事件及事件引起的反应和变化。肯尼迪遗体的运送、副总统约翰逊的声明、有关凶手的情况、各国政府首脑的抵达、葬礼的准备和进行。三大电视网联合报道了肯尼迪葬礼，动用了50部摄像机，通过卫星传向世界。

在电视连续报道这一事件时，一些观众在三天中只睡了6个小时，其他时间都守在电视机旁。

这一年度的普利策新闻奖授予了肯尼迪遇刺的报道，充分反映了新闻传媒的时效性，也反映了记者采访活动分秒必争的共性要求。

### 7. 采访任务

在记者的日常采访活动中，采访主要有这样三项具体任务：采写公开报道的新闻；采写不公开报道的内参；建立信息网络。

#### *(1) 采访公开报道的新闻*

采访公开报道的新闻是记者日常工作最基本的任务。

公开报道的新闻一般包括这样一些内容：社会生活中具有新闻价值的动态、事件、问题、面貌、成就、经验、人物、思潮、趋势等。

记者要履行这一职责，在日常采访活动中就要迅速地了解到典型的有新闻价值的事实。

采写新闻，必须以敏锐的目光捕捉到标志社会发展趋向的事物；

采写新闻，必须善于从纷繁复杂的事物中，发现新生事物的萌芽；

采写新闻，必须胸中装着全局，对国家、政府的方针大计有透彻的领会，对国家当前的中心工作有深层的认识；

采写新闻，必须对世界风云密切注视，对国际形势应有透彻的分析；

采写新闻，必须考虑受众的因素，民众的利益，对社会弊端给以披露。

### *(2) 采写内参*

记者出去采访一般都是根据一定新闻线索，有目的的为公开报道而采访。但在采访的过程中，记者还有一个职责：采写对国家、政府工作有参考价值的不适合公开报道的内参。所谓内参就是内部情况参考材料。

记者采写的内参可以直接递交有关领导部门，也可以刊登在新闻机构自编的情况汇编上，这些情况汇编一般递交上级主管部门。

△内参的作用：

一篇内参稿的作用，不一定比一篇公开报道的作用小。记者采写的内参对解决实际问题往往起很大的促进作用；对实际工作起很大的推动作用；许多情况通过内参形式反映到领导机关，对领导者了解民情和社会动态；对决策机关制定政策都有一定参考价值。

△内参的内容：

具体来讲，有以下几个方面。

其一，国家和政府的方针、政策在贯彻执行中出现的情况和问题，特别是实际工作中的困难、偏向、错误和缺点；

其二，各阶层人的要求、意见；

其三，群众生活中的困难、工作中的障碍；

其四，某个时期的社会思潮；

其五，社会上的不良倾向、不正之风；

其六，某个突发事件、自然灾害的详情；

其七，不够成熟、带试验性的经验、做法；

其八，国际上的有参考价值的情况。

### *(3) 建立信息网络*

一般来说，记者采访到哪里，就应该把信息网络扩建到哪里。

建立信息网络的作用一是扩大新闻线索;二是沟通和受众的联系。

具体讲,建立信息网络包括这样几项工作:

一是同采访对象保持联系;

二是同通讯员理顺关系;

三是同受众搭起桥梁。

同采访对象保持联系对于记者来说是搞好连续报道的纽带。许多新闻可能是发生在某个时间数年后,记者重又进行采访的人所提供的。例如《为了周总理的嘱托》这篇报道就是事情发生数年后在新的历史背景下采写的。

同通讯员理顺关系对于记者来说是保持新闻线索来源的重要渠道。一般说,记者采访总是同通讯员打交道比较多,通讯员就是负责某个部门、单位新闻报道的具体人。

同受众搭起桥梁对记者来说也是了解情况和增加信任感的重要一环。具体讲,在工作中应受理好受众来信。例如:美国《60 分钟》节目 1/3 线索来自观众来信。节目主持人都要选择来信亲自回信,不能回信的由专人负责答复观众。

记者的信息网络建设得好,采访越容易深入、打开局面。

自觉有意识地同人建立联系、广交天下,往往是世界上优秀记者身上共同的突出特点。例如李普曼、范长江等著名记者在谈及记者生涯时,都将同人打交道,交朋友视为记者工作的重要一环。

从上述三方面具体职责看,记者每到一地采访,既要结合上下,又要联系左右,才能达到沟通社会、传播新闻的目的。

每个记者都会为他的新闻报道传播范围广泛、能引起社会注意而兴奋;每个记者都会为他的内参解决了问题,推动了实际工作而欣慰;每个记者都会为他的社会联系广泛,朋友众多而感到快乐和高兴。

记者工作之所以吸引人,有“诱惑力”,正是因为记者所屡行的职责是令人兴奋的。

### 8. 采访工序

从整个新闻传播的程序看,采访是第一道工序,是新闻传播过程中的第一环节。这个过程,可以用图表方式显示:

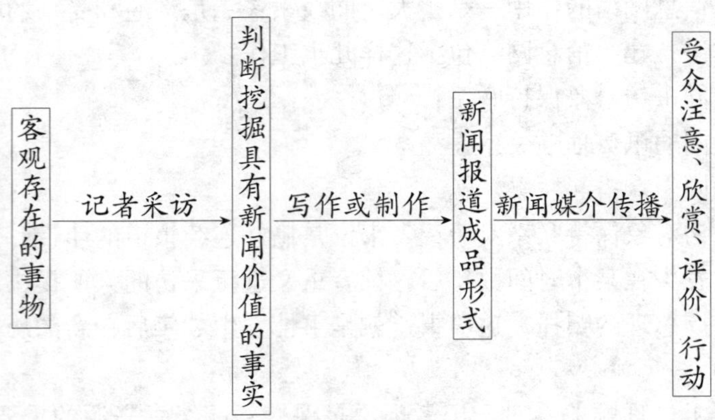


有经验的记者在谈到采访和写作关系时认为，七分采，三分写；或者八分采，二分写。意思是说，如果记者采访的时间或者精力所耗为十分，那么七分或者八分应该花在采访上，三分或两分花在写作上。因为，没有采访，哪来的“原料”，没有“原料”，又何以“加工”。道理是如此简单明了，但初学采访的记者往往容易本末倒置。我国著名记者艾丰在一次讲学中曾说过这样的话，如果一个记者采访后得到的材料在报道时用上了80%或50%以上，那么这个记者的采访是不深入的。一般说，记者采访后报道用上的材料只占全部材料的很少部分而又能说明问题，那么记者的采访是下了工夫。

强调采访是报道的基础并不是说写作或制作就不重要。早在60多年前，我国著名记者邵飘萍在著作《实际应用新闻学》中就强调，构成一张报纸的最主要原料厥为新闻，而新闻之取得乃在采访。俗话说：“巧妇难为无米之炊”，采访与报道关系亦是如此。如果采不到有价值的事实材料，即使“妙笔生花”，制作技巧“花样百出”也是无济于事的。

中外新闻作品的佳作，名记者成功的经验之谈，往往都是离不开高超的采访能力所致，我们应该从前人的实践中汲取、消化他们的经验。

不会采访就不会当记者。这是中外新闻界同仁一致的看法。翻阅一下新闻学著作，从20世纪初美国报人休曼所著《实用新闻学》到20世纪40年代末哈里斯等人写的《全能记者》，再到70年代曼切尔著的《新闻报道与写作》等书，都是把新闻采访作为新闻报道过程中最重要的部分来阐述的。从我国最早的20年代初出版新闻学著作《实际应用新闻学》（邵飘萍著）、《应用新闻学》（任白涛著）到40年代的《综合新闻学》(任白涛著)、《新闻学讲话》(恽逸群著)，再到80年代的《新闻采访方法论》(艾丰著)、《新闻记者入门》(孙世恺著)等著作，也都是把新闻采访作为重要的课题加以研究的。《纽约时报》的一位总编辑一次在美国一所新闻学院讲学时曾声称，新闻学院只要开好一门课——新闻采访，就可以教会学生如何做记者了。他的话虽然讲得过于绝对，但他强调了采访的重要作用。

综上所述，我们可以看到，报纸、通讯社、广播、电视记者的采访活动存在着共性的规律，他们在采访使命、采访视野、采访认知、采访目的、采访时效、采访任务、采访工序等方面都具有共同的特征。

电视记者应该看到：文字记者从公元14世纪中叶就已开始了采访活动，广播记者也早于电视记者走向成熟。对于他们的经验和传统，不但要加以继承，而且还要丰富和发展。

西方新闻界有这样一种观点：优秀的记者应该具有哲学家的头脑，文学家的眼睛，历史学家的深沉，侦探的机警，法官的明智。

为什么记者要具有如此高的水准和智能呢？

原因在于记者采访活动的劳动对象是变化多端的大千世界，记者的采访是广泛的社会活动，又是一种特殊的调查研究活动。

马克思说："要使报刊完成自己的使命，首先不应该从外部施加任何压力，必须承认它连植物也具有的那种为我们所承认的东西，即承认它具有自己的内在规律，这种规律它不能也不应该由于专横暴戾而丧失掉。"*(马克思：《〈莱比锡总汇报〉的查封和〈科伦日报〉》，载《马克思恩格斯全集》，第1卷，190页，人民出版社，1972)* 作为一种社会活动，一种社会现象，采访具有自身相对独立的内在规律。在这一点上，我们也要学习外国记者所积累的好经验，用辩证的方法加以分析、借鉴。

## 二、电视采访的个性特点

论及电视采访的个性特点，不能脱离电视媒体自身的特质。

电视能够在诸种传播媒介中后来居上，在于它展现了一个活生生的"声像世界"。而电视采访的个性特点正是围绕这个"声像世界"的展现而形成的。

毋庸置疑，电视采访的个性特点是由电视媒介的特点而决定的。归纳起来，电视采访的个性特点主要表现在采集手段、采访形式、思维方式、表现元素、形象画面报道、采摄分工、集体协作等几个主要方面。

把握电视采访特点，在思想观念上不能僵化。下述几个重要的前提，需要特别强调。

其一，现代电视采访的个性是有条件地、相对地存在着的。因而，不能将电视采访的个性特点绝对化，或者固定化。

其二，电视采访的个性特点也是在变化过程中形成的。因而，电视采访的个性特点在发展过程中仍然存在着不断演变的可能性。进步的同时或许会甩掉落后的东西；一成不变的事物是不存在的。

其三，电视采访的个性特点不是孤立地存在，而是在相互比较下而存在的。因而，电视采访反映出它自身的特殊性，它不可能离开采访活动的共性而独立存在。

其四，电视采访的作用是巨大的，而且潜在的功能还有待开发利用。但是，过分地夸大或绝对化地强调其个性特点，势必会给实践带来严重的损失，也会使思想认识走入误区。因而，正确地、客观地、全面地认识电视采访的个性；在一定条件下、能动地运用电视采访的优势；关注于开发电视采访的潜在功能；才能够在观念上、认识上、行动上更好地理解和把握电视采访的个性。

### 1. 现代的采集手段

手段是为达到某种目的而采取的具体方法。

电视记者离开现代电子化的采集手段，就无法将活动图像素材“记录”、“再现”。

可以说，现代电子化的采集手段，是电视记者采访的必备“工具”，离开它们，就无法“生产”。这也是同其他传媒记者采访首要的区别之一。

传统上，文字记者采访手段非常简便，一支笔、一个笔记本就可以走出去采访。即使是现代文字记者使用步话机、录音机采访也比较轻便。广播记者携带一个小型录音机就可以搞录音报道，有一台短波发射机亦可以进行同步现场口头报道。在第二次世界大战期间，广播正是以快捷、及时的优势，进入了“黄金时代”。美国 CBS 著名记者爱德华·默罗也正是以《现在请听》、《这里是伦敦》现场广播报道赢得了“民族英雄”的称号。当时，他所配备的设备仅仅是短波发射机和话筒。

◁ 图 2–8（A） 我国国庆 35 周年大型报道 ▷

对于电视采访来说，首要的前提条件就是要配备一整套的成系统的采集传送设备。1984 年 10 月 1 日，中央电视台现场直播首都庆祝中华人民共和国成立 35 周年阅兵式和群众游行实况。当时一共动用了 22 台摄像机、200 多人，是新中国成立以来最大的一次转播活动，并通过卫星向国外发送。

作为电视记者，必须掌握现代化电子采集技术手段，并熟知与之相配套的各个技术环节，否则就不能适应电视采访的特性规定和要求。

◁ 图 2-8（B） 采集手段的进步展现了现代采访的新潮流 ▷

一般来说，常规的采访离不开摄像机、话筒、灯光等起码的技术手段；大型的采访活动则要动用转播车、卫星以及成套的人马，包括摄像、灯光、录音、切换、视频技术等人员。所有这一切技术设备和人员都是为传送电视活动图像而设置的。而电视记者则要通过运用这些技术手段，将自己对客观事物的采集以画面的方式报道出去。

从更深层的意义上讲，采集手段的进步也是现代传播的突出特征，可以说电视采访展现了现代采访的新潮流。

电视在瞬间向亿万人传播具有永恒历史意义的图像时，它也为人类留下了一大传播奇迹。使亿万人惊讶、震动、思索。那些具有全球意义的电视画面，不正表明人类用自己创造的奇迹，为后人留下了珍贵无比的活动的历史画卷么？

电视诞生半个多世纪以来已经为全人类留下了一幅幅精美绝伦、奇特无比、内涵深刻、悲痛欲绝的活动画卷，这些画卷早已深深印在亿万人的脑海中。

现代采集手段，不但是电视记者采访的特点，而且代表着现代传播的发展走向。对此，可以从人类登月的电视报道过程略见一斑。

世界电视史上最壮观的场面是人类登月的实况转播。在人类着手登月之前，电视就已做好各项准备工作，向月球发起挑战。

"阿波罗"号宇宙飞船空中试验始于1968年年底；同时宇宙飞船上安装了电视播控室和发射机。

1969年7月20日，"阿波罗"号首次载人飞行绕月球163圈，观众从电视上看到了这一奇观。人们看到了月球的景色，看到人在月球上行走时似乎没有重量。一组画面给人们留下了极为深刻的印象：宇航员缓缓漂浮在他们的小演播室中，对着摄像机说："抓住这些家属送的卡片和信件。"——这是真实的画面。

同年12月底，宇宙飞船第一次绕月球飞行时，观众和宇航员同时看到了荒凉而令人生畏的月球表面。宇航员詹姆斯A.洛弗尔小心翼翼地在宇宙飞船中走动时说："看起来像烧石膏或像一种灰色的海滩沙子。"

1969年7月，人类历史掀开了新的一页。一艘叫"鹰"的宇宙飞船将要把两个人带到月球——"安宁之海"上。宇宙飞船飞行一周前，报纸登了如下文字：

> 当阿姆斯特朗从"鹰"号宇宙飞船舱口连接月球表面的九级云梯走下来时，电视史上最伟大的节目就会拉开序幕。阿姆斯特朗从云梯上端走到第三级时，宇航员会用左手拔出一个手柄，打开一个储藏机舱，里面一台黑白电视摄像机就会把镜头对准这一切。
>
> 阿姆斯特朗的双脚小心翼翼地从云梯上往下移动。
>
> 不一会儿，地球上的人就会看到在月球上行走的人。
>
> 电视实况转播使无数人的心脏与事件同步跳动。一切按着计划进行着。
>
> 阿姆斯特朗终于成功地登上了月球。他站在月球上说："对一个人来说，这是一小步；但对人类来说，这是一大飞跃。"

◁ 图 2-9（A） 美国著名新闻节目主持人克朗凯特报道人类登月 ▷

此后观众看到第二个宇航员埃德温·奥尔德森加入了阿姆斯特朗的行列。他们俩架起了第二台摄像机。观众在地球上看到两个人在月球上跳跃行走，很像一对大袋鼠，收集着石块儿。他们把用尼龙和硬质塑料做成的美国国旗放在月球上，以使它在失重时永远飘扬。

之后，电视屏幕的另一面上出现了尼克松站在白宫椭圆形办公室的镜头。总统深情地说：“这是有史以来最富有意义的一次通话。”

在总统办公室里，摄像机拍下了尼克松在地球上和在月球上的宇航员通话的双画面镜头。

尼克松接着庄重地说：“由于你们所完成的业绩，太空已经变成人类世界的一部分。并且，由于你们从‘安宁之海’和我们通话，这就激励我们要加倍努力把和平与安宁带给地球。”

阿姆斯特朗回答道：“谢谢你，总统先生。我深感荣幸，来到这里不仅代表美国，而且代表所有国家热爱和平的人们……”

◁ 图 2-9（B） 宇航员将美国国旗插在了月球上 ▷

阿姆斯特朗和奥尔德森在月球上停留了 2 个小时 21 分钟后，返回机舱，向地球飞回时，电视网开始报道来自美国及世界其他国家的反应和评论。

这次宇宙飞船发射吸引了50万人到发射现场观看发射景象。这些人中有新闻记者、外交官、各国名人。这是一次奇特的大集会，有的人乘坐飞机，有的人坐火车，有的人驾驶高级轿车，还有的人骑着自行车或步行从美国各地及世界各地赶来观看人类史上这一伟大的奇迹。

自此之后，无论探险家们走到哪里，都有电视摄像机伴随着他们，向全人类展示他们的活动。

### 2. 独有的采访形式

屏幕上用特定现场背景作衬托的采访是电视采访的独有形式，也是同其他传播媒介采访形式的最大区别之一。

由于有特定现场背景作衬托，电视采访不但能够传达信息，而且能够传达形象。

为此，电视采访必须考虑比文字、广播采访更多的问题。

第一，电视采访要能够捕捉“感觉”，并能在特定的现场环境氛围中引出信息。观众通过屏幕可以看见并感觉到某人在回答问题时的神情，这些神情有时比言语更能说明问题。观众也可以从采访的地点环境的展现过程中，获得许多从属信息。

第二，电视采访必须给人以不紧张、事先没有摆布的真实感。“最好的采访是那种忘记了布景、摄像机和所有一切，完全沉浸于谈话及所有敏感的问题之中。”*（肯·梅茨勒：《创造性采访》，102页）*有时候，明明是真实的东西，由于掺杂了摆布的因素，会给观众一种造假的感觉。因而，电视采访引入屏幕，应格外留意屏幕效果。

第三，电视采访以人的活动为主体，记者必须能够在大庭广众的现场环境中同人打交道，同时要以快速采访提问交谈的技巧在几分钟内得到通常要花几小时才能得到的东西。有时候，大庭广众下的快速采访并不十分简单，既要传达有用的信息，又要传达某种印象。

第四，电视采访不允许使用深奥难懂的语言作口头叙述或采访问答，那样就会排除了广大观众。“如果采访忽略了观众，那么这种采访就是失败的采访。”*（肯·梅茨勒：《创造性采访》，102页）*不使用深奥难懂的语言，并非意味着电视采访是浅显的、初级的，而是要求简洁、通俗、易于理解。

第五，电视采访要设法创造一种和谐的气氛，同时要注意采访的态度、语气、举止乃至服饰。因为观众在检验着记者的一举一动。从记者在屏幕前频繁露面的过程中逐渐了解记者的主张、思想、能力、风格、个性。

1996年3月27日，中央电视台《焦点访谈》节目主持人水均益采访了到我国访问的联合国秘书长加利。这次专访从几个方面体现出电视采访的特点。

首先，北京街头快速采访并不简单，捕捉到有价值的信息需要花费很多的心思。

正式采访前，节目拟定以对话方式来进行采访，并用中国老百姓的问题提问。出乎意料的是，在街头的采访中，许多人对联合国以及加利本人似乎都不了解，提不出什么问题。有些人反问道："加利是谁啊？""他是干什么的？""联合国？联合国没什么作用吧？"

水均益等三人从天安门转到北京展览馆附近，在外交学院门前遇到了一队小学生。水均益问一个小女孩："假如你见到联合国秘书长，你想不想问他什么问题？"小女孩想了想说："我想问他：联合国有多大，您的官有多大？"另外一个小男孩在一旁插过来说："叔叔，我想问他，现在好多国家都在打仗，能不能让他们别打了？"

孩子们这些天真的问题给了水均益很大启发。对于大多数中国观众来讲，联合国以及国际事务似乎是太遥远，人们对这些事既不太了解，也不甚关心。正因为这样，对加利的采访就更应该由浅入深，让观众易于理解。

其次，创造和谐的气氛，有利于采访的顺畅进行。水均益同加利刚一见面，就用阿拉伯语问候他，并作自我介绍，曾经在开罗当过驻站记者，并采访过加利。加利听后，脸上的表情由惊讶变成了亲切。

在正式采访时，水均益用小女孩的话作为切入点，他对加利说："秘书长先生，请允许我告诉您，今天在这里采访您的除了我本人以外，还有许许多多关心联合国，关心您个人的中国人，因为我也带来了一些我问观众的问题。现在我想先从一位北京的小学生给您的问题开始我们今天的采访。这个小女孩请我问问您，联合国有多大？您的官有多大？"

加利听后满脸布满了笑容，他首先表示，在回答这个问题前，他要向这个小姑娘说一句话。加利用中文说："我们都是朋友。"在场的人全都笑了。

笑声过后，加利说："联合国就像是一个大家庭。就像这位小姑娘的家有父亲母亲、兄弟姐妹一样，联合国这个大家庭一共有 185 个成员。联合国就是这 185 个成员的家。联合国秘书长的权力并不是很大，他不过是这个大家庭的仆人。他就像一个大管家，负责保护这个家，每天早晨开门、打扫卫生……而且他要努力让这个家的每一个成员彼此和睦相处，如同亲兄弟一般。因为这个家里经常会出现一些争论，秘书长的作用就好像是个调解人，他的角色是解决争论，平息争吵……"

加利慢慢地叙说着，他身后的背景是黄色的墙壁，身边放着一杯热茶，茶杯里冒出热气在他脸旁慢慢散发着。这样的气氛就好比在温暖的房间里愉快地谈天说地一样。

水均益作为采访记者，产生出这样的感受："在我看来，此时的画面就像是冬日里壁炉旁的一幅图画，一位祖父在向自己的孙女讲述一个童话故事。他是那样地耐心，那样地循循善诱，那样地投入。加利真正进入了一个我们为他设定的角色。此时此刻，我无法想象坐在我面前的这个人就是当今联合国最高行政长官，是一位全球知名的'国际法专家'。他虽然享誉全球，满腹经纶，但是他却如此慈爱，如此平等地对待一位中国首都的小学生。"*（水均益：《前沿故事》，184 页，南海出版公司，1998）*

在某种程度上讲，创造和谐的气氛，并能够捕捉特定感觉，从中引出信息，对于采访对象和记者本人都是十分有益的。

水均益对加利的采访正是在这种氛围中取得了较好的收视效果。加利十分坦率地谈到了联合国的改革、目前的处境、未来的前景、中国在联合国中的作用等重要问题。水均益也不失时机地借观众的问题问了如何制止某些大国利用联合国干涉其他国家内政、联合国在台湾问题上的态度等问题，最后还问了加利的家庭生活和今后的打算。采访自始至终都沉浸于谈话和交流之中，无论是轻松的话题还是敏感的话题，都给人以不做作、不紧张、不生硬的印象。由此，我们也可以看到，电视采访不仅是传达信息，而且还能够传达某种印象和某种感觉。

由于电视所具有的独特的采访报道形式，它将人的活动直接带入了电视屏幕，因此人的活动成为电视报道的主体。举例来说，人物在电视新闻报道中的讲话、神态、举止同记者的对话在新闻里的作用是很大的。当电视报道重大事件、新闻人物时，观众期待的是有关人士的发言、反应，期待着看，也期待着听。日本电视工作者认为，电视与报纸对新闻的报道具有不同手法：报纸是遵循五个“W”的原则，用倒金字塔结构的导语来概括事实，而电视新闻则要着重表现人的活动。苏联《新闻学概论》一书中认为：讲话在电视里的作用是很大的，既然有效地交流思想是电视这种表现手段的肯定长处，那么，讲话在报道中就占有重要位置，由于这一点，新闻人格化比其他新闻工具中有更多的特殊意义和要求。

作为电视记者，在采访活动中要自始至终树立这样一个观念：人的活动是电视报道的主体。因为人是电视新闻中最活跃、最生动、最有力的表现因素。

可以说，电视带动了记者采访方式多样化的发展，同时也使受众更直观地认识记者，判断记者的采访能力、报道水准。在这个意义上说，电视记者接受着受众最直接的监督、检验。

### 3. 形象画面的报道

形象的活动画面是电视新闻传播的基础，电视记者主要是通过画面来报道事实的，而不是单靠文字叙述、描写新闻事态。这是电视传播的特点，也是电视采访的特点。

在文字新闻中，事件的现场、细节、人物的表情往往要作详细的描写，而在电视新闻中则要运用画面、特写镜头来表现，文字只起从属作用。形象画面报道要求记者在采访时必须有能力迅速捕捉到有价值的、有特色的画面，而记者若要捕捉到有价值、有特色的画面就必须在头脑中强化屏幕意识。

所谓屏幕意识，就是电视记者对电视特色的感觉、认知、思维体现过程的总和。这种思维过程是应该每时每刻体现在记者的采访过程之中的。它要求记者全面理解形象画面报道的特点以及真正调动视觉语言的作用。有的初学者往往以为采访拍摄回来的画面素材、剪辑后播出的图像新闻都是形象画面的报道。其实那些没有价值、没有特色的画面仅仅具有直观画面属性，而不具有形象性。我们常常从电视上看到的机器轰鸣、马达飞转、麦浪滚滚、蓝天碧野、鼓掌欢迎等“万能”画面，无论配上什么样的解说都可以使用，不论哪个年月的事也能搭配。这样的新闻看上去有画面，其实没有形象感。可见，电视记者要在采访中树立屏幕意识，才能发挥形象画面报道的优势。

具体来讲，电视记者在采访过程中要能当机立断地选择抢拍到具有形象特征的画面，力争达到在新闻中运用形象画面来说话的最佳效果。苏联中央电视台新闻部总编辑在区分广播新闻和电视新闻的异同时认为，新闻总归是新闻，它们之间有许多共同之处。但是它们的区别也不少。如果说，在广播新闻里是用广播语言来描述所发生的一切的话，那么，在电视上要使观众能在同一时刻既看到事件，又看到事件的参加者。因此，电视记者应当尽可能少用文字语言，以免重复电视屏幕上正在播映的事物，分散观众的注意力。这位总编所谈及的电视特点，往往也是在实际运用过程中常常被忽略的，不注重让画面说话是许多不认识电视特点或不花心思作报道的记者常犯的通病。

作为电视记者应该牢固树立这样的观念：电视新闻强调形象，利用形象的手段传递信息，让图像叙述事实。

### 4. 特定的思维方式

电视采访，要求记者运用连续画面的形象思维来构思报道。这一特定的思维方式即是蒙太奇的思维方式。

蒙太奇，法语 Montage 的音译。原意是建筑业上的“装配、构成”的术语，即将个别材料根据总体计划组合装配。后来，法国电影艺术家将蒙太奇一词引入到电影创作中的画面组接环节之中，蒙太奇就成了画面组接的代名词。随着电影艺术的发展，苏联电影艺术家又将蒙太奇实践上升到理论高度——蒙太奇理论——电影艺术独有的、区别于其他艺术的表现方法。电视问世以后，蒙太奇自然而然成了电视的表现手段。

随着电影艺术不断提高，蒙太奇理论不断得到进一步实践、扩充、丰富。现在，对蒙太奇这一概念的含义既有广义的理解运用又有狭义的理解运用。

狭义蒙太奇是指画面组接艺术的章法技巧；广义蒙太奇是电影构成形式和构成方法的总体的完整的创造性思维。蒙太奇从狭义到广义的延伸，表明它自身的发展由开始单纯作为局部的镜头组接的艺术技巧，扩充为叙述方法、创作方法。

对电视新闻报道来说，蒙太奇开始于记者采访构思之中，体现于记者的拍摄方案或节目台本上，最后完成于编辑台上。

蒙太奇，贯穿于电视记者采访的全过程，是电视记者同其他媒介记者在思维方式上的独特要求。作为电视记者，在采访选择拍摄画面时，必须对整个片子的画面做通盘考虑。

首先，在采访和确定主题的过程中，电视记者便开始了蒙太奇思维。在这一阶段，电视记者一方面要同文字、广播记者一样广泛了解各方面情况，研究材料、挖掘事实；另一方面，在主题思想逐渐明确的同时，头脑中对画面的构思也开始了。记者要构想用什么样的画面来表达主题、说明主题、怎样开头、过渡、结尾。经过反复的蒙太奇思维，电视片的结构、画面的构想等就会逐步清晰起来，为下一步拍摄画面做好了充分准备。

其次，记者在正式拍摄画面过程中也要进行蒙太奇思维。每当拍摄一个画面，记者头脑中就要思考这个画面说明什么？拍多长？用在什么地方？怎样构图效果更好？如果遇到突然变化，或者原来的构想不够贴切，那么记者必须进行新的蒙太奇思维：想一想已经拍了什么画面、正在拍的画面和想要拍的画面之间能否有机地联系起来。

最后，记者在拍摄画面的同时还必须考虑后期编辑剪接上的处理。要注意画面与画面之间承上启下的作用，时间顺序和活动空间的展现是否顺理成章。

蒙太奇思维贯穿于记者选材、采访、拍摄、编辑、制作的全过程。具体地讲，就是在采访报道过程中连续不断地在脑海中“过画面”，这个“过画面”的过程就是蒙太奇思维的过程。

### 5. 综合的表现因素

电视声像结合、视听兼备，是最具综合表现特色的传播媒介。作为电视新闻记者在采访过程中必须学会调度各种综合表现因素，以增强报道的感染力。

◁ 图 2-10 蒙太奇思维方式贯穿于记者采访、拍摄、剪辑全过程 ▷

概括起来，综合表现因素即是画面、声音、文字相结合。

具体分解开来，综合表现因素包含着多种成分。画面可以包含现场环境、背景画面、人物活动以及图表、静止图像等；声音包含同期声、解说、音乐、现场自然声以及记者的画外提问，屏幕前的采访等；文字除文字广播新闻外，包含节目片头标志字幕，新闻内容提示标题、记者、主持人、采访对象身份交代字幕、时间、数字的说明，以及重点强调的引语、评述、翻译等。

通过上述具体分解，我们看到每一种表现因素都包含着多元素的表现手法，这就要求记者在采访过程中周密考虑调动综合表现因素，发挥电视优势。

### 6. 特殊的工作方式

传统上，记者工作被看做是独立性较强的工作，因而特别强调具有独立采访能力的重要性。作为电视记者，同时要强调集体协作精神和独立工作能力。

协同工作与采摄分工是电视记者采访区别于其他媒介采访特点的又

一突出体现。

### (1) 协同工作

电视采访是以集体协作方式进行的。记者所报道的新闻决非是个人的杰作。相比之下，文字记者单枪匹马能够搞出重头报道，广播记者也可以独自一人口授或采制重大新闻。电视报道除了极简单的新闻，记者一个人可以应付以外，绝大多数报道都是集体协作的成果。

一般情况下，日常新闻电视采访组成采访小组共同工作。采访小组人员少则 2 人，多则 3~5 个人，包括记者、摄像、灯光等人员。

特殊情况下，重头新闻电视采访组成报道班子共同工作。报道班子包括领队、主持人、记者、编辑、摄像、灯光、录音师等有关人员。如果是实况直播，牵涉人员则更多。在我国，每逢领导人重大出访活动、外国首脑的重大交往活动、党和政府的重大会议、国家的重大纪念日活动，以及复杂重大新闻事件的采访都是组成报道班子进行报道。例如：1988 年 11 月李鹏总理对奥、新、泰三国的正式国事访问活动报道，中国七家新闻单位组成 23 人记者团。中央电视台报道班子由 11 人组成，几乎占记者团人数的一半，其他 6 家一共才 12 人。

在国外一些电视机构，报道班子由制片人、编导、主持人、记者、编辑、摄像、灯光等人员组成。例如：1987 年 9 月，美国 NBC 为制作播出大型专题节目《变化中的中国》除派遣前期拍摄工作人员外，从 9 月 25 日到 10 月 2 日为期一星期的现场报道、同步播出就派出 140 多人，约占新闻部总人数 1/3。

集体协同工作方式对电视记者提出了特别要求。

其一，是要坚守好自己的位置。在集体采访过程中，记者是采访报道的主要角色。负有采访构思、口头报道职责，日常采访中还担有指挥、调度一班人马的职责。

其二，记者还要熟知其他人的位置。正如美联社总编基思·富勒所比喻的那样，记者好比职业球队队员那样，不仅仅必须站到自己该站的位置上，还应知道其他每一个队员应站的位置。记者也好比一个职业歌剧女高音一样必须了解自己的声音和其他歌手的声音。他必须学会像读字一样迅速读音乐，必须练到将所有音符、音调的把握连同作曲家的意图一起习惯性地反映出来。

其三，电视记者工作更为突出地体现着一盘棋精神，集体协同工作方式还要求记者要有协作精神，有全局观念。相比之下，集体协作精神比独立工作要容易产生意见分歧，因此，电视记者必须学会站在全局方位上考虑各种意见，协同一致才能融洽地合作。

### (2) 采摄分工

在 ENG 问世之前，电视记者长期肩负着采访、拍摄集于一身的工作。ENG 的普及运用，解决了拍摄中的声画同步录制问题，电视记者走上屏幕进行现场采访，现场报道成为电视新闻报道的有效形式。因此，采访与拍摄逐步开始分离，由“采摄合一”过渡到“采摄分家”。

现今，电视发达国家的记者分工已同摄录人员完全分离，记者负责采访报道，摄录人员负责拍摄录音。我国电视记者采、拍分工正处在由“采摄合一”逐步向“采摄分家的过渡阶段”。

◁ 图 2-11　采摄分工使记者走上了屏幕进行采访 ▷

社会分工的专门化标志着社会发展进步，电视记者采摄分工无疑也是新的发展进步。发展进步的过程往往是兴利除弊的选择，“采摄合一”之所以被“采摄分家”所取代，正是电视记者工作兴利除弊的选择。

“采摄合一”对电视记者采访主要容易造成顾此失彼的弊端。表现之一是记者在现场往往为了拍摄画面抢镜头而忽略了对采访的各个环节的考虑；表现之二是记者在采访之中往往不能全力深入挖掘事实，搞出的报道水准不高，容易流于表面化。表现之三是不利于搞“成套新闻”，记者难于进入画面，也难于进行画外讲述；表现之四是记者采访时往往无法合理支配时间、精力、注意力，容易造成程度不同的疏漏。

由于“采摄合一”上述弊端，“采摄分家”便成为新的发展趋势。“采摄分家”使记者有时间、有精力全神贯注于挖掘事实，同时记者进入屏幕，以出画面形式参与报道之中，不但搞活了报道，而且使观众对电视新闻的信任感增强。对于摄录人员来说，也可以专注于拍摄录音，精益求精讲求速度和质量。

◁ 图 2-12 采摄分工使摄像工作专门化 ▷

毫无疑问，“采摄分家”是采访、拍摄分工的必然趋势。但是，这并不等于说一个电视记者没有必要掌握拍摄技巧。事实上，记者搞电视报道不熟知画面，不懂拍摄技巧是不称职的，也无法调度、组织采访。我们主张，作为电视记者应该具备多方面的本领，起码对电视采访的基本拍摄方法、手段、技巧要能够运用自如。也就是说，“采摄分家”作为具体工作分工是行之有效的，但并不排斥记者一专多能。

### 7. 复杂的工作环节

电视记者的采访报道不仅在采集手段、思维方式、工作分工等方面具有个性特点，而且在工作环节上较之报纸、广播更为复杂。

一条新闻从发现线索到实地采拍再到编辑合成至最后播出，记者对每个环节都必须熟悉。在有些电视节目中，记者往往参与每一个环节的工作。

通过对电视新闻特征及电视采访特点的分析，我们可以得出这样一个结论：电视记者必须既能运用传统新闻采访报道规律，又要能够掌握电视新闻采访、报道的个性特点。

电视将记者带入了一个讲求技术采制手段、采访报道技巧、画面表现艺术的综合、复杂、多变的新闻报道境地。这一特质又使电视记者工作环节形成了独特方式。

电视采访看起来简单，实际非常复杂；电视报道常常非常简短，而制成成品却要经过许多环节；电视记者工作富有创造性，因而远无止境。

电视记者除了完成文字记者所做的一切采访工作外，诸如准备、提问、观察、写作等环节，还要亲自动手参与后期制作、编辑画面、混录合成等。如果亲自主持节目，那么还要参与制定报道方针，构思节目内容和形式，并且亲自上屏幕报道播出。

一般而言，电视记者工作环节以前期和后期划分成两个阶段。我们用一个图表展示一下电视记者的工作环节（见下页图表）。

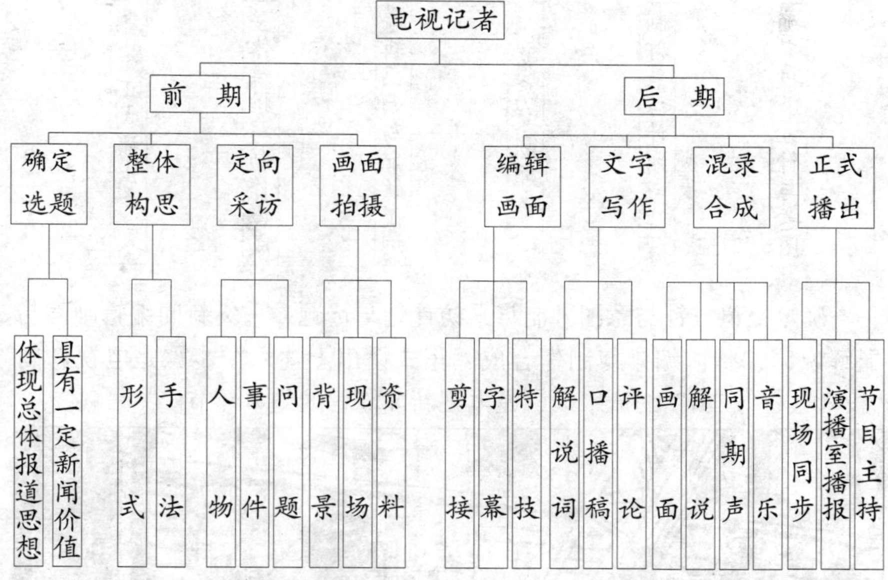


该图表清楚地告诉我们：电视记者工作环节集现代、多样、复杂于一体。

作为一个电视记者，对前期、后期两个阶段的各个工作环节都要能够熟悉，才能基本胜任工作。而要有所成绩，有所发挥创造，则要下一番工夫，花一番心血。新闻采访应是电视记者必须给予重视的，是通往成功之路的基石。在熟悉自己工作环节的同时，电视记者还要对编辑部门整个新闻报道流程有清楚的了解，这样才能通晓自己的工作在报道中的作用以及怎样进行采访报道。

## 8. “投入”与“产出”的流程

电视新闻报道的流程，即是电视新闻采访、制作的“投入”和“产出”过程。这其中也体现出电视采访的特殊性。

### *(1) 电视新闻流程的基本环节*

在不同的电视台，电视新闻的“投入”和“产出”过程是相同的，所不同的是编辑部运作机制和对新闻的审查把关协调环节。

一般来说，电视新闻的“投入”、“产出”大体经过这样几个基本环节：

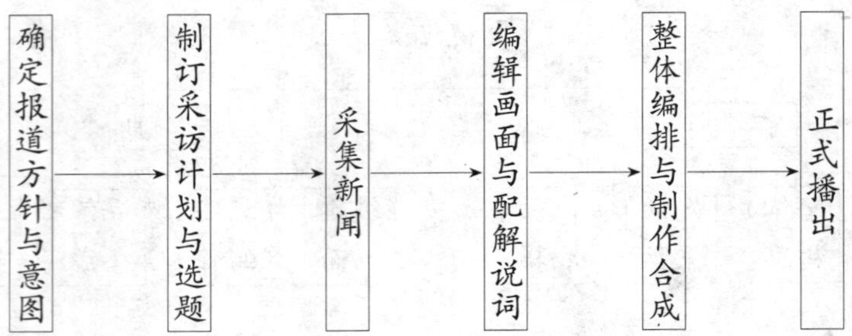

确定报道方针与意图 → 制订采访计划与选题 → 采集新闻 → 编辑画面与配解说词 → 整体编排与制作合成 → 正式播出

确定报道方针与意图、制订采访计划与选题、采集新闻编辑画面与配解说词、整体编排与制作合成、正式播出上述六个步骤是电视新闻“投入”、“产出”的流水线，是电视新闻流程的基本环节。

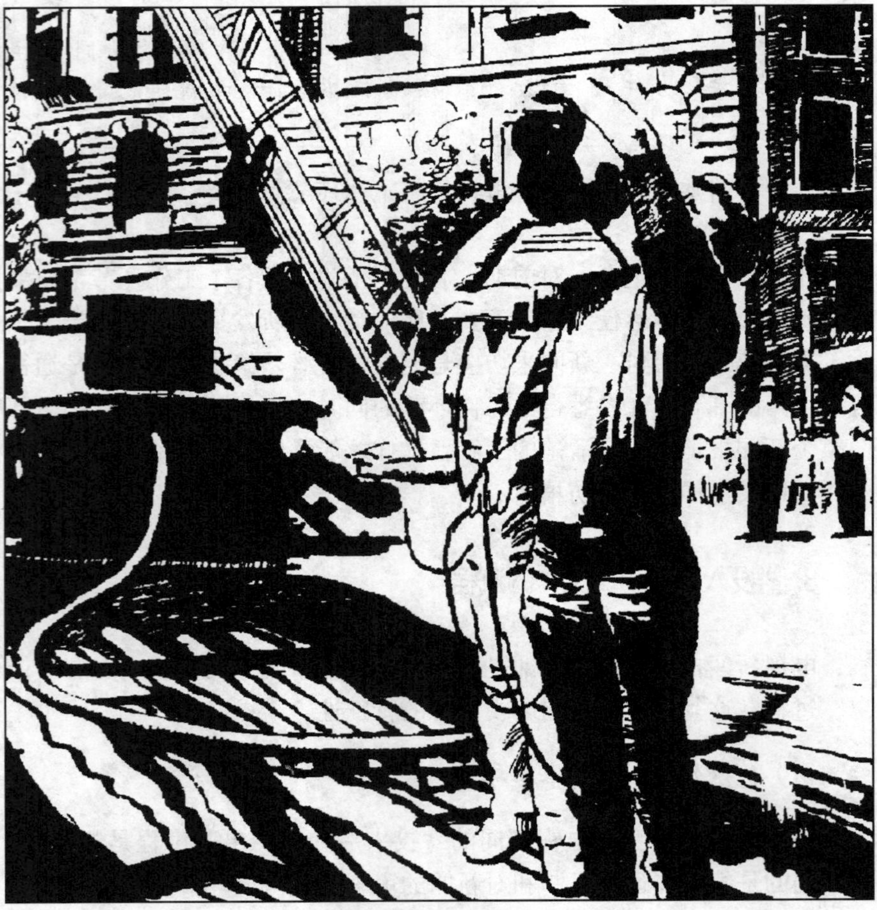

◁ 图 2-13 电视记者要熟悉新闻采访、报道的各个环节 ▷

当今，电视新闻节目形式多样，不同节目形式新闻流程基本环节虽然相同，但具体工作环节却不尽相同；各个国家电视机构体制不同，新闻部运转机制亦不尽相同；新闻部门内部工作分工不同，具体工作配合故也不尽相同。因而，了解电视新闻的“生产”过程。若从微观上把握电视新闻的流程，就必须对不同节目形式、不同新闻部运转机制、不同内部工作分工进行全面具体的了解。两者结合，才能够从整体上掌握电视新闻的流程。

### (2) 电视新闻编审部门的运作机制

首先我们先来分析一下不同国家电视机构新闻部不同的运转机制。

在欧美等国家，新闻部门运转机制大体上分三层次：上层是由电视网或电视台的副总经理分管新闻事务；然后是新闻部经理、副经理统管各个新闻节目；最后是各个节目组成的编辑部主管各自主办的节目。一般来说，新闻部门负责所有新闻性节目。

在我国，中央和省级电视台的新闻部运转机制大体上分四个层次。以中央电视台为例，上层是电视台副台长主管新闻；台级下面是新闻中心主任、副主任等统管新闻各个编辑部；中心下面是国内、国际新闻编辑部；然后是各个节目编辑组负责具体的节目。此外，中央主管宣传的中宣部对电视新闻还有宏观上的指导。这种机制同苏联等社会主义国家大体上相同。

国外电视网或电视台属于官办国家性的也不同程度受到政府具体的管控，商业性的一般不受政府具体的控制。

第二步，我们再来分析一下新闻节目编辑部具体工作分工。

美国等西方国家一般以一档新闻节目组成编辑部。人员设置以节目为主轴。例如《CBS 晚间新闻》、《NBC 晚间新闻》、《ABC 晚间新闻》都是自成一体的编辑部，编辑部主任均是节目主持人。在人员设置工作分工上，同我国不同。他们的所有节目人员就是为这档节目工作，其分工是节目制片人、总编导、主持人、记者、编辑、撰稿人、摄像、资料员以及助理人员等。

我国新闻节目内部人员组合有两种情况：一种是以节目为主轴，像中央台的《东方时空》、《新闻 30 分》、《经济半小时》的主持人、记者、编辑基本固定。另一种是固定时间的每日新闻节目，像《新闻联

◁ 图 2-14 电视新闻编辑部 ▷

播》、《晚间新闻》、《早间新闻》，这些节目工作人员设置相对来讲比较松散，分为采访部、编辑部、播音部、录制部，每个部门又分成不同的组，如时政组、日常采访组、联播组，晚间、午间、早间新闻编辑组。工作分工基本上分为记者、编辑、主持人、制片人、部主任等几个职别。

同国外比，我国电视新闻节目编辑部内部工作分工不如国外细。国外部门组合比较清晰，我们比较复杂。

第三步，我们再来分析一下不同形式的新闻节目对电视新闻的具体处理方式。

◁ 图 2-15 电视记者前期采访的“投入”环节 ▷

总体上看，电视新闻节目形式主要分为两大类型：一是固定时间播出的每日新闻，美国分为早、午、晚、夜间新闻。我国也已开办早、午、晚、夜间四个时间段的新闻节目。这类新闻节目内容主要是动态性的新闻事件，故此又叫新闻联播型节目。联播型节目新闻具体处理方式各个国家基本相同，都要从多种渠道获取新闻来源。一般情况下，分为前期、后期两大块工作，或叫“投入”和“产出”。前期的“投入”即是记者采访，派往国内外的记者从不同地点采集新闻或不同场合做现场报道。后期“产出”即是选择编排制作播出。第二大类型的节目是时事新闻节目、杂志型新闻节目、专题性新闻节目，这类节目通常每星期播出一次。节目内容相对讲具有一定深度，采访节奏比起联播型节目要缓冲一些。节目工作人员在“投入”、“产出”过程中，具体分工较细，但新闻来源主要是自己定选题，而不像联播型节目要从多渠道获取新闻。制片人、编导、主持人、记者、编辑等人员一般都参与前期和后期工作。

◁ 图 2–16 电视记者前期采访的“投入”环节 ▷

以上从宏观和微观角度分析了电视新闻流程的基本环节和具体工作协调环节。

作为电视记者，其采访活动必须同节目编辑部以及电视台整体节目传播紧密配合。因而，电视记者在加强自身业务修养的同时，还应熟悉并关心编辑部整体工作运行。在这方面，比较文字、广播记者，电视记者或许需要把握的环节更为多一些。

## 本章重点

1. 电视采访共性与个性的关系是相互联系、相互作用的。在共性方面，电视采访同文字、广播记者的采访一样要遵循采访活动的基本规律和新闻报道的基本原则；在个性方面，电视采访同文字、广播记者又有许多区别，主要体现在对事实材料处理的手段、方式、表现元素、报道形式等方面，特别是记者的镜前采访直接展现于屏幕之上，将采访由单一的采集手段拓展为一种表现手法、一种结构方式，以至成为一种节目形态。

2. 以唯物主义的哲学观来考察，采访活动是主体认识客体的活动。因此，采访是一种广泛的社会活动。这种社会活动是一种特殊的调查研究活动。它的目的是采集事实、传播新闻，所以要讲求时效，体现现场感，用事实来说话。这就要求记者以最快的速度采集到有新闻价值的、典型的、真实的、具体的事实材料，并以客观手法将材料处理好，准确地传达出去。

3. 记者的采访使命是记录今天的历史。记者的这一使命，决定了采访的范围无限广阔——以整个人类社会为舞台。

记者的采访视野是向整个人类社会的。因而，记者要站在时代的高度，让新闻报道发挥出推动历史前进的作用。

记者的采访是把握和反映客观事物的认识活动。这种认识活动不是借助客观表达主观意向的活动，而是以唯物主义的认识论为理论依据，以辩证思维的思想方式来认识客观世界，真实地反映客观世界。客观事物是第一性的，采访认识是第二性的。

4. 记者采访的目的是传播信息、交流信息、沟通社会。

记者的采访方法是访问、观察、体验、研究资料。

记者的采访时效是分秒必争，有时采访报道同事件的发生、发展同步进行。

记者的采访任务是：采访公开报道的新闻；采写不能公开报道的内参；建立信息网络。

记者采访是新闻传播的基础，因而是第一道工序。可以说，不会采访就不会当记者。

5. 电视采访的个性特点是由电视媒介自身的特点而决定的。归纳起来，电视采访的个性特点主要表现在现代的采集手段、独有的采访形式、特定的思维方式、综合的表现元素、形象画面的报道、不同的工作分工等几个主要方面。

6. 用特定的现场背景作衬托的采访是电视采访的独有形式，也是同其他传播的最大区别之一。由于有特定现场背景作衬托，电视采访不但能够传达信息，而且能够传达印象。

为此，电视记者要能够在现场捕捉“感觉”，并能在特定的现场环境氛围中引出信息。同时，这种采访必须给人以不紧张、事先没有摆布的真实感觉。另外，电视记者的现场出镜采访还要注意自己的态度、语气、举止乃至服饰，观众可以从记者的采访过程中了解其思想、能力、风格、个性。

7. 形象的活动画面是电视新闻传播的基础。电视记者主要是靠采拍画面来报道事实的。因而，要求记者在采访过程中，有能力捕捉到有价值的、有特色的、表现主题的画面。这就需要记者强化屏幕意识。所谓屏幕意识，就是记者对电视特色的感觉、认知、思维体现过程的总和。

8. 电视采访要求记者运用连续画面的形象思维来构思报道。这一特定的思维即是蒙太奇的思维方式。

对电视报道来说，蒙太奇开始于记者采访构思之中，体现于记者的采拍方案或节目的脚本上，最后完成于编辑台上。

蒙太奇思维贯穿于记者选材、采访、拍摄、编辑、制作的全过程。

9. 电视记者在采访过程中必须考虑调动综合表现元素，增强报道的感染力。

综合表现元素即是画面、声音、文字相结合。分解开来，画面可以包含现场环境、背景画面、人物活动、图表、图片等；声音包含现场自然背景声、采访提问及回答、解说、音乐音响、人物活动的声音等；文字包含节目片头字幕、标题、内容提示、人物身份交代、时间和数字说明、重点强调的引语、评述观点、翻译文字等。

10. 协同工作和采摄分工是电视记者的工作方式。

首先，电视采访是以协作方式进行的，记者所报道的新闻决非是个人的杰作。特别是一些重头报道，更是要多个环节的协调才能够完成。

电视记者采访拍摄的分工又是明确的，由“采摄合一”过渡到“采摄分工”。ENG的运用，解决了拍摄中声画同步录制的技术问题，使记者的镜前采访、现场报道成为可能。故此，采访和拍摄得以分离，其目的是发挥电视的优势。

**思考题**

1. 电视采访共性与个性是一种什么关系？
2. 新闻采访共性体现在哪些方面？
3. 电视采访个性体现在哪些方面？
4. 电视独有的报道形式对记者采访有哪些特殊要求？
5. 电视的综合表现元素对记者采访有什么要求？
6. 电视记者的思维方式与文字记者有什么不同？
7. 形象画面的报道对记者采访有什么要求？
8. 电视记者采摄分工有什么优势，协同工作方式对记者有什么要求？
9. 电视新闻流程的“投入”和“产出”环节对记者采访提出什么要求？
10. 记者的采访认知应该遵循什么样的理论依据和思想方法？
11. 记者采访的基本任务都有哪些？

# 第三章

電視學新聞教程

# 采访策划

策划，是围绕确定什么选题以及如何采访报道所进行的多维性思维活动。英国电视学家罗伯特·蒂勒尔认为：“采访和许多艺术形式一样，是一种同时发生、多层次的活动。”*（罗伯特·蒂勒尔：《电视新闻的采制方法》，148页，中国广播电视出版社，1989）*

为了使采访工作进行的顺利，他主张记者必须首先搞清楚自己应发挥什么样的作用，他的作用能正当地发挥到什么程度。那么，记者应发挥什么作用呢？用一句话概括起来，就是怎样才能客观、公正、准确、真实地向公众报道事实。

记者怎样向公众报道事实？首先要取决于记者怎样采访，怎样将事实挖掘出来。而怎样采访，往往要根据事先的周密策划来进行。

## 一、选择题材

选择题材是采访报道的前提与开端。

题材即是采访报道的题目或对象。

选择什么样的题材采访报道取决于编辑部的报道思想，记者掌握的新闻线索，以及记者凭借新闻敏感所作的判断。

### 1. 明确报道思想

记者选择采访报道题材首先要明确报道思想。

#### *(1) 什么是报道思想*

报道思想是编辑部在一定时期内或阶段内，为达到预期的新闻传播目的而制定的新闻报道的设想，意图。

报道思想一般包含一个时期的总体设想和具体的报道提示。

#### *(2) 报道思想的形成*

总体报道思想是根据当前党和政府的方针、政策、中心工作、全局和实际情况，经过通盘考虑之后，综合制定形成的。

具体的报道提示则是根据总体报道思想确定形成的。

#### *(3) 报道思想是选题的理论依据*

明确报道思想有利于记者从全局来考虑问题。

对记者采访活动来说，报道思想往往是选择题材的依据和出发点。它指明采访的方向、范围、内容、重点；同时也是判断事物是否具有新闻价值的参照及报道角度选择和主题立意构思的出发点。

需要指出，记者在采访活动中不能将报道思想变成框框，继而通过寻找例证生搬硬套，不论什么题材都生拉硬扯；要注意不要为了体现报道思想强扭角度。

### 2. 确定采访意图

采访意图主要是指采访报道的主导传播意向，它是根据节目编辑部在一定时期内的总体报道思想而确立的，具体采访报道目的是根据具体的报道提示而确定的。

◁图 3-1 编辑部在研究制订报道思想和方针▷

### (1) 主导传播意向

从传播学的角度看，电视节目具有综合效果的优势。因而，采访报道的每一项具体任务都是为达到主导传播意向而确定的。

采访策划首先要根据编辑部的总体报道思想明确主导的传播意向。编辑部总体报道思想是根据国家和政府的方针、政策、中心工作、全局和实际情况，经过通盘考虑综合制订的。

中央电视台《新闻联播》节目中播出的《弹指一挥间》、《改革在你身边》、《祖国大家庭》、《改革开放20年》等栏目的策划都是从国家全局和实际情况出发而确定传播意向的。

采访策划只有在明确了主导传播意向的前提下才能确定选题。可以说，报道思想是选题的理论依据，是采访策划的出发点。采访记者要从全局考虑问题，必须对编辑部的报道设想和意图有宏观的把握。

### (2) 具体采访目的

明确具体采访目的就是搞清楚此次采访发挥什么样的作用，这种作用能达到什么样的传播目的。具体讲，就是要搞清楚所要进行的采访属于哪一种类型：是透露信息还是揭示个性，是碰触思想观点还是披露事件原委，是肯定赞扬还是否定批评……

一般来说，“采访目的越明确，采访越容易取得成功”。（肯·梅茨勒：《创造性采访》，16页）

采访报道的具体目的是依照具体的报道提示而确定的。具体报道提示是根据总体报道思想而形成的，它指明采访的方向、重点。

《弹指一挥间》的开篇报道《共和国的核工业》从选题确立到采访报道都是在十分清楚采访目的的情形下进行的。《弹指一挥间》的主导传播意向就是报道新中国成立40年来各条战线取得的成就，增强民族自信心。核工业这条战线所进行的艰苦卓绝的奋斗，值得大书一笔。在某种程度上，中国国际地位的提高是同核工业取得的伟大成就分不开的。核工业报道主线以原子弹、氢弹、核潜艇；秦山核电站、广东大亚湾核电站；核技术在各个领域的应用这三个方面为报道的主要内容，突出了重点。报道中的第一个画面截取1964年10月16日原子弹爆炸成功，9秒钟内只有原子弹爆炸的长镜头展现，从而用具有极大震撼力的事实把观众带入特定情景之中，使人回忆、沉思、激动。原子弹爆炸成功划时代的意义是：它雄辩地证明被称为“东亚病夫”的中国人民不仅屹立于世界东方，而且显示出强大的潜在力量。这样的安排，目的非常清楚，极大地提高了报道的分量和档次，故此在众多的选题中排列于首位。

从下述的报道中，我们可以进一步理解记者明确采访目的的作用。

| 画面 | 解说 |
| --- | --- |
| 原子弹大爆炸 | 1964年10月16日，在我国西北戈壁滩上，一声巨响，划破长空，震撼了整个世界：中国人民自行研制的第一颗原子弹爆炸成功！ |
| 人群欢呼 | 亿万炎黄子孙依靠自己的力量打破了帝国主义的核垄断和核讹诈，揭开了中国国防现代化建设新篇章。 |
| 氢弹大爆炸 | 1967年6月17日，我国又成功地爆炸了第一颗氢弹。两弹成功地爆炸，时间仅相隔两年零八个月。<br>这一速度，明显地超过了美国和苏联的同期水平。 |
| 核潜艇下水 | 1971年9月，我国自行研制的第一艘核潜艇胜利下水。 |
| 高技术设备特技 | “两弹一艇”的研制成功，标志着一个现代化的核工业体系在中华人民共和国形成；在世界核工业领域中占有举足轻重的地位。从此，世界对中国刮目相看了。<br>十一届三中全会以来，我国的核工业从为国防建设服务，转移到为国民经济服务。 |
| 秦山核电站 | 我国自行设计、建造的装机30万千瓦的秦山核电站，正在全面安装，预计在1990年底建成发电。 |
| 大亚湾核电站 | 1987年中外合资兴建的180万千瓦的广东大亚湾核电站，目前已进入土建高潮，第一台机组可望在1992年并网发电。 |

（续表）

| 画 面 | 解 说 |
| --- | --- |
| 核仪器设备 | 这两个核电站的即将建成，将宣布我国很快就要结束无核电的历史。<br>核工业技术在工业、农业医疗卫生等领域的应用也有广阔的前景。我国生产的放射性同位素已有800多个品种，正在冶金、水利、石油、化工、生物等各个方面大显身手。 |
| 同位素产品 | 核辐射加工技术，主要用于无菌食品保鲜、材料改性、培养优良品种，尤其是在农业方面的应用，我国已经走在世界前列。<br>共和国的核工业从1955年的白手起家到现在，克服了重重困难。 |
| 核辐射技术、食品、小麦、农作物中国核工业的摇篮——中国原子能科学研究院航拍全景 | 今天，全国30万核工业战线的职工正在为共和国做出新的成就。 |

采访目的对于判断截取有价值的报道内容以及确立报道角度有着重要参照作用。有经验的记者在策划采访的过程中，在对采访目的还不十分清楚的情况下，是不会盲目进行正式采访的。

## 二、信息集合

记者明确了主导传播意向和具体采访目的，接下来就要考虑集合诸种信息。集合信息一方面是为了获得采访线索，另一方面是为了从整体上把握具体选题的社会意义。

当今世界，人类社会已经进入了信息社会。“在这个新社会里，有史以来第一次，我们大多数人要处理信息……”*（约翰·斯奈比特：《大趋势》，11页，中国社会科学院出版社，1984）*电视采访报道本身就是传播信息，可以说每时每刻都在进行处理信息的工作。具体到采访策划中的信息集合，主要是获取采访线索和追踪社会信息。

### 1. 获取采访线索

采访线索是确定选题的具体指向。

#### *(1) 什么是新闻线索*

新闻线索就是新近发生和发现的或即将发生的新闻事实的简明信息和信号。

线索不等于新闻事实和报道。它的特点是比较简略、笼统的，且没有细节、过程，最多告诉记者一个片断或一个由头。

#### *(2) 新闻线索的作用*

线索的作用主要是告诉记者到哪里采访，帮助记者确定具体选题。

由于新闻线索比较简略，甚至一鳞半爪，与事实有出入，因此新闻线索可能在采访中肯定，也可能在采访中否定。有经验的记者往往能够由小见大，追根寻源，挖掘出重要、完整的新闻事实。

#### *(3) 新闻线索的来源*

记者从什么渠道获得线索呢？概括起来主要有六个方面的来源。

其一，国家和政府的文件、决议、指示和领导人的讲话。

这一来源可以使记者了解当前政治、经济形势总的情况；政策动向和新任务；最近一个时期内将要进行的事情。例如：邓小平同志 1992 年“南巡”讲话，就是我国进一步深化改革的方向性指导方针，讲话本身成为世界性新闻。大凡站在一定历史高度，放眼世界的记者，自然要对这个讲话进行深入的研究。

其二，各种会议、简报、情况反映。

记者平时参加各种行业的会议和学术会议，翻阅各种简报、情况反映，要特别留意从中发现新闻线索。1979 年全国好新闻《救活鸳鸯换回外汇》就是记者在全国财贸大会上听到的线索。

其三，报纸、通讯社、广播、杂志的报道。

电视采访报道的选题并非都是硬性的突发事件，许多采访线索是从报纸、通讯社、广播、杂志的报道中再次发现的。例如，电视纪录片常常选择已经发生并不同程度地得到传播的事物，加以“包装”，以新的视角和视觉形象手段进行传播。

其四，新闻发布会、记者招待会。

新闻发布会、记者招待会是获得新闻线索的有利时机。有些新闻发布会、记者招待会本身就是重要新闻，有经验的记者不但能够完成采访任务，而且善于从中发现其他可供进一步挖掘的线索。

◁ 图 3-2　CCTV 记者拍摄欧盟东扩的纪念活动捕捉典型画面 ▷

其五，记者的日常观察。

记者在日常生活中要善于观察，发现采访线索。一个优秀的记者应该具有优秀作家般的观察能力。作家观察生活是为创作积累素材，记者观察生活要以新闻视角透视生活、反映生活。例如，《长江三峡自然景观遭破坏》的电视报道，是记者通过自己眼睛观察，看到问题的严重性及时发出警告，使问题受到国家重视并得到解决。

其六，记者的信息网络。

记者在日常采访活动中同各界人士建立起广泛的联系；同通讯员保

持着经常的往来；同电视观众有着直接地传达关系。美国《60 分钟》节目每天收到观众来信 200 多封，其中三分之一选题是观众提供的。总编导唐·休伊特认为，《60 分钟》得到了观众最伟大的投票。

社会各界人士、通讯员、电视观众构成了记者的信息网络。记者的朋友多，信息网点多，记者的耳目就灵，采访线索就永远不会枯竭。

### 2. 追踪社会信息

记者的采访活动不是孤立的，是人类社会信息流动过程中的重要组成部分。因此，记者的采访不但要获取直接的新闻线索，而且要汇集广泛的社会信息。这样，记者的采访活动才不会脱离现实，脱离时代的大背景。

记者追踪社会信息，有助于在头脑中建立一个对现实社会的形象模式。现实形象有些是看得到的，有些是听得见的，有些是可以触摸到的，有些是能够预感到的。这些形象集中到一起，形成记者对周围世界的认识，从而使自己的采访置于具体的时间、地点、环境之中，置于个别与周围事物的关系之中。

◁ 图 3–3　比利时首相伏司达出现在人群中

采访时要能够抓拍纪念活动中的重要人物 ▷

记者策划一次采访，确定某个选题，必须有意识地将要传达的内容同周围的社会信息海洋的变化联系起来，才能把握时代的脉搏。

1991年12月22日，中央电视台《观察思考》节目播出的《会海大透视》专题报道，较好地追踪了各种相关的社会信息，找到了会议成灾的根本原因。其中特别值得我们思考的是，中国会议成灾的表面现象似乎是会议太多，实际上同国际相比较并非是会议过多。美国每天召开的会议比中国多8倍，如果按人口均衡计算，比中国多50倍。中国会议成灾的真正原因并不在数量上，而是在质量上、效益上、会风上。《会海大透视》通过各种典型的会风不正的事例和各种无效益、质量低的例证，有理有据地剖析中国会议成灾的症结，并用讲效益、讲质量、讲会风的事实具体指出解决这一问题的途径和措施。看了这个节目，能够使观众茅塞顿开，纠正以往认识上的偏差。如果节目创作人员在策划过程中，不将采访的题材放到现实社会和国际对比的背景下，就很可能流于表面现象的浮浅认识。在信息流动日益朝着缩短流程的发展趋势下，采访策划更要强化信息意识，只有时刻追踪社会信息，才能制作出反映社会现实，推动历史前进的作品。

## 三、价值取向

新闻价值是选择和衡量新闻事实的客观标准。

对于电视采访策划来说，所有的新闻、娱乐、教育、服务节目中的采访都离不开提供信息、沟通社会、服务观众、指导生活的原则。因而，新闻价值观念依然可以作为记者判断事物、确定选题的参照和依据。

### 1. 观念与尺度

新闻价值观念产生于西方19世纪30年代的大众化报纸时期。由于当时报纸成为广为流传的读物，因而读者兴趣成为判断选择新闻的“试金石”。围绕读者兴趣，逐渐形成了衡量事实的价值尺度。

### (1) 新闻价值传统标准要素

兴趣——新闻能否引起读者普遍兴趣，记者判断事实时要考虑面对什么样的读者。

影响——新闻能否产生什么样的社会影响，记者判断事实时要考虑其影响程度。

接近——新闻能否产生影响、引起兴趣同受众接近程度有直接关系，记者判断事实时要考虑接近性因素。

及时——新闻必须及时，否则会成为旧闻。记者判断事实时要考虑时间因素。

显要——新闻人物的显要程度往往能引起普遍关注。记者判断事实时要考虑人物知名度。

异常——不寻常的事、重要创举都具有异常性。记者判断事实时可以参照空前、绝后、唯一这三者的因素。

冲突——战争、罪犯、政治争端、竞赛等都包含程度不同、意义不同的冲突。记者判断事实时要考虑社会冲突这一因素。

上述八个要素作为传统的新闻价值标准，反映出记者判断事实所依据的尺度。需要指出的是，记者判断事实在新闻价值要素取向上的考虑并不是没有主次的，有些新闻可能取向其中某几个要素，这几个要素中必然有一个是主要的取向。

随着新闻报道的发展变化，许多新闻已经不能用传统标准衡量其价值。比如，有些新闻往往不包含冲突，也很少猎奇，人物并不显要，一些新闻没有明确的时间。现今，传播媒介花许多时间和篇幅报道同人的生活紧密相关的内容，这些内容往往只具有接近性一个要素。

为适应新的变化，现代新闻学将传统新闻价值标准以浓缩、扩充，概括成更加简要的几个要素。

### (2) 新闻价值现代标准要素

传统上，新闻价值的要素主要是：兴趣、影响、接近、及时、显要、异常、冲突等。随着大众化传播方式的多样发展，出现了“生活方式”报道形式，新闻价值要素又得以浓缩和补充。

1984 年，美国出版的《广播电视新闻报道写作与制作》一书，将电视新闻的价值要素归纳为四个：影响（influence）、趣味（interest）、信息（information）、可视性（visual）。分析开来，可以发现这四个要素是围绕着现代电视传播的功用而形成的。前面我们提到，提供信息、沟通社会、服务观众、指导生活是电视各档节目采访策划的准则。以上新闻价值的四个要素同这四个具体功用的发挥是紧密相关的。

影响——新闻对受众产生的普遍影响，不单纯指政治影响，对受众生活产生的影响往往是更能产生效果。记者在判断事实时需要考虑对哪些受众产生影响？是否会立即产生影响？直接影响有多大？间接影响有多大？

趣味——新闻对受众是否具有一定趣味。趣味并不是指俗不可耐、毫无意义的趣味，新闻趣味正日益向高级趣味发展。因而，记者判断事实时需要考虑向受众传播什么情趣的内容既能让人们产生兴趣又能让人们有所回味。

信息——新闻对受众能否提供有用的信息。信息包括各种信息，特别是同人们生活贴近的信息更能产生普遍关注的效果。记者判断事实时需要考虑新的信息不仅是受众想知道的而且还应是受众应该知道的。

上述三个“I”现代标准要素在一条新闻中可能全都具备，也可能只具备其中一个或两个。一般来说，具备信息+影响或信息+趣味两个要素比较多。

可视性——不言而喻，可视就是让观众看到新闻图像。由于电视新闻可视性要素，有些广播、报纸采用的新闻，电视不能报道；有些广播、报纸只略提几句报道，电视可能报道 30 秒或更长。例如，一场火灾报道，广播、报纸可以只报一个简要消息，而电视则要展现火灾现场，必要时可能做连续报道。

新闻价值标准从传统到现代的变化反映了新闻价值观念上的发展。其实，关于新闻价值要素的构成历来都是新闻学最难下定义的，因此记者在判断事实时对于新闻价值倾向也很难确定标准尺度。不过，传统的新闻价值标准要素和现代的新闻价值标准要素可以为记者判断事实提供具体的依据和参照。

从世界范围看，今天的电视传播用很多时间报道同人的生活有关的内容，告诉观众怎样消费、怎样保健、怎样工作、怎样娱乐、怎样对待人生、怎样认识人类社会……西方传播界将这种报道称之为“生活方式”报道，我国电视界称之为“贴近生活”、“贴近社会”。电视在传播信息和新闻方面的发展变化，打破了传统的新闻价值观念。

今天的采访报道已经不能完全用传统的价值尺度来衡量。例如，许多报道中往往不包含冲突，也很少猎奇，人物并不显要。许多报道往往只有接近性，接近往往使人们发生兴趣，进而产生影响。种种变化表明，电视采访策划既要看到外部世界的发展，又要看到电视传播的发展。这样，才能以新的价值观念判断事物。

事实上，记者判断事物是不可能完全依照某一个标准尺度的。一般来说，记者判断事物，确定选题往往倾向于某一个突出的要素，兼顾考虑其他要素，而不是将所有要素等量齐观。

那么，记者凭借什么能力来判断事物，进而确定价值取向呢？这就是敏锐而正确的新闻判断力。

### 2. 判断与选择

中外电视界有经验的资深记者都有相同的共识：一个记者要想让别人承认自己真正胜任工作，就必须向别人证实自己确有新闻才干和新闻敏感。具体讲，是记者对社会现象的洞察能力，对客观事物发展变化的反应能力，对新闻线索的辨别能力，以及对新闻事实的分析能力。归结到一点，就是要具备准确的新闻判断力，它是记者职业素养的集中体现。

准确的新闻判断力特指记者判断什么事物值得采访报道的能力。通常，可以参照下述八个要点进行判断：

(1) 判断某个事物能否引起受众的普遍关注。

(2) 判断同一事件的各种事实构成中哪个最重要，哪个次之。

(3) 判断某些看来不太显著的社会信息和新闻线索能否引发出重要新闻。

(4) 判断某个已经报道的新闻背后是否还隐藏着更深层的内容。

(5) 在地方新闻中或其他消息中发现适合全国性报道的内容。

(6) 在全国性新闻中发现适合地方进一步扩展报道的内容。

(7) 在一般性新闻中迅速发现特写、专题报道的角度。

(8) 察觉、预见到一些将会构成重大新闻的迹象。

新闻判断力作为记者的职业素养是在实践中不断培养和提高的，集中外优秀记者之经验，其主要的途径有三条：

### (1) 积累、研究

其对象是：形势、情况和知识。

我国新闻界的前辈邵飘萍、范长江等著名记者认为，一个有潜力的记者应该对政府，对记者所在地区的实权人物，对支持所在地区的经济工商界人士，对学校及地方名人的各个方面的情况都比较熟悉；对人、政府、艺术、政治、教育、科学、社会和经济问题的有关知识的掌握要有一定深度和广度。唯有如此，才能为发展新闻判断力奠定坚实的基础。

1989 年全国优秀电视新闻一等奖作品《我国耕地人口承载力已经处于临界状态》，就是记者长期积累，偶然得之的结果。记者平时对国土、耕地、人口与中华民族的生存关系这一问题比较关注。1989 年 3 月，国家有关部门宣布：4 月 14 日，我国人口将突破 11 亿。听到这个消息，记者感到报道的时机和新闻由头都具备了。于是，以人物专访的形式采访了国家土地局局长，揭示我国人口增长过快与耕地日益减少的矛盾，并提出了综合治理解决矛盾的办法。

### (2) 学习、比较

其对象是：成功的经验，失败的教训。

“发展新闻判断力的最好方法之一，是把那些老资格的新闻工作者的直觉同你的直觉相对比。”“发展新闻判断力的另一个基本通例——也是为了站稳脚跟——是从错误中吸取教训。”（特德·怀特：《广播电视新闻报道写作与制作》，24 页，中国广播电视出版社，1987）敏感与判断的天敌是疏忽，不懈地学习和精细的比较是通往成功的途径之一。

1972 年，美国总统尼克松访华前举行了一次记者招待会，他在会上第一次使用中华人民共和国这个名称，而没有用北京政府这个过去的说法。在场的记者没有注意到这个名称上的变化，成为新闻史上疏忽大意的一个“奇闻”。

### (3) 思考、预见

其对象是：纷繁复杂不断变化的客观世界。

"坚持不懈地、全神贯注地对带有新的信息的新的事实进行搜索和追踪，并对冒出这种事实的'生长点'和'临产状态'进行规律性的探索，以求预测新闻事实的发生。"（艾丰：《新闻采访方法论》，139页，人民日报出版社，1982）1989年，中央电视台播出的《面对疲软的市场》评述节目，从不同角度对市场和经济形势进行分析，对观众迷惑不解的问题进行探讨，对正在蔓延的疲软趋势进行预测，对未来可能出现的经济问题提出见解。从后来市场发展看，节目中的观点、分析、预测是能立得住脚的。如果记者缺少思考和预见能力，就不可能对转眼之间市场由抢购到疲软的大起大落的突变形势有清醒的认识，并把握住时机及时进行评述。在某种程度上，记者的预见力往往反映出记者对周围物质世界的认识水准。

记者新闻敏感集中表现为一种顿悟性思维活动。顿悟，即是创造性思维活动中极为敏锐的直觉、灵感。西方新闻界之所以称新闻敏感为"新闻鼻"，就是形象地说记者要有职业嗅觉。这种嗅觉近乎于人对外界的直觉感受一样，只要一碰触就产生某种特定感觉。

1971年9月13日，林彪仓皇出逃摔死在蒙古温都尔汗之后，首先是法新社驻北京记者在15日向世界报道了这一事件。这位记者从哪得知这一消息呢？没有任何人向他透露。他是根据平时对中国形势、情况的研究、积累，再通过他对北京当时一些"反常现象"的思考，终于判断挑起危机的当事人是林彪。这位记者用几年时间搜集林彪的有关材料进行研究，在1969年中共"九大"召开时，他就已经猜测林彪并不是像当时人们以为的那样忠于毛主席。1971年8月，毛主席接见某国领导人，林彪当时在场。但是，《人民日报》却一反常规，在头版上方发表了一张毛主席会见外宾的照片。在同一版下方，发表了林彪单独会见外宾的照片。这一情况引起他的注意，同时他联想到当时报刊上发表许多"批修整风"的报道，他预测中国共产党内要出大事。"9·13"事件发生后，他感受到北京紧张、神秘的气氛，经过反复思考，他向外界报道中国共产党内出现了危机，而危机的挑起人是林彪。

这个例证是足以说明新闻敏感的培养、提高是记者通过不断积累、研究、学习、比较、思考、预见才形成的。这十二个字理解起来十分容易，但真正实践起来却并非易事。

美国有限广播公司董事长斯坦利·哈伯德在其《电视与广播时代》

一书中，提出这样的观点；一个人不可能在新闻学院学到新闻敏感。新闻学院可以使学生做好准备，将来在一家电台或电视台的新闻编辑部工作；教授学生掌握基本的新闻报道业务技巧，但掌握技巧决不意味着已具备新闻敏感或新闻判断力了。哈伯德的论点说明新闻敏感并不是先天具有的，也说明新闻敏感不是靠别人教授能够学到的东西。那么，新闻敏感从何而来呢？结论是：依靠自己在新闻实践中培养、提高。

新闻敏感来自新闻实践，并不是说一个记者有足够年头的实践自然就具有较高敏感了。实践确是可以使人获得经验，但是对于一个记者来说必须有意识地在实践中培养提高新闻敏感，才有可能获得更大成功。

虽然在学校课堂上是无法教授新闻敏感，但我们在理论上应该有明确认识，这样才能在日后的实践中有意识地去进行自我培养、提高。

## 四、确认选题

记者在采访策划过程中，经过对采访意图、信息集合、价值取向进行了通盘考虑之后，方可确认具体选题。

选题确定下来，记者的多维性思维活动并没有告一段落，此刻还要考虑主题、角度、形式。

采访报道同步化已成为电视传播的发展趋势，记者确认选题之时不能不对主题、角度、形式加以综合思考。通常，在采访策划过程中，对主题、角度、形式的思考仅仅是初步的，是否切合实际还有待在深入采访过程中加以验证。

### 1. 对主题的思考

主题是记者在反映客观事物时，通过具体报道的内容所表达的中心观点、中心思想。

#### *(1) 主题与问题*

主题不是记者在报道中提出的主要问题，而是记者对问题持有的观点和评价。1988 年全国好新闻评奖，其中 35 个获奖的电视作品有三分之一是揭示社会问题的。例如，《振兴开封座谈会开成催眠会》、《乱开发票成为干扰物价改革的一大公害》、《迎接检查菜场三天迟开业》、《四平农科所科研成果越多单位越穷》等，这些新闻中所提出的问题并不是报道主题，主题是记者对问题的看法。记者的看法、评价既可以画龙点睛地明确表露，也可以让观众根据事实自己得出结论。像《振兴开封座谈会开成催眠会》就是明确点出："像这样无意义、无效率的会议，还能让它继续下去吗?"《玛纳斯县在抗洪期间组织跳舞引起公愤》则是让观众自己下结论："参加舞会的除了部分水利职工外，还有在这里组织抗洪的上级有关的负责同志。事后，还有同志为他们四处奔走，希望本台不要播出这条消息。"

### (2) 主题与内容

内容是报道对象、报道范围、主要事实，主题是通过这些内容表达的某种思想、主张。例如，广东台的评论《潜在的危机——关于童工现象的思考》就是通过新出现的童工现象说明："在我国经济发展的同时，存在着沦为低知识民族的危机。"江西台的专题《"红孩儿"现象》是通过揭露"避邪服"这种愚昧迷信的思想行为说明："它却污染了孩子圣洁的心灵，这能叫爱孩子吗?"

### (3) 主题与标题

主题与标题的关系是相互作用的，其表现形式是：

其一，标题直接揭示主题。举例来说，1989 年优秀电视新闻《开国大典受阅师四十年保持英雄本色》、《首都元旦市场繁荣》、《河西区尊教重教蔚然成风》等，这些标题都直接揭示了主题思想。

其二，标题暗示主题。像《"财神爷"捡破烂》、《儿童节不见儿童片》、《一年造坟五万座侵占良田近千亩》等获奖新闻的标题虽然没有直接点明主题，但观众从题目上能够对报道包含的主题思想有所意会和理解。

其三，在标题中提出问题，引导观众关注主题。1987 年优秀电视新闻《空运到京货物积压严重》、《福建省文物仓库 5 万件珍品危在旦夕》、《广州 30 万退休工人没有专门活动场所》等标题都比较醒人耳目，引起观众的格外关注，在社会上反响较大。

标题是报道的眉目。贴切、简洁、新颖的标题能够给观众以深刻印象，达到较理想的收视效果。

记者在思考主题时，不但要搞清楚主题同问题、内容及标题的关系，而且要在理论上对主题形成的基本过程和主题的提炼与表现有透彻的认识，进而才能指导实践。

### *(4) 主题形成的基本过程*

中外新闻界确认：报道主题形成的最好时机是在采访之中。

通常，主题形成大体经过三个阶段：采访前期对主题雏形的考虑；采访进程中对主题雏形的验证；采访后期对主题的深化。

### *(5) 主题的提炼与表现*

新闻报道不同于文学作品，其报道主题具有客观性。

为此，提炼主题一要从全部事实材料出发，二要把握事物个性，挖掘事物本质，抓住事物特殊点。

表现主题特别忌讳贪大求全，而应以小见大、鲜明、集中。前面列举的优秀新闻在主题的提炼与表现上都抓住了事物的突出特点，准确、生动地加以表现。

电视报道质量的高低、价值的大小，其决定因素就在于主题是否正确，是否深刻。正确深刻的主题应该是对全部事实材料思想意义的概括，记者只有把握事物的意义所在，才能提炼出鲜明的主题思想并集中予以表现。

需要指出，记者对主题进行思考时要注意避免脱离实际，主题先行。在新闻报道中，主题先行和新闻报道夸大性毛病是“常见病”，这两种通病往往是相互影响的。为什么这两种毛病时有发生呢？除了记者有意拔高强扭角度的因素外，主要的原因是记者的认识方法违反了唯物主义的认识论。主题存在于客观事物之中，却又看不见，摸不着。它必须从事实中提炼，却又不能拔高。

新华社记者李峰认为，提炼主题取决于三个因素：一是对大局的了解；二是对报道对象的调查研究；三是报道的目的性。这三个因素就是依照唯物主义认识论，从实际出发，从事实出发。“从认识事物的角度说，全局和采访的事实之间的关系是个等量和被等量的关系。没有全局观点，对所采访事实，就分不清轻重，弄不清它是不是具有普遍意义及其意义大小。”*（李峰：《谈谈提炼主题的几个问题》，载《新闻采写经验谈》，199页，新华出版社，1983）*

从根本上讲，采访报道要避免主题先行，就必须端正认识方法，从宏观和微观两个角度认识客观事物，表现客观事物。

### 2. 对角度的选择

“角度”一词，源于摄影。从不同的位置拍摄人像和景物，以展现不同的特征和意境。

借鉴到采访报道之中，其含义特指记者发掘事实和表现事实的角度。换言之，即是记者发掘事实和表现事实的着眼点和侧重点。

由于电视采拍报道特有的融合与同步性，决定了发掘事实与表现事实的角度相互交织、同步流动。因此，记者确认选题时必然要考虑角度的选择。

#### *(1) 角度与客观事实*

选择角度，首先取决于客观事实本身具有的特点。

1986年优秀电视新闻《喜鹊沟家家户户添新秤》报道一个贫困山村经济生活的变化。用过去村里只有两杆秤和今天家家有新秤的事实来说明改革以来贫困山区农民生活的提高。虽然这个村的生活水平在全国仍属于较低的状况，但记者选择的角度新颖而且符合实际，报道具有说服力，反映了某一个生活侧面的变化。

#### *(2) 角度与报道形式*

选择角度，与报道形式密切相关。

现场报道、人物专访、纪录片、特写、动态新闻等不同形式对角度有不同的视角要求。中央电视台播出的美国CBS提供的《48小时》节目，是以社会问题纪录片形式进行的深度报道。《48小时》节目中关于艾滋病的报道，是以纪实手法从不同侧面对一个人、一件事进行纪录，层层分析。节目以一个女病人因看牙医被医生传染艾滋病向法院起诉的事例为由头，然后展开揭示艾滋病带来的一系列社会问题——艾滋病人的痛苦、病毒的传染渠道、病人同周围人的关系、带有病毒的医生的职业道德与生存手段的矛盾、病人公开病情与个人隐私权的法律纠纷、医疗界面临的困境、社会应该承担的责任及面临的难题。节目中节选了各个不同侧面的典型事例，从中可以看到社会问题纪录片独特的视角。

1989年优秀电视新闻特别奖作品《我国首次从大陆性病患者中发现艾滋病病毒感染者》是以专访形式进行的报道，角度选择同纪录片就有所区别。记者得知信息后，了解到患者已经出国，便当即采访了全国艾滋病防治组组长，从人物选择角度上就具有了权威性。消息的后面还专门介绍了艾滋病的流行情况和相关知识，从全球角度来认识艾滋病的危害。

### (3) 角度与电视特色的发挥

电视报道以现场背景作衬托，因此地点环境、时间、人物的选择都可以构成不同角度；采访方式、拍摄方位、报道手法都不能脱离角度的选择。选取最佳的角度好比开设一个理想的“窗口”，能够让观众把目光集聚到最有价值的地方。

1988 年优秀电视新闻《珠龙乡喜办“托牛所”》报道农村承包以后，学龄儿童弃学放牛，“托牛所”的开办使孩子重新回到课堂。这条新闻的“窗口”特别的新鲜，既开采了新闻价值又具有可视性。

### (4) 角度选择的着眼点

我国知名记者艾丰将角度选择的着眼点归纳为四个方面：接触事实的角度；观察事实的角度；解剖事实的角度；截选事实的角度。他认为：“接触事实的角度和观察事实的角度，是着重研究记者同事实如何发生外部联系以便于开采新闻价值的问题；解剖事实的角度和截选事实的角度，则是侧重于研究记者从何入手，揭示事实本身和事实之间的内在联系，以便于表现新闻价值的问题。”*（艾丰：《新闻采访方法论》，154页）*艾丰对角度选择着眼点的阐述是十分精辟的，无论是文字记者还是电视记者都须从这四个角度着眼，以便以最快的速度和最好的视角挖掘和表现事实。

对于电视记者来说，还须综合考虑发掘和表现事实的角度，因为电视采访报道中的许多形式是同步进行的。

### 3. 对形式的考虑

形式是指事物的状态、结构等。新闻报道形式即是指各种不同类型的报道方式。

在记者日常工作中，基本上是固定于某一个节目编辑部，承担分派的或专线的采访报道任务。电视节目的模式在一定程度上规定了报道方式，例如《新闻联播》节目以动态消息新闻为主，《焦点访谈》节目以深度专题报道与评述为主。有些采访任务下达之时就规定了报道形式，比如《望长城》等纪录片。这样看来，记者对形式的考虑是不是可以不花脑筋了呢？不然。电视报道中还有许多可以采取多种形式表现的内容，有些题目有几种形式可供选择。

此外，即使是事先已经确定形式的选题，也还要考虑如何表现。《我国耕地人口承载已经处于临界状态》和《我国首次从大陆性病患者中发现艾滋病病毒感染者》这两条新闻都是在《新闻联播》中播出的动态新闻，但采取的形式是人物专访，如果换一个形式就不能够很好地体现权威性和可信性。由此可见，记者确认选题时对报道形式的考虑基本上已趋于成熟。

电视记者考虑报道形式，还有一个不容忽略的因素要考虑进去，就是采访的具体方式。因为采访方式对于电视报道来说起着结构全篇的作用。“在这些‘视觉’新闻节目中，新闻采访是主要形式之一，它是传递信息，使新闻更生动活泼的一种手法。”*（库亨：《美国商业电视网中的新闻采访》，载《外国电视研究译文》，134页，北京广播学院出版社，1991）*

一般来说，采访在报道中结构全篇的具体表现形式主要有两种，一是展现全部采访过程；二是插入采访片断。人物专访、现场报道、电视讨论、以采访活动为拍摄主线的纪录片等报道形式展现的是采访的全部过程，这种采访形式可以从屏幕上十分清楚地了解其基本过程。动态新闻、现场快速采访在屏幕上展现的是采访片断，往往难以从屏幕上一目了然地了解其全部过程。为此，我们不妨分析一下电视报道中采访的基本特征。

1984年，美国诺普公司对三大电视网《晚间新闻》中的采访专门进行了多方面分析，所得到的分析结果提供了这个未开发领域中的新的数据。根据这些数据，我们可以发现动态新闻中采访的一般特征。

其一，采访以片断插入形式结构全篇报道。诺普公司对三大电视网三个星期周一至周四的《晚间新闻》播出的612条新闻进行了统计，其中191条新闻中至少有一次采访，191条新闻中含有的总采访次数为514次，分为657个片断插入报道之中。

其二，报道中的大多数采访插入只有一个片断。ABC的117次采访，86%只有一个片断；CBS的214次采访，72%只有一个片断；NBC的183次采访，79%只有一个片断。

其三，采访的形式以快速、简短为主，采访时间从几秒钟到1分30秒左右不等。其中21%在5秒钟以下，有的采访只有一句话。采访的时间总长度平均占节目总时间的15%左右。

其四，采访人的角色主要由主持人和记者担当。主持人的采访时间持续相应长一些，并且出图像和声音。记者的采访有5%以上经过剪辑处理，只将采访对象推向屏幕，记者不出图像和声音。这是因为动态新闻的长度有限，剪辑后的采访片断往往突出主要信息。

其五，采访的地点大多是在演播室以外，ABC占97%；CBS占96%；NBC占94%。剩下的23次采访，12次采用以下三种形式中的一种：在演播室内；从演播室连接到户外；从演播室连接到另一个演播室。此外还有11次采访由于插入极短的片断无法确定地点。

其六，采访的背景环境大多是街上、海滩、体育活动场馆等公共场所、办公室、家庭户外自然环境等。10%左右的采访是在一般工作场所进行（指工厂、公司、医院等，不包括办公室），30%左右的采访是在整洁安静的办公室内进行；15%左右的采访是在户外自然环境中进行；6%的采访是在政府大厦的走廊、门口、会议室外面进行；7%的采访是在家庭中进行；24%的采访是在公共场所进行，9%在街上、海滩、体育活动场所等；2%左右的采访是在演播室内进行；另有10%左右的采访无法确定环境。

从上述分析中，可以对电视报道中的采访特点略见一斑。事实上，采访的地点及环境的分析也体现了电视采访整体的特点。

近年来，我国电视记者在新闻报道中越来越重视将采访作为一种表现手法加以应用。在举世瞩目的第25届奥运会期间，广大观众不仅仅对比赛的结果表示关切，而且对记者的场内外采访产生浓厚兴趣。特别是中国运动员拿到金牌之后，现场记者穿插进行的即席采访、场外专访以及国内记者对有关亲属、教练和观众的采访，成为本届奥运会立体报道的重要组成部分。相比之下，对外国运动员的采访显得十分薄弱。虽然在比赛过程中，主持人对运动员作了具体简洁的介绍，掌握的材料也比较充分。但是比赛结果出来之后，我们的记者几乎没有对金牌得主以及教练员和其他具有新闻热点的运动员进行采访。而许多外国记者则蜂拥而至，争先恐后提问。从第 25 届奥运会报道的经验和不足之中，我们可以看到，电视采访对于单个报道来说起到结构全篇的作用，对于整体报道来说起着纵深开掘的作用。

总而言之，电视采访作为一种行之有效的报道手法发挥着不可替代的作用，记者在采访策划之时应该将采访的具体方式与报道形式一同考虑，不可忽略任何一个方面。

如果说摄制手段是采访报道的“硬件”，那么策划则是采访报道的“软件”。在拥有了“硬件”的条件下，“软件”往往成为主宰采访报道的指挥系统。

## 本章重点

1. 策划，是围绕确定什么选题以及如何采访报道所进行的多维性思维活动。

就采访策划而言，主要围绕题材选择、信息集合、价值取向、确认选题来通盘考虑。

2. 选择题材是采访的开端，题材即是采访报道的题目或对象。

选择什么样的题材，主要取决于编辑部的报道思想、采访意图、新闻线索和记者的判断。

3. 报道思想是编辑部在一定阶段内或时期内，为达到预期的新闻传播目的而制订的新闻报道的设想、意图。

报道思想一般包括一个时期的总体设想和具体报道提示。

总体报道思想是根据当前党和政府的方针、政策、中心工作、全局和实际情况，经过通盘考虑之后，综合制订的。具体报道提示是根据总体报道思想来确定的。

明确报道思想有利于记者从全局来考虑问题，报道思想往往是选题的依据和出发点。

4. 新闻线索是选题的具体指向。线索就是新近发生和发现的或即将发生的新闻事实的简明信息和信号。

线索的特点是比较简略、笼统，没有细节、过程，最多告诉记者一个片断或一个由头。

线索不等于新闻事实，记者要在采访过程中加以核实。

5. 新闻价值是选择和衡量新闻事实的客观标准。新闻价值可以为记者判断事物、确定选题提供参照。

传统上，新闻价值要素主要包括：兴趣、影响、接近性、及时性、显要程度、异常性、冲突等。

现代的新闻报道发生了许多变化，在新闻价值观念上的反映是：影响、趣味、信息，可视性。

新闻价值要素构成历来是新闻学最难以下定义的。记者判断事物，确定选题往往倾向于某一个突出要素，并兼顾考虑其他要素，而不是将所有要素等量齐观。

6. 新闻判断力是指记者判断什么事物值得采访报道的能力。

具体讲，主要体现的是：对社会现象的洞察能力；对客观事物发展变化的反应能力；对新闻线索的辨别能力；对新闻事实的分析能力。

7. 新闻报道的主题是记者反映客观事物时，通过具体内容所表达的中心观点、中心思想。

主题不等于问题，而是记者对问题持有的观点和看法。主题也不等于内容，内容是报道对象、报道范围、主要事实；主题是通过这些内容表达的某种思想和主张。

新闻主题不同于文学作品，其报道主题具有客观性。为此提炼主题一要从全部事实材料出发；二要把握事物个性，抓住事物的特点。表现主题要以小见大，鲜明集中，不要贪大求全。

8. 报道角度是指记者发掘事实和表现事实的角度。换言之，即是发掘事实和表现事实的着眼点和侧重点。

新闻采访报道对角度的考虑和选取，其一取决于客观事实本身具有的特点；其二取决于特定报道形式的要求；其三还要考虑电视特点的发挥。

**思考题**

1. 为什么说采访策划是多维性思维活动？
2. 选择题材主要考虑哪些因素？
3. 什么是报道思想？
4. 总体报道思想是根据什么制订的？
5. 新闻线索的特点有哪些？起什么作用？
6. 什么是新闻价值？主要有哪些要素？
7. 记者的新闻判断力在采访中主要体现在哪些方面？
8. 什么是新闻报道主题？主题同报道内容是一种什么关系？
9. 怎样才能表现好报道主题？
10. 记者采访为什么要对主题进行思考？
11. 什么是报道角度？选择角度主要从哪些方面进行考虑？

# 第四章

# 采访准备

采访的具体选题确定之后，首要的工作是准备和计划，这一步可以视为是采访的战略部署。通常，采访战略部署的具体着眼点是：全面准备；确定重点；研究背景；设计问题；拟订方案。

## 一、全面准备

全面准备可以给予记者一种安全感。“采访前宁可准备过头，而不要准备不足。”（*约翰·布雷迪：《采访技巧》，50页*）不作充分准备就去采访，好比没有领航员的驾驶员开飞机一样，或许也有可能到达目的地，但却要冒极大风险。

在理论上，中外新闻界对采访准备的重要性不存在任何的异议，然而许多初出茅庐的记者以及资历颇深的记者却都曾因程度不同的准备不足造成采访的失误。记者采访实践经验告诉我们：不同记者的采访风格可以是多样化的，但有一点是共同的，这就是采访前的周密准备。

准备是采访成功的前提保证。准备的作用在于缩短主体认识客体的距离。采访准备没有捷径可走，但却有方法可循，即准备不是单项的，而是全面的。

### 1. 理论准备

采访活动是一种认识和反映客观物质世界的社会活动。记者每次采访接触的客观对象都是处在发展变化之中的，即使是一些老题目和熟知的领域也不是一成不变的。面对千变万化的客观世界，采访记者不掌握与报道选题相关的理论，就无法客观、准确、高水准地反映再现客观事物。

在某种程度上，记者理论水平和报道水平的关系是成正比的。1988年全国优秀电视新闻一等奖作品《辽宁省一些盲目建设的农贸市场已荒弃》是一条具有深度的批评性报道。记者之所以能够从开业仅一年全省最大的农村一级农贸市场的失误中看到违背商品经济规律的后果，是因为潜心研究掌握了市场经济理论。这条新闻主题挖掘较深，并用对比手法来表现，因而具有一定深度和说服力。

◁ 图 4-1　美国记者钱塞勒被认为是学者型记者 ▷

美国著名新闻节目主持人丹·拉瑟在任白宫首席记者期间曾一度感到报道水平停滞不前，电视网最有学识的资深记者约翰·钱塞勒给他的忠告是——到哈佛大学进行理论学习。可见，理论准备有助于记者从宏观上认识事物的本质，从而提高报道水准。

### 2. 政策准备

不了解政策，采访报道往往缺少针对性。轻则不痛不痒，重则闹笑话甚至出大错。记者平时要对国家的大政方针不断学习、领会，才不至于在采访活动中迷失方向。具体到一次采访任务，还需对报道选题相关的各项政策有所把握。

政策准备有助于确定采访报道的基调。1984 年，李大维和黄植诚作为从台湾省回到内地的代表人物，被特邀参加中央电视台《春节晚会》节目。在晚会上，怎样将他们介绍给观众，如何对他们进行现场采访都直接关系到我国对台湾省的态度和政策。过去，我们对从台湾省回到内地的人物报道基调是弃暗投明。然而，及至 1984 年，中国政府已经提出了“一国两制”的构想。如果按过去的报道口径介绍他们，就不符合中央的新决策精神。在新的历史背景下，李大维、黄植诚的行为体现的是爱国主义的精神。

显而易见，不掌握同采访题目相关的政策，记者就难以确定采访报道的基调。

### 3. 情况准备

采访前，如果能对报道的人、事件、问题的相关情况和内在外在联系有较透彻的了解，头脑中将会形成十分清楚的立体线条，采访时就能知道从什么角度去接触事物、表现事物。

在某种程度上，情况准备对于人物采访和深度报道更具特殊意义。我们不妨分析两个流传于国际新闻界的例证，先看看情况准备之于人物采访的作用。

例证之一：

美国记者埃·杰·利布林采访赛马骑术师埃迪·阿卡罗时，提的第一个问题是：“你左脚的马镫比右脚的马镫高多少？”阿卡罗对这个内行的知情问题反应极为热烈，兴致油然而生，不厌其烦地回答了记者提出的一系列问题。

例证之二：

1939年，举世闻名的电影《飘》放映之时，女主角费雯丽从英国飞抵美国以示祝贺。按惯例，费雯丽到达纽约机场后在记者室接受采访。一个初涉新闻界的记者问道："你在《飘》中扮演什么角色？"回答是："我无意同你这样无知的人交谈。"这个拙劣的提问被作为新闻中的新闻在《纽约时报》上披露，从此这个例证成为告诫记者采访要作充分准备的反面"教材"。

对比分析：

上述两个典型的例子再清楚不过地显示出采访前情况准备充分或不充分的结果。事实上，利布林提的第一个问题并不是他采访的侧重点，他用这个对采访对象知之甚微的问题开头，目的是引发采访对象的兴趣，以便为触及实质性问题打下交谈的基础。那位向费雯丽贸然发问的记者，或许并不是一个"如此无知"的人，他的失误在于采访准备上的疏漏。

通过对比分析，我们得到的启示是：作人物采访时情况准备的最终目的"不是为了博得采访对象的好感，而是为了卓有成效地使他谈透所触及的问题。这对于准备采访某位专家的新手来说尤为重要，因为专家是不屑于同新手交谈的。"（约翰·布雷迪：《采访技巧》，52页）

情况准备对于揭示重大社会问题与现象的深度报道不仅仅具有间接作用，而且直接关系到采访的入手点和拍摄的切入点。

1988年全国优秀电视新闻《浙江省盐业生产面临危机》是一条分析性新闻报道。这种报道具有一定难度，要求记者全面掌握客观事态，预测事件的发展势头。记者得知抢购食盐的信息后，用半个多月时间了解全省盐业生产情况，分析盐民大批外流、盐田荒芜严重、生产工具落后、劳动力结构老化的原因。在了解全面情况的基础上，终于搞清了问题的关键所在，即原盐税价不合理挫伤了盐民的生产积极性，导致了一系列问题的连锁反应。最后，记者将拍摄采访重点定在盐业生产连年下跌的岱山盐区，用对比手法深刻揭示报道主题。新闻播出后反响很大，省政府很快调整了原盐收购价格并采取了其他措施，全省盐业生产日趋萎缩的局面很快得到扭转。

客观地讲，西方记者采访前对情况准备的重视程度和所下的工夫是值得我们借鉴的。法拉奇、克朗凯特、华莱士这些国际著名的采访专家，往往为报道一个重大事件、采访一个重要人物而不惜花费半年一载的时间搜集研究大量情况。

前面提到的《48 小时》节目的切入点都是从一个人、一件事的内外在联系中深入挖掘，将报道主题上升到普遍的社会意义上来。节目从选题到具体表现，都离不开事先的情况准备。比如，对火灾、吸毒、艾滋病、离婚、环境污染所造成的社会危害的剖析；对美容、健身、急救、器官移植等社会时尚和现象的透视……每一个报道选题都是站在全社会和全人类现实与历史发展的高度上进行反映和再现。每次节目虽然

◁ 图 4-2　华莱士为采访邓小平做了大量的准备工作 ▷

侧重报道一个问题，时间只有几十分钟，但提供的信息之多，涉及的人物事件之广泛，令观众心灵受到震撼。可见，这样深刻的纪实性报道，事先不掌握大量情况，采访时是无法找准切入点的。

### 4. 知识准备

采访记者不可能成为精通各类问题的专家，但却应该对采访题目所涉及的有关知识、复杂概念事先进行学习，以求获得正确理解。否则，就难以同采访对象进行双向交流。

我国资深记者黄钢采写的报告文学《亚洲大陆的新崛起》是新闻作品的典范佳作。然而，黄钢第一次采访李四光时，由于事先对地质学知识的准备不足，致使采访难以深入。李四光要不断地对地质学理论概念进行基本常识性解释，两个人交谈很不投机。最后李四光送给黄钢一本《地质常识》，建议记者先看看书，然后再采访。之后，两人的交谈才达到了双向互动的效果。试想，如果不是黄钢这样一位老记者而是一个新手前去采访，李四光一定会对记者的能力产生怀疑，或许不再接受采访。

一般来说，“采访对象如果认为记者对所谈的问题十分熟悉，不必一面谈一面对所有问题都进行一番解释，那么他就可能爽快地、充分地谈”。*（布赖恩·布鲁克斯：《新闻写作教程》，72页，新华出版社，1986）*著名记者徐迟采写的报告文学《哥德巴赫猜想》名噪全国。数学家陈景润像许多科学家一样，既有个性又特别珍惜时间，是一位难以得到采访机会的人物。徐迟在采访前对数学基本常识、术语以及陈景润研究课题的复杂概念进行学习、消化、理解，正式采访时高效率地利用了难得的采访时间。由于徐迟在知识性问题上没有遇到难以理解的障碍，采访得以顺畅进行。

电视采访时间长度有限，是以分秒计算的。一般情况下，正式开机采拍时不能像文字记者那样就某些专门术语进行询问。那样不但打断了采访对象的思路，也破坏了整个报道的结构。因此，采访前对专业性知识必须从概念上有一个基本的领会，才不至于在屏幕前出漏洞。

### 5. 心理准备

采访是建立在平等自愿基础上的社会活动，记者同采访对象接触的过程中，有一系列心理活动在起作用。“采访是一个不能完全控制的过程，我们或许还可以掌握某些变化的因素，但有两个最关键的因素我们是无法掌握的，这就是采访者和被采访者。”*（布赖恩·布鲁克斯：《新闻写作教程》，71 页）*在采访活动中，遇到人为和自然的障碍是不足为奇的，因而记者在采访前要有一定心理准备，才能应付各种突然变化和克服各种困难。

通常，记者采访在心理上的准备至少要考虑这样三个因素：

一是估计采访对象合作的程度；

二是估计可能达到什么样的预想结果；

三是估计可能会遇到哪些障碍。

1987 年 5 月，我国大兴安岭发生特大森林火灾，全国重要新闻机构都派出记者前往现场采访。由于火灾使当地政府和百姓的财产毁于一旦，从上至下形成了各种复杂的心理情绪，记者采访遇到了预想不到的人为障碍。开始稿件无法通过邮电部门传出，有些记者拍照时受到围攻甚至拳脚“相待”，个别记者还被关了“禁闭”。在这种特殊的情况下，大多数记者没有打“退堂鼓”，而是想尽办法，克服困难，耐心解释，冒着生命危险进行采访。可见，搞新闻采访特别要具备应付复杂局面的心理素质。

有时候，记者采访前进行了方方面面的准备，唯独忽视了心理准备，结果对采访中出现的意外情况束手无策。以硬性采访著称的美国资深记者华莱士对尼克松总统任内的白宫办公厅主任霍尔德曼的采访就是一个较典型的例证。霍尔德曼以管理白宫井井有条而得“铁首相”绰号，又以参与推卸“水门事件”罪责而得“柏林墙”绰号。华莱士在采访前花了大量时间在旁征博引的证据材料上做准备，并且进行了事先的预演。华莱士素以咄咄逼人的提问享誉美国电视界，他以为霍尔德曼这道“柏林墙”并不是攻无不克的。凭借多年的采访经验，华莱士胸有成竹地开始正式采访。想不到霍尔德曼在屏幕前表现出一副温和的态度，无论华莱士提出多么尖锐的问题，他都以笑嘻嘻的方式避重就轻地巧妙应付，迫使华莱士处于被动难堪的境地。这次采访在美国电视界曾成为轰动一时的谈论话题，评论家们对华莱士的采访评头论足。

华莱士采访的失误，主要原因不是事先研究不透彻，也不是提问技巧不高超，而是对采访对象不予合作的程度估计不足，以致心理准备不充分。华莱士的教训告诫我们，无论是经验丰富的记者还是初出茅庐的新手，在采访心理准备的环节上都不可掉以轻心。

### 6. 事务准备

电子采访设备是极为复杂而又难免出现故障的，如果临行前对采访的全套装备有一点疏漏，都有可能因小失大。

可靠的办法是，检查试用所有设备。不要想当然地以为所有设备都运转正常，某些部件损坏的可能性时刻存在。不要忘记：确保摄像机能够拍下画面，录像磁带运转正常，话筒确实起作用，灯光不出毛病，电池足够使用……

此外，其他必备的物品诸如车票、机票、道具、保护用品、纸笔等等也要准备齐全，做到万无一失。

## 二、确定重点

确定重点即是寻找采访的主攻点。具体讲，也就是确定采访的重点范围、重点对象和主要画面。

### 1. 重点范围

确定采访重点范围，可以事半功倍，反之则会事倍功半。许多刚刚学习采访的记者往往觉得什么都重要，导致采访时平均使用力量，搞出的报道面面俱到。

实际上，电视报道的时间容量非常有限，只能突出主要内容，日常的每日新闻节目中的动态性新闻一般只有 1 分钟左右，特写、专题大都是 5~30 分钟，大型纪录片、系列专题片每集长度往往不超过 1 个小时。

在这样有限的时间内突出什么内容，穿插什么形式的采访必须围绕某个中心点来选择。故此，采访前心中一定要明确采访的侧重点，才能找准突破口，切入正题。

那么，怎样确定采访的重点范围呢？办法是，根据采访目的确定“主攻方向”。

有经验的记者采访前首先对自己阐述一下采访的目的，目的越清楚，主攻方向越容易测定。如果采访前自己对采访目的都搞不清楚，自然就难以确定明确的目标。没有明确目标，采访范围也就没有了确定的依据。其后果必然是盲目被动，眉毛胡子一把抓。

需要指出的是，有些采访题目纯粹是探索性的，往往难以确定某一个侧重点。例如，人物个性采访，思想观点的揭示，大都要对广泛的题目进行交谈。在这种采访中，记者不能局限在某一思路中。然而，思路宽并不意味着漫无边际。记者可以根据探索性问题的逻辑顺序确定采访的范围，也可以根据思想观点的重要程度安排采访的主次顺序。

在电视采访中，无论是现场快速采访，还是持续一定时间的人物专访，都应切忌毫无目的。采访的目的和采访的重点范围之间的关系是相辅相成的。目的明确才能确定重点，确定重点才能集中目标。

### 2. 重点对象

电视采访在采访对象的选择上有三种方式：一是定向选择；二是阶段选择；三是随机选择。

定向选择一般在采访前就确定好重点人选；阶段选择往往随着采访的深入，按照新发现的人物线索进行特定选择；随机选择主要是在采访现场、在大庭广众下临时选择。定向选择注重典型性，阶段选择带有指向性，随机选择具有代表性。

采访时怎样确定重点采访对象？原则上，采访对象应该是与报道事实直接有关的当事人、事件的参与者和目击者，或虽不是当事人，但却是了解有关情况的知情者和能够发表见解的权威人士和代表人物。

在电视发达国家，受众对电视节目的参与程度越来越强，每当发生重大新闻事件，各层次受众往往被请到电视台发表见解。由于越来越多的人参与到节目之中，美国等国家的电视机构专门设置了预约记者。预约记者的任务是为节目约请适合上电视说话的客人，一天大约要预约25个左右的电视客人。“海湾战争”期间，CNN的新闻一天24小时不间断进行报道，其中大部分时间都是对政府首脑、权威人士、专家、观察家及普通人的采访。这样，将事件和反应结合起来，报道不但立体化而且具有深度和人的情感因素。

受众的参与是电视节目发展的必然趋势，这对采访重点对象的确立提出了特别要求。换句话说，记者采访前和采访过程中必须考虑请什么人上电视，上电视后在报道中起什么作用。山西电视台的《重访大寨录》专题报道之所以引起观众反响，很大程度上在于节目中穿插了对郭凤莲的采访，还有对当年的知名人物“铁肩膀”梁便良以及过去和现在都担任大寨干部的宋立英夫妇的采访。观众从屏幕上看到当年风云人物的现实模样，听到他们的声音，了解了他们的现状，满足了对人物命运的关切心理。同时，也获得了今天大寨的诸多新的信息。节目中同时采访了其他的知名人物，但相比之下，郭凤莲给观众留下的印象最深。如果没有郭凤莲的出场，《重访大寨录》就不可能引起观众的特别兴趣和关注。

### 3. 主要画面

电视记者在确定重点时，还要对报道主要由哪些画面构成进行思考。

画面是电视新闻报道的基本表现元素，报道内容主要是通过画面体现的。在一定程度上讲，画面也是报道内容的重要组成部分。

在正式采拍前，记者必须设想：

第一，未来的报道在画面表现上大体是什么样；

第二，估计能够拍到哪些画面；

第三，哪些东西必须拍摄到画面才能够有说服力；

第四，期望能够拍到什么样的形象画面；

第五，如果拍不到动态感强的活动图像，采取什么办法来构成特定的画面内容；

第六，以什么方式将采访对象引入屏幕，在画面上怎样出现；

第七，记者以什么方式出镜采访，以什么样的特定现场画面背景作衬托；

第八，哪些内容在画面上不好表现，采取什么形式来体现，同画面又怎样配合。

总而言之，就是要考虑报道由哪些主要画面来支撑。

实行采摄分工，记者或许不负责画面拍摄的具体操作，但是对主要画面的确定是必须考虑的，这是电视记者采访的特殊性和电视新闻特性所决定的。

经验告诉我们：记者在采访报道的准备过程中，未来报道的形象应该是以观念的方式存在于记者头脑之中。只有这样，记者才能在正式采访、拍摄、制作过程中胸有成竹。

作为电视记者，确定重点的着眼点不但要围绕报道选题来考虑，还要从电视屏幕的特定表现形式来考虑，以求达到理想的传达效果。

## 三、研究背景

研究背景资料是采访的入手点。我国知名记者艾丰认为，研究背景是为采访而进行的采访。

背景研究一般是在确定了选题和明确了采访意图之后进行的，所以具有针对性。

在日常采访活动中，研究背景易犯的一个通病是停留在一般性了解的水平上。究其原因，一是对研究背景的作用理解单一，误以为仅仅是熟悉一下采访的人和事，有必要时在报道中运用一点；二是对研究背景的基本环节把握不好，侧重于广泛浏览，忽略综合分析。为此，我们有必要对研究背景的作用及其基本环节进行深入的探讨分析。

### 1. 研究背景的目的与作用

研究背景的目的是：开掘报道的深度。

研究背景的作用是：武装头脑、提高认识、增强洞察力、发现线索、吸收使用。

早在十几年前，人们对环境污染、能源危机还缺乏清醒认识的时候，艾丰针对水的资源危机采写了一篇卓有见地的报道《水——让我们重新认识你》。他在研究背景的过程中，澄清了许多观念上的误解，找到了水源浪费、污染的原因。一是人们对水的认识存在误解，错把大自然无限的循环当成水源拥有无限的数量，以为水是取之不尽、用之不竭的，因而不珍惜水的利用，实际上，水的数量是有限的，特别是淡水资源。二是人们以水的价格来衡量水的价值，认为水非常便宜，节省不节省没什么要紧。工厂购置一套节水设备，花的费用比浪费水的水费高出多少倍，故此宁可浪费而不节水。三是没有任何东西可以代替水，没有水就没有生命。如果掉以轻心，水的浪费和污染将会造成无法补救的后果。艾丰认为，通过研究背景资料，端正了对报道事物的认识，对以前头脑中的观念是一个大冲击。如果不进行背景研究，就不可能对社会上的习以为常的现象和认识增强洞察力，搞出的报道也不可能具有针对性、现实性、科学性。

西方新闻界的许多经验丰富的记者特别重视研究背景，将这一步视为采访的开端。沃尔特·克朗凯特作为第一个新闻节目主持人的尝试者在 1952 年报道美国两党代表大会之前，用一春一夏时间研究政界要人的背景。报道取得开创性成功后，电视网同行和观众都对别开生面的报道形式赞叹称好，而他自己则认为成功得助于研究背景。因为不研究背景，就根本驾驭不了所报道的内容。虽然形式是不容忽略的，但根本的还是记者的认识水平决定报道质量。而认识水平的提高，分析、辨别、判断事物洞察力的增强，是无法凭空获得的，必须进行大量而透彻的背景研究。

1992 年上海国际电视节评委，美国公共广播公司匹兹堡电视台总裁托马斯·斯金纳先生在北京广播学院专门就纪录片创作进行了讲学。他说，美国同行创作大型纪录片一般用 1 年时间，其中 2 个月研究背景，2 个月实地考察，2 个月正式拍摄，6 个月后期制作。从这个制作周期的时间安排上，我们可以看到研究背景资料的重要性，既是采访报道的开端，也是采访报道的入手点。

### 2. 背景研究的基本环节

背景研究的基本环节主要分为四个步骤：广泛浏览、分门别类、综合分析、消化吸收。

### (1) 广泛浏览

广泛浏览是背景研究的第一步，这一环节是信息输入大脑的过程。

一般而言，广泛浏览主要是从已经成文的资料中获取采访题目涉及的历史与社会背景、现实状况、发展动向，以及相关人物的个性特点、职业生涯、人生观念等。

中央电视台《人民子弟兵》节目播出的4集系列片《祖国不会忘记》长度共80分钟，然而创作人员查看积累的录像资料就达8 000分钟。《祖国不会忘记》：“表现的是我国国防科技事业过去30年的历史，因此，它必须以这条战线30年来积累的珍贵图像、图片和文字资料构成全片画面的主要内容。然而由于长期保密的原因，有关资料来源缺，数量少，而且头绪繁杂。为了真实地再现这段历史，我们在创作过程中打了一个挖掘资料‘金矿’的战役。”（摄制组：《〈祖国不会忘记〉创作浅谈》，载《1988年优秀电视新闻稿选》，53页，中国广播电视出版社，1989）

1979年12月，世界拳王阿里到北京作为期一天的短暂访问。体育记者傅溪鹏事先得知了这一信息，但是对阿里个人生活和职业经历却知之甚微。阿里在北京逗留仅一天，围绕他采访的记者很难有更多的接近机会，直接交谈更是困难。傅溪鹏深知单凭临场观察和提问是难以深入报道的，唯一的办法是事先广泛浏览背景材料，充实自己的头脑。然而，国内的报纸杂志几乎从未涉及过这位拳王的情况。他跑到几个大型图书馆，浏览东南亚和港澳的报纸、杂志，查到了有关阿里个人生活和拳击生涯的许多资料，这些资料对于他采访报道起到关键性作用——从不了解到比较了解，再到把握人物个性。

广泛浏览实质上就是占有大量资料的过程，占有大量资料是一个费时、费力的又要工夫又要有方法的工作。现在，许多国家的电视机构都建立了文字和影像资料库，查找资料手段逐步朝着实现电脑化方向发展。由于电视节目吞吐量大，各档节目都离不开资料的利用，专职的为某一档节目服务的资料员应运而生。然而，资料存储和查找的现代化手段终究替代不了资料具体应用的思维活动。如果说广泛浏览这一环节是比较易于把握的话，接下来的环节则要开动一番脑筋。

### (2) 分门别类

分门别类是对背景资料进行定性研究的过程，即依照事物不同属性进行规范化研究。

分门别类并不是列出一个流水账似的资料门类，而是从繁杂的资料中提取有价值的部分加以归类。美国著名的新闻节目女主持人巴巴拉·沃尔特斯是名人专访的行家，她的高超的交际能力，轻松自然的神情举止，巧妙提出问题的技巧，应付各种事件与问题的老练作风，深得同行的首肯。在局外人看来，她在电视上采访很少照稿提问，会误以为她是凭借多年经验和敏感的反应能力即席发挥。事实上，沃尔特斯采访前所进行的背景研究是极为透彻的。举例来说，她为了采访影视明星卡罗尔·伯内特，从大量的背景资料中归纳提炼出38页的研究报告，并在研究的基础上设计出100个探索性的问题。美国新闻教科书《广播电视新闻写作》将她这份报告和问题单作为典范，其中值得我们借鉴之处是，沃尔特斯的研究报告和问题单都是按事物的不同性质归类研究的。背景研究归为4类：童年、家庭；职业生涯；婚姻；个人习惯。问题设计归为8类：儿童时代；青年时代；职业生涯；母亲时代；个人变化；社会观念；婚姻；人生观。

对背景资料分门别类进行研究，有助于记者理清头绪，排除疑点，以便进一步挖掘事物的本质。

### (3) 综合分析

综合分析可以使记者获得判断事物的可靠依据，得出比较符合实际的结论。以《祖国不会忘记》这部历史文献纪录片而论，如何历史地、客观地评价国防科技30年的历程，如何将宏观认识和微观透视有机地结合起来，均离不开对背景的综合分析。“全片要有纵看几千年，横观万国事的气势，才能为我们的创作人员提供一种立体的、全方位的思考。”（摄制组：《〈祖国不会忘记〉创作浅谈》，载《1988年优秀电视新闻稿选》，51页，中国广播电视出版社，1989）这部纪录片在叙事方式上较多地采取了对比手法，每集里都有一个或几个“跳”点。然而，观众并没有产生牵强附会之感，而是产生许多联想和思索。这说明，创作人员对背景的综合分析非常透彻，因而在总体安排上的构思既高瞻远瞩又符合事实。

纪录片中资料分配的基本方案，各集画面的初步设计，以致脚本的构想修改，都是在反复观摩的过程中实际也是综合分析的过程中形成的。

### (4) 消化吸收

消化吸收是将死材料变成活材料的过程，也是背景研究的重要环节。

近年来，我国新闻改革特别提倡搞深度报道，而深度报道往往离不开历史知识、时代背景、科学知识等材料的运用。许多对比性报道、分析性报道、解释性报道、调查性报道由于背景材料运用得当，报道力度得以呈现。

1989年，中央电视台创办的《弹指一挥间》栏目，共播出182条报道，几乎每篇报道都穿插运用历史背景材料，用今昔对比的手法表现新中国成立后40年的变化。这个栏目受到各层次观众的欢迎，在很大程度上取决于历史资料运用贴切，致使报道具有无可争辩的说服力和可信性。

消化吸收背景资料要注意同主题的关系，避免游离主题生搬硬套。经验提供的办法是，首先认清报道事物的本质特征，然后分析背景资料的特定意义，最后选择能够说明、衬托、深化主题的特定背景资料对号入座。

《中国建设》杂志社主编艾泼斯坦在中国社会科学院新闻研究所的一次演讲中谈到如何消化资料时，举了一个很有启迪性的例子。

一次，他写西藏问题，面对的读者对象是美国人、欧洲人。他准备写出西藏过去的奴隶社会与欧洲过去的状况对比。如何比较呢？他查找了百科全书、马克思的《资本论》。从中记下了有关农奴制和强迫劳役的描述。他还在一本关于10世纪的英文书中找到农夫和作者的对话，述说农夫在没有人身自由的制度下辛苦劳动的情景。最后他又查找了13世纪一位罗马教皇的引语："农奴在干活，威胁使他惊吓，强迫劳役使他疲乏，鞭挞摧残他的身体，他的财物也被剥夺……"艾泼斯坦用这些材料告诉外国读者，西藏的过去正是你们已经抛弃的历史，为什么你们认为可怕的东西，到了西藏就变得如此美妙呢？你们还不如一个老教皇，因为他都不隐瞒奴隶社会的暴虐。这些事实材料比高声说教更有说服力。

艾泼斯坦举这个例证是对材料的消化使用得很好的范例。从中可以启发我们消化使用材料首先要弄清你所报道事物的本来面目，再仔细咀嚼文字材料，最后选取说明问题的材料对号入座。消化使用资料往往是在采访的进行中或后一阶段完成，使用的材料同报道的主题贴切才有说服力。

#### (5) 存储积累

最后，我们还需要强调一下研究背景材料同平时注意存储资料的关系。这里面有两个工作环节：记者平时注意积累资料，采访时就能得心应手地查阅背景材料，这是其一。每次研究背景材料和采访后得到的材料要分类存储，不要随手扔掉，这是其二。

一个记者，要像电子计算机那样具有存储信息的技能，善于搜集、积累研究资料。对平时和采访过程中得来的资料，要能够随时整理分类、作出札记。“眼过千遍不如手过一遍”。存储研究资料是记者的基本功之一，在这方面西方记者给予极高重视，每人都有个“资料库”，什么事一旦发生，背景材料马上就出来了。“资料库”不能变成死档案，也不是一堆废纸，而应是一个即时“老师”。无论什么时候你要问这个老师，他总是能回答你。记者完成一次采访，都应把所得到的材料归纳整理，存储起来，不要采访完毕就丢掉。

## 四、设计问题

记者确定了采访的重点范围，选择了采访对象，进行了背景研究，在这个基础上便可以着手设计问题。

设计问题主要是为正式提问作准备，同时也有利于记者理清头绪，排除疑问，抓住关键。

### 1. 通用原则

记者采访根据不同题目、不同对象设计不同问题，这一点是不言而喻的。但是怎样设计？设计问题时通常做什么考虑？遵循什么原则？这些问号都要动一番心思，才能最后画句号。

一般来说，有这样三条原则是通用的。

其一，记者头脑中必须清楚，应该从访问对象口中得到哪些要点，用以阐明所报道的题目；

其二，记者必须有把握能够使提出的问题准确地传达给被采访者，防止对方对问题迷惑不解；

其三，记者提出的问题应该使观众一听即懂。相对来说，这一点尤为重要，但最易忽略。

上述三条原则是中外记者长期实践经验的结晶。遵循第一条原则，在设计问题时就会明确目的，而不至于心中无数；遵循第二条原则，就会注意提出明确具体的问题，而不至于含混不清；遵循第三条原则，就会注意使用简洁、通俗的词句，避免使用深奥晦涩的词句。

◁ 图 4-3 记者采访提问通常要事先进行设计 ▷

### 2. 辅助公式

经验不足的记者提问往往缺少逻辑联系，老练的记者在偶然情形下也难免一时语塞。针对这两种情况，美国内华达新闻学教授拉鲁·吉尔兰德推出了设计问题的辅助公式——“GOSS”。这个公式对我们设计问题可以提供可行的方法。

“GOSS”公式基于这样一种理论：

大凡制造新闻事件的个人和组织总是出于某种目的和目标(GOAL)；并且总是面临或即将面临实现其目标的障碍（OBSTACLE)；新闻制造者已经找到或者正在寻找某种避开障碍的解决办法（SOLUTION)；然后再返回目标，追问这一目标是在什么时候由什么人的意见而开始的（START)。

吉尔兰德将这个辅助公式用下图表示：

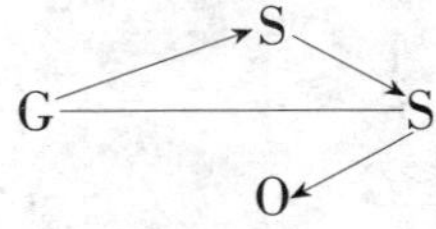


“GOSS”公式可以提醒记者设计下列一些具体问题：

目标——“你们要实现的目标是什么？”“贵组织的目的是什么？”……

障碍——“你们遇到过什么难题吗？”“目前的阻力是什么？”

解决——“你们是怎样对付这些难题的？”“你们有解决矛盾的计划没有？”

开始——“这一设想是什么时候开始的？”“是根据谁的意见？”

根据“GOSS”公式的提示，记者可以在事件性新闻采访中设计出比较具体的问题。这些问题不但具体，而且上下之间讲求逻辑；不但能把事情的来龙去脉搞清，而且能够抓住关键性实质内容。这样提问要比说：“你的感想如何？”、“有什么体会？”、“你是怎么想的？”、“请介绍一下情况？”要具体、简洁、明确。

美国一些新闻学院的学生借助“GOSS”公式设计问题，认为易行易记，尚能奏效。

需要指出，“GOSS”公式只是设计问题的辅助公式，而不是万能公式。记者每次采访的题目、情形都是不尽相同的，因此不可能制定到处适用的公式。吉尔兰德教授明确告诫读者，这一公式只是设计问题的辅助公式。此外，当记者一时卡壳，它也可以助一臂之力。

### 3. 总体设计

电视记者在采访前设计问题同文字记者有所不同，不但要考虑采访过程中提什么问题，而且还要考虑在屏幕前怎样提问。因而，电视记者对问题的设计必须是总体的设计。

#### *(1) 屏幕后问题设计*

记者在屏幕后采访目的是搞清事实，问题设计可以根据访问时间、访问对象来确定问题多少及问题形式。

一般来说，记者同采访对象直接交谈时，提问方式可以灵活选择。但设计问题时应以问号形式一一列举拟定出来。

屏幕后问题设计可以围绕采访题目从多种角度来考虑。记者只将想到的问题一一列出来，较好的方法是多想多列。

西方许多著名记者采访前特别重视设计问题，有些重头采访要设计出上百个问题。例如美国《60 分钟》的华莱士采访邓小平时，事先设计了 100 个问题。

我们主张，设计屏幕后提出的问题尽量将记者头脑中的疑问都提出来。设计出问题后，记者的头绪应该理清楚，反之说明记者的思路还很混乱。通常，除突发性事件，一般采访任务都有一定的时间准备。电视采访在正式开拍前最好先进行拍前采访。设计屏幕后问题多多有益，记者采用什么方式，设计什么具体问题，应根据具体题目确定。不过，有两条准则要遵循。

其一，讲求逻辑。

其二，分门别类。

记者设计几十个甚至上百个问题不能是漫无边际、毫无关联的。较好的办法是按照事物之间的逻辑关系，分门别类设计问题。《空军报》记者陈乃文在 1981 年 9 月为采访黄植诚，第一次采访设计 119 个问题，第二次采访设计 130 多个问题。他将问题分类为重点了解、详细补充、一般询问、需要核对等几大类别。

### *(2) 屏幕前问题设计*

电视记者在采访前还要考虑屏幕上的提问。

电视采访有严格的时间限制，许多采访是分成若干片断在屏幕上出现的。这就要求记者设计问题时多考虑电视特点，这里有两条准则要遵循。

其一，准确具体。

其二，简洁口语。

多数情况下，电视屏幕前的采访都是简短的快速采访，记者提问时间极为有限，时间长度是设计问题时必须考虑的因素。

由于时间限制，记者的提问不能含混不清，也不能包罗万象。屏幕后记者可以提一些概括性问题，如“请你介绍一下基本情况”，“事情大概经过是怎么样？”这类问题，屏幕前则不能这样问。屏幕前提问主要方式是直截了当，问题必须具体准确、简洁、口语。

怎样才能达到准确、具体、简洁、口语这些基本要求，也是最高标准呢？主要在于有没有抓住问题关键的能力。

《电视记者工作》一书作者罗伯特认为，设计三到五个合适的问题往往需要一天时间。这说明了什么？说明屏幕前问题设计必须做到万无一失。许多缺少经验的初学者，做了一段时期的采访后，往往误以为电视采访十分简单，拍几个画面，提两个问题就可以了。实际上电视上的采访要能够达到一定水准，可以称为是高、难、深的综合体现。

问题采访常常触及比较棘手、敏感的社会问题，或普遍存在的具有倾向性的社会现象。因而，揭示这些问题与现象的社会根源，寻找解决问题的办法与途径是这类采访题目的主导传播意向。故此，问题采访是一种具有深度的观点采访。

观点采访要求记者设计的问题具有逻辑性，一环扣一环。一般来说，观点采访前思路必须放宽，头绪必须理清。否则设计的问题在逻辑上是毫无联系的，得到的回答则将是零乱纷杂的。

陕西电视台的评述性报道《冬到长安话水利》中的关键性问题，就是事先作了充分考虑，进行总体设计的。

记者：长安的水利设施历史上最好的是哪一年？

水电局长：算1978年，全县有效灌溉面积达74.66万亩。

记者：1984到1986年呢？

水电局长：这一段时间最差，全县实际有效灌溉面积只有32万亩，比原来最好的年代下降58%，减少了42万亩。

记者：原因是什么？

水电局长：原因主要有三条：一条是包干责任制后，公共设施的管理很差；第二，个别偷盗破坏严重；三是各级政府用于水利的投资减少。所以致使设施年久失修，老化，灌溉面积下降。

……

记者：杨局长，你们县的粮食产量和有效灌溉面积为什么会出现平稳上升，又突然下降然后又有所回升这么个局面呢？

农牧局长：这和我们县上的经济工作指导思想有一定关系。前几年在工业过热的情况下，县上提出“以工取胜，富裕长安”的口号，后来又改为“以工取胜，协调发展，富裕长安”的口号。一部分领导把主要精力放在乡镇企业的发展上，放松和轻视了粮食生产。群众开辟了多种经营的门路，相对地放松了对粮食作物的耕作，投资也减少了。

记者：在全县发展乡镇企业的时候，你们有没有发现农业上的问题？或者说是潜在危机？

农牧局长：当时也看到了这个问题。土地荒芜会形成粮食生产下降的趋势。水利设施也是这种问题。群众每年投义务工修水利的制度也废了。到了1986年，我们粮食生产问题重新提出来，工作重点放在恢复和完善水利设施上，并且把其他工作全面规划，协调发展。

记者：这样调整之后粮食产量是不是马上上升？

农牧局长：没有那么快。水利是农业的基础设施，恢复起来比较慢，不能立竿见影。

从以上几个问题中，我们可以看到记者采访前思路比较清楚，对所提的问题是事先有所考虑的，抓住了问题的关键。通过提问，客观地揭示出农业生产要有战略眼光的指导思想，指出忽略水利基本建设的深刻教训。这条评述性报道获得 1988 年全国好新闻二等奖。

以上我们对采访前设计问题的通用规则、具体方法作了重点阐述。

最后还要提醒的是，设计问题不等于照本宣科，在实际采访实施过程中还要灵活把握。

## 五、拟订方案

多数情形下，采访的实施基本上是按拟订的方案进行的。电视采访方案在西方被喻为是比赛计划（GAME PLAN），意思是采访方案应该同比赛计划一样在时间、地点、项目等方面做到按部就班，而不要乱无头绪。

从电视采访的特定要求出发，采访方案的拟订是先形成初步的方案，在此基础上再经过考虑研究，最后形成正式方案。

◁ 图 4-4 拟订方案就好比是比赛计划一样按部就班 ▷

### 1. 先期采访方案

先期采访方案包括预约采访对象、时间、地点，索取有关资料，筹划商议正式采拍。

在电视采访中，除开突发性事件，绝大多数的采访都须拟订初步计划，并按着计划进行先期采访。

最初的计划在先期采访中将不断得到完善、修正，最后形成正式采拍方案。比如，电视纪录片的创作步骤，首先是论证选题的可行性，然后提出一个轮廓提纲，再到现场观察和拍摄形象素材，最后根据现场观察结果和形象素材再论证以什么形式表现。形式确定下来之后，正式采访拍摄才具体投入，采拍归来，创作人员方能够根据所有的素材写出脚本，然后再进行后期制作。

需要注意，先期采访计划同具体采拍的方案并不是固定不变的，有时还要根据实际情况和变化进行调整。

### 2. 具体摄制方案

具体拍摄方案包括确定采访报道的表现形式，选择拍摄现场，规定表现的实际内容，必要时还将进行预演。

具体摄制方案往往要经过深思熟虑的酝酿，除了突发性事件，绝大多数的摄制方案都是反复地进行可行性推断后才筛选确定的。

有经验的记者常常不满足于一套方案，为保险起见还拟订第二套方案。对于科学实验等事先未果的可能存在突变因素的题目，拟订第二套方案是较好的对策。

1992年 3 月，中央电视台现场采访报道澳大利亚卫星在中国发射，不料遇到突变的情况。在卫星发射失败的现场，记者间隔了一段才出声音："请长城公司的总经理谈一下原因。"长城公司总经理又经过一阵沉默才说："在科学实验的道路上，总会有失败的可能。'澳星'没有发射成功，我们感到十分遗憾。我们将尽快查找原因，准备下一次发射。"这次现场报道总体上是沉住气的，但中间出现的空当是不应该的。如果报道组事先拟订摄制方案时就考虑到万一失败的因素，拿出第二套方案，成功如何报，失败如何报，那么就可以在现场发挥自如了。记者可以将国际卫星发射史上失败的次数、原因向观众进行介绍，解释科学实验从失败到成功的

◁ 图 4–5 CCTV 驻欧盟记者采访法国前总统德斯坦用了近半年时间拟订方案 ▷

◁ 图 4–6 记者向德斯坦提问，以专访形式报道欧盟宪法的意义 ▷

必然规律，观众自然会对此次的失败表示理解。由此可以看到，拟订具体摄制方案对每一个环节都要精心筹划，才能防患于未然。

在采访准备中，记者投入的东西和得到的东西是成正比的。精心拟订前期采访方案，筹划好具体摄制方案，将有助于报道任务的顺利完成。

需要指出，采访方案在具体实施过程中往往要进一步完善，特殊情况下或许还要重新考虑。因而，拟订方案时必须在思想上有充分的准备，不要把事先拟订的方案变成一成不变的框框。头脑灵活的记者，大都能够在采访实施过程中验证、调整、完善、充实先期拟订的方案，遇到变化，总能设法找到回旋的余地。

## 本章重点

1. 采访准备和计划被视为采访的战略部署。通常，具体的着眼点是全面准备；确定重点；研究背景；设计问题；拟订方案。

2. 准备是采访成功的前提保证，充分的准备可以缩短主体认识客体的距离。

首先，记者要从整体上进行全面准备，包括理论准备、政策准备、情况准备、知识准备、心理准备、事务准备。

3. 确定重点即是寻找采访的主攻点。具体讲，就是确定采访的重点范围和重点对象以及主要画面。

确定重点要求记者在采访前要明确采访的侧重点，找准方向。

较好的办法是：采访前先对自己阐述一下采访的目的，目的清楚，才能有明确的重点目标。

4. 研究背景资料是采访的入手点，是为正式拍摄采访而进行的前期采访。

研究背景的目的是：开掘报道深度。

研究背景的作用是：武装记者头脑、提高认识、增强洞察力、发现线索、吸收使用。

5. 研究背景的基本环节主要分为四个步骤：广泛浏览、分门别类、综合分析、消化吸收。

广泛浏览是信息输入大脑的过程；分门别类是对背景资料进行定性研究的过程，即依照事物不同属性进行规范化研究；综合分析是对背景资料进行质的研究过程，也就是洞察事物的本质意义所在；消化吸收是将死材料变成活材料的过程。

6. 设计问题要遵循三条通用原则：一是记者头脑中必须清楚，应该从访问对象口中得到哪些要点，用以阐明所报道的题目；二是记者必须有把握能够使提出的问题准确地传达给被采访者，防止对方对问题迷惑不解；三是记者提出的问题应该使观众一听即懂，不要使用深奥晦涩的词句。

7. “GOSS”公式设计问题的辅助公式，这个公式基于这样一种理论：大凡制造新闻事件的个人和组织总是出于某种目的和目标（GOAL）；并且总是面临或即将面临实现其目标的障碍（OBSTACLE）；新闻制造者已经找到了或正在寻找某种避开障碍的解决办法（SOLUTION）；然后再返回目标，追问这一目标是什么时候由什么人或根据什么人的意见而开始的（START）。

记者在采访中可以借助这个公式设计问题，但这个公式不是万能的，它可以在紧急情况下或者一时想不出问题时助记者一臂之力。

8. 电视记者设计问题同文字记者有所不同，不但要考虑在采访过程中提什么问题，而且还要考虑在屏幕前提什么问题和用什么方式来提问。因而，电视记者设计问题包括屏幕后问题设计和屏幕前问题设计两个方面。

屏幕后问题设计可以围绕采访题目从多种角度和侧面来考虑，尽量把事实的缘由搞清楚。

屏幕前问题设计要根据报道形式、报道题目的需要以及采访插入方式来考虑，尽量做到准确、具体、简洁、清楚、口语。

9. 采访方案的拟订被看做是“比赛计划”，意思是在时间、地点、项目、人物等方面做到按部就班。

电视采访方案包括先期采访方案和正式采拍方案两个部分。

先期采访方案包括：预约采访对象、时间、地点、索取有关资料、筹划商议正式采拍。

正式采拍方案包括：确定报道的具体形式，采访的方式，拍摄的主要画面，现场的选择，主要的人物，重点的内容。必要时，还要拟订第二套方案。

**思考题**

1. 采访准备工作主要从哪几个方面着手？
2. 采访怎样确定重点？从哪入手？
3. 研究背景的目的和作用是什么？
4. 研究背景有哪些基本环节？
5. 设计问题应该遵循什么规则？
6. “GOSS”公式是基于什么样的理论提出的？
7. 电视记者为什么要对屏幕前问题设计进行插入方式的考虑？
8. 拟订采访方案都包括哪些内容？

# 第五章

# 观察——目击采访

观察——目击采访，是电视记者采访活动的重要环节。

《新闻采访学纲要》一书中，曾对“采访”两字作了考证说：“‘采’是一个含意字，甲骨文为采。上部是表示人手的象形字，下面是长有枝叶的树木。人手在枝叶之上，表示摘也、取也……同时这个字又被解释为择而取之曰采。”“‘访’是一个形声字，左为‘言’是其形旁，表示访和语言有关。右为“方”，是其声旁，表示其读音若‘方’……《说文解字》把‘访’解释为‘汎谋，汎同泛，汎谋’即‘广向于人’的意思。”*（《申凡：新闻采访学纲要》，18页，华中工学院出版社，1986）*

“择而取之曰采，广而问之曰访”，即用眼睛去选择，用嘴去询问。就像电影艺术诞生后，根据字义，把法语建筑学上的专用术语蒙太奇（Montage）引用到画面编辑中来一样，当有了新闻活动后，采与访这两个单字组合成的词，也成了记者为报道新闻事实而搜集材料的专用术语。记者的采访是在社会生活中，在新闻现场观察、访问，以了解事实的真相。采访是记者新闻活动的基本方法，采访的实施，也就是记者在社会、在新闻现场运用观察与访问的技巧。

## 一、观察——用眼睛采访

观察是对某种事物有目的、有计划的知觉。记者的观察，是用眼睛采访，既观又察，既用眼睛去看，又要用脑子去思考。

艺术家论创作技巧时特别强调观察的作用。文学名著《羊脂球》是法国著名作家莫泊桑的成名作和代表作，在这篇小说中，“羊脂球”是女主人公的绰号。羊脂本是一种食品，最早产于意大利撒丁岛，当地居民为了更好保存自制的羊奶酪，特把它做成一个个圆球。后来经过人们的加工、改制，成了欧洲一些国家餐桌上的可口食品。莫泊桑在《羊脂球》中对女主人公的描写是：“她身材矮小，浑身到处都是圆圆的，肥得要滴出油来，十个手指头也都是肉鼓鼓的，只有骨节周围才凹进去，好像箍着一个圈圈，颇像是几串短短的香肠。她的肉皮绷得紧紧的，发着光……”从中我们可以看出，莫泊桑对生活观察得多么仔细，描写的人物多么生动、真实。西晋文学家陆机在他研究写作方法的《文赋》中开头就指出，文章必须深入、广泛地进行观察，茅盾同志对初学写作者也告诫说，尤其不能不下苦功的是观察力的养成。欧洲文艺复兴时期意大利著名画家达·芬奇说：眼睛是心灵的窗户，它是知解的主要工具。文学艺术可借助想象、典型化、综合等手法来反映客观事物，如此强调观察，许多作家就是从锻炼观察力获得成功的。那么，必须真实地、准确地反映客观事物的新闻报道就更需要到事件现场去实地观察。“百闻不如一见”、“耳听为虚，眼见为实”。现场观察是采访重要的、不可缺少的一环，是记者得到感性认识形成独到见解的根本方法。

西方新闻界流传着英国《泰晤士报》某任主编重视现场观察的典型事例：每逢新来的记者去他那里报到，他总是问，进编辑部大楼门前的台阶有多少级？对方回答不出来，就让他去数了再回来，用这种方法，使记者进报社的第一天就养成严格深入现场观察的好习惯，他告诫新来的同行说，要想成为有出息的记者就要从数楼梯开始，养成观察的好习惯。

新华社记者穆青讲，记者的十八般武器中眼睛是最锐利的武器。他要求记者善于通过现场观察学会采“视觉”新闻，做“情景记者”。他在谈到一些新闻通讯之所以不新鲜，不引人入胜时说："病根就是在采访不深入，缺少细致的现场观察，只看到了轮廓而没有找到典型的场景和细节，因而只能告诉读者一些一般化的概念，构不成感染读者的具体生动的形象，这是我们记者队伍里常见的'顽固症'，要治好它，就是尽可能深入到现场，用眼睛去观察，用全副身心去体验。"*（《谈人物通讯采写中几个问题》，刊于《新闻采写经验谈》，116页，新华出版社，1983）*这段话同样适用于电视记者。对文字记者来说，要深入生活到现场去观察、体验，从而描写出具体生动的形象，典型的场景和细节，对形象画面传播的电视记者来说，要拍摄下这些具体生动的典型形象和细节来。

著名的摄影大师巴斯藤曾说过："你们要给自己的热心找一个不可分离的伴侣，这个伴侣就是严格的观察"，"在观察的领域中，机遇只偏爱那种有准备的头脑"，这是他给同行们留下的名言。以瞬间形象来传播报道事实的新闻摄影记者，工作的需要使他们特别重视观察力的培养，优秀摄影记者练就了一双"火眼金睛"，有在生活中敏锐地发现和迅速捕捉典型瞬间的能力。美国新闻摄影界喜欢把新闻照片叫做"目击报道"。记者到那里，看到了事件的发生，而这事件就像照片所展示的那样，它传达给读者的是第一手报道，也是最接近于事实的报道。

同为视觉形象的传播，电视形象不仅停留在瞬间的再现，而是可以用连续画面再现真实的生活场景和人物活动，包括人物语言及行为。

电视的形象化视觉报道，画面要求记者到现场去拍摄。如何理解电视记者深入现场进行现场观察的重要性呢？除了记者自身的双目以外，还要运用好第三只眼睛——摄像机。对电视记者来说，有两种不同的现场观察：一是较长篇幅的专题报道等，在拍摄前到新闻现场观察访问、收集事实；另一种是需要在事件现场当机立断地边采访边拍摄。这两者之间又是相互影响、相互作用的。记者到了现场要善于观察，在观察的基础上，深入调查访问，只有对采访对象有了全面的、本质的了解，才能在现场选择、抢拍到反映新闻本质的典型画面。记者如果对被拍摄对象的情况知之甚少，又缺乏对生活的深入观察和认识，缺乏新闻敏感，那就找不到确切地表现生活的角度和素材。举起摄像机就拍，其结果往往只能是拍摄一些司空见惯、毫无个性的画面。电视报道缺乏形象画面的力度，也就失去了应有的新闻价值，缺乏应有的感染力。

1985年底，纪录片大师伊文思最后一次来中国访问时，曾应邀到北京广播学院。在一次座谈会上，他对与会者说：“纪录片创作没有固定的规范，你们不要学伊文思，要拍自己的影片，要用自己的眼睛看世界。”他还真诚地说到当时的中国纪录片少个性，少创造，风格雷同。雷同的原因是缺少有个性的观察力，没用有个性的眼光去看世界，看社会生活。伊文思说在中国拍摄的《球的故事》、《第六药店》等纪录片所有人物都有个性，就因为他用一双敏锐的眼光去观察、去发现、去捕捉。用伊文思的话说：“当你把摄影机架在某个地方，你的选择已经开始了。”于是，在他的摄影机下，才有了围绕球的风波，老师与学生的摩擦；才有了药店售货员和顾客的吵架，这些生活场景都是20世纪70年代中国社会的最真实的写照，一个外国人能真实地纪录中国的社会生活，靠的是“用自己的眼睛看世界”。

记者的眼睛与常人的不同之处，就在于要在最短的时间内观察到最富有特征和意义的事物，并且迅速把它们捕捉到，也就是电视记者们常说的：“眼疾手快。”高明的文字记者对读者报道时，要想法做“实况转播”，用“推拉摇移”等“画面”来抓住读者的注意力。1946年审判德国法西斯战犯纽伦堡的法庭绞死10名战犯，美国合众国际社记者对这个过程完全用现场观察，以白描手法对读者作了报道，特别突出了刑台的台阶、受刑时间，并对每个战犯的神情动作都作了描述，如XXX被卫兵推了一下才走完最后两步，XXX在登上刑台时，在第13个台阶上绊了一下，XXX以坚定步伐走完了通往第一个木台阶的路，但是他脸上的肌肉却在紧张地痉挛着。这一报道因细致的观察被视为佳作。

随着现代电视新闻观念的深入，电视记者工作日益强调走向现场，重在现场发现捕捉。什么是现场最有价值的事件？什么是现场最能激发观众兴奋点的情节细节？什么现象是值得深入挖掘、深入探索的？这一切都凭记者在现场用眼睛去看，用脑子去思考，用摄像机迅速地抓拍，用访问去深入调查。电视传播形象化特点决定了电视记者的形象思维、视觉思维的特点，而形象、视觉又需要达到理性的层次。记者在现场眼疾手快地选择典型的画面过程中，同时也在进行着理性的思考：从纷纭复杂的现场捕捉信息含量最大，最有内涵张力的画面形象，在稍纵即逝的视觉流程中截取最富有说服力的精彩瞬间。

◁ 图 5-1 温总理落泪安慰矿难家属 ▷

2005年元旦节日，国务院总理温家宝专程来到陕西省铜川矿务局慰问2004年“11·28”矿难家属，悼念因公遇难的矿工。央视新闻全程现场追踪报道全过程，同期声记录下了总理与矿难家属的真情对话。温总理走进遇难的陈家山矿副总工程师牛铁奇家，手臂拥着牛铁奇的儿子，叮嘱牛铁奇的妻子要坚强地挺过这场矿难，把孩子教育好，安慰她说：“全国都有你们的亲人，让我们一起共渡难关。”这条新闻不仅在央视新闻频道多次播出，也是国内各大媒体的头条新闻，甚至国外新闻媒体也作了报道。新华社记者抓拍的瞬间：温总理拥着牛铁奇的儿子强忍着泪水的新闻照片以“温总理落泪安慰矿难家属”的标题见于国内外各大报刊上，网上对此相关报道则更多。感人的瞬间让我们看到了一位一心为民、性情率真的领导人的魅力，一个细节胜过千言万语，这就是新闻形象的魅力。

特别是在调查性采访中，记者的现场观察能力尤为重要。《新闻调查》栏目要求记者在调查中必须要有新的发现，深入的、独家的发现，只有这样，才能对揭示事实真相起到推动作用，才能够深化节目的主题。这就需要记者具备敏锐的观察能力，能够通过自己的观察，发现新的线索，使调查一步步深入进行下去。在《透视运城渗灌工程》中，记者王利芬通过现场细致的观察，发现当地的渗灌工程根本就没有起到造福百姓的作用，而是被当做政绩工程、形象工程来搞。记者在田间地头边观察边现场报道，并且从地上挖出了塞着木头的水管，用事实来说明问题。在《派出所里的坠楼事件》中，对证人的行走路线、对跳楼现场的分析，都是记者杨春通过对事发现场细致敏锐的观察，经过冷静客观的分析，对“坠楼者是自杀的”这一结论产生质疑。在深入调查中，记者不断运用观察的手段，发现新的线索、找到新的证人，从而一步步接近事实的真相。由此可见，重视理性的观察是电视人所需要强调和加强的。

《辞海》对“观察”一词的解释为“在事物的自然条件下，为一定任务进行的有计划的知觉过程，但不限于知觉，常同积极的思维相结合”。（《辞海》，493页，中国辞书出版社，1979）

观察的知觉过程的直观性，使它得到的材料十分丰富、生动、具体，它是一切认识的来源。又可以用来检验各种认识是否符合事物的原貌，也因此有学者认为养成观察的习惯比拥有大量的学术知识更为重要。

达尔文的名言：“观察，观察，再观察”，同样应成为电视工作者的座右铭，称职的记者要善于运用自己的眼睛，掌握好在事件（事态）现场观察采访的基本功。

## 二、观察的作用

电视记者除了像文字记者一样以敏锐的观察力采访收集资料之外，还要运用采访摄影，在现场通过观察，敏捷地捕捉有价值的形象，在现场报道中，电视记者还要在新闻现场边观察边报道，用眼观察、选择采访对象。

### 1. 观察获取报道线索

记者深入生活，用眼睛去看，用脑子去思考，是获取报道线索、发现报道角度的渠道。好的新闻线索常常是记者在生活中采访到某人某事，激发起他创作的热情，或由某事触动了他储存在头脑中的长期思考的问题，思路一下解开了，于是激发了报道的愿望。记者要做生活的有心人，要有“新闻头脑”。社会是不断变化发展的，作为记者，要善于观察社会生活的每一个变化。从复杂的事物中发现新的东西，从而掌握新闻线索。但这还不够，作为记者，还要从这众多的线索中，区分出什么是有价值的新闻，什么不是新闻。这就要求记者具有新闻头脑，有新闻敏感。新闻敏感是记者的政治水平和业务水平的集中体现。它不仅表现在能迅速抓住有价值的新闻线索，也表现在能迅速判断同一事物的许多事实中哪些最有价值，从哪个事实着手做切入点去报道新闻。它是现场观察中因事因人的“有感而发”，也是现场观察中因人因事的“茅塞顿开”。观察与思考相结合，才能辨别具体；才能从平凡中发现不平凡，从偶然中看到必然；才能从人们习以为常的事物中发掘出有特点、有价值的新闻来。

◁ 图 5-2　原北京市代市长王岐山接受《面对面》记者的专访 ▷

2003 年抗击“非典”期间，中央电视台新闻人物专访栏目《面对面》的记者王志在对时任北京市代市长王岐山进行专访之前，参加了王岐山的新闻发布会，并留心抓住了王岐山在发布会上最后说的一句话，即“我真害怕的问题你们还没问到”，并意识到这是专访的一个很好的切入点，一来不会重复招待会上的信息，二来相信王岐山会进行深入的回答，这样会在更大程度上满足观众了解“抗非”信息的迫切需要。发布会后，《面对面》对王岐山的专访马上进行。记者提的第一个问题就是：“发布会记者所问的所有的问题，都不是你最害怕的问题，你最害怕的问题是什么，能不能告诉我？”王回答：“实际上最害怕的问题，也是我们现在最需要加强的问题，是污染源的切断，因为这是一个传染性疾病，人们之所以恐慌，也在于它的传染性……”沿着这条线索，记者步步深入，向王提出一连串观众最为关注的问题：“(切断传染源的)困难在哪儿？”“我们眼里看到一个很镇定的市长，一个很坚定的市长，但是另一方面我们看到北京感染的人数也在不断地上升。”“你上任十天采取了非常严厉的措施，你的依据是什么？”“但是我感到非常奇怪的是，市民们恐惧没有减少，反而在增加？”“你对市民怎么说？你可以信赖这场抗击‘非典’的战斗吗？”面对记者这些咄咄逼人的问题，王岐山毫不回避地进行了回答，向观众解释了北京市政府所采取的措施以及仍旧存在的困难，让观众看到了一个雷厉风行、实事求是、充满信心的市长。《军中无戏言》这期节目播出后，收到了很好的效果，有效地稳定了人们的恐慌心理，增强了大家战胜“非典”的信心。可以说，记者找到了一个很好的采访线索，有效地激发了被采访者的回答热情，并使专访持续保持一种张力，在话题的深入中展现了被访者的鲜明个性和人格魅力，是这期节目获得成功的重要原因。

### 2. 观察产生报道激情

深入现场观察，是记者产生报道创作激情的首要条件，也是记者产生正确见解的条件。激情与见解是新闻报道必不可少的。

古人云：写情——沁人心脾，写景——在人耳目，叙事——身临其境。这是文学创作追求的意境。文字记者说，最优秀的报道来自记者的直接观察。有人说没有流泪，你怎么能够写作？感情可以提高和保持作品的价值。中国人民革命的支持者斯诺，当初若不冒着风险亲自奔赴延安，他对中国革命事业不会如此倾心。

电视新闻的记者都要到现场，但是现场也必须用心的去感受、去体验。“非典型肺炎”爆发之初，由于是新发疫病，群众对它的发病特点和规律以及如何有效预防都一无所知，疫情迅速扩散，导致了人心恐慌和盲目抢购。针对这类过度反应，记者冒着被感染的危险，深入到“抗非”第一线，近距离拍摄医护人员抢救治疗“非典”病人的画面，客观、及时报道对疫情的最新控制情况。例如，《面对面》播出的钟南山、姜素椿、张积慧等一个个白衣卫士动人心魄、催人泪下的感人故事；王岐山、李立明等政府官员的坦诚告白，使观众真切地感受到中国人那种迎难而上、无私奉献、舍我其谁、守望相助的伟大的民族精神。这些来自“非典”重灾区和隔离区的报道，增强了公众众志成城，共抗“非典”的决心和信心。回顾报道的过程，记者们深切感受到现场可歌可泣的人与事，使他们产生激情，激励他们去写、去拍。成功感人的节目要有感人的素材，还要有作者的激情。事实上，将含情的素材应用于节目的过程，也是作者倾吐自己思想感情的过程。这就是说，感人的素材的挖掘、撷取，首先要使采访者感动，而后在激情的激励下，把它制作出来，才能去感动、教育观众。

2003年4月中上旬，《面对面》摄制组赶赴当时“非典”疫情最为严重的广州。为了记录下珍贵的第一手资料，《面对面》记者王志第一个进入“非典”病人重症监护病房（ICU），向观众充分展现了医务工作者在抗击“非典”斗争中面临的危险和表现出的高尚情操。之后，该栏目的摄制组又进入了最核心最危险的抢救室和消毒室，真正零距离地报道这场没有硝烟的“战争”。

2003年5月，在接受《讲述》栏目采访时，王志是这样回顾他跟随钟南山院士第一次近距离接触“非典”患者的情景的：

王志：过了一会儿，他（指钟南山，下略注为钟）急匆匆地拎着个布袋子进了办公室，连招呼都没顾得上与我们打，就忙着打电话。他神情严肃地对着电话说：这个人一定要救活！下午我过来。等他放下电话，我说：我们能否跟你一起去？他回头问我说：你们要去隔离区吗？我说：当然，要不我们来广州干什么？

《讲述》记者：当时你这话是随口而出呢，还是经过考虑说出的？

王志：没有考虑，必须去，作为记者，换谁都会这样想。亲临现场，这是职业的要求。既然去了，就要拍到第一手资料。

《讲述》记者：当时，你意识到钟南山所说的“非典”隔离区，这个被称做ICU的地方，就是广州呼吸病研究所的重症监护室，收治了广东省最危重的“非典”患者，在许多人眼里被视为禁区吗?

王志：是的，我们就是要把这些都拍下来。可下午我们去后，钟南山又不让我们进去了，说原来都不让记者进去的。我很清楚钟院长是在爱护我们。

《讲述》记者：那你们是怎么做的?是否在爱护自己?

王志：当然。但来采访“非典”，而不去拍隔离区，岂不是此专访的一大遗憾?既然我发现了这个线索，就一定要拍，而且采访组的几个同志都表示要进去拍。见我们态度那么坚决，钟院长也就答应了，并给我们做了套鞋套，穿隔离衣，戴帽子、口罩等防护措施。

隔离区有三道门。第一道门是大门，第二道门进去是医生的休息室，第三道门才是病区，即急救室。急救室里又分消毒室和抢救室。我们进去时听到传出沉重的呼吸声，里面正在进行抢救。钟院长到急救室里面去了，我们按他说的站在门外隔着玻璃拍。大家心里有点害怕，不知这病是通过什么渠道传染?我们会不会被传染?可此时此刻，开弓没有回头箭，既然已到了这里，就一定要把事做好。几分钟后，我们稳定了情绪隔着窗户拍了起来。

拍着拍着就听不到里面的声音了，我们把录音挑杆从门里伸进外间的消毒室，可还是够不着里面的抢救室。我们干脆再次打破禁令推开门，进到消毒室里去拍，但还是相距太远。我想，医生们都在紧张地抢救病患者，在病人身边都不怕，我们隔这么远怕什么?于是我们凑到抢救室的玻璃门外拍。

《讲述》记者：你拍到了什么有价值的画面吗?

王志：在这个每一寸空气似乎都包含着病菌的危险之处，钟南山院士的一个举动让我感到非常吃惊：我看到他扒开病人的口，歪着头向里查看。尽管是戴着手套、口罩，还有眼镜，但我仍为他提心吊胆，不知他作为医生是特有把握呢，还是无所畏惧?

钟南山检查完这个病人后，又匆匆赶往别处。我们采访组带着疑问，走近了这里的每天都与危重病人近距离接触的医务人员。当我们看到一个医务人员给一个老太太病患者插管子、抠完痰后，还拉着老太太的手，俯下身去跟她说话，轻轻地嘱咐她要怎样怎样，如同对待自己的亲人一样。这情景让我们大为吃惊，这几乎是零距离了，非常危险！我觉得我没有来错，因为这是镜头从没到达的地方。

我问这个医护人员说，你们不怕感染吗？他说怕什么，我们都曾被感染过，又都好了。我很高兴，这下见着了已治好的还活得很好的“非典”病人了。我问：你46天在这里，最大的感触是什么？他想了想说，是宽容。面对生命，世界上任何功名都不重要，在这种环境、这种时候，只想着一件事，就是一定要把这个人救活！

正如王志所说的：“我觉得自己能做的，唯有用镜头更多地反映这些奋战在这个没有硝烟的战场最前沿的勇敢的战士们。”医护人员的无私奉献精神深深地震撼了记者，他们通过自己手中的话筒和摄像机把自己在“抗非”一线的所见所闻所感传递给观众。可以说，电视屏幕上播出的前方记者大量的现场报道、现场目击、现场描述和体验，无一例外都是从记者目击中涌出的激情。

◁ 图 5-3 钟南山接受《面对面》记者的专访 ▷

“要使读者动感情，首先记者要自己动感情。”穆青笔下的焦裕禄之所以有血有肉，催人泪下，就是因为记者倾注了心血与情感。他在谈到采访经验时说："多少年来，我们深深地体会到，这种和英雄人物思想感情上的息息相通，水乳交融，有时是渗着血和泪的。它往往产生一种无论如何都抑制不住的冲动和激情……这种激情，这种强烈的责任感，像一条无形的鞭子，鞭策着我们去克服一切困难，尽自己最大的努力把它写好。"（《谈人物通讯采写中几个问题》，刊于《新闻采写经验谈》，166页，新华出版社，1983）穆青同志正是和焦裕禄、吴吉昌等朝夕相处中，亲眼目睹了感人事迹才动了真情。激情来自生活，激情又能激励记者去写作，把自己的情感传达给群众，引起群众共鸣，从而产生巨大的激励、教育作用。

创作要倾注感情，采访更需要带着感情，只有怀着与人民生死与共、息息相关的情感去观察，去了解事实才能受到感动，才能把这种感动之情积累下来，流之于节目创作中去。如果对人物没有崇敬的感情，目睹他们的感人之处也就会无动于衷，也不会去追踪挖掘感人的细节，那么自己的激情也就调动不起来。所以记者只有满怀热情地深入生活，体察生活，才能发现、抓住可歌可泣的人和事，才能激起内心共鸣，萌动情感，才能使有深情的节目见诸电视屏幕。

### 3. 观察获取第一手材料

事实是第一位的，新闻报道是第二位的。要真实反映事实，必须对事实真相作充分调查了解，必须要到事件现场去实地观察。现场观察可以直接得到第一手材料，捕捉到生动形象的材料和细节，这是新闻报道成功的基础。

第一手材料是指直接来自事件原始发源地的材料。是记者不经过任何中转环节，直接从他要报道的事实那里得来的材料。记者的直接观察是获得第一手材料的最重要渠道。我国著名记者，曾任《人民日报》社社长的著名记者范长江告诫记者，在报道的时候，别人提供的材料要尽量少用，最多只能占三分之一，其余三分之二应该是记者自己的积累和观察。"耳听为虚，眼见为实"，亲眼看到的、直接观察到的材料更有权威性和说服力。第一手材料还是核实第二手、第三手等间接材料是否真实的重要途径。

深入到现场细致观察，也是保证新闻真实和生动的条件。失实的报道，都是凭主观想象去组织，文字材料又不经核实造成的。有的电视新闻之所以不新鲜生动，也是由于记者不深入的结果。记者虽然到了现场，但不去深入了解情况，不做细致的观察，只看到了一般的情况，而没有找到典型的场景和细节，因此只能拍摄一般化的、概念化的画面。要抓拍到具体、生动的形象，就要尽可能深入现场，用全副身心去观察、去采访、去捕捉。

电视的形象化视觉画面报道，传播形式和手段决定了电视记者必须到现场去。到现场同样有深入采访，细致观察的问题。只有对采访对象有了全面的、本质的了解，才能在现场选择、抢拍到反映新闻本质的典型画面。虽然记者到了现场，如果对被摄对象情况不甚了解，又缺乏对生活的深入观察和认识，那就找不到确切再现生活的素材和角度、形式。优秀的电视新闻都是记者在现场用自己的眼睛捕捉到的第一手材料的报道。

获得 2002 年度电视长消息一等奖的《南京冠生园：年年出炉新月饼，周而复始陈馅料》也是一个非常典型的例子。经过长达一年的现场观察、守候、拍摄，记者从耗费一年心血所拍摄的第一手资料中选取最具说服力的画面，剪辑出 3 分多钟的节目，向观众展现了无可辩驳的事实。这条新闻以纪实的手法让观众看到了南京冠生园食品厂一年之中陈馅月饼生产的一个完整流程。现场拍摄的画面具有很强的视觉力，例如：工人切割月饼使其皮馅分家，在回炉时，工人把掉在地上的月饼馅料顺手扔回锅里。镜头推进，观众可以看到月饼馅料上长出的斑斑霉迹。由于耗时一年、花费心血获得了充足的第一手资料，记者得以将所掌握的证据和事实通过环环相扣的画面表现出来，用现场画面说话。为了配合画面来准确地说明问题，节目在一些关键画面上加上了一些注释文字，来说明拍摄的时间、地点和主要内容，既方便观众获取清晰的信息，又避免了被追究节目真实性的隐患。

当这一用陈馅做月饼的丑闻被公之于众后，在月饼市场掀起了轩然大波，在社会上激起了强烈的反响。这条新闻不仅广为全国各大媒体转载，并且，作为商业诚信的一个典型案例，还被收入高校 MBA 的教程。更为重要的是，它推动了月饼市场的规范和净化，而且，用冠生园的事例说明了各个企业以信誉为本加强自律的必要性，同时，对管理部门加大监管力度、切实保障消费者合法权益提出了希望。

上述的例子充分说明记者不畏苦、紧、难到现场获取第一手材料，以饱满的激情采访是报道成功的基础。

## 三、观察的方法

观察是报道的起步，是认识客观事物的主要方法，观察从字面上解释，既“观”（看）又“察”（思考）。坐在屋内不可能锻炼培养观察的能力，记者要迈开双脚，走向社会，到生活中去观察。谢觉哉老人告诫说：记者工作要四勤，即腿勤、眼勤、嘴勤、手勤。腿勤，即迈开双脚，深入了解、深入群众、深入生活去看；眼勤，即边采访边思考；嘴勤则要求多问；手勤则要求记，再好的记性也不如烂笔头。四勤中首位是腿勤，记者应遨游在生活的海洋里，迎向层出不穷的新事物、新情况、新问题。“四勤”是记者工作的方法，观察也要讲究方法。

### 1. 观察要抓住特点

在现场捕捉这一事物区别于其他事物的标志、特点及其个性，这是新闻报道成功的重要技巧。有特点，才有新意，才有生命力，才有吸引力。美国一名长于报道棒球赛的体育记者说过，他采访每一场球赛都要看它与其他球赛的不同，记者必须具有洞察事物之间区别的知识和才能。记者要努力锻炼自己观察的敏锐性及抓住事物特点的能力。电视记者更要善于在现场拍到代表这一个、而不是混同于别的、毫无个性特色的新闻形象。

莫泊桑初学写作时，拜福楼拜为师。福楼拜对他说：“当你走过一个坐在自己门前的杂货商面前，走过一个吸着烟斗的守门人面前，走过一个马车站面前时，请你给我描绘一下这个杂货商，这个守门人，他们的姿态，他们整个的身体外貌，使我不至于把他们同任何的杂货商，任何别的守门人混同起来。还请你用一句话就让我知道马车站有一匹马同它前前后后 50 来匹马是不一样的。”

善于观察，在观察中抓住事物的个性特征，是作家的基本功，也是记者的基本功。

获奖纪录片《泰山》作者为了拍出与众不同，有真正个性的《泰山》，长期到山上去观察，为拍好《泰山》甚至有过“三过家门而不入”的韧劲。数月的亲自观察，并从古人说的四大奇观中悟出了泰山的真谛，这才拍摄下了“雾凇”与十八盘路上的“天梯飞瀑”、“大树护驾”等景象。

抓住事物特点，也就能获取报道的角度和切入点，这对新闻报道的新意具有重要意义。相同的题材如何能另辟蹊径，满足观众的求新求异的观赏心理？相同题材的事物特点存在于“相异”方面。老舍先生在写作时，连续几天观察太阳从日出到日落的景象，目的在于写出特点、个性。新闻记者在现场观察也要注意把握事物与众不同的特点、个性，以求报道的新意。

湖南益阳台制作的获奖短新闻《一定要让灾民吃上饭》就是记者现场观察，抓事物特点，并以特点做角度的好新闻。该新闻全篇长度1′20″，其中1′01″是同期声，在朱镕基总理（时任）的现场同期声中，又抓住了总理重复数次、念念不忘的“一定要让灾民吃上饭”这个细节，尤其是结尾处，朱总理乘坐的车已经徐徐开动，朱总理从车窗探出头来，挥着手叮嘱当地干部“一定要让灾民吃上饭”，让观众真切地感受到了总理对灾区人民的关切之情。可以说，这条新闻之所以能够打动观众，就在于抓住了报道对象的特点。凭借职业敏感，记者在短短的一分多钟节目中，让观众看到了一位真实的富有人格魅力的总理形象。从朱总理视察灾区下车询问，到“我讲长沙话，你们听得懂吗？”为开场白与灾民亲切攀谈，到离去时那声叮嘱：“一定要让灾民吃上饭。”用不足百余字将几处同期巧妙串联，字字珠玑，在简洁的朴实中蕴涵了深沉的情感，形象地凸现朱总理可贵的亲和力和与民众血肉相连的亲情。

电视观众对会议新闻最不感兴趣，原因就在于程式化报道，千篇一律；如果采访中能抓住特点，会议新闻同样会有可视性。以已有四年运作经验的《经济半小时》栏目《小丫跑两会》为例。每年的“两会”都会吸引全国有雄厚实力的媒体参与新闻竞争。如何在潮水般的新闻会战中脱颖而出，将是对记者在会议现场发现能力的一个考验。记者在现场注意到人们最为关心的莫过于和老百姓自身利益直接相关的各项提案。但是，如何在几千个提案中选择又是一个需要判断的问题。记者根据在现场发现问题时依据的“注意力最大”逻辑的延伸判断，认为曾经影响广泛人群利益和产生直接政府作为的选题标准，选择已往在这两个方面做得最好的三个提案：关注农民工欠款；呼吁修改义务教育法减少贫困儿童失学；立法保护私有财产。迅速制作了一期节目，取得了很好的收视效果。

### 2. 观察要抓住事物的细节

宋朝大文学家王安石的《咏石榴》中，有一句名言："浓绿万枝红一点，动人春色不须多。"说的就是典型的、有特征的细节的作用。大自然景色是如此，艺术创作是如此，新闻报道也是如此。抓住、抓准了典型的细节特征，报道也就有了感染力，也可有与众不同的角度。记者在采访时要努力到生活中去，到新闻事件现场去捕捉，精选生动典型的细节。真实的细节，可以揭示人物的思想，提示主题的意义。

西方新闻界特别强调现场观察，抓细节的能力。雷·莫林说："一篇理想的报道应该把读者带到现场，使他能看到、感觉到，甚至闻到当时所发生的一切。要做到这一点，你就要收集有关细节，如面部表情、音调、手势等。"*（《美国名记者谈采访工作经验》，12页，新华出版社，1981）*

西方新闻写作十分强调用细节来增强报道的色彩。美国名记者钱塞勒说："色彩可以是任何一种能赋予简单事实的省力而有趣味的东西"，"最好的色彩产生于对细节的描写"，"色彩的核心是细节"。*（《记者生涯》，63页，世界知识出版社，1985）*

细节，也是增加电视新闻感染力的重要因素。有经验的记者都十分重视在新闻现场观察、捕捉能反映报道主题的典型细节。

曾获中国广播电视新闻奖电视新闻一等奖的《朱颖父亲痛悼女儿女婿》，可以说是用细节说话、用细节增强节目感染力的代表作。节目中，朱颖父亲朱福来手捧被女儿鲜血染红的被子、墙上的红色双喜字的画面以及朱福来"北约为什么要炸我们的大使馆，为什么？为什么要杀死我们的女儿女婿？……我只能捧着骨灰盒回去呀！"的同期声，使新闻主题突出，感人至深，把一个失去女儿女婿的父亲对以美国为首的北约暴行的血泪控诉表现得淋漓尽致，给观众留下了深刻的印象。可以说，正是因为记者敏捷地抓住了动人的细节，才使新闻具有极强的动情点，能够感人至深。

### 3. 观察和思考相结合

"记者必须学会用孩童般的眼睛观察世界，他把每件事情都看做是新鲜的，各具特点的，同时他必须用聪明长者的眼睛观察世界，能够区分出有意义的东西和无意义的东西。"（《新闻报道与写作》，197页，广播出版社，1981）美国哥伦比亚大学教授麦尔文·曼切尔的话高度概括了观察与思考相结合的意义。

人的大量信息是通过观察获得的。人，由于各自的爱好、兴趣、经历、个性不同，注意的程度就不同。从年龄阶段划分，涉世不深的孩童观察事物是最细致的，因为他们对展现在面前的崭新世界感到好奇，所以他们总是不停地向大人发出"为什么"的问题，这也是人们常说的，孩子们有十万个为什么等着大人的回答。孩子面对陌生新鲜的世界永远保持着好奇心，有种探索其究竟的兴趣。

心理学所指的好奇，是指有机体遇到新异刺激物或环境时所产生的朝向及探究反射。好奇心理，心理学也叫"直接兴趣"，即用不着再加启发、说明，人们自然就会关注和感兴趣的一种心理倾向。一般说来，对于爱好的事物、有兴趣的事物和由于职业习惯，人们会表现出一种强烈的倾向性。即使事物的表象稍纵即逝，人也会迅速捕捉到，产生映象，在大脑皮层产生兴奋中心，并进而探究其真相。而对于不爱好的事物，无关事物和不懂行的事物等，即使天天出现在眼前，也不容易引起注意，也不能把握它们的内在规律，不知真假，不辨好坏，等于不见。这种心理现象就叫熟视无睹。画家就最忌"心怀成见"，因为它会导致你在观察描摹对象时"视而不见"。中国著名的画家李可染在他的画论里说，在写生中最好把自己作为从别的星球上来的陌生的客人，一切都生疏，一切都要重新认识，一切都充满了新鲜感觉。不用成见看事物，任何对象都要再认识。

孩童的眼睛最能发现事物与事物之间的不同，而新闻的新意又往往蕴藏在事物的变动之中。要在重复题材中求新，首先要以孩童般的饱满情绪、不带成见的求实态度，兴致勃勃的探索精神去观察、去体验，从中找出同中之异来。缺乏好奇心，缺乏对事物探求真相的兴趣，这种与记者敏感相悖的心理现象，是阻碍我们到生活中去观察、体验、研究、分析的大敌。采访记者必须学会用孩童般的眼睛观察世界。面对社会现象保持一颗孩童般的纯真的好奇心。

孩子的十万个为什么其答案可由大人来解答，而记者到生活中细致观察不断给自己提出为什么，其答案则要通过自己的研究、分析来回答；所以记者还应具有鉴赏家的目光，识别、判断所看到的事物，是否具有新闻信息，分析其现象和本质的关系。

创作电视节目，特别是从新闻报道的意义、作用出发，记者又必须把观察到的现象以理性的思考去透视，要透过现象看出它所包含的事物的本质。实际上思考与观察总是互相补充的。观察是基础，思考是在观察的基础上进行的，但观察又要在思考的指导下深层次展开。离开了思考的观察就无法构成完整的抓住本质的形象。观察和思考结合，是使新闻报道准确、真实的重要保证，也是报道深入的重要保证。用创造性思维去思考，可以开拓记者视野，引起联想。对事物作出分析比较，才能挖掘到深层次的材料，才能使节目有血有肉，感人肺腑。

有经验的记者在实践中都有这一深刻的感受：想象到的东西不一定能理解它，而只有理解了的东西才能更深刻地知觉它。因此，采访实施中，观察与思考周而复始地循环运用，缺一不可。

获得 1999 年中国广播电视新闻奖一等奖的短消息《遭遇县里说情人》正是得益于记者敏锐的观察和冷静的思考。黑龙江台韩海钢等三名记者本来是到明水县永兴镇采访爱国粮库违反国家粮食收购政策给卖粮农民打白条的事，但采访刚开始就遭遇到各方面的说情。但记者敏锐地改变角度，快速应变，对说情的事进行了报道，用偷拍的方式记录了被说情者请进饭馆，在饭桌上说情者的一番说辞。当地宣传部干部说“像我们这个角色，就是得对上负责，有的时候说白了，就是当官的想的和老百姓需要的不一样”，形象地刻画了说情者的嘴脸。可以说，遭遇说情的事，可能许多到基层采访的记者都碰到过，但却因为种种原因，并没有把遭遇说情的过程记录下来并进行播出。黑龙江台韩海钢等三名记者所制作的这条获奖新闻，充分说明了记者采访过程中积极进行观察与思考的重要性。

◁ 图 5-4　记者遭遇县里说情人 ▷

善于观察和思考，把观察与思考结合起来，是电视记者采访成功的必备条件。

从观察与思考相结合的角度，新闻界在采访实践中总结了以下几种观察方法：

有意观察法：带一定的预定目的去观察生活。

长期观察法：长时期对某一问题、现象、人和事作观察。

综合观察法：由于客观事物是有联系的，通过对事物各个局部以及与之相关的其他事物的观察，以求得出正确结论。

比较观察法：着重去发现事物差异的观察法，通过对同类事物或不同类事物的比较中去发现共性与个性。

连续观察法：对一个事物发展的全过程进行从头至尾的连续观察，以发现全过程的普遍规律。

细微观察法：注意事物发展过程中的细微变化，从一些看来是偶然的情况中，去把握其必然规律。

定量观察法：有些观察方法要结合数学方法运行，通过它的定量观察分析，从而把握事物的内在。这是对事物从量化数据引出定性的分析。

如同准备工作，既有长期准备，又有接受具体采访任务时的临时准备一样，观察采访的方法也因情况、题材不同而有所侧重。

有经验的记者常告诫年轻记者说，记者工作没有八小时内外之分，新闻敏感这根弦不能断，如同雷达一样得总是张开着，那么记者的观察方法，相应的也要养成随时随地观察的习惯。长期观察法，既是指这种随时观察的好习惯，也是指有意识地用较长时间观察某人某事等现象，以与思考相结合，形成报道的思想，长期观察和综合观察也是分不开的，这也是观察与思考相结合的具体体现，任何事物都不是孤立的，而是互有联系的，要对事物作正确的分析就必须在互相联系中去观察，去分析比较。上述的观察法，无一例外都不是单纯停留在观察事物的表象上，而是要既看又察，从感性认识上升到理性认识，既有孩童般的好奇心，又要有机敏长者般善于思考的本领。

### 4. 观察要全面

“横看成岭侧成峰，远近高低各不同。不识庐山真面目，只缘身在此山中。”苏东坡的这首名诗，道出了观察事物的哲理，对新闻记者的观察方法是很有启发的。从新闻采访角度来分析，前面两句是说，观察角度不同、方法不同也会带来认识的不同。记者即使到了现场，也不一定能了解、抓住事物的本质，还必须深入观察，从多方面细致地观察。后两句是说，要正确认识庐山真面目，需要从各个角度去观察、了解事物的真相和本质，也需要从远处去观察事物的全貌，从近处去观察事物的细枝末节。既要全面地多跑多看，又要围绕中心作细致深入的调查。

全面、立体的观察是为了对事物做多侧面、多角度的了解，以对事物形成本质真实的认识，防止以偏赅全。这也是新闻界提倡的用扩散思维方法去观察的具体体现。深入生活、看到一个事物，不能轻易地由片面的感性认识而作出判断，而要多看、多比较、多思考，得出理性的认识。电视传播特点又要求记者把这一理性的思考建立在画面语言的基础上，不然就是无的放矢的空谈，缺乏说服力和可视性。

◁ 图 5–5　林蛙遭到偷猎者的捕杀 ▷

获 2000 年度中国广播电视奖的黑龙江电视台短消息《林蛙不归路》，通过国家保护动物林蛙在伊春林区遭到偷猎者大规模捕杀的悲惨遭遇以及由此带来的森林虫害，以 1 分 29 秒的短小篇幅，揭示出爱护自然、保护生态环境就是保护人们的生态家园这样一个重大主题，不失为一篇以小视角反映大主题的优秀作品。这一深刻的主题，是用令人震撼的画面展示出来的。具有强烈视觉冲击力的画面，看后令人触目惊心。一组可视画面，画龙点睛地触动了观众视觉和情感因素，为记者的理性思考和主题升华奠定了坚实的事实基础。

电视直观现象展示的特点，要求记者采访观察时要全面，而拍摄时，又要选择恰当的位置。从这点出发，电视记者选择拍摄观察位置具有重要意义。

位置不同，画面所包含的范围、对象也有所不同。有经验的记者，到新闻现场一看，就能选择理想的拍摄方位，捕捉到形象的新闻画面。这里既有记者新闻敏感的作用，也有摄影技巧的作用。因此，电视视觉形象报道，对电视记者在现场选择观察拍摄位置，提出了更高的要求。“冰冻三尺，非一日之寒”，技巧的锻炼、成熟，是需长期努力的。

有经验的、有事业心的记者到新闻现场首先是找理想的观察、拍摄点。有人甚至为此付出了生命。国内外有多少记者为报道战事而牺牲在前线。1998 年抗洪救灾报道中电视记者不仅付出了汗水、泪水，甚至鲜血，也常常面对生与死的考验。“江新洲溃堤，报道的记者着着实实经历了一次生与死的考验。8 月 4 日夜 9 点 15 分，位于长江中心的江新洲大堤被撕开 100 多米长的口子。江水咆哮着冲入堤内，洲内 6 万亩耕地，41 万人遭受巨大威胁。当时记者们刚刚赶回驻地，整理一天拍摄的素材。由于 8 月 2 日的赛城湖大堤决口，他们已经连续工作了 3 天，身体极度疲劳。可是听到消息后，高峰会同陈涛、郭浔生拿上机器，带上灯、穿上救生衣，急速赶往新港码头，与同时赶到的武警江西九江支队的官兵一道，乘冲锋舟冲向出事地点。

深夜 11 点 35 分，记者们到达新洲大堤，此时浩渺的江水沿 100 多米长的缺口急速涌入，哗哗的江水声，夹杂着轰轰的房屋倒塌声，地在不断地抖动，记者们都争着和抢险战士一道站入激流中去拍摄抢救落水群众的场面。这时高峰考虑陈涛年龄还小，而且刚参加工作，经验不足，而江西省台新闻部副主任郭浔生年纪又大了，不能冒这个险，只有自己最适合，所以他坚持和战士们一道去。冲锋舟在湍急的水中已经无法掌握方向。一会儿撞上树干，一会儿撞上墙壁。战士们看到实在太危险，就强令高峰离开了，随后就传来这艘载着 5 名武警战士的船倾覆在水里的消息，战士们下落不明。这次报道中只有中央电视台记者冒着生命危险到达第一出事地点，拍摄到了整个抢险过程。*（中央电视台新闻中心采访部：《抗洪报道在九江》。刊载于《中国电视报》，1998 年第 35 期）*这段文字充分展现了记者的精神，也从另一侧面说明拍摄观察角度、位置的重要性。

### 5. 特殊的观察方法

#### *(1) 体验性目击采访*

“不入虎穴，焉得虎子”，有时候记者为了真实了解情况，会亲自去体验某种生活，以得到真实的第一手材料。美国著名记者约翰·格里芬曾写了一本轰动一时的畅销书《像我一样黑》。这是一本新闻纪实的作品，对当年美国南方种族歧视问题作了无情的揭露。他去南方之前，用服药、照紫外线等方法改变皮肤色素和化装等方法，使自己的皮肤变得同黑人一样。在南方，他像一个黑人，在人行道上摆摊擦皮鞋，到穷苦黑人家中去借宿，了解他们的生活，乘公共汽车到处旅行，通过这种亲身感受和调查的办法，使他深切了解了黑人在南方所受到的侮辱、歧视。他把自己所见所闻写成文字，使其亲身经历的内容与思考得到了淋漓尽致的展现。格里芬的经历告诉我们，体验观察是采访的有效之道。

2004年春节前夕，中央电视台长达10小时的现场直播节目《直击中国春运》，就采用了体验性目击采访的方式。2004年1月21日是春节，1月18日、19日，中央电视台联合广东台、上海东方台、河南台、湖北台、江苏台、四川台、成都台等省级电视台，对铁路春运情况进行了直播报道。节目以两路记者的体验性采访贯穿全篇，一路记者从北京西客站乘坐T15次列车，路经郑州、武汉，最后到达广州；一路记者从上海乘坐由上海到西宁的K376次列车，到郑州后再换乘临时客车，最后到达成都，这样安排，是为了亲历普通旅客换车、临时买票的辛苦和困难。此次直播报道设置了八个直播点：分别是铁道部春运办、北京西站、上海站、郑州站、武昌站、南京站、成都站、广州站，这样两路体验性采访的记者可以在起点、中途、终点的直播记者的帮助下，让观众看到最新的亲历报道。

节目中，记者梁闻刚在K376次列车上电话报道："车上乘客超员40%，目前晚点运行，而且，每站都有二三十人没能上得了车。"随后，梁闻刚和同事到达郑州，接受郑州直播点记者的采访，把在K376次列车拍摄的片子留下，便抓紧时间与其他旅客一起排队购买去往成都的临客车票，并且顺利地买上了票，观众也同步看到了购票的队伍井然有序。然后，播放K376次车上拍摄的情况。记者穿行在拥挤的车厢里，边观察边采访乘客、列车员，边向观众现场报道。观众看到车上人虽然较多，但例行检查、送水等服务都正常进行，列车员不仅为乘客提供扑克、象棋，还组织大家表演节目。下午4：36分，梁闻刚和同事登上开往成都的临客，在开车前，又向观众现场报道了车上的情况。

这时，开始播放T15次列车上的记者依然在列车上拍摄的见闻。记者发现车上的天气预报牌总会及时更新，便采访列车员。列车员说长途列车每到一站天气状况会有一些变化，及时更新可以让准备下车的乘客掌握当地的天气状况。记者的现场观察报道让观众感受到列车工作人员处处为乘客着想的良好作风。记者还观察采访到一些旅客平时不太留意的细节，如列车员每三小时检查一下列车空调和其他电器的使用情况，每两小时记录一次轴温报警器的运行状况，还进到了列车的播音室里，让观众看到了列车上那熟悉的声音是怎样通过小小话筒传遍车厢每个角落的。记者到达终点——广州站后，播放了在T15次列车上的全程体验：车上乘客联欢，车厢里充满欢声笑语。记者向大家发放“乘客调查表”，调查大家的乘车感受……

◁ 图 5-6　记者在车站即将登车进行全程体验采访 ▷

通过两路记者的全程体验性采访，让观众也亲身感受了列车的服务情况、乘客的购票和乘车感受。也通过记者在现场的真实记录，让观众真实地感受到了在各方努力下，春运井然有序、旅途顺利平安，并且从一张张满怀回家的喜悦的脸上，深深地感受到浓浓的亲情和举国上下的祥和气氛。

体验生活，体验观察采访对纪录片编导来说是十分重要的。上海电视台名牌栏目《纪录片编辑室》，在拍《大动迁》纪录片时，历时四五个月，为客观地反映动迁户的喜怒哀乐的心态感受，摄制组跟着动迁户陈佩芬体验乘车的滋味，等车、挤车、换车，有一次，实在挤得前胸贴后背，连摄像机都无法扛才不得不中途下车。体验，使他们对《大动迁》这部反映为解决上海交通难而动迁居民、修桥架路的纪录片主题有了更深刻的体会。

### (2) 参与性目击采访

记者不是以第三者的身份置身局外，而是成为他所采访的那群人中的一员，同他们一起工作、生活、战斗，亲自体验整个事件的环境气氛与感情。像上面介绍的抗洪抢险中的记者那样，这种观察采访有人把它叫做“参与性观察”。记者自己也参与到抢险战斗中，作为抢险战斗的一分子。

2004 年底印度洋地震、海啸，灾害强度之大，死难人数之多令世人震撼，被媒体称为世纪大灾难。世界各国纷纷伸出援助之手。我国电视记者也随着救灾队伍及救灾物资奔赴灾区第一线。记者面对被海啸摧毁的满目疮痍的废墟现场，向观众做来自灾难现场最真实的报道。记者在采访灾民时，还参与到分发食品等活动中。悲痛中的灾民在收到来自中国的救灾物资和面对中国的援助人员时，他们露出了笑容。观众还看到受灾的孩子们向记者学说汉语，并一起在镜头前喊着“中国”两字，现场的情景令人悲痛，又令人欣慰。

所以说，参与式目击采访不仅最能激发记者的感情、进而调动观众的感情，而且，由于使用跟随记录的拍摄手法，大量现场的真实画面和同期声，使观众如同身临其境、感同身受，报道的说服力也大大增强。

### (3) 隐蔽性目击采访

采访中还有一种“隐姓采访”，或做“匿名采访”，是指采访者不暴露自己的记者身份，而作为一个普通群众去感受、去观察。国外记者在问题性调查报道中常常使用这种方法。如前面说到的约翰·格里芬为了真正了解黑人生活，把自己脸也涂黑；为了真切感受老年妇女生活中所受到的冷遇艰辛，化装成老媪。这些事例都被西方新闻教科书当做典型事例，为体验观察而不得不乔装打扮。我国记者中也不乏这样的事例，伴随隐性采访的又是隐蔽拍摄，即电视记者用偷拍等采访摄影手法，得到最真实可信的材料，因而也最有说服力。

中央电视台新闻频道的《每周质量报告》中就是大量使用隐蔽性目击采访的方式，来“调查造假过程、探寻造假真相、揭露造假黑幕、昭示造假危害”。例如在《劣质香肠猫腻多》这期节目中，记者来到江苏泰兴市的一些香肠加工点，采用隐性采访、隐蔽拍摄的方式，采访拍摄到大量令人触目惊心的事实。为了掩饰劣质原料的味道，香肠加工点的老板在500斤肉里就加进去了100克亚硝酸钠，大大超过国家规定标准，老板边往肉里放亚硝酸钠，还边告诉记者这东西有剧毒；为了让香肠颜色好看，他们给肉里加入调色用的食品红；更让观众触目惊心的是，为了防止蚊虫，他们甚至把肠子放在打蚊子的药水中进行浸泡。不仅如此，记者还拍摄到当地加工点用病死老母猪的肉制作香肠的过程。在暗访中，加工点的老板说：像我们这里做香肠的有几十家，它做好以后，各自有各自销的地方，像南京，平均每天最少有七吨香肠（从这里拉）过去。记者问香肠都销到哪里呢？老板的回答是：全国各地。记者的隐性采访让观众看到了劣质香肠背后的猫腻，也引起了有关部门对这一问题的重视。

电视形象化传播特点，决定了电视记者不能凭消息来源提供信息作报道，为真正再现事件，电视记者必须到现场，但记者到现场应用慧眼去发现、捕捉有价值的材料，而不能熟视无睹。在现场不会调动起情绪去深入观察、有目的地目击采访的记者不是好记者。一个记者最重要的是眼睛，用自己的眼睛去观察，用自己的头脑去思考，通过对现实、对人生、对事件的观察，形成深刻的理解。记者的眼睛要能发现别人视而不见的事物及其内涵。

## 本章重点

1. “择而取之曰采”，采，到现场有选择地取得材料。

记者应学会用眼睛采访，现场观察。到现场后既用眼睛看，又用脑子去思索，是电视记者必须掌握的基本功。

电视的视觉形象传播特点，决定了记者不仅要双目看，还要运用好摄像机这第三只眼睛。电视记者既要练就用眼睛观察的本领，还要掌握用摄像机捕捉典型材料的能力。

2. 观察——目击采访的作用。一是获得新闻的报道线索，作为节目的线索来源。二是记者报道节目要有创作的激情和动力，好的报道节目都是现场的人和事让记者动了情，因动情而产生报道的激情，因有激情才会产生好的新闻、好的节目。三是观察——目击才能获得第一手材料。第一手材料是最可信、最真实的，也是最有感染力、最能吸引观众的。

3. 观察要讲究方法，有好的观察方法才会有好的材料、好的报道。

目击采访时一是要观察事物的特点，有特点才能获取报道的角度和切入点；二是要观察细节，有细节才能加强报道的色彩；三是要学会观察与思考的结合，记者对凡事要有好奇心，要学会用孩童般的眼睛观察世界，同时又必须用聪明长者的眼光去观察世界；四是观察要全面，要从不同的角度立体的观察去了解事物的本质与真相。当认识事物本质后，又要为第三只眼睛——摄像机寻找到最合理、最佳的拍摄角度。

对不同的题材、不同的情况，记者还要掌握特殊的观察方法，如体验性观察、参与性观察、隐蔽性观察与拍摄等。

**思考题**

1. 为什么电视记者要学会用眼睛采访？
2. 观察的作用是什么？
3. 观察要掌握哪些方法？
4. 特殊的观察方法有哪些？在什么情况下使用？

# 第六章

電視新聞學教程

## 访问——语言采访

采访是记者为报道、传播事实而进行的了解、认识客观事物的活动。活动的基本方式是到社会中作广泛的调查研究，因为新闻传播的时效，要求记者的调查研究也要讲究时效，调查范围更为广泛，带有更大的灵活性，调查的方法也更公开、更多样化。

记者的调查研究，即采访，是要到生活中用眼睛看，用嘴去问，用脑子去思考。访问——语言采访，即用嘴去问，是与观察——用眼去看，如同人的左右手是同样重要的一样，两者缺一不可。从材料收集的过程来分析，访问与观察两者缺一不可。看离不开问，目击到的现象，是属于本质的真相，还是虚假的现象，抑或是偶然性现象，这需要记者进一步通过提问来澄清。掌握访问的技巧，包括选择采访对象，赢得采访机会，设计好采访问题，从而获取有价值的信息，这都是记者工作必须具备的基本功。

广义的电视采访体现了电视记者工作与报纸、广播记者工作的共性与个性。电视记者为收集材料，挖掘事实真相，而进行访问，既有电视观众在屏幕上能看到的具体访问说话的过程，也包含有电视观众在屏幕上看不到的记者所进行的大量的采访活动。电视节目中的精彩访谈，大量倾注着屏幕背后的采访活动。做一个专题节目，一般程序都是先进行前期的采访活动，记者、编导理出了思路，有了目标，才用摄像机去拍摄，去作镜前的采访，电视界通常把这不带摄像机的采访叫做前期采访。前期采访中的访问成功与否往往影响、甚至会决定现场采访的成败。前期采访和报纸、广播记者采访活动一样，遵循相同的原则方法，狭义的电视采访，指记者出现在屏幕上，面对摄像机作采访，是观众看得见的采访活动，采访过程本身就是报道过程，也因为它有可视形象的特点而产生其个性。

电视记者在摄像机前的采访，通常称现场采访或镜前采访，对其设问方法将在下一章作专题探讨。这里就共性与个性结合的采访设问作些探讨。进行这样的采访谈话时，时间比较充裕，环境地点也自由，一般都在事前做好较充分的准备，都有采访计划和问题的设想。

## 一、访问——用语言采访

“广而问之曰访”，访即询问，广泛地去问。

访问是记者为报道、传播而进行收集材料、核实材料而和采访对象的语言交流。采访工作的一系列过程都是贯穿访问这一环节，访问谈话的成功，很重要的在于记者提出的问题是否合理，是否能激发对方的谈话积极性。有经验的记者总是在不断探讨提问规律，掌握访问技巧以引导采访对象积极配合叙述事实，表达自己的观点、见解，真正能说出心里的话，个性化的话，使采访报道获得成功。

美国内华达大学教授威廉·梅茨在他的新闻采访学教材《怎样写新闻——从导语到结尾》一书中，曾就访问的重要性作了形象的比喻：“即使你不是一位天才的作家，但可做一个很好的记者，但是如果你不善于采访，就不能成为一名出色的记者。” *（《怎样写新闻》，72页，新华出版社，1983）*

关于访问的含义和作用，国内外著名记者和新闻学者都曾有过精辟的阐述。

杰克·海敦说：“新闻事业是一个跟人打交道的行业，大约有99%的新闻部分或全部以访问——也就是向人提问题——为基础写成的。” *（《怎样当好新闻记者》，23页，新华出版社，1983）*

约翰·布雷迪说："不论多么优秀的撰稿人，如果他不是一个卓有成效的采访者，他的才干也会受到限制。今天新闻事业中最有价值，最有独创性的稿件通常得之于采访。"（约翰·布雷迪：《采访技巧》，2页，新华出版社，1986）《谋杀者与友好的人们》一书作者布赖恩说："我们对于自己同时代人最鲜明生动的印象是从采访中得来的，今天比以往任何时候都是如此。"他的著作就是对采访者的采访记，他说："几乎每件新闻都是通过一个人向另一个人提问传达给我们的，因此，采访者具有前所未有的影响和权威。"约翰·布雷迪在书中还说明了采访在广播电视中的重要作用："在广播和电视中，采访同样无处不在，测验、比赛和讨论节目都吸取了问答交流的形式，自然，没有采访，新闻节目就会一筹莫展。前全国广播公司新闻部主任鲁·弗兰克说：'采访是我们这一行的基本手段，没有它我们就无法生存。'采访以谈话方式来表现抽象的思想，弗兰克说：'任何重要报道都离不开采访，它们可以录下来，播出去使观众感到饶有情趣。'"（约翰·布雷迪：《采访技巧》，2~3页，新华出版社，1986）

美国密苏里新闻学院写作组编著的《新闻写作教程》一书中，对采访也有精辟论述："采访，是撰写报道成败的关键，有没有本领使别人愿意跟你谈，这是写一篇比较好的报道，还是写一篇通常水平的报道的根本原因。"（《新闻写作教程》，70页，新华出版社，1986）

我国新闻界对采访、访问的重要性早有"三分写，七分采"的名言，著名报人赵超构（林放）老先生在给青年记者讲课时，说他自己从事新闻写作的经验是"一分写，九分采"。对有深厚文学功底的名记者来说，写作是水到渠成的事，而采访——"引水"，收集材料才是最为重要的。

在我国，新闻工作者还以形象比喻来形容采访的重要性。如采访，是打开客观世界大门的钥匙；采访，是在生活的海洋中探宝；采访，是沟通人们之间各种信息的途径。1961年刘少奇同志在湖南省天华大队视察时，对随行的记者说，编辑和记者是专业的调查研究者。周恩来同志更是以蜜蜂酿蜜来形容记者的采访活动。他要求记者像蜜蜂一样，蜜蜂到处去采花酿蜜，传播花粉，并酿出蜜糖来，记者也要到处采访，交流经验，充当媒介来报道事实，传递信息。

总之，报道是记者调查研究——观察访问的结果，而不是闭门造车的杜撰。电视形象的报道更要求记者到现场，要把采访——访问交谈的过程呈现给观众。要使访问成功，就要处理好访问工作的每一个步骤。

## 二、选择采访对象

访问是人和人之间的交流，记者活动于社会生活中，和人打交道是记者活动的最主要的渠道，与一般的人际交流不同，记者所交往的人——采访对象是要根据采访的任务、目的去作选择，去发现、寻找。记者和采访对象的交往关系是有目的、有需要的，但是交往过程中，又不能是单纯地索取，而要使其变成双向的交流，记者是为完成信息传播，而进行人与人之间的交往。这一特殊性，决定了记者交往对象的特殊性，成功的报道要求记者善于发现和选择好采访对象。

### 1. 采访对象与消息来源

什么是采访对象？艾丰同志在《新闻采访方法论》中曾作如下的界说："凡是记者在采访活动中向之索取情况和意见，或者那些以各种方式（不只是语言）向记者提供情况和意见的人，都可以称之为采访对象。"*（《新闻采访方法论》，208页，人民日报出版社，1982）*

从这一界定出发，采访对象范围是相当广泛的。记者为完成任务而与之打交道，主动向记者提供线索和情况的包括记者招待会、吹风会、新闻发布会等。凡是记者与之谈话或向记者提供信息材料的人都可以称为采访对象。采访对象提供的信息准确与否、丰富与否、深度如何等，均可决定采访报道的成败。

采访对象，是我国媒体中通常的说法，西方新闻学有"消息来源"的提法，两者的关系又是如何呢？

什么是消息来源呢？《新闻学简明词典》对其作了如下的界定：指新闻采访的原始来源或提供者，包括人的消息来源与物的消息来源（物证材料）。人的消息源包括党政领导、新闻发言人、事件的参与者或目击者、知情人等；物的消息来源有文件、简报、剪报、原始记录、年鉴、录音录像带、书籍等。西方记者有这样一句格言：没有一个记者掌握的信息量能够超出其消息来源。记者报道的质量取决于消息来源的质量。

从访问角度剖析，采访对象作为与记者打交道的人，也就是西方新闻学中人的消息来源。记者应有强烈地寻找、建立消息源的意识，不断巩固、发展自己的消息源网络，以保证拥有不枯竭的消息来源。

建立消息源网络，记者要善于与他人取得联系，依靠那些可以信赖的人提供消息。这样的信息提供者就像文字记者的笔记本，广播记者的录音机一样不可缺少。建立消息网络的方法有多种：为信息提供者建立档案卡片是一种好方法。每张卡片详细记录一位消息提供者的情况。建立消息源网络对负责某条战线，从事某一领域采访的记者及对象性、专题性栏目的记者、编导尤为重要。如负责采访政法这条线的记者，或做法制节目的记者、编导，接触最多的是公、检、法、司等部门，对这些部门及下属单位的领导、秘书等可能成为消息源的人物就要十分注意，这样可形成一个初步的消息源网络。寻找、建立、发展稳固的消息源网络，能够使记者及时获取新闻线索以及所需的情况、资料，进而做好报道。当一位记者拥有一张由几十或近百个稳固可靠又广泛的消息源组成的网络时，就不愁做不出好节目。

需要注意的是，并不是所有掌握情况的人都能成为消息源。一个合格的人的消息源不仅要熟悉、了解情况，还要具备准确地观察、说明和预测事件的知识和能力。所以记者要经过考察、挑选才能确定某人能否成为消息源。消息源网络形成后，要注意在使用中不断地用新陈代谢的方法，以确保质量。消息源的质量是保证访问的质量的关键。

西方记者在激烈竞争中，为取得报道成功十分重视消息源的建设，美联社著名从事外交记者阿瑟卡说："对于我，任何一个能够给我提供新闻内幕情况的人，都是潜在的消息来源。但是，只有当他们或多或少地提供了有关情况的时候，他们才成为真正的消息来源。"*（《新闻报道与写作》，179 页，广播出版社，1981）*

哥伦比亚大学教授麦·曼切尔在他的新闻采访写作教材中对记者怎样才能够检验消息来源的可靠性作了如下阐述：

"此人是这个事件的目击者，还是从某个人那里听到的？"

"此人是有能力的，合格的观察者吗？一个航空公司的雇员对于飞机坠毁事件来说，应该是比学生或售货员更好的消息来源。"

"消息来源能不能提供那些'闪光'的，又符合事实的准确的细节？"*（《新闻报道与写作》，183 页，广播出版社，1981）*

## 2. 选择采访对象

曼切尔对消息来源可靠性的检验阐述，对我们选择好采访对象有借鉴意义。电视记者既要在日常建立消息网络，和各色人交往，又要使电视节目形象展示，把记者、编导和采访对象的语言呈现在观众面前。记者是提出问题的人，应把握采访说话的主动权，掌握谈话的方向。然而访问的成败又不完全取决于记者谈话的主要内容，信息是由采访对象来说的，因此选择好采访对象，对节目成败具有举足轻重的作用。

重视建立消息源网络，是记者日常工作应随时注意的。在确定具体的选题报道和策划报道方案时，就需要记者打开消息源网络记忆仓库，以准确选择好采访对象。

### *(1) 选择有典型、代表性的采访对象*

文学创作讲求典型人物、典型环境，电视节目报道传播也同样要讲求典型性。面对一个选题，采访对象的选择是否具有代表性、有典型意义，是选择的首要标准。凡事首创者都有典型性，首创，是新闻价值的要素，首创，也是选择采访对象的第一标准。

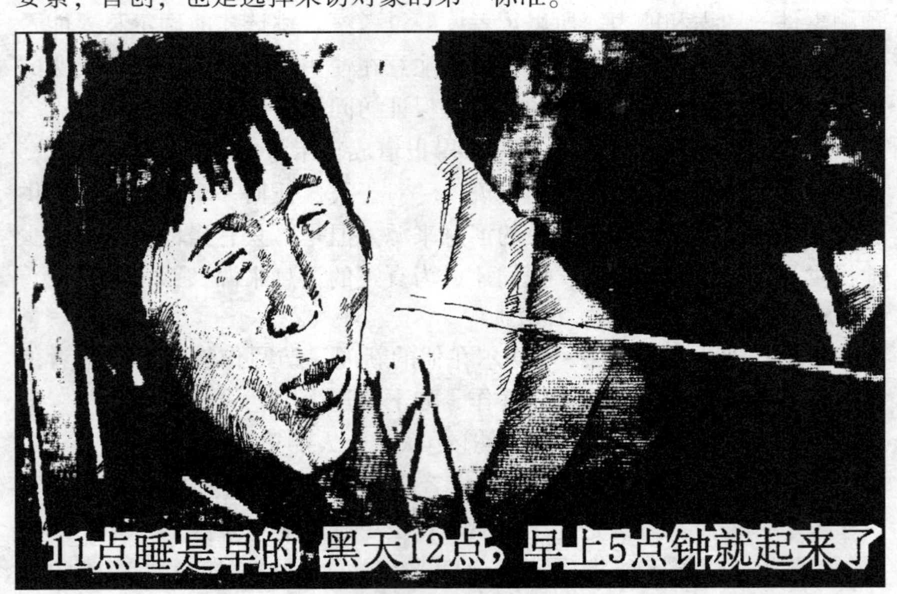


◁ 图 6-1 正在忙着做灯笼的藁城市屯头村村民 ▷

获得第十届新闻奖的电视新闻消息《提着灯笼奔小康》正是因为选取了具有代表性的采访对象，以个性化、典型化的语言给观众留下了深刻的印象。冬季农闲时节，记者来到河北藁城市屯头村，看到这里的家家户户在忙着做灯笼，当地农民告诉记者做灯笼使他们走上了一条致富的路。记者选取的采访典型之一是李萍，她告诉记者以前不做灯笼的时候，农闲时“就在地里混，锄了一遍再锄一遍，锄了一遍再锄一遍”。现在做灯笼，因为“活儿多忙不过来还雇了两个帮工，她负责裁剪、组装，丈夫负责采购、销售。靠做灯笼，这两年家里买了拖拉机，退了役的毛驴给老人当了宠物”。个性话的语言，让观众感受到当地农民致富后的喜悦，尤其是“毛驴给老人当了宠物”让观众忍俊不禁，更形象地体会到做灯笼给当地农民生活带来的巨大变化。典型之二是李二中老汉，他对记者说“我们家就是我们厂，我们这儿现在不说你们家我们家，都说你们厂我们厂”，还执意要让记者看看他们家的新房和轿车，他说村里40%的人家都买了汽车，小学校也焕然一新。老汉的自豪和幸福之情溢于言表。典型之三是村支书苏俊平，他满怀信心地告诉记者“估计今年的灯笼产值还得增加3000多万元。靠质量，上品牌，提着灯笼奔小康，红红火火闯九州”。当时电视剧《水浒传》正在热播，主题曲中有句歌词是“风风火火闯九州”。苏俊平幽默地把词改成了“红红火火闯九州”，“红红火火”来形容灯笼很贴切，“闯九州”又代表了当地农民扩大灯笼产业的满怀豪情。

因为选择了具有代表性的采访对象，典型人物富有个性色彩的语言给观众留下了深刻的印象。整条报道虽然简短，但信息量非常丰富，以轻松活泼的方式让观众看到了当代农民崭新的精神风貌。

### *(2) 人物的权威性*

在重大突发事件中或是热点、焦点问题报道中，请相关领域的权威人士来对事件进行解读，对问题进行分析，特别是各方面专家的观点碰撞，更有助于观众客观、全面、深入地掌握新闻信息，作出自己对事件和问题的判断。在2003年3月，美国发动对伊拉克战争后，中央电视台将一些著名的军事、战争问题专家请到演播室，对战争的发展形势进行权威分析。2003年4月，北京的“非典”疫情日渐严重，中央电视台《面对面》栏目接连播出了对具有发言权的权威人物的专访，起到了很好的消除恐慌、稳定人心作用。如对中国疾病预防控制中心主任李立明的采访，让观众较为全面地了解到“非典”的症状、传播途径、预防方法以及对待“非典”的正确态度、国家卫生部门对于控制疫情将采取哪些举措等。广东省防治非典型肺炎医疗专家组组长钟南山同样具有权威性，他参与会诊了第一批“非典”病人，主持起草了《广东省非典型肺炎病例临床诊断标准》。对他的采访，让观众看到了医疗专家攻克不明原因疾病的信心。对北京市代市长王岐山的采访，让观众了解到了政府面对“非典”疫情所采取的一系列措施，看到了政府官员实事求是的态度和雷厉风行的作风。这一系列权威人物专访，让观众了解到“非典”是可治、可控的，认识到只有团结一心、共抗“非典”，才能渡过难关。

### *(3) 选择当事人、知情人*

从权威性出发，记者在选择采访对象时必须注意专长知识领域。对事件性报道来说，新闻的当事人、目击者、知情者也都是权威性的信息提供者；在有关历史题材的报道中，当事人、知情者的选择更为重要，也是保证报道的准确性、权威性的重要依据。

◁ 图 6-2　采访留美幼童后裔 ▷

中央电视台《新闻调查》特别节目《幼童》，讲述的是中国最早的官派留学生离奇曲折的命运。1872 年到 1875 年间，清政府先后派出四批共 120 名学生赴美国留学。这批学生出洋时的平均年龄只有 12 岁，他们远涉重洋到达美国，开始了计划长达 15 年的留学生活。他们被分配到了美国东北部新英格兰地区的 40 多户美国人家中，快速适应着在美国的生活，以惊人的速度越过了语言障碍，成为各学校成绩优异的学生。同时他们也迅速适应了异国的文化，脱去了长袍马褂，活跃在各项体育运动的赛场上。他们成为美国哈佛大学、耶鲁大学、哥伦比亚大学、麻省理工学院的优秀学生，还曾受到美国总统格兰特的亲切接见。然而当半数孩子开始了他们的大学学业时，大清国却突然提前终止留学计划，全部留美幼童被召回国。这批最早的官派留学生成为中国矿业、铁路业、电报业的先驱，他们中出现了今天清华大学、天津大学最早的校长，出现了中国最早的一批外交官，出现了“中华民国”的第一任总理。

为了真实记录这批官派留学生的命运轨迹，《幼童》一片的记者寻访了一百多年前中国幼童生活过的城市，曾经就读过的中学、大学，这些城市的历史学会、公共图书馆以及中国幼童当年居住过的美国家庭后裔。还费尽周折，找到了部分留美幼童的后裔，搜集到了大量珍贵的照片、书信、日记、成绩单、衣物和剪报。

在这部片子中，对当事人、知情人的采访，增加了节目的历史厚重感和真实性。例如，记者在美国的奥斯汀，采访到当年留美幼童容揆的两个孙子；在华盛顿找到了当年中国幼童在美国所居住家庭的后裔亨纳斯，他向记者回忆了当年他们家居住了唐绍仪等四名中国留学生，并向记者展示了当年的照片，他还告诉记者直到今天他与唐的后代唐鸿光还保持着通信联系；在中国珠海唐家湾镇，记者采访了唐绍仪的后裔唐鸿光；在上海采访了容闳的后裔。他们作为这段历史的知情者，为观众讲述了自己的所见所闻。

## 三、赢得采访机会

确定选择采访对象以后，并不是每个采访对象都是十分配合的，有时联系不上，有时联系上了，或因为忙，或因为有其他原因，不愿接受采访的情况也是经常发生的。因此，赢得采访机会，让对方配合谈话，是走向采访成功的关键台阶。

西方人一般都较开放，但记者仍会为此困惑，布雷迪说："即使在这片富饶的土地上，赢得采访机会也可能很难，也许容易，或者，往好里说，模糊不定。大概赢得采访机会的不确定性正是推动优秀记者不断前进的东西：追求兴奋。"（约翰·布雷迪：《采访技巧》，2页，新华出版社，1986）美国一位记者甚至把记者要赢得采访机会和推销员的商品推销来相类比，两者面临的都是相同的问题，即必须与对象建立联系，赢得其注意并吸引住他，按照自己的意图引导对方思路，最终让对方感觉到谈一谈还是合算的。

约翰·布雷迪在《采访技巧》一书中，曾用记者们的实践例子归纳了几条可行方法。如：

> "为了得到采访机会，必须以礼待人，一丝不苟、遵守时间。为了进行采访，需要事先约定与采访对象会面的时间和地点，说明自己的身份和采访目的，并在采访时准时到达。"
>
> "如果有人回话并说你找的人不在，要礼貌而坚决地说明你的采访任务的重要性。这种迫切感很可能会被转达给你的采访对象。"
>
> "在初次接触专家或名人时使用他们所熟悉的语言很重要。"
>
> "措词也很重要……对一个大忙人决不要说想'采访他'。最好说想和他见见面，听听他对你已经获得背景情况的'建议性意见'。"
>
> "有时，记者可以投合采访对象的特殊嗜好，以赢得采访机会。"
>
> ……

中国电视记者实践经验，也可以归纳为以下几条：

### 1. 以敬业精神赢得采访机会

某些时候，被采访者因为种种原因，不愿意接受记者的采访。这时，就需要记者与被采访者多进行沟通交流，以自身的敬业精神打动对方，从而赢得采访机会。例如，北京市朝阳区有一户居民面对持枪入室抢劫的歹徒，临危不惧，一家三口用自家的菜刀、水果刀与穷凶极恶的歹徒进行搏斗，最后在赶来的邻居们的帮助下，将歹徒制服。这件事情在北京市一时间传为美谈，北京电视台前去采访这一家三口，不料却被婉言谢绝了。这一家三口在与歹徒搏斗的过程中，不同程度地受伤，记者几次到医院看望这一家人，为他们送去了鲜花，与他们聊天交朋友。记者的真诚和敬业打动了这家人，最终同意接受采访。

### 2. 精心准备、随机应变

记者在进行一项采访前，要对采访的各项工作精心准备，确保万无一失。但是，到达采访现场后，随时可能出现新的情况，这就需要记者保持高度的新闻敏感性，灵活地应对，捕捉新的角度进行采访。前面提到的《遭遇县里说情人》能够获奖，正是由于面对采访中出现的新情况，记者能够灵活应对、随机应变。正如韩海钢等记者在谈到采访体会时说："每个电视记者都应该时刻准备着，不应该在采访现场发生了自认为与主题无关的事件时就放下机器，也不应该在采访结束时就轻易取出录像带，更不应该每次采访都将所带录像带全部用光。"

### 3. 现场发现

不同题材有不同的采访制作手法，有的采访对象在策划时就可以明确地选择，有的采访对象则要根据报道目的要求到现场去发现，去捕捉，这两者在节目创作中又是相辅相成的。因为记者不可能了解所有的人和事，新闻事件及社会生活现场常常有不可预测、事先不知的情况，需要记者慧眼识金，及时捕捉。

仍以获奖新闻《南京冠生园：年年出炉新月饼　周而复始陈馅料》为例子。记者经过长达一年的现场观察、守候，拍摄到了南京冠生园食品厂一年之中陈馅月饼生产的一个完整流程。现场捕捉、拍摄到的一些细节画面具有很强的视觉力，例如：工人撕月饼塑料外包装、用小铲刮月饼皮、剥出里面的馅料，使其皮馅分家；工人把一箱剥出来的馅料倒进锅炉、开动机器进行搅拌，搅拌过程中有一些馅料掉了出来，工人从地上捡起来并扔回锅里；一箱发霉月饼馅及馅料批号单上所注生产日期的特写；用过期、霉变馅料做好的新月饼被成箱地装运上车。

记者现场发现、捕捉到的一系列细节，向观众展现了该厂家用陈馅和变质馅料加工月饼坑害消费者的这一事实。可见，记者具有敏锐的观察力是采访成功的必要基础。

### 4. 多方联系、广交朋友

报道的信息是通过记者采访挖掘来的，访问成败重要的第一步是找到能提供准确、生动、新鲜、丰富信息的采访对象。记者们在前期采访中，常常会因寻找采访对象而绞尽脑汁，翻查资料，四方打听等这些都是常用的方法。

现代通信技术的发展以及电视节目互动意识的增强，使观众为电视栏目提供新闻线索有了更好的技术支撑和积极性主动性。因为记者有时很难拍到第一手画面，江苏台都市频道的新闻栏目《南京零距离》在节目中欢迎观众用特定型号的家用摄像机把遇到的突发新闻及时拍下来，提供给“零距离”选用。这一活动也得到了观众的热烈响应，涌现了许多优秀的特约摄影记者。比如特约摄影记者钱炜拍到了《好民警雪地救老太》和《一司机街头遭围殴》的现场画面，经过栏目的制作，以其独家现场的报道，在社会上引起了强烈的反响；《民工兄弟，你怎么了?》节目的新闻线索是四川民工赵家兄弟提供的，赵家兄弟以自家亲戚的名义把记者带到工棚，同吃同住一个多星期，让记者拍到了第一手画面；《这家影院竟放盗版光碟》的新闻线索是江宁市民李先生提供的，由于影院地方较为偏僻，生人出现容易引起对方的怀疑，李先生冒着危险协助记者拍摄，完成了这档节目，并取得了较好的社会反响。如今，《南京零距离》已经为自己织就了一张庞大的新闻线索网：上千名普通市民拿起摄像机，抢拍发生在身边的新闻事件；老百姓遇到突发新闻线索，首先想到的是打电话给《南京零距离》，然后才通知相关职能部门。节目的贴近性提高了观众的参与热情，使栏目总能获取源源不断的新闻线索。独家新闻线索的丰富，确保了新闻节目的质量，增强了栏目的贴近性，从而形成了促动栏目发展的良性循环。

### 5. 利用媒体寻找线索

现在，许多电视栏目开始采用公开征集采访对象、节目嘉宾的方式来为节目寻找相关线索。例如，在节目结尾处或是栏目的网页上公布近期将制作的节目主题，寻找与此主题相关的采访对象。打开央视国际网站，可以看到许多这样的例子。2004 年岁末将至时，中央电视台新闻频道《共同关注》栏目的网页上贴出一个征集启事，启事中说：2004，我们走得并不平凡。这一年，我们以虔诚的情感，关注着这样一些特殊的群体，体味着他们的艰难：下岗职工、失地农民、艾滋孤儿、贫困大学生、农民工、低保人群……在我们社会的转型期间，他们面临的难题，不仅为各级政府所关注，更牵动着你我的心弦，他们的泪水打湿过我们的双眼，他们的欢喜让我们更觉甘甜。岁末寒冬，让我们用爱和行动为他们取暖，在爱心旅程的终点，让我们共同把他们的遗憾带走，把温暖留在他们的心间。中央电视台年终巨献——“2004‘心愿之旅’公益大行动”，现向社会征集普通人的“特别心愿”，行动组织者将与国家职能部委、慈善机构一起行动，帮助他们实现心愿。凡是在 2004 年有着特殊经历、特殊故事、特殊心愿的普通百姓，都可能成为“心愿之旅”的“特殊旅客”（帮助对象）。所有被采用的心愿，中央电视台《共同关注》栏目将于 2004 年 12 月中旬集中播出，每个“心愿”的主人公、“心愿”产生的背景、心愿的具体内容，实现心愿所需要获得的帮助等都将在节目中展示。与此同时，中央电视台将联动国家职能部委、慈善机构，同步征集愿意帮助这些人实现心愿的志愿者（志愿者可以是个人，也可以是企事业团体、机关、城市），并同步纪录拍摄这些志愿者帮助主人公实现心愿的全过程，在 2005 年 1 月汇集成大型特别节目集中播出。心愿征集标准：无论你是谁，只要你的（或你所提供人物的）心愿能够感动人们，具有特别的时代意义和厚重的命运感，具有一波三折的心愿背景，“心愿之旅”都会将其纳入行动的对象，并尽全力帮助你实现。

像这样的征集启事也逐渐成为新闻栏目寻找线索、结构节目的一种重要途径。这种征集方式面向全国，线索来源范围广、代表性强，能够吸引众多普通观众的积极参与，因此，往往可以取得较好的效果。

### 6. 争取独家采访

独家新闻，是媒体间竞争的重要内容，也是媒体采访实力的重要标志。尤其在新闻竞争日趋白热化的今天，每当有大事发生的时候，各大媒体都在竭尽所能寻找时机、抢抓独家新闻。

◁ 图 6-3 凤凰卫视女记者闾丘露薇在伊拉克的战地报道 ▷

北京时间 2003 年 3 月 20 日 10 点 35 分，伊拉克战争爆发。这时，凤凰卫视女记者闾丘露薇守候在约伊边境，独家采访到开战后第一批涌入约旦的难民。闾丘露薇是于北京时间 17 日到达约旦首都安曼的，当时，由于局势日趋紧张，在巴格达采访的数百名记者都在开战前紧急撤到安曼，使安曼成为海湾地区的新闻中心。闾丘露薇凭借多次赴战地采访所积累的丰富经验，没有停留在记者扎堆的地方，而是冒险前往约伊边境，在距离战场最近的地方挖掘独家新闻。当天，闾丘露薇与摄像师陈汉祥携带一壶水和几袋面包，从约旦首都安曼出发，经过长途跋涉，来到约伊边境地区，并守候在该地区密切注视边境动态。功夫不负有心人，闾丘露薇经过 30 多个小时的守候，独家采访到开战后第一批涌到约伊边境的难民，并及时从难民口中得知伊拉克境内在开战时的最新状况以及伊拉克唯一一条生命之路的情况。闾丘露薇独特的报道被全球多家媒体转发。

赢得采访机会是通向成功的桥梁，访问的真正成功还在记者提问的水平。

如《新闻调查》栏目2002年播出的《与神话较量的人》之所以产生强烈的反响，是与采访记者的提问功力分不开的。这期节目专访的是中央财经大学研究所经济学学者刘姝威，她因在《金融内参》上发表呼吁对“蓝田”公司停发贷款而陷入与“蓝田”之间的纠纷，被“蓝田”起诉，遭到不明身份者的恐吓。

在采访中，记者王志提问目的明确、脉络清晰、层层铺垫、环环相扣，用提问来结构全篇，不断挖掘，直至得出符合事实真相的结论。节目中有一段采访给观众留下了很深的印象，即当观众已经通过刘姝威的讲述感觉到了为“蓝田”通风报信、帮助其达到目的的那张看不见的“网”，但记者并未止足于仅仅给观众这种感觉，而是努力要把问题的症结挖掘出来并且掰开来给大家看。

刘姝威：……那么为什么不该发放的贷款发放出去了，应该停发的贷款停发不了呢？这就说明一定是有其他的因素在干扰。

记者：你指的这个因素是什么？

刘：瞿××（蓝田集团总裁）为什么能那么迅速地拿到《金融内参》呢？如果这个因素不消除的话，保证我们信贷安全是很困难的。

记者：你指的这个因素是权力吗？

刘：你说呢？

记者：我问你。

刘：我问你。你听了我的讲述，你认为这个因素是什么？

记者：你是当事人。

刘：这个问题我想应该让公众来分析吧。如果是权力的话，这就有一个他为什么会用他掌握的权力干出这种事？怎么才能制止他运用手中的权力干这种事？这是我们应该思考的问题。

在这段采访中，记者表现出了较强的把握“话轮”走向的主动性，抓住采访对象回答中的“因素”一词紧紧追问。从刘的避而不答到反问记者，再到面对记者的追问作出侧面回答，观众对于问题的答案已经了然于胸。

### 7. 记者招待会的采访

记者招待会提问机会有限，赢得采访机会的竞争就更为激烈，需要记者以机智敏捷的反应能力斗智斗勇来争取。其中，占领有利的位置、穿着较为显眼颜色的衣服，是在众媒体记者云集的情况下获得提问机会的有效技巧。

例如2003年2月9日，联合国武器核查负责人布利克斯和国际原子能机构总干事巴拉迪举行记者招待会。会议开始前，中央电视台的记者冀惠彦守在主席台前，一步也不敢离开，生怕别人动了带有CCTV标志的话筒。水均益去联系新闻官，争取能在招待会上提问，回来后却发现座位被别人占了。水均益费尽口舌，想要回座位，最终达成协议，各坐一半。由于位置靠前，并且提前与新闻官进行了沟通，记者招待会开始后，水均益第二个就被点到提问，布利克斯和巴拉迪两人都作了回答。

赢得采访机会后，记者的提问技巧也很重要。记者提问要注意开门见山、单刀直入，少说空话套话。例如，在2004年3月14日的十届人大二次会议举行的记者招待会上，德国电视一台的记者针对我国修改宪法向温家宝总理提出了这样一个问题："虽然宪法条文规定的内容是非常有先进性的，但是在现实生活中，很多自由和权利得到了一定的限制，比如说媒体的自由、言论的自由等。您觉得将来中国应该采取什么措施，让法律凌驾于共产党之上，而不是相反?"这个问题既简单又刁钻。

在记者招待会上，记者还要学会从发言人的回答中捕捉线索，就某一重要问题进行深入提问，挖掘独家新闻。例如，在2003年，北京举行的一次关于"非典"的记者招待会上，《纽约时报》记者向北京市代市长王岐山提问："我们知道在中国，因为疫情有两位高官被撤职，一位是卫生部的部长，另一位是北京市原市长。我想问，在此之后会不会还有进一步的行动来调查到底有谁参与了掩盖事实真情的行动以及如何向国际社会作出进一步的解释，并向国际社会进行道歉呢?"

这个问题是一个重磅炸弹，牵涉敏感的政治问题，但这个问题也恰恰是公众关心的问题。对这个高难度的问题，王岐山没有直接拒绝，既绕过了对方问题的锋芒，又显示了中国政府官员的自信与智慧。他的回答是这样的："不愧为《纽约时报》（的记者），问题就是尖锐。可是时间和对象选得不太对。说实话，我来（北京）才十天，除了睡觉，每时每刻都在关心着疫情的事情。至于政治上的责任和原因的问题，这不是我担心的。但是你应该相信我们的中央和国务院，对这方面是不含糊的。在不久的将来，在抗'非典'斗争取得胜利的时候，在总结的时候，我们一定会谈及这个问题。到那时候请《纽约时报》的先生可以把这个问题再重复。"

由于众多媒体记者云集，记者招待会成为各媒体展示采访实力、能力的一个直接的舞台。记者能否赢得提问机会、提否提出精彩的问题，对于树立媒体的形象、在新闻竞争中占据优势起着重要的作用。

## 四、提问规律与方法

我国近代著名记者邵飘萍说："欲达多知事之目的，必先发有效的问题。"访问成功的关键在于记者善于正确地提出问题。访问是记者和采访对象面对面的交谈，记者提出问题，采访对象根据记者的问题来回答。成功的采访需要双方积极主动的合作，所以访问的规律也应从记者和采访对象这两方面来考虑。

### 1. 从既定目标出发设计问题

威廉·梅茨说，采访（提问）是具有既定目标的对话。也就是说记者是带着明确的目标去进行访问的。所以，从记者方面总结，提问规律之一是要根据采访的目的、任务和认识事物的规律性来决定问题的指向和程序。在采访交谈过程中，不言而喻的是谈话内容、中心应围绕着记者的问题而进行，对方的回答内容总是和记者提出的问题相关。

采访谈话和一般谈话的不同特点，就在于目的性与随意性的不同。人际交往中，一般的谈话起到联络感情的作用，论题随意性很大，可东拉西扯地互通些情况。而采访谈话的最大特点是鲜明、特定的目的，这个目的就是要取得报道的材料。正如威廉·梅茨所概括的："采访（指访问）是具有既定目标的对话。"在这场对话中，记者不是以侃侃而谈来吸引对方，而是通过提问，让采访对象提供尽可能详尽、有用的材料。在这场对话中，记者水平高低不是自己讲得生动与否，而是问题设计的水平，记者要根据自己的采访目的、任务，即“既定目标”，精心地措词用句，有目的、有计划地通过一个个问题来深入挖掘报道所需的材料。

从既定目标出发，设问的时候应注意——

### (1) 问题有针对性

采访谈话，记者所提问题应该有目的、有针对性。一是针对报道思想，报道中心；二是针对观众的提问，提问切忌无的放矢，泛泛而问，否则，收获必然寥寥无几，达不到采访目的。

《面对面》对江苏省华西村党委书记吴仁宝的采访——《解读“天下第一村》，很好地说明了问题有针对性的重要。2003 年 7 月初，当了 40 多年华西村当家人的吴仁宝宣布离开了党委书记的岗位，由他的儿子吴协恩接任，这让人们不由得怀疑吴仁宝是否在搞“世袭制”，是否在把集体资产变成家族企业？华西村靠什么称富天下，华西村的辉煌是真实还是幻影？王志在采访时，把观众最欲知晓的这两方面确定为质疑点。围绕质疑点，层层发问、步步紧逼，有意制造冲突——

◁ 图 6-4 《面对面》采访华西村党委书记吴仁宝 ▷

“前一段时间我还记得你在说，要干到80岁，什么原因怎么就决定突然要退下来呢？”

“大家有可能怕你，都投你的票？”

“吴协恩接任你的支书，那他有什么特点，他有什么能力接你的班？”

“您儿子有这个能力，那您怎么说明别人没这个能力呢？”

“这个问题我们可以帮华西的老百姓来提一提啊，您是不是把它当做家族企业了？”

“那你怎么要求你的子女，怎么能保证他不把公家的利益或者大家的利益放到自己家族来呢？”

果然，在记者的目的明确、“火力”密集的提问下，吴仁宝解释原因的愿望被调动起来。他理直气壮地回答，吴协恩即使不是我的儿子也照样当选，他的位子是花两亿元“买”来的，五年给集体赚了两亿元，上税 8000 多万元，大家服气，所以大家投票选他。

### (2) 问题要有层次

访问是一个具有既定目标的对话。设问要有目的性、针对性，同时要围绕中心有层次地展开。因为采访谈话中，主动权在记者，记者的问题决定了谈话的内容。记者的问题能围绕中心层层挖掘，有次序地展开；那么从对方回答中收集到的材料也是有层次的，相反，如果记者的问题是无中心的，是东一榔头西一棒槌地无目的、无次序，对方谈话也必然是无中心、无次序，其结果得到的材料也是毫无关联的。而没有因果关系，没有逻辑关系的互不相关的材料是无法组织成完整的报道的。正如威廉·梅茨说的：“六个互不关联的问题只能使你写出每段互不关联的文字。结果是一条支离破碎的新闻。”（《怎样写新闻》，新华出版社，1983）因此，记者设问时，必须目标明确，并以目标为中心，精心设计好问题的先后次序，使谈话有层次地展开。从人们对事物认识由浅入深，由现象到本质的深化过程出发，问题的层次也应由一般到具体。

仍以《新闻调查》栏目 2002 年播出的《与神话较量的人》为例，在这期节目中，记者很好地运用了提问的结构作用，使得采访层层递进。由“蓝田跟别的上市公司相比有什么特别的吗？”“通过这些指标，你得出来的结论是什么？”引出访谈的第一部分——当事人叙述事件的起因，即发现“蓝田”已经成为一个空壳，在机密刊物上发表文章呼吁对其停发贷款。

由“那你为什么很在意他是怎么得到这个《金融内参》的？”“你采取了什么行动？”“你担心发生什么事吗？”引出访谈的第二部分——蓝田总裁拿着他本无权看到的《金融内参》复印件找上门以及随后打到家里的电话让刘姝威有一种不祥的预感。随之而来的是被蓝田起诉和收到恐吓邮件。

由“你只是一个学者，而你所做的只是把你的研究结论，在一个不公开的属于机密的内参上发表了，为什么会让你的生活陷入另外一个世界？”“为什么说它是丑闻，你的观点？”“你指的这个因素是什么？”引出访谈的第三部分——让当事人自己发表观点和看法。在层层推进中，给予了观众一个分析思考、得出结论的空间。

### (3) 问题要有深度

挖掘材料的深度取决于提问的深度，只提肤浅的问题永远得不到有深度的内容。最失败的提问是不着边际而又肤浅的问题。比如“请你谈谈想法”、“你感觉如何”等老一套问题，既没有具体的目标，也会让采访对象无从回答，甚至因问题的老一套而反感。分析采访对象对采访谈话的态度，往往是由记者的水平而作出反应。笼统而肤浅的问题不仅让采访对象感到记者没水平，也会由此判断记者态度不认真，没有作采访准备。一旦产生这种想法，必会影响他接受采访的积极性。

《被玷污的白衣天使》是2002年电视新闻专题一等奖作品。它从一起刑事案件中挖出了一批隐藏在医药领域的蛀虫，揭露了药品价格居高不下这一严重损害百姓利益的黑幕的根源。记者采用层层剥笋的方法，采访对象既有行贿者，也有受贿者，涉及药品流通系统中有利可图的每个环节的人，深刻揭露了由利益关系而形成的每个人明知不合法，但都认为“法不责众”的心态和做法。白衣天使应有的行为准则、道德自律、人格操守等，也在利益驱使下彻底堕落了。记者采访问题的走向清晰，在对黑幕交易追根溯源上层层深入，在彻底揭露黑幕的真相后，最后又走向“法规”，上升到如何彻底解决问题的层面，体现了节目的深度。记者采访提问的深度走向为主持人的结束语提供了依据。“我们有理由相信，随着这些法律法规的陆续出台，随着新法的进一步实施，将会有效地净化医药流通领域，还白衣天使以他原来的颜色。”

记者的问题不仅要有深度，还要注意提问的简洁明确。有经验的记者在设计问题时，问题本身是简短的，让采访对象一听就明白。但在摆出问题前，往往先谈有关背景、知识等。即使问“有什么看法”等，也是先交代有关情况，指出问题的范围，让对方就这一范围来谈看法等。

### (4) 问题要有新意

采访对象讨厌回答那些老一套的问题。有新意的问题，有独特个性的问题才能引起人的关注。采访中也如此，新鲜的东西永远能激发人的情绪。记者设问时要根据采访目的、任务，从有特点、有新意的地方入手，发掘出别人没有问过的有新意的问题，从而激发采访对象的谈话兴趣。“大多数场合下，由于人们忙于处理自己的事务而不愿多谈，只有被记者精心准备的一连串问题，以及记者在访问中根据谈话的发展提出的一连串的问题所触动，才进行交谈的。”麦·曼切尔这段话充分概括了有新意的设问方法的重要性。

◁ 图 6–5 《面对面》栏目采访姚明 ▷

有人情味、有趣味的问题及有新意的访谈内容，也是能调动观众情绪的兴奋点。例如《面对面》栏目采访姚明，所设计的问题大都轻松而富有人情味，契合了观众了解这个大男孩生活中的真实状态的收视需求。例如下面这些问题：

记者：也有人在说，姚明，感觉你的成长就像坐火箭一样，是不是快了一点儿？

姚明：是啊。我也担心是不是快了一点儿，别人说爬得高，摔得也疼，是吧？但是快了就快了，那又怎么办呢？已经都是，用我的话说就是已经既成事实的东西，你就要去适应它，你要去驾驭它。

记者：那么对于你当选全明星赛的西部阵营的首发中锋这一点上，外界也有不同的议论，他们觉得是中国的球迷通过网上投票，帮了你的忙，你这样看吗？

姚明：首先，这件事对我来说是天上掉下来的大馅饼，正好砸在了我头上，对我来说是一个额外的奖品。我没有，从来没有想过这东西。而且我要感谢这里所有投过我票的球迷。另外就是，我想说的是，我没有偷别人的东西。这就是我想说的。

记者：那现在很多人担心，姚明原来很乖很可爱的这种形象，会不会随着这种包装，或者是随着这种经纪人的控制而改变？

姚明：我不知道我以前那种很乖，你说什么来着？

记者：很可爱。

姚明：很可爱的形象哪来的？但我只是这么说，他们这种包装只是按照我原来的性格进行包装，并不是把那些不属于我的东西加进来，大家看到的只是一个，只是一个看得更清楚，原来什么样，看得更清楚。

这些问题没有大话、套话，而是以代他人提问的方式（“也有人在说，……”“现在很多人担心，……”），使一些尖锐的问题听起来不那么刺耳，让采访对象在轻松的氛围中乐于回答观众感兴趣的这些问题。

### (5) 问题要有特点

任何事物都有特点，任何一个事物区别于其他事物在于它的特点。有特点的细节是成功报道不可缺少的材料。一个电视节目，一个新闻报道有特点，有生动的情节或细节，才会有吸引力。观察采访要抓特点，同样，谈话采访也要抓特点，要通过深入访问，通过有特点的问题，才能获取有特点的材料。新闻报道中有特点的事实是指那些对反映主题、中心思想具有典型性的事实，这些材料的获得，要求记者在采访谈话中，选择有特点有个性的采访对象，提出有特点的问题。

以《焦点访谈》2004 年 7 月播出的《执法的遭遇》为例。6 月底，在湖南省溆浦县发生了一起严重的暴力事件，溆浦县公路养路征稽所在执法过程中，发现一辆没有缴养路费的假牌照车，就将其拦住检查，没想到这一正常的执法行为却引来了一场严重的械斗。这辆被拦住的车是当地某派出所的，当时车上下来的人对检查人员进行谩骂，态度非常蛮横。不仅如此，当天晚上，市民们发现溆浦县各主要路口居然被公安人员封锁了，一伙儿穿着制服的公安人员见到路政标志的车辆就拦车抓人。而且，在市民的围观下，数十名穿着警服并且持枪拿棒的公安人员冲向了县养路费征稽所，见人就打。但是，在记者到当地采访时，派出所却对此事予以否认。那么，事实的真相是怎样的呢？

◁ 图 6-6　记者采访被打路政队员的家属 ▷

记者正是通过对一些当事人、目击者的采访，抓住其中有特点、有个性，能够说明问题的采访段落，让观众看到了事实的本来面目。例如，针对派出所声称对方先挑起事端的说法，记者采访了派出所所长。

记者：你那个车是合法的车还是不合法的车？

派出所所长：那我就不知道了。

记者：你也不知道？你那个车交过国家规定的各种税费没有？

派出所所长：没有。

记者：那合法吗？按照你们自己内部的规定。

派出所所长：合法？反正那方面法律我也不清楚。

从该所长的回答中，究竟是谁挑起事端，观众可以自己得出答案。再如针对派出所指责路政人员先动手打人，他们冲进养路费征稽所虽是事实，但没有打人的说法。记者分别采访了派出所所长和目击群众。

记者：你们打人了没有？

派出所所长：我没打人。都没打人。

记者：都没打人？

派出所所长：嗯。

记者：那是谁打伤了那些路政人员？

派出所所长：那我不知道。

路政征稽员：拿个板子，一板子朝着我的头就来了，我的手挡了一下，板子就打断了。

市民：到征稽所里面打架的时候，基本上每个人都带着有枪，还有几个人带有警棍。当时围观的老百姓有四五十人，所以现场看去，几乎跟电视、电影里面那个打斗的场面完全一样，见人就打，人家躲在车子下面的、躲到屋里面去的都是七八个人揍一个人，见人就打，打得让人家跪着，脚踢拳打。人家抱着头，一点儿都不敢反抗，所以这个场面看起来非常气愤，也很心疼。

通过采访有典型性、有特点的人，通过对事件过程的细节性描述，很清楚地说明了事件的真相。

### 2. 从采访对象出发设计问题

访问的另一方是采访对象，即对话者，是记者有目的选择的当事人、知情者及有关人士等。尽管驾驭谈话的主动权在记者，但是谈话的成功也要求对方的配合。采访对象个性、文化修养等各有不同，记者面对不同情况的谈话者，就要千方百计取得他们的信任，让他们说话。心理因素在谈话中是十分重要的。但从提问本身分析，重要的是让对方能听明白记者所提出问题的目的要求，便于他去进行回忆、思考。所以从采访对象出发，提问的又一个规律是：问话设计，用词造句要考虑让对方了解采访的目的要求，从而适应配合采访谈话。这一规律要求记者在设问时，要便于启发他们的思考，或能触发、帮助他们去思考。因为采访对象在回答记者问题时，总是有一个过程：听明白→回忆→思考→回答。首先要听明白记者问话要求，然后打开思考、回忆的闸门。在采访挖掘深层次的问题上，涉及已经过去的事情，涉及人物的内心活动，涉及观点、见解，对这些情况的理解、回忆、思考过程就尤为重要。

问题设计时，还要考虑到不同采访对象对问题的不同思维特点和特定情景。根据人们一般思维规律，问题应是由面到点、由浅入深，但有的采访对象善于直观思维，或涉及已过去很久的事情，从回忆规律由点到面的扇形特点出发，可由具体事情来触发他的记忆。设问时，也可由具体到抽象，由点到面。

具体的方法可归纳为：

#### *(1) 问题要因人而异*

因人而异是指记者在设计问题时，要根据不同采访对象的不同情况，如不同的个性特性、文化修养、思维特点等来设计安排内容和次序。

因人而异，首先是指问题的适宜性。要考虑问题是否是采访对象能够回答的，要提在他的工作职责范围及他的知情范围之内。如采访老工人和厂长、书记问题设计就不同。只有提适宜性的问题，采访谈话才能有效进行，问题不适宜，强人所难，往往会破坏采访谈话气氛。

有经验的记者在采访普通百姓和采访政府官员、学者专家时，其问题是绝不相同的。前者的采访设问一般都是很具体、很生活化、感性化的微观问题，而后者的采访应是时事政策、决策性、理性化很强的宏观性问题。

以《面对面》栏目中的采访为例。在采访中，记者王志的基本风格是提问简短有力，用封闭性的问题迫使对方给予明确的回答。在此基础上，又会因人而异，有时会放缓提问的频率，如“非典”时期，采访北大人民医院院长吕厚山。人民医院被整体隔离，吕厚山承受了来自多方面的巨大压力，面对记者，他有许多话要倾吐，谈到动情处，眼含泪水。在与吕的对话中，王志往往是用一个问题引出对方的一段回答，给对方足够的时间来表达情感，而不是高密度地频频发问。

采访年仅 9 岁的小作家边金阳时就不同了，王志在采访中较好地把握了小孩子活泼好动、思维跳跃的特点，提问速度大大提高，几乎都是三五个字的小问题，边金阳的回答也不过数字。如“问：这本书一共写了多长时间呢？答：两个月，基本都是寒假、暑假，天天在写。问：那你怎么坐得住呢？答：就这么坐就坐得住了。问：那么有趣吗？答：有趣啊，多好玩儿。问：怎么好玩儿？答：感觉我写的东西特别好玩，边写边乐。”这种提问方式的调整符合采访对象的年龄特征，真实、自然、富有个性。

因人而异还指针对不同采访对象在提问顺序上也应有所不同。人们思考问题的一般规律是由面到点，由浅入深，问题也应由大到小，由抽象到具体，由开放式到封闭式。但对一些不善谈的采访对象，对批评性、问题性调查报道的采访，对竭力回避采访的对象，常常要有具体的问题来触发对方思路，或以具体尖锐的问题迫使对方回答问题。这时采访往往要先从具体问题谈起。对于因人而异的不同设问顺序，约翰·布雷迪在《采访技巧》中把它们形象地称为“漏斗式”采访和“倒漏斗式”采访。

“漏斗式”采访借助漏斗上面大下面小的形象，比喻问题从抽象的大问题谈起。布雷迪说“这种广泛开放式的问题开头不仅给予采访对象喘息之机，也给记者用武之地。”“倒漏斗式”采访即用尖锐、短促、特殊的问题开头，然后转入比较开放的地域。“如果机敏地运用切中要害的问题，可以使被访人确信记者是在行的。”*（约翰·布雷迪：《采访技巧》，99 页，新华出版社，1986）*

因人而异地灵活运用设问方法，是记者为取得访问成功应具备的能力。

### *(2) 问题要有助于回忆、思考*

从问与答之间的关系：理解——回忆、思考——回答这一轨迹出发，设计问题要有助于采访对象打开回忆、思考的闸门，如提出关于对方人生中的“关键点”，如经历中的第一次，人生中的重大关头、转折的事，这些都是人们不能忘怀，随时可从记忆库中调动起来的。

从心理学出发，还可掌握问题回忆的特点，问题设计要能触发采访对象作联想回忆。如：

△接近联想——提问时，给对方提示时间、空间上的事物线索，使对方由此时到彼时，由此处到彼处作联想。

△相似联想——利用性质上接近或相似的事物去启发对方触景生情说过去。

△对比联想——提示一些使其向相反方向去回忆的事物。

△关系联想——用事物的因果、种属等关系去提示采访对象回忆有关的人和事。

触景生情，是人人都有过的经历，注意谈话的环境、气氛，也可帮助采访对象回忆、思考，激发谈话的兴趣。

### *(3) 问题要有触发力*

触发力是指记者的问题能触发采访对象的情绪、情感，或引起他的心灵共鸣，从而帮助启发或激励对方接受采访，思索回答问题。

上面谈到的帮助打开回忆思考闸门的方法，也是一种触发力，触发人们的“情绪记忆”。触发力，还是指用机智来激发起采访对象接受访谈情绪。对不同采访对象，采用不同的方法激发起谈话兴致，这都是触发力。

仍以《新闻调查》2002年3月播出的节目《与神话较量的人》为例。在采访对象讲述了她在《金融内参》上发表了呼吁对“蓝田”集团停发贷款的文章后，发生了一系列出人意料的事情，让她有了一种不祥之兆。这时，记者问刘姝威：“那到这个时候，你的观点有改变吗？”刘姝威明确地回答：“没有改变。”接着，记者提出了一个具有触发力的问题——“你的观点没有改变，但是你的生活可能要改变？”这个问题一下子触动了刘的情绪点，从而情绪激动地讲述了被“蓝田”集团起诉，陆续收到了一些来历不明的恐吓邮件，洪湖法院的传票打破了她平静的研究工作，也给她的生活蒙上了一层阴影。就在处于孤立无援之时，负责她所居住地区治安的警察在接到她的报警后来到她家，这也是刘在受到恐吓威胁后，第一个鲜明地表示要保护她的人。因此，讲到这里，刘的愤怒、委屈和感激等多种复杂的情绪交织在一起，一时无语哽咽。她在稳定了自己的情绪后，仍坚持表示“我这结论是对的，绝对没有错。在任何时候、任何条件下，我绝对不会说我这篇文章是错的”。

这一段采访，让观众看到了采访对象真实的内心世界，使采访对象的个性更加鲜明，表现出了成功人物访谈的魅力。

在利用触发力深化采访时，首先要具备明确的采访目的，并且要在设问前精心做好准备，对采访对象有一定了解，这样才能做到有的放矢地触发情绪。

### (4) 边问边听边思考

设问要考虑采访设问是方法、目的还是要达到访问的“既定目标”，不管什么方法，都要求记者有很强的应变力，要提问、倾听和思考相结合。

访问是记者与采访对象面对面地交流，在交流过程中，记者要用目观察采访对象的心理，用脑去思考其谈话内容，从而不断调整采访问题。

记者虽然在采访前对提问问题有所准备，但是在采访谈话过程中，不能囿于原有的问题，而应该一边听一边思考，不断从采访对象的谈话中吸收新鲜的有用的材料。有经验的记者总是能认真倾听采访对象所说的话，并能够很好地理解、消化，能够想出一些有意义的问题继续追问下去。当采访对象的讲话中有记者事前估计不到的新内容、新思想，而这些内容、思想又是十分有价值的时候，就应该深入追问，迅速捕捉，寻找新的问题角度。

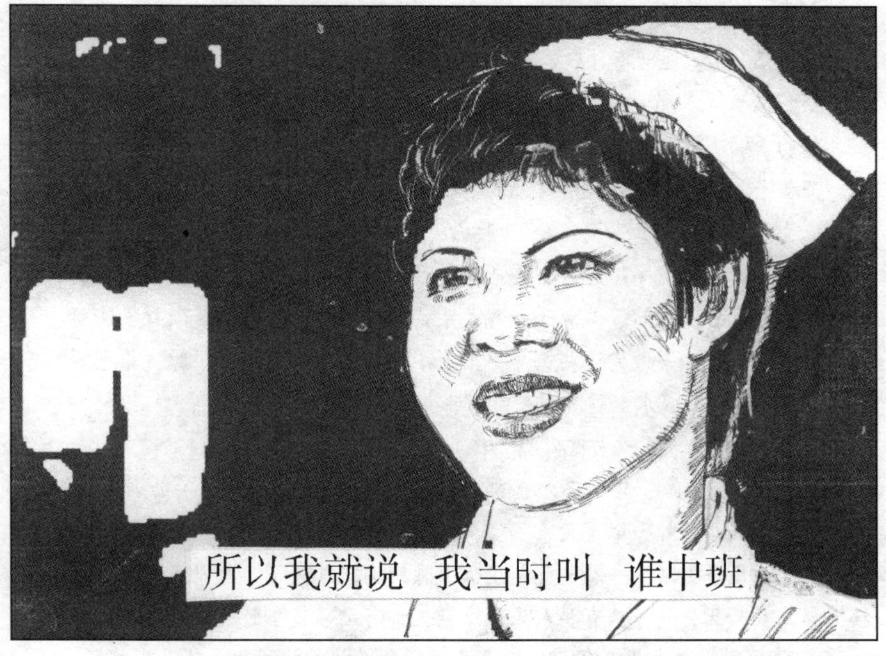


◁ 图 6-7 《面对面》栏目采访广州市第一人民医院护士长张积慧 ▷

2003 年“非典”期间，《面对面》采访广州市第一人民医院护士长张积慧，其中，谈到为了起到防护作用，需要穿着六层衣服工作带来的许多不便和困难，但没人喊累，怕被换下去。记者从张积慧的叙述中，敏锐地捕捉到这件事情所蕴涵的意义，于是顺着张积慧的话追问下去，让观众从张积慧朴实的语言中感受到医护人员自我牺牲的精神。

记　者：这可能都容易做到，但是怎么能做到你们自己不感染呢？没有一个医务人员自己被感染？

张积慧：那就是起码是做好防护了，这是最关键的。

记　者：什么样的防护措施？

张积慧：起码是口罩，一开始给我们500个口罩，完了手套戴两对，都是双的，要穿两条白裤子，就是我们那种白色裤子，两件短式的工作衣，完了再穿我这件工作衣，一二三四五了吧？完了真正要进病房的时候再穿隔离衣，六件衣服裤子加起来。

记　者：那不热吗？

张积慧：热，但是没办法，要做好这个防护，热也要做。

记　者：生活有什么不方便的呢，这样做的话？

张积慧：那太不方便了，比如说喝水，上厕所，这两个是最为难我们的。……我们在进生活区的时候，必须把外面这一层，还有里面的一条裤子，一件短衣脱掉丢在外面的桶里面，……你进生活区还不能够马上去想干你自己的事，还要继续，在上面洗完手了还不算，因为你脱了衣服手又脏了，……还得去生活区的另外一个功能区，就是我们说的洗手的地方去洗眼睛、洗鼻子、洗耳朵，还要那个洗口腔就是漱口，洗脸全部清洁。如果做完这些工序，上上下下搞来搞去要半个小时，谁也不愿意为自己的喝水上厕所去浪费这半小时。

记　者：那怎么办呢？

张积慧：忍，不喝不拉，那时候真忍得那膀胱是痛的。……刚好打完一个针，另外一个事又来了，再做完这个事再下去，一而再再而三一拖就是几个小时，一忍也就是几个小时又这样过去了，所以我们为什么那么多人咽炎发作，有些人尿路感染，都有……我当时就全身发寒，发寒了以后我估计可能有点儿低烧了。那个梁护长就说你是不是发烧了，看你这个样子挺累，我说没有没有。

记　者：为什么不说呢？

张积慧：我怕到时候说了以后把我撤下来……

记　者：你为什么害怕被换下去？

张积慧：我觉得换下去如同当逃兵一样，像个逃兵。

记　者：不愿意当逃兵？

张积慧：不愿意。

可以说，医护人员上厕所难这个问题是记者在张积慧的讲述过程中了解到的，他马上意识到这是可以折射出医护人员忘我精神的一个很好的事例，所以就层层追问下去。

还有一种情况是，当采访对象讲话离题太远时，记者也应认真听，并伺机提出一些巧妙的问题把谈话拉回来，围绕报道中心继续进行下去。总之，任何技巧方法都不是刻板的，一成不变的，而是你中有我，我中有你，相互交融。成熟的记者总是以直觉的敏感，灵活变化运用技巧。

### 3. 设问的变通

在采访实践中，电视记者深深感到灵活应变的重要性。任何设问方法都要因人制宜，因情而变，要根据不同采访对象不同能力、不同心理，变通运用，而不能僵化不变。

#### *(1) 开门见山与迂回采访*

开门见山是指采访开始就单刀直入地向采访对象提出问题，谈话直接进入正题，纳入记者的采访目标。这种直入式的采访方法，通常运用于那些经常接受记者采访、长于交际、善于言谈的采访对象，运用于采访领导和学者等。这些人时间宝贵，特别是当他还忙于工作时，没有空闲和记者闲谈，他们喜欢记者开门见山地采访，厌倦兜圈子和提问久久不入正题的采访。在许多记者同时采访某一新闻人物，就重大突发事件采访当事人，采访在现场处理事态的主管人时，由于采访时间短促，更需要用直入式的采访。

相反，对那些因种种原因不太合作，或性格内向不善言谈的采访对象，就需采用迂回的战术，先不提正题，而提些轻松的，能诱发情感的问题融洽气氛，正确地把话题引入正题。必要时，还需要用外围采访，先不采访本人，而采访熟悉、了解他的人，在外围采访的基础上再精心设计采访方案。对方避而不作正面回答时，也可用迂回方法过渡。

#### *(2) 激将与反问*

激将法、反面设问法都是运用心理刺激的手段，迫使采访对象回答问题。

采访中，遇到采访对象不太合作时，记者可以根据其个性、特点，巧妙地运用激将法，激发他的情绪，促使他吐露真相，接受采访。比如在对方拒不作答时，可以晓之以理，让对方明白接受采访与不接受采访的利弊得失，以激发他回答问题。可用心理刺激的手段。提出一些不符合对方真实情况、真实看法的内容，迫使他不得不予以解释、反驳、答辩，从而了解真实情况。布雷迪在《采访技巧》中说：“向对方佯作你已了解而实际并不摸门的情况，这仍然是从顽固的采访对象身上发掘材料的一个方法。”这同样是激将法。

反问法是在正面提出问题得不到对方坦率的回答时，故意提出与对方真实想法完全不同的问题，迫使对方不得不作明确回答。这种设问法，一般都用于印证问题，印证看法。它要求记者是在了解事实真相基础上的设问，目的是让新闻人物自己作确认。

### (3) 追问与停顿

最理想的采访是双方互相探讨问题的讨论式、交谈式的采访。但讨论、交谈不是目的，目的是引出事实。在深揭问题的采访中，采访对象的心态不同就很难做到友好地交往、讨论，此时记者就要根据既定目标追问，要打破砂锅问到底，不达目的不罢休。追问，在特殊采访场合中也是必要的，但又要注意追问的方式、方法，要启发引导和激发而不是强迫、逼迫。

停顿是采访中与追问相反的另一种方法，它是通过有意识的停顿，以激励采访对象继续回忆、回答。根据采访中双方都在彼此观察对方的心理，适时地停顿，会让采访对象从无声语言中感到记者的期望，从而促使他开动脑筋继续说下去，尽量把情况说得全面、生动些。所以有意识的适时停顿是无声的对话，运用得恰当可以达到“无声胜有声”的效果。

总之，访问的方法是因人、因时、因情、因景而异的，是丰富多变的。有经验的记者在总结了应该怎样做时，也总结了不应该怎样做，如：不要不懂装懂，不宜提肤浅、外行的问题，不要提让对方“顺竿爬”的带有暗示、诱导的问题，不宜提审问式问题等。

获得成功访问的因素是多方面的。需要记者在采访实践中不断积累经验，不断创造、开拓新的方法。在诸多因素中，心理因素在采访活动中起到重要的制约作用。

## 4. 问题类型

记者的提问，应根据不同的事情、不同的采访对象而呈各色各样。美国哥伦比亚大学教授麦尔文·曼切尔在《新闻报道与写作》一书中，把记者的提问归纳为开放式和闭合式两大类型。这种归纳颇为精辟。

（1）开放式问题，指问题提得比较概括抽象。范围限制不很严格，给对方以充分的自由发挥的余地。例如：

“就××问题，请谈谈您的看法？”

“您对××问题有什么感想？”

这类问题都属开放问题。因为它本身并不具体，问题与回答的内容之间联系比较松散，回答问题的被采访者可以比较自如地去发挥，双方之间谈话的气氛也比较轻松。对记者来说，提开放式的问题，因为问题内容并不具体，问题的设计也就比较容易。它无须在问题中提供更多的背景材料，作过细的准备。但是开放式问题也有其明显的缺陷。因为问与答之间的联系松散，谈话难以深入具体，采访对象的谈话也容易跑题，在这种情况下，记者要及时地用闭合式的问题把谈话纳入到既定轨道上来。

开放式问题因为自由度太大，范围太广，不适宜用于观众看得见屏幕上的电视采访。提这类问题也会让观众感到记者缺乏准备，缺乏水准。但是在前期采访时，对不太熟悉的情况，有时也可用它来作启发对方谈话的引子，以广泛搜集线索。

（2）闭合式的问题，指问题提得比较具体、单纯，给被采访者回答问题的范围也限制得比较严格。如：

“柞蚕丝可以做哪些产品呢？”

“它同相类似产品比较价格如何？”

这类问题都属闭合式。其问题本身具体，要求对方作直接的回答，表示明确的态度、意见和观点。记者的问话和采访对象、答话之间的联结都比较紧密，因此采访对象在谈话中不能自由地发挥。对记者来说，问题要提得具体，就要做好更充分的准备工作，要熟悉被采访者的情况，问题才能提得准、提得深。由于双方问答联系紧密，谈话中记者需高度集中注意力，边听边提炼问题。问题要提得具体，但不要鸡毛蒜皮地抓不住要点。

开放式问题和闭合式问题各有特点、各有优缺点。仅有开放式问题，谈话不易深入，而且容易让被访问者产生记者不熟悉情况、业务水平不高的错觉；仅有闭合式问题又会使谈话气氛过于紧张。所以在先期采访中，记者一般都是用开放式问题打开谈话的局面，使访问在比较轻松的气氛中进行，再用半开放、半闭合式问题及闭合式问题使采访步步深入；同时用闭合式问题得到具体的材料和必需的细节。

但有时也需从闭合式问题开始，如同布雷迪所说的“漏斗式采访”和“倒漏斗式采访”。

### 5. 访问记录

访问谈话中，访问时要边听边做笔记，是新闻记者长期来的工作方式和习惯。因此，埋头记笔记也成了一些艺术作品中塑造记者的常见形象。电子信息技术的发展，使记者采访手段也越来越现代化。文字记者用电脑记录传递信息，广播记者有口头报道、电话采访。电视记者的现场报道，记者通过话筒、录像机，直接把记者与采访对象的访问谈话的现场画面呈现给观众。电视记者给观众的屏幕形象已不再是埋头记笔记的了。对于现场报道，将在下一章介绍。对一些新闻事件作深入详细报道的专题节目，记者需要在屏幕外作深入的采访，访问更多的采访对象。在这些采访过程中，还是需要对访问谈话作些记录（用录音或用文字作记录）。录音的优点在于能全面记录下采访对象的全部讲话内容；缺点是容易造成对方紧张，使对方不肯多谈，不肯谈出心里话。尤其是批评性报道，采访对象顾忌更多。因此记笔记至今还是采访访问中常用的方法。俗话说：“好记性，不如烂笔头。”文字记录可以帮助记者回忆谈话内容。

做笔记要因人制宜，根据采访对象的不同情况，决定访问现场是否做笔记、少记或多记。有的人喜欢记者做笔记，认为这是对他谈话的重视，或看做是记者正常的工作，也有的人怕记者做笔记，碰到后一种情况，记者应该不做或少做笔记，用心听，用脑记，事后再追记笔记。

边听边记。记笔记要注意脑、手并用，主要精力是听，只记录对方谈话的核心，不要光顾记录而忘了听与思考。因此笔记要简要，注意记数字、记关键性的事实。

准确核实。对于要准备引用的话，对于数字等要详细记，最好向对方核实一遍。访问后，立即把笔记整理出来，趁记忆犹新时作补充，把潦草字迹誊清，为报道做好准备。

心记。为适应与各种采访对象谈话，记者要锻炼心记的本事，练习心记的能力。心记可以使记者摆脱手记的被动性，把主要精力用在提问思考上。心记的能力是在长期的新闻工作中锻炼出来的。锻炼的方法是：每次访问谈话后，勤做回忆笔记，写采访记录，尽量把对方谈话内容神态等一一回忆起来。长期坚持，心记的能力必然会渐渐增强。

任何事情都有规律可循，但又要同时因人而异地灵活调整，提问时记者也要有灵活的应变能力。有人把采访比喻为一部钻探机，通过记者巧妙地设问，把新闻宝藏从采访对象谈话中挖掘出来，用这部钻探机去启发采访对象更好地回忆、思考和概括曾经历过的事，引发采访对象对问题、事件的体验，并提出自己的观点、见解。问题设计是驾驭这部钻探机的核心。“采访的成败在很大程度上取决于正确的提问”，“提问的方式不但影响记者对情况的调查，也影响采访对象作出什么反应。”（约翰·布雷迪：《采访技巧》，99页，新华出版社，1986）可以将记者的提问艺术和律师在法庭上的提问作比较，一个律师如何组织他的问题，往往影响他能否打赢这场官司。记者也面临同样的考验，记者能否收集到报道所需的材料，取决于他的提问能力。探寻、研究设问方法，是记者工作一项重要的任务。

## 本章重点

1. 访问——用语言采访是记者了解事实、收集材料、核对材料不可缺少的重要环节。电视报道的信息大都来源于访问，记者用眼睛看和用语言问，是不可缺少的两个支柱。边看、边问、边听、边思考是记者必须掌握的基本功，也是报道节目成败的关键。

2. 访问是记者和采访对象之间的交流。发现选择采访对象是访问成功的第一步。记者要广泛地建立消息来源网，要善于寻找发现采访对象，选择采访对象要注意其典型性、权威性。对事件报道，其采访对象应首选当事人或知情者。总之，一个好的消息来源（采访对象），需要准确的观察、说明及预测事件的知识和能力。

3. 赢得采访机会，让采访对象乐意提供信息，这是访问的又一关键。记者的敬业精神，记者的知识，充分的准备和现场的随机应变能力，都能赢得采访对象的信任而打开说话的闸门，好记者还应善于争取独家采访机会，善于在记者招待会上赢得注意而得到提问的机会，并能提出高水准的问题。

4. 访问成败的核心是正确的提问。“欲达知多事之目的，必欲发有效之问题。”采访是既定目标的对话，提问的规律，一是要根据采访的目的任务和认识事物的规律性来决定问题的指向和程序，二是要从采访对象出发，问题设计需要因人而异，要让采访对象了解你的目的、要求以适应采访谈话。从这两个规律出发可以总结具体的设问方法。

**思考题**

1. 访问——用语言采访的意义是什么？
2. 选择采访对象的重要作用是什么？如何寻找选择采访对象？
3. 如何赢得采访机会？
4. 提问的规律是什么？从规律出发，设问的具体方法有哪些？
5. 什么是开放式的问题和闭合式问题？各自有什么特点？如何运用？
6. 设问的变通方法有哪些？在什么情况下使用？

**练习**

模拟采访场景或记者招待会，让学生在课堂上练习采访。

# 第七章

電視學
系列教程

# 电视现场采访报道

电视现场采访报道，是有电视特色的个性化采访活动，体现了电视声画并茂及现场纪实性的最本质特征。它借助现代电子技术，把记者在新闻现场的采访报道活动呈现在屏幕上，使观众产生身临其境之感，增强了报道的真实感、亲切感、参与感。既突破了以往电视新闻那种画面加解说的模式，也突破了以往新闻“结论式”报道的传统，而把采访与报道同步结合，采访过程就是报道，是“进行式”的报道。

随着电视节目播出形式的多样化，记者、主持人作现场采访，在各类节目中被普遍运用。“采访在电视中无处不在”，国际电视界这句概括的话，充分说明现场采访在电视节目中的重要作用。今天，它已成为电视节目制作中的重要组成部分，现场采访报道的成功与否，直接影响到节目质量。

现场采访报道尽管在各类节目中均有运用，但是它作为电视新闻报道的基本形式，作为电视采访活动的基本手段，在新闻节目中的运用已经更具普遍性与广泛性。

## 一、现场采访报道意义

电视记者在新闻事件现场，面对摄像机（观众），对新闻的当事人、有关人士进行采访，在现场就事态发生、进展进行即时报道，已越来越受观众欢迎、好评。纪录片大师伊文思在说到新闻电影纪录片与电视新闻不同时也曾说过“采访是电视的专利”，观众看得见的采访活动，已成为电视新闻的特色、标志。

### 1. 采摄传播方式的变革

形象化传播是所有以图像为传播符号的大众传播媒介的共同优势。由于传播技术、手段不同，又产生各自不同的特点。过去，我们在认识电视传播优势时，强调它与电影相同的形象化传播特点，在形式上也重视继承电影的手法，而没有更深层地去分析它和电影的形象化传播，因技术、手段的不同而产生的不同之处，及由此带来的电视传播特有的优势。记者在现场出镜采访报道，正是在认识电视传播与电影传播的不同后探索出来的，能充分发挥电视传播特有优势的方式。是电视新闻摆脱传统的电影新闻模式而成为有电视特色的报道方式的体现。电子采摄手段（ENG）发明后，电视记者由采摄合一逐渐转向采摄分家，记者工作由以摄影为主转向以采访为主，电视记者的形象也由肩扛摄像机拍摄而转向手持话筒在新闻现场作采访，摄像师则把记者的采访活动拍摄下来呈现在屏幕上。于是采访由观众看不到的屏幕之外的活动转向在电视机上观众看得见的活动。记者在镜头前作采访，就其意义和内涵已经有别于传统意义的采访了。以往的新闻，报纸、广播包括电影模式的电视新闻，采访是记者调查研究的过程，报道是采访的结果，采访在整个新闻报道过程中只是作为调查的手段。现场采访，采访活动已经不仅仅是调查的手段，也是报道传播的手段。在电子技术推动下，电视卫星传送，重大事件现场直播更使采摄、传播方式有了根本性的变革。现场直播不可缺少的是记者在现场的采访报道，现场的报道采访在丰富电视采访内涵的同时，也扩大了其外延，使电视采访除了搜集材料、调查事实、印证问题外，还表现在记者借助于采访活动中的视听因素的表现力和感染力，在传递信息的同时渲染气氛，沟通情感。现场采访给予观众的不仅仅是对话交流的语言信息，还有采访对话的环境方式、过程等所产生的效果。

成功的现场采访是电视记者与报纸、广播记者共性化的采访活动和电视个性化的采访活动的结合，是作为调查手段的采访和作为报道手段的采访的结合。报道实践证明，电视记者只有在对新闻事实作大量调查研究的基础上，才能成功地驾驭现场采访。可以说，屏幕下面的调查性采访是做好屏幕上可视的现场采访所不可缺少的必要准备。从这一意义上说，调查性的采访活动是现场采访报道的先期采访，也因此，电视记者只有熟练地掌握新闻采访共性技巧才能熟练地驾驭现场采访。如同“偶然存在于必然之中”一样，电视采访的个性与共性也是不可分割的。

综观一些电视节目中，由临时客串的记者、主持人作现场采访，所以让观众感到虚假、做作，所以不为观众所认可，原因之一在于缺乏先期的采访。一些主持人只根据编导事先设计、规定的问题去问，或只会问一些“您感想如何?”“您有什么想法?”等老一套问题，采访中缺乏主动的双向交流，必然导致肤浅。既然采访（现场采访）在电视节目中是“无处不在”的，所以主持人必须具备记者、编辑的新闻业务素质、修养，这样才能真正提高节目的水平。在电视新闻现场采访报道中，更不能临时拉人来出镜做采访记者，在镜头前作采访报道的记者应该事先参与调查性采访活动。

### 2. 现代电视传播理念的体现

现代电视传播理念的确立是和电视技术进步、电视采摄、传播方式的变革相联系的。当技术上经历了由胶片拍摄——ENG 的电子新闻采集——EFP 的现场制作传播的今天，一旦发生重大事件，只要记者到现场进行报道，即时就可通过卫星传递向全世界传播，这一技术发展为现代电视传播理念的确立起了促动的作用。

现代电视传播理念，追求的是新闻事件的现场同步报道，以满足观众现场同步的参与、感受。通过形象化的立体信息传播，和各种信息来源的汇集，尽可能扩充单位时间内的信息传播含量。日益发达的电视传输技术，使新闻发生和观众的接受同步，使新闻时效要求从今日新闻今日报道，而转向现在的新闻现在报道。

信息技术革命也逐步改变电视新闻的报道方式，尽可能要求记者在现场作采访报道。现代意义的现场报道，强调的是报道与收视的同步性。它符合现代观众的要求，他们在收视过程中，不再盲从被动地接受灌输和说教，注重的是自身的选择和重新建构。现场报道在形式上是记者和观众进行平等对话、交流，打破了心理隔阂，满足了观众的参与感。现场报道使记者不再是现场新闻信号的“二传手”，只要条件允许，提倡记者在第一时间赶到新闻现场以第一手材料，即亲身经历告知观众他的所见所闻。

来自现场的独家直播报道是电视参与媒体竞争的最具优势的法宝，也是电视得天独厚的优势。现场采访报道让观众从传播中因看到现场而参与进去，这不只是报道形式上的变化，也是电视节目制作具有实质性的突破。

各种调查表明，有受众参与的电视节目是最受欢迎的。观众所以接受、赞扬现场采访的报道形式，就因为它是让人们参与进去，实现有效的双向交流传播。人们可以在电视屏幕上直抒己见，而不用经过文字的转述，可以面对面地讨论甚至展开争议。现场的直观公开，也提高了群众参与的积极性。屏幕上记者手持话筒对在场人的提问与在场人的回答，都直接地传达给了广大电视观众，使更多看电视的观众产生了上电视发表观点、见解的参与意识。现场报道、现场采访的新闻传播方式，改变了以往受众只能被动地接受信息传播的旧观念，逐渐地培养了观众的自我参与意识。

周恩来总理早在20世纪60年代初就向电视新闻工作者指出，不仅要拍工农兵，也要让工农兵说话。当时由于用的是电影拍摄手法，同期声后期制作工艺环节多、时间长，而电视新闻要求传播快，两者的矛盾使得总理的指示没有得到很好的贯彻。现场报道方式使电视工作者实现了周总理的指示，让群众真正成为电视节目的主人，既是信息传播的接受者，也是参与者。现场报道、现场采访的新闻传播方式，改变了以往记者怎么报道，受众就怎么接受的“一家之言”的信息传播方式，而成为面对面交流的双向的信息传播。既满足了广大受众的参与意识，又实现了最广泛的信息沟通交流。

## 二、现场报道

### 1. 现场报道界说

现场报道是指电视记者在新闻事件现场，面对摄像机（观众）以采访者、目击者或参与者的身份作报道。

◁ 图 7-1 卢宇光在俄罗斯别斯兰市人质事件现场采访 ▷

我们以凤凰卫视记者卢宇光在俄罗斯别斯兰市人质事件的现场报道为例。2004 年 9 月 1 日，30 多名武装分子袭击了位于俄罗斯北奥塞梯别斯兰市的一所学校，1000 多名师生被劫持为人质。9 月 3 日，特种部队被迫采取行动解救人质，与劫匪展开激烈枪战，导致 335 人死亡（截至 9 月 7 日），还有数百人失踪。

卢宇光则是在事先毫无准备的情况下，以临战应急的状态和速度，成功地赶到距离莫斯科 2000 多公里的别斯兰，报道了这次事件。卢宇光说："8 月 31 日，我一直在采访莫斯科地铁爆炸案。9 月 1 日凌晨，香港总部电告别斯兰学校发生人质事件，我马上出发。利用良好的社会关系，花费 1000 多美元搭乘俄罗斯一个部门的公务飞机，赶往别斯兰。在下午 3 点钟我们就到达当地，但距离现场 26 公里时，道路全部被封锁，必须第二天办理特许通行证后才可以进入。我们决定走进去。当时我身上背了一台大摄像机，一个三脚架，五块电池，还有卫星电话。走了 6 个小时，到达的时候已经是凌晨了。”

在赶到现场的全世界数百名记者中，卢宇光是唯一的华人媒体记者，他在现场连续工作 50 多个小时，在发生枪战后武装分子向自己冲来的时候，仍然通过卫星电话向全世界华人发出了自己的声音。

“恐怖分子正向我们冲来。”在俄罗斯北奥塞梯别斯兰市解救人质现场，这一从最前线传来的唯一一个华人的声音，让很多人记住了凤凰卫视记者卢宇光。

现场报道是在 20 世纪 70 年代初起步于美国电视界。80 年代美国有线电视新闻网（CNN）则把它推向高峰。每当世界上发生大事，CNN 记者即在现场作报道。现场报道通过卫星同步传播，把电视新闻时效推到极致，也因此成为观众最受欢迎的报道形式。

我国电视新闻界是在 80 年代初尝试现场报道，趋于成熟则在 90 年代，特别是 1997 年香港回归特别报道、三峡工程大江截流特别报道、黄河小浪底水利枢纽工程截流合龙现场直播、日全食——彗星天象奇观现场直播等一系列特别报道的现场直播，在实践的锻炼中把记者驾驭现场报道功力提高到新的水平。

现场报道的典型形式是记者在新闻事件现场，面向观众，在镜头前对事件作简要的介绍；随着他的报道，画面有序地展现事件现场真实情景；然后又回到记者对事件的简要归纳或评述上来。在这个过程中，还常常穿插记者在现场向新闻事件的当事人、目击者以及有关人士的采访。换句话说，记者的活动贯穿于整个现场报道的过程之中。观众通过屏幕，不仅可以了解事件的全貌和全过程，而且可以清清楚楚地看到记者的采访能力和新闻敏感，从而缩短了报道与观众之间的距离，增强了真实感、可信性。

为充分发挥现场报道的传播优势，采制现场报道应注意以下几点：

△现场报道所反映的是正在发生或发展的新闻事件。

△记者必须置身于新闻事件现场，紧跟事件的客观进程，不失时机

作进入画面的报道和现场访问。

△记者应严密注视事件发展进程，充分调动各种感官和采访手段，边观察、边访问、边叙述、边点评，报道始终与新闻事件保持同步。

△活动于事件现场的记者应与整个报道班子（如摄像、照明人员等）协调一致、默契配合，尽可能采录有关事件的现场画面和现场音响，包括讲话同期声、环境音响。

电视记者在现场报道中就像导游一样。一个优秀的导游，他既要对有关旅游点的知识了如指掌，又要把最精华的东西及背景材料向旅游者作介绍。电视记者的现场报道也是这样，他要引导观众去观看新闻事件现场的最重要、最有价值的东西，并尽可能地通过镜头前的采访与报道向观众简明扼要地介绍其来龙去脉。总之，在电视现场报道中，记者是新闻事件的目击者，是活跃于新闻现场的采访者、报道者；离开记者的现场采访报道活动，便没有电视现场报道。从这个意义上说，那种新闻片加上一般采访画面的报道，那种把播音员由演播室请到现场作开场白式讲述的报道，并不是名副其实的现场报道。

### 2. 现场报道优势

#### *(1) 时效性强*

传统的电视新闻片是以“采摄合一”的方式制作的。一般是记者在现场拍摄有关画面，经过剪辑加工、撰写新闻稿（解说词），回台后再制作合成为播出带。即使工序动作再快，从拍摄到播出都需要经历或长或短的制作周期。现场报道是在“采摄分家”的条件下完成的，记者在事前采访，了解新闻背景的基础上，在现场作口头报道，摄影配合记者的报道，摄取相应画面。在这种情况下，只要记者在报道前经过深入采访，形成明确的报道设想，并取得摄影人员的默契配合，整个报道就可以一气呵成。

在我国电视屏幕上，现场报道传播形式主要有两类：一类是现场录像，这是利用现场拍摄的录像素材，经过必要的编辑加工后播出的；另一类是现场直播，一般是把转播车开到新闻现场作同步报道。

直播中的记者现场报道，不仅报道与事件发生发展同步，由于传递接收的同步，观众看到的就是事件现场的真实情景。直播式的现场报道对记者的观察、报道能力也就提出了更高的要求。

比如，在别斯兰人质事件的现场，卢宇光看到绑匪向学校外突围，并四下开枪扫射。当过兵的卢宇光马上就判断出子弹正向他们射来，因为“如果子弹的声音很脆，那它离你还很远，但是如果子弹是‘啾啾’的声音，那它就在你身边。这次这种‘啾啾’的声音几乎一直在身边，所以我根本不敢跑了，就趴在地上”。

这时，卢宇光雇来的俄罗斯摄像早已不知去向，一名外国记者中弹倒地。在生死关头、十分惊恐之时，卢宇光没有忘记一件事——和凤凰卫视主播连线，尽管他的声音中带着颤抖：“恐怖分子冲过来了！……”卢宇光边躲避着子弹，边现场向观众报道着事态的发展。卢宇光这么做的时候，也许没有想到，他从危机现场传回的许多画面是独家的，信号跟FOX、CNN的信号差不多；而他在战斗打响后的五分钟里的报道，被称为“世界传媒史上的经典声音”。*（凤凰卫视张林，载于《中国记者》）*

### *(2) 现场感强*

现场报道采用现场采访、现场抓拍的方法，把新闻事件的客观进程和记者整个采访过程展现在观众面前。加上现场音响、访谈同期声，以及与画面配合一致的现场解说，不仅让观众看得见，听得着，而且可以唤起观众的亲历其事、亲临其境的感觉。这种现场感无疑可以在一定程度上消除传播者与接受者之间的心理距离。观众从屏幕上既看到了新闻现场、事件进程，以及事件有关的人物，也看到了记者在现场的观察、访问、报道活动。由于同时受到新闻现场的氛围和记者活动的感染，因而能更好地接受和理解报道内容。这是现场报道具有旺盛生命力的一个重要因素。在现场报道中，卢宇光的声音有点颤抖、有点儿急切，太急的时候还有点儿结巴，但是观众愿意听，因为他总是在危急时刻时，出现在第一线。来自现场的声音，蕴涵着丰富的现场信息，是最真实、最能吸引观众的。“现在，现场非常的紧张，现在战斗是5分钟以前开始的，我们也听到了枪声。大概在现场100米的地方，能看到孩子不断地往外面送……”“现在又冲出一批人，我们不知道是从哪个方向来的，躲在汽车后面。我们现在可以看到记者前方大概150米左右，有一些人冲出来，当地警方有不少吉普车和装甲车在附近，部队运动上去了……”“现在恐怖分子已经向我们冲过来，打伤很多人，我们正在跑……”“恐怖分子冲过来了。向我们开枪……”“现在有几个人都躺在地下……我现在趴在地上。现在已经打伤了很多人……”

记者在现场边观察、边感受、边报道，让观众如同身临现场，真切地感受到现场的紧张气氛和危急形势。

### (3) 信息量大

电视新闻报道中长期存在的弊病之一是声音与画面两张皮。声画脱节、各行其是的结果，必然是削弱传播效果。造成声画脱节的原因当然是多方面的，其中之一是把新闻稿（解说词）与画面机械地割裂开来，作为两个工序分头处理，然后加以合成。现场报道同时摄录画面与声音，把声音与画面有机地结合起来，既有效地再现了现场的气氛，又能深入浅出地表达谈话内容。

随着社会的改革开放，人们对信息的需求不断增长，新闻从舆论宣传到广泛的信息传播，要求在有限的时间内传播更多的信息。现场报道通过记者在现场对新闻来龙去脉的简要介绍和评述，在一定程度上突破了新闻不宜深入的局限。有人提出，早期的影像新闻，由于画面（无声的画面）不能表现过去，不能表现心理活动，不能表现观点、概念，因而电视新闻只能是浮浅的。有了同期声，记者的现场报道和采访的语言介入，既可以讲过去，也可以讲心理活动，述说观点、见解，电视新闻就冲破了各种局限。现场报道通过语言传播可以在相同播出时间内传播更多的有效信息，现场报道可以充分发挥电视画面与声音、语言传播与非语言传播的双通道的传播优势。语言是人类传受信息的重要工具，但并非是唯一的工具。在人际传播中，人们不仅运用语言文字符号，也广泛地运用非语言符号，如手势、眼神、表情、动作等。在现场报道中，记者和新闻事件的有关人物不仅运用语言，而且通过面部表情、动作姿态传递有关信息。这些表情和动作只要恰当，都可以起到加强、扩大语言传播信息的作用，增强报道的感染力，唤起观众的心理认同和感情上的共鸣。因此，现场报道对观众的接受兴趣的影响，也比其他报道形式更为强烈。

### (4) 可信性强

直观形象是电视显著的传播优势。直观是人们认识和了解事物的最基本的手段，也是人们认识和了解事物的起点和捷径。现场报道、采访的同步图像，使观众可以通过电视图像直接看到新闻事件的发生经过和记者在新闻事件现场采访、报道的真实情景。它没有信息损耗地保持采访活动的原貌。报纸、广播记者要把采访现场情况先写成文字稿或录音，然后以文字或声音传播给群众，群众要根据自己的理解力，通过想象和联想在头脑中再现现场。这一传播的过程，很多信息被抽象、被损耗了。因为任何细致入微的描写所传达给人的信息，都不能像人们自己直接看到的事物那样真切。而受众看报纸，或听广播时，对文字和声音的理解又会因为每个观众的理解差异而使信息受到不同程度的耗损。形象直观的传播真实地无损耗地保持原貌。形象的直观性，使电视现场采访完全公开化，观众无须凭借想象和联想去猜测现场，而是直接感知现场采访活动和新闻的发生、发展和变化，让观众感到更加真实可信。

### (5) 可视性强

电视新闻形象化传播的特点，使其较其他媒介报道更为好看。影像新闻也是在现场拍摄的，如果声画两张皮、形象不典型，是司空见惯的常见画面，观众同样会感到厌烦，不爱看，此类新闻也就失去可视性。现场报道声画结合，只要参与报道的采访记者和摄像记者默契配合，可把现场最真实、最能说明事物本质的、充满生动活力的形象呈现给观众，观众就会产生信任感、形成观看兴趣。可视性强是传递信息的重要基础，如果报道不好看，观众转换了频道，报道信息量再大，其效果也是等于零。

### (6) 结构作用

现场采访在电视节目中可以起到统领报道的结构作用。

在新闻电影纪录片式的报道中，全片的结构、前后段落的转换等一般都是由解说词的内容转变和画面编辑转场技巧来过渡。在许多有大量现场采访的节目中，则以记者、主持人在现场的采访作为主线贯穿整个电视节目。在这类节目中，现场采访起到了结构段落的作用。这类节目通常没有第三人称解说，后期编辑时画面也不太零碎，而以声画合一的现场语言作为完整的段落组接起来，整个节目结构以此为起承转合。在这类节目中，电视记者除了要考虑报道线索、主题、角度、熟悉采访对象，还要对整个报道活动进行整体构思和精心设计；在现场报道前就构思好段落结构，以自己的报道点评，或以提问引出采访对象谈话内容作为段落过渡因素。

2004年春节前夕，中央电视台10小时的现场直播节目《直击中国春运》就是以记者的现场报道为点，由演播室主持人将八个直播点的现场报道串联起来结构全篇的。

节目以两路记者的体验性采访贯穿全篇，两路体验性采访的记者可以在起点、中途、终点的直播记者的帮助下，让观众看到最新的亲历报道。

现场采访报道的结构作用还可以采用记者在报道、评点、采访交流中的背景材料介绍作为段落转换。

### 3. 现场报道要求

电视现场报道也同其他报道形式一样，它的优势是潜在的。能否转变为实在的传播优势，取得预期的效果，有赖于记者切切实实的努力。其中尤其需要注意体现以下要求：

#### *(1) 敏锐的观察力*

记者要有新闻敏感，有敏锐的观察力，善于观察、捕捉有价值的事实与画面。

新闻事件形形色色，现场情景纷繁复杂，人、事、物的关系和空间场景瞬息万变，无论画面的还是同期声的摄录都需要一定的条件，容量也有一定的限制。在现场，该突出什么人和事，该捕捉什么画面，录取什么音响，这都需要记者当机立断。现场报道的成败，在很大程度上取决于记者的新闻敏感、识别能力，取决于观众信息需求和注意重点的了解，以及建立在这一切基础上的决断能力。这种报道通常没有事前准备好的完整稿子。即使对预知性事件的报道，事前的准备与现场情景是否吻合，也需要随时印证和检验；而对于突发性事件的报道，则是不可能在事前准备的情况下进行的，全凭记者的现场观察、分析、归纳和构思，并及时予以恰当的处理和报道，而这一切又都是在瞬间完成的。因此，任何一则现场报道，都是对于记者的新闻素养的全面检验。

### (2) 丰富的知识面

在现场报道中尽可能提供准确的有价值的背景材料，增强报道深度。

现场报道主要依靠现场画面和同期声表现新闻事件，传播新闻信息。但是，画面和同期声只能表现一定场合的即时情况，而不能表现过去和镜头以外的事物，为了增强报道的广度和深度，往往需要调动背景材料，借以交代事件的来龙去脉、烘托主体事实，或揭示其社会意义。这就要求记者在报道前充分做好准备工作，尽可能多地了解掌握有关事件的背景材料、有关知识以及全局的情况，这样才能充分、准确地反映事件，丰富报道的内涵。对于突发性事件的报道，则需要记者随时注意研究客观实际、积累报道思想，这样才能敏锐地判断其新闻价值，也才能做到临场沉着冷静、忙而不乱。突发性事件可遇不可求，记者能否抓住机遇，及时予以恰当的报道，取决于平时的积累和基本功的锻炼，包括认真学习和领会党的方针政策，重视调查研究，努力积累各种知识、扩大知识面，增强记忆和思考能力等。在接受具体报道任务后，更要求认真做好充分的准备工作，特别要有背景知识的积累。参与 1997 年香港回归现场报道的记者在总结报道成功的经验与不足之处时，特别强调知识的积累和锤炼，这种积累对现场的报道大有裨益。既然香港回归是中国 20 世纪末最大的新闻，这就要求记者站在历史的高度，对这一历史事件进行客观、艺术性、评述式的报道。记者在现场，不仅要追求高潮效应，而且还要把握住铺垫。要把为什么、何以导致之类的大背景情况通过对事实、故事的陈述，告诉观众。而在现场陈述这些事实，可以在某个过程尚未告一段落时，恰到好处地讲述出来。这时，以往的背景积累就可以发挥作用。

记者虽说在现场报道，但事件现场的画面都应是第一位的。现场记者的出镜，要恰如其分，因为观众此时此刻的兴趣点是画面里的人和物。而此时，记者应更多地去观察事件本身，“眼观六路，耳听八方”，运用自己的发现力，站在观众的角度，去思考、组织语言，准备把画面之外发生的以及画面里人和物背后的故事，告诉给观众。在短暂的时间里，观察思考、反应、尽可能少误差地报道，一气呵成，要求甚高；但如果事先尽可能多地了解情况，搜集各种信息，还是可以减少压力、言之有物的。

“现场报道的这一方式，决定和赋予了记者以绝对的权力在现场作陈述。别的声音出不来，只有记者直截了当的语言展现。如若不能有机地、不留痕迹地有感而评，倒不如就陈述事实、介绍背景、目击者式而非图文解字的客观报道为好。”（胡阳：《现场报道的背后》，刊载于《中国电视报》1997 年，第 31 期）

### *(3) 语言表达能力*

现场报道是电视记者在屏幕上向观众报道现场新闻事态的活动。现场情景变化倏忽，记者没有更多时间去考虑措词用语，这就要求记者具有流利的口才、机智的谈吐，具有能够就现场发展变化作即时流畅地报说新闻事实的能力。这种边观察、边思考、边报道的口头表达能力，不是一朝一夕练就的，而是平时不断积累知识和语言材料，锤炼语言表达技巧的结果。

记者现场报道语言要精练，又要口语化，不用书面语言，报章语言，应该使用短句，简单句，一个句子表达一个意思（长句会造成听了后头忘了前头）；语言要求简短，干净明了更要言之有物、有内涵。

口语的特点之一是不严格地拘泥于书面语言的结构。现场报道语言在不影响观众理解的基础上，可以更生活化地用和观众面对面的交流式的语言方式传播信息。记者在现场是在说话，而不是播音。当然，发音应尽可能地规范。语言要求平实，要投入自己的感情，这样的语言才会使观众乐于接受。

2002 年爆破三峡库区奉节城政府大楼被称为当时的“三峡库区第一爆”，中央电视台记者对这一新闻事件进行了现场报道。通过现场直播镜头，观众看到随着一声巨响，楼倒塌了，尘土弥漫。在这组几分钟的长镜头之后，切入了现场记者的镜头，她在这片废墟旁向观众报道：“观众朋友，从现场看，爆破相当成功……”记者看到离爆破点仅 3 米距离的居民楼完好无损，连一块玻璃都没有破碎，因此快速作出爆破成功的判断。记者的这段现场报道增强了观众解读画面信息的指向性和准确性，而且她的点评来自对于现场的观察判断，让观众觉得真实可信。

现场报道中记者是传播的中间环节，在现场与观众中起到穿针引线的作用。记者也是报道的核心人物，他（她）通常要做好现场报道、采访，甚至现场的点评工作，要使点评到位。所以，记者现场报道口语的魅力，还表现在他认识事物的思想深度上。

现场报道时，记者的神态、表情、语气、语调以及现场背景的选择等都在传达信息。要调动各种信息符号，把现场的真实情景、气氛、当事人的说话以及记者的叙述点评等直接报道给观众。

总之，记者是驾驭报道、采访的主体。现场报道与采访特点集中体现在“现场”上，因此，记者驾驭时也要在“现场”上下工夫。对此，长于进行现场报道、采访的记者高丽萍在回顾总结她成功的经验时说：“一次现场报道从某种意义上说相当于一次直播。它要求记者具备驾驭现场的能力。这种能力包括：搞现场报道时，要在有限的时间和空间内选题、选材，构思报道的总结构，设计如何开头、结尾；迅速物色合适的采访对象；选择最能表现现场气氛的谈话场景；负责拍摄的记者要临场不乱，镜头始终跟得上；担负采访任务的记者要掌握采访进程，有把握地进行现场发挥等。要做好这些工作，记者必须从直播的要求出发，沉着应战，力求减少失误。”*（《现场报道贵在“现场”上下工夫》，刊于《1987年全国优秀电视新闻稿选》，北京广播学院出版社，1988）*经验之谈精辟地概括了现场报道、采访的技巧要点。报道采访的成功，很大程度上取决于记者在现场的选择与发挥。

## 三、现场采访

### 1. 现场采访界说

所谓现场采访，顾名思义，即电视记者（包括主持人）在新闻事件发生现场，面对摄像机所进行的新闻采访活动。这里所说的采访，就其意义和内涵而言，已有别于传统意义上的采访，它是与电视的传播方式紧密结合在一起的，能充分发挥电视传播优势的观察和访问活动。

《电视新闻分类与界定》对现场采访作了如下界说："现场采访是指电视记者在新闻事件现场，对新闻的当事人或有关人士进行采访活动。"（《电视新闻分类与界定》，11 页，中国广播电视出版社，1994）

现场采访在电视节目中比现场报道运用得更多。特别报道的现场直播中不能缺少现场采访，不采用现场报道的影像新闻中，也有现场采访，往往这些采访是新闻中最生动最能吸引观众的部分。访谈类节目更是以采访为主体，因此西方电视界也说采访在电视中无处不在。

2003 年"非典"疫情肆虐，对电视工作者是个考验、挑战，也是机遇。中央电视台各路记者纷纷奔赴第一线，按栏目需要在"抗非"前线作采访报道，记者的现场采访及时、准确、客观地向观众传递了关于"非典"疫情的发展和控制情况，满足了观众的需求，提升了新闻媒体的形象。

电视现场采访除了调查研究、搜集材料以外，还借助于采访活动中的视听因素（采访双方的声音和记录双方的举止以及所处环境等画面）的表现力来传递信息、渲染气氛、表现思想和突出主题。在采访过程中，时时处处要考虑到如何利用采访手段组织内容、结构报道，要考虑通过采访的变化获得真实生动的表现效果。通过采访对象的言行举止把握并体现深藏于人物内心的思想和感情，通过采访对象生动的语言进一步展现人物的个性。总之，电视现场采访具有双重意义，既是收集和挖掘材料的活动，也是有序地表现新闻内容、传播新闻信息的活动，而且前者是直接为后者服务的。

现场采访的双重意义，向电视记者提出了一连串新课题。诸如：如何确立直接为表现内容服务的新的采访观念，如何从整体上（包括逻辑因素、情绪因素、声像因素）构想和设计全部采访活动，如何控制和把握自身与被访者的情况和情感变化，如何发现和体验声像本身的意义，更好地揭示事物的实质，如何在面对面的交谈中消除被访者的心理障碍，促成采访双方的思想、情感的自然交流。如何巧妙调动画面和同期声表现新闻事实及相应的观点，等等。总之，电视采访既是一种搜集材料的手段，也是一种传递信息的方式。从这个意义上说，采访也就是传播，采访的过程也就是表现的过程。电视现场采访的重心，既在于寻求新闻信息，也在于寻求表现和传播信息的恰当方式，争取更好的视听效果。

## 2. 现场采访特点

### (1) 采访过程公开化

人们知道，在文字报道的采访中（如报社记者的采访），采访活动的时空环境以及采访的整个过程，并不直接同受众见面，即使需要再现当时采访的情景，也是通过文字的描述来实现的。对于读者来说，一般都是从字里行间凭借联想和想象，进入到特定情境之中。也就是说，读者只能在联想的时空情境中“听”到或“看”到采访时的情景以及采访双方（采访者与被采访者）的音容笑貌。因为记者与被访者的形象和声音，在这里并没有直接表现出来，而是隐蔽在文字的转述之中。

广播的录音采访，使采访活动具有某种半公开的性质。采访时的情景听众虽然看不到，却能通过声音以及所形成的听觉形象中感受到。我们一面听人说话，一面也就“看”到了他的眼神、脸色、手势和整个表情，任何一点细微变化都看得很真切。实际上是感受形成的形象，是感知。在听到各种事物的声音的同时，也感受到了它们的外部形态。

电视的现场采访，则使采访完全公开化——采访时的时空环境、访谈的真实情景，以及采访双方的形象和声音，都如实地呈现在观众面前。观众无须凭借联想和想象，也不必像听广播那样单纯通过声音去感知采访过程。因此可以这样说，电视采访是一种可视性的新闻采访，正是由于它的公开化和可视性，才随之产生了电视采访的其他特性。这种向观众公开采访过程的独特采访形式，有利于增强新闻的客观性和可信度。

### (2) 纪实性与表现性兼容

人们不怀疑摄像机对客观现实的如实记录，但是人们却容易忽略声像自身的表现性与采访内容之间的联系，又时常超越了真实性为其界定的范畴。其实，正是实录性与表现性之间的相互依存、相互制约和相互补充，才形成了电视采访独特风格。

纪实性是指融采访与传播于一体。

摄像机如实地记录下采访的全过程，这不仅意味能够增强其现场感和可信性，也意味着人们将重新看待和认识采访的传统观念。电视现场采访的实录性（声像的真实记录）使得这种获取信息的手段，同时也成为传播信息的方式。尽管人们在后期制作中可以取舍和剪裁，但却无法改变特定时空环境中的人与物、声与形的自然联系，因此采访时的状态和情景，也就是传播时的状态和情景。

报社记者也许无须这样要求自己，但作为电视记者，他除了要考虑主题、角度，熟悉被访者的全部情况，还需要在采访前对整个采访活动进行整体构思和精心设计，其中包括对采访的逻辑结构、情绪结构以及声像结构，作一细致周密的组织和安排。

采访的逻辑结构，指采访的整个程序的设计，内容间逻辑联系，以及详略、轻重比例的安排、选择和处理。

采访的情绪结构，指采访双方情绪的把握。一般来讲，采访中的信息和思想情感交流是双向的，交谈双方很自然地形成了一种互相影响、互相制约的关系。一个人情态的变化，不仅影响自身的言语表现，同时也影响着对方。因此，记者有目的、有意识地控制和把握自身的情绪变化，无论对于创造自然、活跃的采访氛围，控制采访节奏，还是对于增强新闻报道的感染力和说服力，取得理想的视听效果，都具有决定性的作用。

采访的声像结构，指采访的整体设计中所有声像元素的组织、利用和处理，包括声像元素巧妙搭配和结合。声音与画面各有自己的表现优势和局限，重视并善于发挥它们的互补作用，是深入反映新闻事实、揭示其内在意义、引导视听、增强传播效果的重要保证。

表现性，是指充分调动声画兼备优势。

电视现场采访是在摄像机前进行的。它的表现性既在于摄像机同步摄录画面和声音，更在于记者（或主持人）有意识地适应和利用这一特点，充分调动画面和声音的功能，为表现新闻事实，包括再现采访场景和必要过程的服务。

电视采访中所有声像元素及其采访方式，无一不处于观众感觉器官的监视之下，这意味着出现在电视屏幕上的所有声像元素都将成为视听信息，作用于观众的感官，从而引起相应的心理反应和思维判断，产生某种社会效果。也就是说，在电视采访中，所有声像因素（包括采访方式）都会被人们注意，都会对内容和主题的表达产生影响。

尽管采访内容相同，但由于采访环境、气氛、人物情绪，以及采访方式不同，给人们的视觉感觉也是不尽相同的。因此，在电视采访中，作为采访者，在思考采访内容、对象和主题时，绝不能无视采访环境、人物情绪和采访方式对内容和主题的表现，以及对被访者心理上可能产生的作用和影响。这也是由于声像自身的表现性，以及这一表现性与采访内容之间的必然联系决定的。毫无疑问，善于调动和发挥声像并茂的表现优势，是电视现场采访成功的关键。

### 3. 现场采访作用

#### *(1) 深化内容*

现场采访报道是声画同步结合，互相加强了信息的优化组合。它能在相同报道时间中深化信息内容。

以画面加解说的新闻电视模式的报道，由于画面是无声的，无声画面在表达心理活动、理性观念上有局限，只能借助于文字解说，而这些文字解说又很难拍摄到适宜的画面形象来强化表达，结果往往出现声画两张皮的现象。声画脱节各行其是，其结果是产生互相抵消的效果。当声画矛盾难以处理好时，只能放弃一些想法，这是以往一些电视新闻报道不能深入的原因。现场采访，用声画同步结合的有声语言就彻底解决了这一难题。语言在传播信息上没有任何障碍，只要记者提问得当，采访对象、采访方式选择得当，从采访对象的回答中可以拓展报道内容的深度。

例如 2003 年 10 月 16 日，“神舟”五号返回舱顺利着陆以后，在内蒙古着陆场的中央电视台记者冀惠彦采访了正在现场工作的专家，近距离解读了返回舱的工作情况。

记者：这一次飞船的落点怎么样？
专家：落点非常好。
记者：大约距离我们的理论落点多远？
专家：7公里左右。

◁ 图 7-2 “神舟”五号返回舱顺利着陆 ▷

记者：现在观众特别想看一看我们的“神舟”五号飞船到底什么样子？它和“神舟”一至四号飞船从外观上看有什么不同吗？

专家：没有，外观上是完全一样的。这次我们宇航员出舱以后，我们现在主要是对舱内进行处理，这里包括舱里要断电，另外就是伽马源要取出来，另外要进行处理，对有些天线要进行处理。具体返回舱，我们可以看一下。这就是“神舟”五号的返回舱。这个地方是烧石材料。

记者：请我们的记者把镜头推进一点，让大家看一看返回舱的外观到底是什么样子。这种烧石从理论来讲是完全正常的吧？

专家：完全正常，非常好。这是我们的一个主返舱，现在它已经正常工作了，这个地方有一个备份返舱，就是主返一旦出问题的话，这个备份返舱可以工作。这个下面是一个凹舱，控制返回舱的发动机的推行器。这个是宇航员的观察舷舱，宇航员可以通过这个舷舱看到是落在陆上还是落在海上的地形，什么时间需要他抛伞，主要是这个作用。这个地方是对返回舱进行控制的发动机的喷口，就是滚动发动机的喷口，这个是控制返回舱发动机的喷口，这个是我们的潜望镜，宇航员可以通过这个潜望镜可以对地面进行观察。这个下面有密封板，就是在推进舱和返回舱分离的时候，所有的电气设备都从这儿断开。

记者：那我们现在的科技人员都在做什么呢?

专家：现在是返回舱处于一个停止状态，可是我们的科技人员正在里面取伽马源，然后给返回舱断电，这是我们正在处理的工作。

记者：您能从这个安全返回作一个评价吗?

专家：从五次发射来看，这次我们认为是最圆满的一次，从整个系统，所有的一线工作没有出一点儿问题，对于我们来说这一次是最圆满的，而且宇航员也是着陆以后，很快他手动脱伞，而且宇航员是自己主动的出舱。

通过现场采访，使观众对于返回舱的工作情况有了更清楚、更深入的了解。

在思辨性报道中，记者通过现场采访，让人物表达自己的思想观点，通过有针对性，有明确目标的提问，有层次地围绕主题立意层层展开，后期编辑用平行交叉剪辑手法，把有思想交锋的不同观点、心态的语言场景组接在一起，在观众心目中产生撞击，使报道既增强客观事实报道的说服力，又以强烈反差的对比增强报道的思辨色彩。

### (2) 展现人物个性

电视新闻要着重表现人的活动，这也是由电视传播特性所决定的。报纸、广播报道需要用一定篇幅来描写现场环境、时空特点，而电视在表现人的过程中，就同时展示了环境空间与时间特征景象，人是电视新闻中最活跃、最生动、最有表现力的因素。现场采访突出了“人”的活动，也体现了人是电视报道主体这一特点。通过对特定新闻人物的采访，挖掘他的内心思想，与采访对象探讨理性问题等，都是深化新闻内容的重要手法，也是展现人物个性的有效手法。

艺术家强调把握表现个性的东西是艺术的真正生命；同样，发现、捕捉、表现个性，也是电视的活力、魅力所在。

人们习惯于把文章和人的个性相联系，文如其人；同理，话如其人，语言也能展现人物的个性。采访挖掘被采访对象的个性化语言是展现人物个性的重要方法。

◁ 图 7–3　刘翔成为第一个获得奥运田径短跑项目世界冠军的黄种人 ▷

北京时间 2004 年 8 月 28 日凌晨 2 点 40 分，在雅典奥林匹克体育场，中国选手刘翔在男子 110 米栏决赛中以 12 秒 91 获得金牌，创造了中国乃至亚洲的历史，成为第一个获得奥运田径短跑项目世界冠军的黄种人。

赛后，刘翔在接受记者采访时兴奋地说："我现在很累，真的需要好好休息。今天的发挥太完美太完美了！我根本就没有想到，根本就没有想到能跑进 13 秒。我相信对于黄皮肤的中国人或者亚洲人来说，我实现了一个不大不小的奇迹。我现在连哭的力气都没有了，感觉很累很累。我为这届奥运会准备了很长很长的时间，相信我的努力没有白费。……我不会输给任何人，包括欧美选手，相信我没错的。"

"真的没有想到自己能够跑进 13 秒，而且能够进奥运会纪录。我真的，真的太兴奋太兴奋了！谁说我们黄种人不可以拿到奥运会前八，我今天一定要证明给大家看，我是奥运会冠军，我觉得梦想终究会变成现实的，我相信在我的运动生涯，以后还会有更多更多的奇迹等待我去创造、等待我去辉煌！"

决赛刚刚结束，刘翔没有辜负大家的期待，以良好的个人技术和心理素质勇夺奥运金牌。此时此刻，他在想什么？他想说什么？无疑是观众最想知道的。这段现场采访让观众看到了正沉浸在夺金喜悦之中的刘翔鲜明的个性——自豪，自信，对未来满怀期待；谦虚但不拘谨、谨慎但不内敛；既充满年轻人的朝气，又不乏职业运动员的成熟。从他的言谈中，观众可以感受到他继续去创造奇迹的豪情壮志。

### (3) 引发情感

现场采访报道给予观众的不仅仅是对话交流信息本身，还要让观众从可视的采访中去感受、体验到某些内容，包括情感。记者在现场采访时不仅要挖掘到信息，出色而成功的采访还要在交代事实的同时，展现人物个性和情感；而个性和情感因素又通常是糅合在一起的。有个性的语言带有情感色彩，同样，能唤起观众情绪、兴奋点、联想及想象力；即能调动起观众喜怒哀乐等情绪的采访，都是个性化的采访，人物个性也在观众联想、想象中展现出来。

《新闻调查》2004 年 11 月播出的《戒毒者之家》，讲述的是在贵阳市郊的一座小山上，有一对曾经吸过毒的夫妇，为了帮助其他的吸毒者戒毒，他们把一所破旧的小学整修建成了“爱心屋”。记者前去采访时，“爱心屋”里，吴 XX、余 XX 夫妇要照顾的戒毒者总共有 5 位。在采访过程中，吴 XX 一直不怎么说话。经过几天的接触，记者在熟悉采访对象的基础上，提出了触发采访对象情绪点的问题，引发了采访对象内心深处埋藏的情感，他曾经吸毒、痛苦戒毒，如今以强烈的责任感帮别人戒毒，采访对象真情实感的回答，让观众感受到人物真实的内心世界。

记者：我们刚才见了那位母亲，当这些吸毒的人他的父母、他的家人把这个吸毒的人交到你手里的时候，你是不是有种感觉？

吴xx：责任感，很强烈的责任感。我曾经是吸毒的，他们的父母也知道我是吸毒的，为什么他们能把自己的孩子交到我的手里？信任、期望，让他们的孩子能和我们一样。

记者：你胳膊上的这些刀疤，你看，都能够反着光，这都是什么时候弄的？

吴xx：这也就是吸毒以来这几年留下的伤痕吧。

记者：这是自己抓的吗？

吴xx：不是，自己拿刀片一刀一刀削的。

记者：为什么？

吴xx：就是戒的时候减轻这种痛苦吧。

记者：什么才是爱心屋真正的成功呢?

吴xx：他去面对社会以后，他不吃药（毒品）那就是成功，真正的成功。

记者：一旦有人复吸了，你作为爱心屋的负责人，心里是什么感觉?

吴xx：对爱心屋没有失败。这句话怎么讲，我这一辈子，我只要能改变一个吸毒者，也就等于改变了他的一个家庭，可能这就是我个人的成功吧。

……

信息、个性、情感是好节目必须具备的三个要素，成功的现场采访，人物独特的语言既能讲述事实，交代必要的背景材料，也可以进一步展现人物的个性和情感。因此，现场采访今天成了荧屏中好节目不可缺少的组成部分。

在对已经逝世，或因公牺牲的人物报道中，用熟悉他和他事迹有关的当事人、知情者的追忆，也同样可以达到深化内容，展现个性与情感的作用。

在《新闻联播》“任长霞事迹系列报道”中，通过对亲朋好友、领导同事、普通百姓动情的回忆讲述，让观众看到了一个活在人们心中的、令人尊敬的公安局长。如登封市告城镇农民冯长庚流着泪说：“任局长走了，我还在；她牺牲了，我还活着。我要讲，我要说，要让全郑州、全河南、全国的人民都知道，我们登封有一位好局长、一个大好人，她叫任长霞。”任长霞虽然与世长辞了，但在人们的追忆中，在当事人、知情者饱含深情的讲述中，一个始终把百姓冷暖挂在心间、一身正气、秉公执法、惩恶扬善、经受住了血与火的考验的女公安局长的形象在观众的心中逐渐清晰和高大起来。

### 4. 现场采访的设问要求

记者在现场的选择，最重要的是体现在采访语言的选择上。现场的提问实质上是体现记者的报道意图。“采访是具有既定目标的对话”，在现场采访设问中体现得更为充分，现场时间有限，要求语言交流中每个问题、每段谈话都要紧扣中心，容不得游离，因此提问必须具有明确的目的性。记者的问题准确、鲜明、具体，才能把采访对象的谈话纳入轨道，才能达到简洁地表现主题的目的。现场报道采访，又是面对面的交流，记者设问的基点应是观众想提的问题，想了解的情况，这样才能和屏幕前观众构成双向交流，才能对观众具有吸引力。从既定目标出发，从观众出发，这是记者设问的依据。同时也要根据多变的现场和不同采访对象的特点灵活变化。

记者在现场采访语言应具有鲜明的目的性，即使是为避免冷场，或为联络感情的交谈式的语言也应为报道任务服务。既有目的，也应有随机应变的灵活。要根据采访对象情况及时调整自己的语言，特别是面对不愿吐露真实想法的采访对象，要在准备和无准备之间流动形态下，让对方顾不得防备而说出真实想法。从采访目的性出发及认识事物的逻辑性出发，采访语言也要求有逻辑性，记者要理顺语言逻辑，围绕目的与采访对象的情况，从不同角度，找准语言的切入点，和对方进行交流。

具体设计问题时，除有新闻共性规律的屏幕外采访设问技巧可供参考外，从“现场”特点出发，还应注意以下几点——

### (1) 问题应是新闻的重点

现场采访时间有限，因此问题要少而精，应选择新闻报道的重点，及观众最关心的问题。如 2003 年 10 月 16 日，“神舟”五号返回舱顺利着陆以后，在内蒙古着陆场，中央电视台记者采访正在现场工作的专家。

> 记者：您能从这个安全返回作一个评价吗？
>
> 专家：从五次发射来看，这次我们认为是最圆满的一次，从整个系统，所有的一线工作没有出一点问题，对于我们来说这一次是最圆满的，而且宇航员也是着陆以后，很快他手动脱伞，而是宇航员是自己主动出舱。

这是观众最迫切想知道的问题，记者指向清晰的提问，引出了专家明确的回答，使观众及时获知了“这是一次最圆满的发射”这一信息。

### *(2) 问题是思想内涵的开拓*

电视的形象化特点，要求记者尽量发挥画面形象的作用。现场采访的问题应是无声的画面表现不了的内容，特别是对人物的内心活动、思想、概念等方面的阐述。采访的语言要在对画面形象的补充深化上下工夫，用现场采访开拓报道的思想内涵。

如 2003 年“非典”期间，《面对面》采访广州市第一人民医院护士长张积慧，通过层层提问，拓展了采访的思想内涵。

观众可以从采访对象的神情和语言中真切地感受到“抗非”一线的医护人员无私奉献的精神，润物无声地拓展了节目的思想内涵。

### *(3) 问题要具体*

现场采访时间限度决定了不宜提大问题，应提具体的问题，使采访对象直截了当、简短扼要作出答复。像“您当时怎么想的”、“您感觉如何”等笼统的问题，其结果只能使采访对象抓不住问题的要点而作泛泛的或者言不由衷的回答。这些笼统的大问题会给观众造成记者无知的印象。

布雷迪在《采访技巧》中也尖锐地剖析了“您感觉如何”等问题的弊端。认为这些提问“实际上在信息获取上等于原地踏步，它使采访对象没法回答，除非用含混不清或枯燥无味的话来应付”。（约翰·布雷迪：《采访技巧》，92 页，新华出版社，1986）

“非典”时期，王志采访时任北京市代市长的王岐山，正是通过一系列具体的问题获得了高信息含量的回答。例如，“你的信息渠道是什么？你怎么能了解最实际最前线的情况？”“为什么在这种情况下，想到要在小汤山建一个规模那么大的传染病医院？”“问一个非常实际的问题，作为市长来说，您是赞同市民待在家里呢，还是正常生活”等。这些具体的问题，尽管有的有些咄咄逼人，但因为是市民关心的，也是市长需要向市民解释的，所以能够引发王岐山的一系列信息量丰富又具有个性色彩的回答。

### *(4) 问题要简短*

现场采访中问题本身要简短些，要让采访对象，也让观众能一下子就听明白。过长的问题会使对方听了后头忘了前头，抓不住问题的核心，不能作出准确的答复。即使是在问题中交代背景材料，也要尽量扼要。在用词表意上，要善于把背景交代与问题本身分开，也不要提那些合二为一的问题，要具体地一个一个地问。问题过长，记者自己滔滔不绝地讲，也易给观众造成“卖弄”自己的印象，而采访对象在夸夸而谈的记者面前会感到被冷落而不知所措。

有的记者在提问时，常常有很长一段铺垫。比如说，“你是全国劳动模范，青年企业家，政协委员，新长征突击手……请你谈谈对当前经济形势的看法好吗?”诸如此类的提问，使观众不理解是人物介绍，还是现场采访。

◁ 图 7-4 《新闻调查》在洪灾现场采访 ▷

以《新闻调查》2003 年 12 月播出的《天灾人祸》中的现场采访为例。2002 年 6 月 9 日凌晨，一场突如其来的洪水使陕西省宁陕县四亩地镇遭受到了毁灭性的打击：居住了 500 多人的四亩地街在这场洪灾中有 108 人被洪水夺去了生命。然而在这场洪灾过去一年之后，记者从当地灾民提供的材料中发现，天灾似乎并不能成为这场悲剧完全而合理的解释。于是，展开了新的调查。围绕对事实真相的探究，记者的问题大多简短。

记者：水大到什么地步？

村民：那个水它就像很整齐的一道棱齐刷刷地过来了，一堵墙一样，像一堵墙一样，就从那个围墙，从围墙上面一扑而过，围墙整个倒了。

记者：当时你正在干什么？

村民：我给我妹夫拨了最后一个电话……

记者采访当时接到县防汛办电话的副镇长卢XX。

记者：应该能回忆起电话的内容？

卢xx：好像是未来48小时之内有一个明显降雨过程。有降雨过程，要加强值班，做好防汛工作。

记者：按照惯例的话，按照程序的话，接到这样一个防汛的电话你们接下来应该怎么办？

卢xx：接下来应该马上向主要领导报告，主要领导他处理。

记者：你当时向谁作的报告？

卢xx：当时的张镇长，也就是现在的张xx张书记。

记者采访张志清。

记者：这个情况，这个信息你们接到了？

张xx：接到了。

记者：那按照防汛防洪的程序，接到上级的通知你们应该怎么做哪些准备？

张xx：一是要把情况，把防汛的要求传达到村组，包括一些农户让他们知道；二是我们要加强这块值班，一旦有情况我们要按照预案采取相应措施。

记者：当时你们做的预案准备如何来实现？

张xx：第一（撤离的）是咱们四亩地集镇，第二是柴家关集镇，第三预案重点是沿河的一些农户，围绕这么三个重点……

记者：在接到这样的信息以后你们通知了吗？

张xx：这一块儿我现在已经记不清了，因为我按照常规地往下传。

记者：那有没有进一步落实，通知和通知到位可能还是两个概念。

张xx：村级这一块他们也要履行职责，包括组长……

在采访中，接着进一步了解到在防汛电话没有打通的情况下，洪灾来临当天，当时的镇长张XX在饭馆里喝酒吃饭，从下午四五点钟，吃到七点钟结束。记者采访张XX。

张xx：吃饭这些小问题我肯定记不住。

记者：洪灾到来之前各位镇领导，包括你，都在做什么？

张xx：晚上我们去看了一场马戏。

记者：在特大洪水到来之前作为镇里的镇长去看马戏？

张xx：那阵雨还没下，水还没涨。

记者简短明确的问题，将采访对象的回答限定在一个特定的范围内，有利于得出准确有效的信息。例如村民的回答使观众形象地了解到当时的水势。从当地领导的闪烁其词中，观众可以分析出这场悲剧背后的真正原因。

### (5) 问题要客观

新闻是客观事实的报道。记者在提问时也要想到用事实说话，忌带主观色彩。在提问时问题要客观，这在批评性报道的现场采访中更要注意。有的记者因出于义愤，提问时往往把自己个人的感情色彩带进去，这是不符合新闻的规律的。新闻要客观，谁是谁非，摆出事实，让观众去判断。

问题客观性，既要注意提问态度上的客观，忌带感情色彩；也要注意语言表达上的客观，忌带主观色彩；不要提那些让人一听就带有明显倾向性或诱导性的问题。

### (6) 问题的重复

现场采访问题都是精心选择，有目的有针对性地设问，所以一般情况下不提那些重复的问题。当报道中需要通过现场采访就某一件事展示各阶层群众的态度，在这种情况下，常用重复的问题设问。问题的重复，即面对不同群众问同一个问题，通常用于咨询调查性节目或用在表达民意上，正因为问题是一个，那么采访对象的选择就要不同，要有不同领域、不同阶层、不同年龄段等方面的代表性。这样的提问，在后期的编辑时，即节目播出中，记者的问题可删掉，不用出现，只要把回答者的语言组接在一起以表示各界的观点。

北京电视台制作的新闻消息《“7·13”——申奥成功日万众欢腾时》，就是采用这种采访方式，反映出获知申奥成功的消息后，人们难以抑制的激动和欢乐，整个北京沉浸在一片沸腾的海洋中。

在天安门广场，记者就此时此刻的感受采访现场群众。

群众一：我想从2000年悉尼奥运会我们得到28块金牌，到今天我们申奥成功，不仅是北京一个城市的胜利，更是我们国力强盛的一种表现。

群众二：这正是全国人民的努力，才有我们真正成功地申办2008年奥运会。GREAT BEIJING！GREAT OLYMPIC！

群众三：很激动，很激动，很激动。

群众四：非常自豪，中国万岁！北京万岁！

这些现场采访汇集在一起，有效地使观众感受到了现场的热烈气氛、群众的激动心情。这种就同一问题对不同人物的采访，从而对问题进行具体见解的探讨，在今天电视节目中是常常用的。

### (7) 问题要引发情绪

现场采访中根据不同的采访任务、目的，要适当运用能引发对方兴趣、使对方兴奋起来的问题。因为兴奋，能调动起思维的积极性、回忆、思考细节、情节、谈自己的感受，这样的采访展现在屏幕上也能把观众情绪调动起来，这对加强节目的情绪感染力也是很重要的。

寻找能引发情绪点的问题，关键在对采访对象有所了解的基础上，有预测、有目的地设计问题。现场采访是可视的，一旦记者的问题成功地把采访对象的情绪激发起来，可视的人物情绪能感染观众的情绪。情绪、情感等在专题类的节目中更是不可缺少的因素。

以《面对面》采访湘西一个贫穷乡村的党支部书记宋XX为例子。一次村集体决策的失误，让该村债台高筑，宋XX作为村党支部书记，主动揽下了全部债务，带领家人走上了长达十年的漫漫还债路。这十年间，他的家中遭受多次变故，历经重重艰辛。

宋XX有三个儿子，当时有两个还在读书，家里的负担十分沉重，可是，要想还清这样一大笔债务，宋XX必须要得到家人的支持。于是记者问了一个问题，使宋XX内心的情感一下子抑制不住释放了出来。

记者：儿子理解你吗？

宋：理解我。他就跟他妈妈说，既然父亲这笔债务已承担了，你们就不要再责怪父亲了，你们也不要哭了，只是我们一家人如何来想尽办法，尽快还清债务，使大家能够过平平常常，平平安安的日子。同时说，假如是父亲这辈子还不了，我来还，我还不了，由我儿来还，他的话已经讲到这个份上了，这是大儿子。(哭、停顿)

记者：儿子这个话为什么特别让你感动？

宋：这是对我、对父亲的真心理解，确实是亲人，使我受感动。

接下来，记者就宋XX拼命还债、让全家生活陷入贫困的行为，问道：照顾一下生活，晚一点儿还清这个钱，不可以吗？

宋：应该不行。十年来还债，我承担责任，我自己再苦再累难不倒我。但是我在这里面还是有若干次是哭了。

记者：能给我们说说吗？

宋：在还债期间，第一次流泪的时候，就是九二年的四月初五，为了还债在屋里做鞭炮，半夜变天了，下雨了，初六我们一屋人就上山清田里的水了，来不及收拾，就忘记了屋里放的炸药。第二天孙子被炸死了，小孩子模仿大人做鞭炮，他和一个姐姐，不满10岁，孙子不满6岁在屋里面，就是在这个地方。把这个楼板都炸断了，把上面都震坏了。我想，这个孙子这么天真活泼，假如不是我还债，不可能在我家里，连照顾一个小孩儿都没有时间，那我哭了。我的第三个儿子今年去世，很多很多的人说，甚至包括他的两个哥哥也是这样说，我的弟弟不是别的，也是活活地累死的。他虽然只有二十几岁的人，那个样子好像四五十岁的人一样的。

由于问题触发了采访对象内心深处的情感世界，唤起了采访对象的真情实感，所以才那么令人感动。有经验的记者在提问时，十分注意选择能使被采访者回答感受性的情节、细节，而不是停留在一般性的叙述上。因为只有一般性的叙述，节目是干巴巴、无生气的，有感受性的叙述才会有感人的细节、情节，节目才能生动好看，才有感染力。

### (8) 双向交流

人际交流是人类最早的一种人际传播活动，也是最有效的传播。在大众媒介中，只有电视可以实现这种人际传播。现场采访又是电视实现人际传播最直接的体现。人际传播特点是双向交流的，成功的现场采访也应该是双向交流，探讨式的。它让观众从心理感受到真实、自然、可信。双向交流要求记者边问边听边思考，在理性与情感的交流中收集信息。

双向交流的优点是互为传者，信息反馈及时迅速。记者要善于用各种因素，积极调动起对方的“交流”心理。而在专题的采访中，双方毫无交流机械地一问一答则让人感到僵硬，气氛不够融洽。双方彼此交流讨论式的采访则更能展示记者的新闻采访能力水平。它要求记者在确立中心后，精心提出第一个问题，在采访对象回答时认真听，然后，紧紧跟随采访对象回答的内容深入追问。交流式采访给观众的印象是记者在边听边思考中提问题，是和采访对象在作交流，采访对象因种种原因回答问题不能积极合作时，记者以既定目标去和对方交谈，慢慢引出对方谈话的兴趣，启发他的思路。这种现场采访能让观众感受到记者的水平，它让观众也经历了探寻事实和人物心灵的过程，有亲切感，也增强了观众的现场参与意识，画面形象甚至能调动观众边看、边听、边思考。

### (9) 直播式的现场采访

我国电视节目，大部分都是录播，记者在现场采访时，若有不当之处，还可在后期编辑时校正。直播节目的现场采访，边采访边播出，任何纰漏都会被一览无余地传播出去。因此，直播节目中的现场采访对记者采访水平要求更高。需要记者、编导在直播节目策划阶段就要精心选择好采访对象；采访对象要有明确回答问题的语言表达能力，要能提供权威性或代表性的信息。设计的问题要和观众此时此刻看到的现场情况密切相关。问题应是闭合式的，即具体而非空泛的。为调动起采访对象的情绪，记者提问时，要注意语气、语调的情感张力，以激发对方的情绪。

### *(10) 少提可回答"是"与"不是"的问题*

西方记者在总结屏幕上可视的采访经验时特别强调除特殊需要，一般情况下不提让采访对象只能答作"是"与"不是"的问题。因为这样的设问几乎毫无信息量。记者在现场是代表观众在提问，把观众想知道却又不了解的情况通过问题让对方来说。可以简单地用"是"或"不是"作回答的，问题本身就有可能承载了记者的主观趋向，所以，这样的提问，即使对方回答了，观众也会感到并不客观。（当然在调查性采访中，这类问题有时也有存在的合理性）

### *(11) 不问空泛的问题*

"你有什么感想？""你印象如何？"早期电视屏幕充斥着这类空泛无指向的问题，既让采访对象觉得记者缺乏职业素养，也让观众感到电视的浮浅。现在这样的问题越来越少了，这也从一个侧面显示我国电视记者的成长、成熟。

业精于勤。勤于思考，采访设问必有长足进步。

## 5. 现场采访存在的误区

由于面对摄像机作采访，采访中一切都展露在屏幕上，它对记者也是一项颇具挑战性的工作。因此，镜头前出现失误在目前也不少见。电视采访设问较普遍地存在以下问题，需要在实践中去克服：

### *(1) 缺乏交流*

在开始提出问题前，没有给被采访者一个消除对镜头紧张感的心理准备过程，而是劈头就问，对方注意力一下子集中不起来，直接影响采访效果。

### *(2) 问题冗长*

有的记者为了展现自己的所谓的知识水平，常常在提问前先说一大段，让采访对象不知所云，让观众也不明白记者是在采访还是在表现自己。

### (3) 问题有诱导性

当采访对象没按自己思路回答问题时，记者迫不及待地把答案提出来，然后问对方是不是？在这种情况下，采访对象通常会顺而言之说“是”。

### (4) 缺乏尊重

采访提问时，触及被采访者的隐私或被访者心灵的伤痛，缺少对采访对象应有的尊重。美国《读者文摘》曾刊登过一位终日奔波事业的女记者的文章，她说：“屏幕上，我讨厌看到屏幕上、电视台记者把话筒直戳到那些刚经历一场大难的伤心人的脸上去提问的镜头，因此，我拒绝正面采访悲剧的主角，而是通常使用别的手段来揭示故事的悲剧性。”（摘自《处世之道》，刊登于《上海译报》，1993年9月20日）而我们的屏幕上有的记者面对父母离异的孩子会去问：“你想不想你妈？”这类揭伤口疮疤似的问题，令人反感。

### (5) 准备不足

对一些专业性强的问题，记者本身没有弄清楚，在提问中露出了不懂装懂的马脚。

### (6) 自问自答

提出问题后，对方还在考虑中，记者怕对方答不上来，先来个自问自答，使被采访者成了记者个人“表演”的“陪衬”。

### (7) 语言生硬

问话没有征询的口吻，语气生硬，使人感到记者与被采访者不是处于平等的地位。

### (8) 角色错位

在现场采访时，记者常说一些带有结论性、政策性的话，好像发表声明，又好像“代言人”。有的记者在随同有关职能部门工作人员到现场采访时越俎代庖，以上级审问者的口气提问题。

*(9) 缺乏主动*

记者在采访中缺乏主动，听凭采访对象长篇大论，自己仅起到一个“话筒架”的作用。

*(10) 应变能力差*

思维不敏捷，常常问了上句接不上下句。特别是当对方在回答问题中有明显的漏洞时，不能抓住话题顺势追问下去，导致采访效果不理想。

现场采访的直观公开，把记者采访能力等新闻业务水平一览无余地呈现在观众面前。对于那些问题提得有分量、有水平的记者，久而久之观众就会熟悉他、信任他，客观上起到提高电视记者知名度的作用。现场采访的实践是培养电视记者、培养主持人的有效途径。镜头前现场采访对电视工作是举足轻重的，电视记者既要有屏幕上锲而不舍调查采访的本领，也要有熟练驾驭现场采访的技巧。

## 四、现场“潜信息”效应

现场直观形象的特点使它在信息传播上具有无可争辩的优势。它既是信息的传达，也是信息的表现。记者采访的过程，客观上成为报道再现的过程。直观、形象的现场采访的表现力，要求电视记者建立新的采访意识和观念。在电视的影响下，文字记者在写作时，也十分重视现场的情景描绘。美国时代公司总编辑在《我同江泽民主席共进晚餐》的文章中，形象地描绘了现场：“我同江泽民共进晚餐是在一个盛大、正式的场合开始的。按照例行的安排，先是喝茶，并给记者们一点儿时间让他们拍照。几分钟后，我们进入一个小餐厅。在那里，在他的建议下，我们都脱去外衣，以便我们能够更轻松地享用晚餐。江泽民热情而睿智，他的声音非常洪亮悦耳，无论他是用中文还是用英文讲话都如此。而当他因一个想法或一个笑话而情绪激动时，他的声音从低沉、浑厚到高昂，极具感染力。他是一位很好的听众，昂着头，背靠坐椅，并不时向前倾斜着身体作出回应。在整个晚上，他的目光充满笑意。”（若曼·珀尔斯丁，刊载于美国《时代》周刊，1999年2月22日）而电视的优势，可把现场这些形象充分展示出来。如果记者只拍全景，这些现场信息也不能充分让观众感受到，所以，现场采访中，电视记者用近景特写等对“潜信息”的捕捉也是十分重要的。电视记者要重视非语言符号的潜信息的作用。除了重视语言所传达的信息外，还要充分注意开掘现场的非语言符号所表达的潜在的信息。

### 1. 非语言符号界说

非语言符号，按照美国传播学家施拉姆的界定，它的含义如下：非语言符号是指语言、文字、图画以外的可以通过视觉、听觉、触觉、嗅觉感觉到的姿势、音容、笑貌、气味、颜色等概念的总称。在传播过程中，非语言符号有双重作用：一方面它可以强化语言符号携带的信息；另一方面它可以否定语言符号传播的信息。由于电视是视、听双通道的传媒，因此只有那些诉诸视觉、听觉的非语言符号，才能携带信息为观众所感受。

现场采访报道是声音形象信息的兼容。电视摄像机如实记录了采访中记者的报道和提问，记录了被采访者的回答。除有声语言信息传播外，还有采访双方的体态语言及采访空间环境氛围的情境语言同时向观众传递信息，让观众从人物神态上体察出其内心的思想情感。

在电视现场采访报道中，非语言符号是伴随着同期声讲话出现的，包括人物的手势、动作、神态、表情、语气、语调，乃至空间环境、氛围等。

非语言符号都具有潜信息，即通过观众的联想而产生信息。因此也有人把它归类到“语言”中来，称为“体态（或态势）语言”、“环境语言”等。符号学家认为非语言符号可以加强语言符号传播的效果，也可以削弱语言符号传播的效果。电视节目要尽可能地在有限时间内传播更多更密集的信息，因此，重视非语言符号的信息传播是电视记者必须掌握的技巧。

非语言符号的潜信息是不确定性的，它与语言符号显信息的确定性不同。它需要通过观众的联想、想象的参与。不同知识修养、不同人生经验的观众，从中得到的感受也有层次上的不同。从信息结构上它更具有开放性，同时也更有力度。

非语言符号的信息还会因讲话人的个性化动作、神态，而使报道具有更多的个性色彩和情感因素，从而也更能调动观众情感参与的积极性。

2003年3月20日，伊拉克战争爆发后，北京时间24日凌晨，香港凤凰卫视记者闾丘露薇和摄像师蔡晓江从约旦—伊拉克边境出发，经过五六个小时的艰难跋涉，成功进入巴格达，成为伊拉克战争打响后进入巴格达的中国记者。闾丘露薇从巴格达现场发回的报道，使观众了解到战争中心最新的情况。记者在现场的信息传递不仅依靠语言，还通过神态表情、语气语速等非语言符号，让观众感受到现场的紧张气氛。

她在巴格达的现场报道说："26日凌晨，当地时间大概4：15和5：30左右，美英联军展开了两轮大规模的空袭，在5点半这次空袭中，巴格达发生了超过30次的爆炸。"（爆炸声从身后传来）

"第一波轰炸从26日凌晨零点就零星展开了，凌晨4点多开始更加密集，我们感受到这次轰炸和前面的有点不同，这次我们可以听到战机飞过的声音，然后是猛烈的爆炸。我们住的酒店也感受到一种震动，好像整个房子都在震动。正在我们发稿的时候，不同的爆炸声从身后传来。我问伊拉克人害不害怕，他们说不害怕。我们想，这几天来他们经历了太多的这样的'震动'，也麻木了。"

"伊拉克电视节目已经停播，什么节目都收不到。电力设施在26日的轰炸中已经部分瘫痪了。我们住的这家酒店从25日晚上开始已用自己的发电机发电了，所以说很多地区的电力供应已经受到影响。"

从记者风尘仆仆的妆容、被风吹起而顾不上梳理的头发以及疲惫的神情，都向观众很好地诠释着现场信息。非语言符号与语言符号相互配合，形成了一个完整的信息传输通道。观众得到的信息是看到的和听到的两者之和，真真切切地有身临其境之感。声像同步的信息传达，使语言符号信息和外语言符号信息的结合，能达到最佳的传播效果，不是1+1=2，更不是1+1<2，而是要实现1+1>2的效果。

为了实现1+1>2的效果，在现场采访报道中，除注意语言运用外，还要注意非语言符号的潜信息的作用。

### 2. 选择好采访环境

现场采访的可视性，使记者精心选择采访环境与方式比屏幕后采访更为重要。采访环境、方式不同会产生不同的传播效果。它不仅影响采访对象的情绪心理，同样会从视觉上影响到观众的心理情绪。即使同一采访内容，因不同情境——环境与方式，给观众的感受力也是不同的。因此，电视记者在精心设计问题的同时，还应对采访环境、采访方式等予以精心选择，力求环境、方式符合采访内容，有助于内容的增值而不是减值。

#### *(1) 事件新闻的环境选择*

任何新闻都有事件、事态发生、进展的现场，都是在一定的时间、空间里进行的。空间的选择应是和内容有直接关系的，是传播内容的典型环境，是能表现特点的环境。事件性新闻现场采访应在事件进行的现场，从视觉形象上让观众对事件本身有直观印象。有的事件现场人声熙攘，为保证语言传播效果，要尽量避开喧哗声集中的地方，不要让现场声压过采访讲话声，也可用定向话筒以尽量避免杂音干扰。

2003 年，“非典”疫情肆虐期间，中央电视台派出多路记者，深入到“抗非”一线，以翔实、客观、全面的报道，使公众及时了解到疫情的最新发展，坚定了战胜疫情的信心。例如，央视新闻中心向广东派出了特别报道组，采访了广州接待患者最多的 8 家医院和各级疾病控制中心，深入“非典”患者的病房，拍摄了大量医护人员奋不顾身、忘我工作的感人画面。在发生严重疫情的北京、山西、内蒙古等地的抗“非典”一线，到处都能看到央视记者辛勤工作的身影。这些来自一线的报道，展现了中国政府在“非典”救治和控制上所做的大量工作和努力，讴歌了广大医务工作者爱岗敬业的奉献精神，宣传了有关“非典”的科学防护知识。《东方时空》、《焦点访谈》、《新闻调查》先后制作播出了《咨询热线真情无限》、《海陆空防“非典”》、《“把脉”非典型性肺炎》、《国际合作防治“非典”》、《走出“非典”的阴影》、《深入疫区采访的感动》、《钟南山直面“非典”》、《北京“非典”阻击战》等专题节目，在观众中引起了强烈反响。对于事件性新闻而言，来自一线的真实感人的画面对于观众而言是最具吸引力的，因而也是最有价值的。

### *(2) 非事件性新闻环境选择*

非事件新闻同样有事态进行的现场，采访现场选择要注意事态现场的新闻价值和视觉形象对观众的吸引力，它是新闻报道内容的典型环境，从典型环境上让观众一下子就感受到采访是在何处进行，从而增强采访内容的力量。如美国广播公司在中国所作的《变化中的中国》专题报道，新闻主持人向各方面人士作专访的现场集中选择在长城、故宫和天安门。这三个环境是中国的象征，对美国观众既有吸引力，又是报道的典型空间。

以采访对象的工作劳动环境和生活环境作现场，可以丰富采访的信息来源，向观众传递真实的空间环境信息。以中央电视台新闻人物专访栏目《面对面》为例，在采访背景环境的选择方面，注重符合采访对象的真实生活状态，如采访艾滋病人刘子亮是在他家院子里，让观众看到刘真实的生活环境；采访失学女童马燕是在当地小学的教室里；采访淮河抗洪中执行爆破任务的某部工兵营营长是在淮河大堤上等。

对于非事件性新闻采访而言，适宜的采访环境能够拓展对话的信息场。

有的新闻事件发生时，由于种种原因，记者没有及时到现场，报道时可以在新闻的原发地，对当事人、目击者进行就地采访。通过当事人、目击者在事件原发地的追忆，来揭示新闻事件的发生过程。

以我们前面所列举过的《执法的遭遇》为例。记者到现场时，打人事件已经过去，而且双方各执一词，派出所的人矢口否认打了人，当时的情况究竟如何？孰是孰非？记者正是通过对一些当事人、目击者的采访，对当时的情景进行了还原，让观众看到了事实的本来面目。

### 3. 把握好体态语言

电视记者的外貌体态、举止神情、穿戴装饰等体态语言，均体现着记者自身的气质、风度、个人修养和知识水平，亦反映其思维的敏捷程度。记者的仪表风度和有声语言一样直接影响观众对他的印象。电视记者无须表演，但应善于控制自己的举止行动，给观众以信任感，从而使观众从情感上愿意接受。每个记者力求呈现在观众面前的是潇洒自如的风度，举手投足落落大方，充满自信与真诚。据社会心理学者分析，宣传者的可信性是与人格特征、外表仪态及讲话时的信心态度有关。因此，电视记者在屏幕上应充满自信，有主见。这是电视记者在现场报道采访中要把握的总体形象。

眼睛是心灵的窗户，眼神对记者形象同样具有透视心灵的意义。记者面对采访对象应让人感到目光亲切、友好，眼神里闪射出如同熟悉的朋友之间相互尊敬、心灵相通的光亮，使人感到慰藉。记者应该认真倾听，眼睛注视着采访对象，表现出聚精会神专注地认真倾听对方讲话，切忌在采访对象讲话时漫不经心，眼神乱转，或偷偷地看纸条，想着下一个问题。这些神态动作不仅表现出不礼貌，也会影响采访对象情绪，干扰观众的注意力。

服饰打扮，是一个人的身份与修养的外装饰，应和现场环境气氛相吻合。比如报道体育比赛现场，运动式的服装会使运动员感到亲切也适合运动式的环境。如果在救火现场穿一套笔挺的西服，就会使人感到格格不入，产生一种距离感。出镜记者的穿着要尽量接近于被采访者，这是消除对方与记者心理距离的有效方法。强烈的服装反差，会人为地造成心理距离。出镜记者不要穿奇装异服，不要涂抹不得体的浓妆，不要戴过于耀眼夺目的首饰。过分时髦的服饰会使被采访者产生反感。这样的形象出现在屏幕上，也会转移观众的注意力，观众把注意力集中于服饰上，就会忽略记者的提问，这种喧宾夺主的做法也暴露了记者的个人修养和文化层次不高。

现场采访，报道时不仅要注意自身的态势语言，还要善于用被采访对象有情感张力的态势语言。采访对象讲话的手势、眼神、动作、语气、语调等都有潜在的信息。

比如，记者“抗非”一线采访的时候，在做好防护措施的前提下，近距离采访医护人员和正在接受治疗的“非典”患者。透过厚厚的口罩，观众依然可以看到记者的镇定的眼神和表情；从记者的动作手势、语气语调中感受到一种职业的精神。不仅一线的医护人员，包括记者的忘我精神都对坚定人们的信心起到了积极的作用。

记者的现场报道极大地加强了报道的感染力。

### 4. 把握好采访情绪

成功的电视采访，应该在现场流动有鲜活的情绪，让观众感悟到现场氛围情绪，这正是电视的优势。《实话实说》节目的第一任主持人崔永元由于能机智、敏捷又平和地驾驭现场，把握好采访情绪，经常能够使现场笑声不断。在这种氛围下，他还巧妙地以“恐伤”使观众松弛地参与，由不得你不说实话，许多人平时往往不想说的一些大实话，到了现场受到氛围感染也会脱口而出，也因此得到了现场观众（包括电视机前观众）的共鸣、尊重和善意的笑声。

人物专访节目是以面对面的对话为节目的基本样式，所以能否正确把握自身和采访对象的情绪、在采访者与采访对象之间形成平等交流的关系，将直接影响到节目的成败。王志的“质疑式”采访风格是《面对面》栏目的标志性元素之一，但他的“质疑”并非一味地咄咄逼人，而是一种有控制的“质疑”。首先，是对自身的控制。采访者在强调目的性时，仍然要有意保持不确定性的东西，要从常理出发考虑问题，不能因为自身的逻辑和不当控制去伤害流动的、鲜活的东西。其次，是对对方的控制。如王志所说：“当你面对强者的时候，你要给他压下去，当你面对弱者的时候，要给他扶一下。”

前面一节也曾强调记者的问题，要能引发情绪点、兴奋点，当记者的问题触发采访对象的情绪点时，在实践中往往有以下两种情况，一是引发了对方有真情实感的语言，以语言力量给观众以震撼；另一种情况是对方因情绪起伏而沉默不语，尽管屏幕形象上此时无声，但观众从人物的丰富表情上感受到人物内心的潜台词，以情感、情绪语言传播着信息，使观众震撼。此时情绪语言往往能产生“无声胜有声”的效应，显示出沉默的力量，它在有直观形象的现场采访中有独特的魅力。记者绝不能因对方沉默不语而继续追问、打断他的情绪，而要准确把握好采访对象的情绪，及时捕捉这感人的无声形象。如《与神话较量的人》中，刘姝威在谈到报警后，负责她家所在地区治安的巡警队长来到她家，听完她的讲述后，说“正义终将战胜邪恶”。这是陷入与蓝田集团的纠纷以来，刘姝威所得到的第一次正面的支持，这让她非常感动和感激。讲到这里，她的眼中含满泪光，又强忍着不让眼泪流下来。此时记者没有接着问下一个问题，而是给了刘姝威一段足够长的时间去稳定情绪。通过特写镜头所记录的刘姝威的细微神态表情变化，观众可以分析出人物内心的所思所想。

在现场采访报道中，人物情绪也是“语言”，具有信息量，有时情绪语言更有震撼人心的魅力。沉默是一种力量，也是一种有丰富内涵的情绪语言，记者要有捕捉、驾驭无声语言的能力。

### 5. 选择好采访方式

形式是为内容服务的，不同的采访内容可选择不同的采访方式，与此相应的是不同采访方式对环境的要求也是不同的；屏幕上常用的采访方式有：

#### *(1) 座谈式*

座谈式采访在视觉感受上有稳重之感，因此，它适合于严肃的、重要的内容采访。采访双方没有多的动作干扰，可以让观众集中注意去听对话的内容。对重要人物的采访，如水均益采访基辛格、加利、阿拉法特等国际政坛人物的采访是座谈式的，对国内重要人物的采访，如《东方之子》对杰出人物的采访绝大部分是座谈式。

#### *(2) 漫步式*

记者和采访对象边走边谈，以漫步方式进行采访，视觉感受上让人感到亲切、自然，有人情味。这种采访方式适合于比较轻松的话题。法国电视一台记者采访我国领导人时，双方就国际、国内重要问题作交谈是在会客室沙发上进行的。而在正式采访前，双方在中南海边走边谈，采访围绕着个人爱好、性格、兴趣等颇有人情味的轻松的话题展开。

#### *(3) 追随式*

记者不干扰采访对象，跟随着采访对象的活动，让对方边干活边回答问题。这种采访方式视觉上给人以真实、亲切、生活之感。“第三届范长江新闻奖”获得者高丽萍是我国电视界早期探索现场采访报道的成功记者。她在采访普通百姓时偏爱用追随式的方法。如《重访大寨录》，记者采访原大寨妇女队长宋立英夫妇时，三人围坐在一堆大葱旁边择葱，边采访边交谈。《辞烧土旧业，开煤气新篇》中，卖烧土老工人一边挖土、装土，一边回答记者问题，给人留下了朴实的印象，加强了采访效果。

### (4) 随意式

在新闻事件现场，记者随意地选择采访对象，这种采访方式在视觉感受上给人以真实、客观之感。观众看到采访对象是记者临时在现场找的，有的是自己主动迎向记者说的，一切都没经过事先精心安排，因此采访对象的讲话内容也让人感到客观、可信。随意式采访，人人都可以成为采访对象，会使观众产生更强的参与感。这种采访常用于对某一问题、某个现象、某个事件的态度意见的调查上，是可视的"民意调查"。答者都是有感而发，说的是心里话，让人感到真实、生动。这类采访问题大都比较简单，重点在于被访者态度、情感的流露。

采访方式本身也有潜在的信息，以上四种方法给受众的感觉是真实，现场采访中选择环境与方式切忌从视觉感受上给人不真实、不可信之感。有的采访，记者随意地把被采访对象拉到既无事态发生，又无典型意义的空间。采访对象早就等候旁边，等记者把采访前开场白说完，一转身就是静候在边上的采访对象；有的记者为了追求所谓形象美，不在被采访者所在的现场采访，而是带到风景优美的环境中，并把自己要提的问题，对方的回答都在事先反复"排练"好后再开拍，记者在现场充当了"导演"的角色。这样的采访违反了新闻真实性的原则，因"导演"摆布而造成的失真，使观众产生了被愚弄的反感。

## 6. 多环节的密切配合

运用好非语言符号的潜信息，不仅采访记者要努力去开拓，电视节目多工种的配合，也要求各环节的密切合作。

记者是现场采访报道中的主体，记者的采访水平直接关系到整个新闻报道的成败。但是，新闻采访摄制是集体的工作，摄像记者、录音师等人的工作也是至关重要的。只有摄制组成员的鼎力配合，现场采访才可能成功。记者与摄像、录音的配合在实践中尤为重要。记者要及时把报道意图告诉摄像记者，特别是在采访中情绪语言的捕捉上，双方更要

"心有灵犀一点通"。当记者的问题引发采访对象的情绪时，摄像千万不能因为听不到回答而关机，而要及时用摄影技巧捕捉人物情绪最精华的部分。有时记者因采访对象紧张而先用一些不相关的话来消除对方的紧张心情，等到对方适应了后再巧妙自然地把话题引入正轨，摄像、录音也要紧密注视现场，提前或适时开机，千万不能因为没有及时开机而要求采访重来。任何一次重复的采访都不会有第一次的真实效果。摄制组成员默契配合，共同合作为采访成功提供了基础。获国际大奖的纪录片编导王小平曾说："在采访现场我同摄影师之间是默契的，我从来不喊'开始'，一般情况下，我同被采访人随便说，摄影师在那儿布光，架机器，我看到拍摄准备差不多了，就将话题转入正式采访，摄影也就开始了。这样做的好处是，被采访人不紧张。"（《纪录片与采访》，刊载于《电视研究》，1997年第1期）被采访者不紧张，神态感情也就会自然，会有情绪反应。

### 7. 克服"潜信息"的损耗

非语言符号，作为潜信息，结合语言信息传递，具有极强的感染力，如果运用不好则会影响和损耗语言信息的传递，所以在实际工作中，必须克服目前荧屏上记者现场采访报道中非语言符号表达上常见的毛病。如——

△话筒支架式。与被访问者缺乏交流感，没有形成有效的交流，神态呆板，身态僵硬，毫无反应。

△姿态做作，故作潇洒状。不是与被访者交流，而只想在镜头前展现自己，在对方说话时，无度地频频点头。

△神态失度。如记者神情懒散，或和采访对象说话时心不在焉，眼神左顾右盼，分散观众的注意力；或过分紧张，因自身紧张，引起对方也紧张。

△服饰、化妆过分修饰，与现场环境、氛围不符。因服饰差距造成与采访对象的心理距离。

△采访空间方位失度，电视采访双方谈话距离应是人际交流的距离，太远、太近都不适宜。

△话筒距离失当，如把话筒当指挥棒似的挥来挥去，造成声音忽大忽小，甚至出现与采访对象抢话筒的现象。

△心理上居高临下，导致神态表情上的失度，其“俯视”心态多从语气、语调和体态中展现出来。

△现场报道时，要说普通话。语气、语调应该是与人交流式地说，而不要字正腔圆地播，说和播是两种状态。

△采访时角色错位。如问题采访中以审问者角色去采访，或强逼对方接受采访或态度生硬、情绪偏激。

“熟能生巧”，任何事物的成功离不开经验的积累。现场采访报道记者置身于观众（即摄像机）面前，一切都暴露无遗。初次上阵难免会有紧张、失误。每次现场采访记者面对的几乎都是新的环境、新的事件、新的采访对象。记者应认真把握好每一次采访机会，把握好在各种情景下采访的言行，把每次采访报道实践都作为经验和积累，作为通向成功的一个台阶。每一次现场采访都是记者在观众面前亮相的机会，有无数次的经验积累，必能成功，有无数次成功的采访，就能在观众面前确立良好的形象。

现场采访报道是最贴近生活，贴近观众的报道形式，也是电视记者得天独厚的优势。随着电视实践发展，现场采访的生命力也会进一步增强，同时，它也为电视记者提出更高的要求。努力树立屏幕上的良好形象，是电视记者致力奋斗、探索的目标。

## 本章重点

1. 电视记者在现场作采访、报道是电视技术进步带来的报道传播方式的变革，也体现了现代电视传播的理念，追求现场同步报道，让观众感受参与，在单位时间内尽可能提供大的信息量。

现场采访报道的特点、个性就在于“现场”，一切是在现场进行的。在现场的采访与拍摄是同步进行的，直观可视的现场，使它具有极大优势，同时，现场时空的易逝，也使它具有种种局限、难度，因此也对记者提出了更高的要求：要求记者善于在镜头前掌握时间，从容不迫地报道事态、表达思想；善于在现场组织谈话；善于在现场随事态变动而迅速作出反应、判断。总之，电视记者要充分认识、掌握“现场”特性，以扬长避短地最大限度发挥它的优势作用。

2. 现场报道是电视记者在新闻事件现场，面对摄像机（观众）以采访者、目击者或参与者身份作报道。

现场报道具有时效性强，现场感强，信息量大，可信性强，可视性强和起到报道的结构作用等优势。现场报道需要记者有丰富的知识，能尽量提供有价值的背景材料，同时要有较强的语言表达能力。

3. 现场采访是电视记者在新闻事件现场，对新闻的当事人或有关人士进行的采访活动，通常也叫镜前采访，电视采访。

现场采访通过记者与被采访对象的语言交流，展现新闻事实，提供必要的背景材料，展示人物心理活动、发表观点、见解，因而它能深化报道内容，从而可进一步展示人物个性、情感。

现场采访设问要求既要遵循采访共性又要实现直接面对观众，和时间限量的个性，问题应注意突出重点，开拓思想内涵，问题还要具体、客观。能引发对方兴奋点，要注意尽可能地实现交谈式的双向交流。

4. 现场采访报道的形象传播，要尽可能开掘现场的“潜信息”即非语言符号的信息传播。非语言符号是指伴随人物的讲话语言，而出现的手势、动作、神态、表情、语气、语调、环境、氛围等所有的符号。这些符号都具有“潜信息”，即通过观众的联想而产生信息。因此符号学家也把它归纳到“语言”中，称之为“体态语言”、“环境语言”，等等。非语言符号既可以加强语言符号传播的效果，也可以削弱语言符号传播的效果，要使其产生信息传递的最高值，在非语言符号运用时，要注意选择好采访报道环境，把握好体态语言，控制好采访时的情绪、氛围，选择好采访方式，要注意采访报道各环节的密切配合。

**思考题**

1. 什么是现代电视传播理念？为什么说现场采访报道是实现现代电视传播的最佳方式？

2. 什么是现场报道？现场报道有哪些优势和要求？

3. 什么是现场采访？如何做好现场采访？

4. 如何发挥现场采访报道的“潜信息”效应？

5. 现场采访报道的误区有哪些，应该如何避免？

**作业**

**观摩讲评**

全班分组作新闻题材的现场采访报道，时间在4分钟之内，而后共同讲评。

# 第八章 调查性采访

中央电视台《焦点访谈》、《新闻调查》等名牌栏目产生广泛的社会影响，使新闻调查性报道不仅在电视界成了探讨热点，也为广大观众所关注、看好，更可贵的是节目也受到了国家领导人的好评。1998 年 10 月 7 日，时任中共中央政治局常委、国务院总理朱镕基同志视察了中央电视台，并与台领导和《焦点访谈》节目的编辑、记者进行座谈。朱镕基指出，舆论监督非常重要，它对我国的民主与法制建设具有重要的意义。要通过舆论监督，纠正我们工作中的问题，反映广大人民群众的呼声，使全国人民受到鼓舞，形成强大的凝聚力，促进我们把各项工作做得更好。朱镕基说，新闻宣传工作要坚持以正面报道为主的方针，同时也要积极发挥舆论监督的作用。《焦点访谈》以其良好的宣传效果得到了全国人民的支持。舆论监督指出我们前进中的问题，反映群众的疾苦，给广大人民群众以鼓舞，使人民群众看到希望。因此，各级领导和社会各方面都要支持舆论监督，广大新闻工作者更要深入实际，认真调查研究，用事实说话，要晓之以理，动之以情，绳之以法，使舆论监督发挥出更大的作用。朱镕基总理还赠给编辑、记者们四句话："舆论监督，群众喉舌，政府镜鉴，改革尖兵。"

◁ 图 8–1 朱镕基总理（时任）和《焦点访谈》的人员交谈 ▷

做好体现舆论监督、群众喉舌这类题材的节目，使我们的节目真正起到“政府镜鉴，改革尖兵”的作用，是党和政府对电视界的期望，电视工作者深感责任重大，也更为关心新闻调查性题材的采访报道。因此，调查性采访也成为电视采访实践中的热点、焦点、难点，理论探讨中的重点。

## 一、调查性采访界说

### 1. 调查研究与调查性采访

刘少奇同志说：记者是专职的调查研究者。记者的采访活动就是深入到社会中，面对广泛的复杂多变的事件与问题、现象，通过调查进行报道。记者工作为报道事件采制节目，每天都在进行着调查研究。广义地理解，新闻采访活动就是调查研究，但新闻题材不同，节目定位不同，不能把所有的采访都叫调查性采访。狭义的理解，调查性采访是指在采访现场，记者以一个对事态未知的角色，在调查过程中发现问题，思考问题，组织问题，挖掘出事实真相，揭示出问题实质的采访活动。记者采访要挖出新闻背后的潜新闻，要从事态表面现象上挖出其真正的实质性的意义。如果把记者的采访比喻成采矿，则矿层越深矿含量越富，如果采访只是停留在自己目击到的材料上，倘若事件的现象和本质是一致的，报道还不至于失实；如果现象是虚假的，或偶然发生的，且记者不深入调查挖掘，就会错把假象当真相，错把偶然性现象当做事件本质的现象，就会失真。如果新闻报道只是作简单的事件报道，如撞车、塌楼等，那么只要做一般的动态报道，用不着作深入调查，如果撞车、塌楼背后有更多更深层次的不为人所知的原因，事故本身又有普遍性的意义，那就需要作调查性采访。如《焦点访谈》曾报道的四川重庆綦江大桥的倒塌；湖南株洲啤酒厂工会主席赵××撞车导致一死二伤的恶性事件等，就都需要作调查性采访。《焦点访谈》许多节目就是调查性采访的成果。

调查性采访是和新闻调查报道紧密相关的，前者是“十月怀胎”；后者是“一朝分娩”；怀胎的过程是艰辛的，生下婴儿的健康与否取决于母亲的身体素质和孕期的调理。同理，新闻调查报道的成功与否也取决于记者、编导的素质及在调查性采访下的工夫大小和运用技巧的娴熟与否。

调查性采访，重在“调查”二字，即对事件从不知到知，从不确知到确知，从知之甚少到充分认识。意大利著名记者法拉奇说：“采访是一场探讨事实真相的战斗。”既然是战斗，就要讲究战略、战术，就要做好充分准备，就要倾其全力去夺取战斗的胜利。能否掌握运用好调查性采访，是对记者素质的考验，也是对记者采访能力的锻炼、培养。从这种意义上说，学会掌握调查性采访是成为优秀记者的必经之路。

### 2. 新闻调查性报道题材分类

调查性采访主要运用于新闻调查性报道。

何谓新闻调查报道？以往新闻学著作词典中把新闻调查报道叫做调查报告，在调查报告的条目里是这样下的界定：“调查报告是就某一新闻事件或群众关心的问题进行专题调查研究的报道。调查报告是一种应用范围广泛的文体。在新闻领域里，调查报道与消息、通讯比较，既有共同的要求，也有鲜明的特点。它有明确的目的性和针对性，通常是为解决某问题，或针对某一具有典型意义的事件或社会现象进行调查，以寻求解决问题的办法，或弄清事件和现象的实质，从中总结出经验教训和规律性认识；有一定的完整性和思想深度，要求全面占有各种材料，真实地反映事件或问题的全貌和全过程，准确揭示其内部联系，并给予理论的解释和说明；有强烈的政策性和指导性，调查研究的结果往往对于方针政策的制定和执行，对于实际工作的开展，产生直接或间接的影响。”（引自《广播电视简明辞典》，74页，中国广播电视出版社，1989）

《中外新闻知识概览》中对调查报告的界说也与之大致相似。“调查报告就某一新闻事件或社会问题进行调查研究的报道，被称为新闻体裁中的‘重炮部队’。它不同于消息，能够系统地、完整地反映事件或问题的来龙去脉，前因后果，从理论的高度揭示事物的本质和发展规律。它又不像通讯那样需要有故事情节和细节的描写，偏重于用具有说服力的事实阐明问题。它需要议论、分析，但又不同于以论理为主的评论文章。好的调查报告有很强的针对性和指导性，可以成为党和政府制定方针、政策的重要依据，有力地推动实际工作，在群众中产生重大影响。”（引自《中外新闻知识概览》，178~179页，新华出版社，1987）

以上这些词典专著大都写于20世纪80年代早期，那时的电视新闻还被新闻界认为只能作捷足先登的动态式的报道，而不能作有深度的报道，只是用“轻武器”的突击队，而不是可掌握重武器的正规军。新闻事业本身随着时代发展而发展，在电子技术的推动下，电视新闻的发展速度更是突飞猛进，日新月异，令人刮目相看。中央电视台开播《东方时空》、《焦点访谈》继而又推出《新闻调查》等栏目，用事实证明电视新闻不仅能快，也能深，也可以作调查报道，而且因其声画同步形象传播的优势，使它在作调查性报道时，因能展现记者对事物调查采访的过程而更好看、更吸引人，也更令人信服。

笔者在《电视新闻节目研究》教程中，曾专门设有一章，探讨了电视新闻调查报道，书中借鉴美国《60分钟》的成功经验对我国新闻调查报道的历史发展、选题原则及报道要求作了论述。在《电视采访学》教程中，从采访角度对电视新闻调查作进一步的探讨。

纵览我国电视新闻节目中《焦点访谈》、《新闻调查》等有思想深度、且以深度报道为主干的新闻评论性节目，社教中心的《社会纵横》、经济中心的《经济半小时》等深度报道，其题材大都是调查性的报道；《生活》栏目的《消费驿站》等也有显著的调查性特色。《中国财经报道》也经常对诸如降息、消费指数等专题进行调查。调查性报道在电视各栏目中已十分普遍，从题材划分，可以归纳为以下几类——

### (1) 批评、揭露性的调查

批评、揭露性调查是直接体现电视作为新闻媒介发挥舆论监督作用的报道，也是受百姓关注、欢迎的节目。因为它站在百姓的角度以正义的立场揭露问题，反映群众的愿望、呼声，真正为群众说话，为群众办事。美国《60分钟》就是以这类题材的新闻调查报道取胜，这也是《60分钟》新闻杂志节目所以能经久不衰的重要原因。《60分钟》的制片人、编导认为每一个合格的记者对报道中需要的所有事实都必须进行调查，但不是所有的新闻都可以称为调查报道。“调查报道是对某人或集团力图保密的问题的报道”，“报道的事实必须是你自己挖出来的”。(特·怀特等：《广播电视新闻报道写作与制作》，294页，中国广播电视出版社，1987)

《焦点访谈》是以舆论监督见长的节目，每年在全国优秀电视新闻评选中获奖的也大多是这类题材。如《惜哉，文化!》、《无法掩盖的罪恶》、《仓储粮是怎样损失的》、《亿吨粮食化为水》、《“罚”要依法》等受到江泽民总书记关注的；事关老百姓生命的问题，如发生在山西的假酒案、发生在山东的补碘案、锅炉爆炸案等也是在《焦点访谈》节目中播出的，在全国引起了极大的反响。可以说《焦点访谈》既是舆论监督，也是群众的喉舌，这两者在一个成功的揭露性调查报道中是统一的。

### (2) 社会问题、社会现象的调查

这类题材与第一类题材互相有关，但又不尽相同，有的批评性问题因内涵、事件具有典型意义，且在全国均已成为普遍存在的问题，如传销、质量等问题。这类批评性调查报道，也属于社会问题、社会现象，但不是所有的社会问题、社会现象的调查走向都是为批评揭露，而是通过深入调查，深刻揭示其思想，发人深省，引发人思考，是具有激烈的思辨性的深度报道。

2004年10月,《新闻调查》记者在珠江三角洲采访时发现,曾经在20世纪90年代蔚为壮观的"民工潮",如今已不复存在。取而代之的是各地工厂纷纷为之苦恼的"民工荒"。于是,企业缺少工人的困境和其背后隐藏的症结引起记者关注。在通过对资方、工人、人力资源专家、经济学家各自观点的考察之后,记者给出了劳资关系不当以及近年来农村产业政策调整,使内地打工者有了更多理性选择的问题解读,并最终给出了为打工者提供再发展培训机会等可操作建议,对今后的产业合理布局作出了预警。其他如《心灵的成长》(青少年心理健康)、《戒毒者之家》(失足者社会扶助)、《宪政之路》(宪法修改折射出政治文明进步)等节目,也从不同角度反映了记者从非剧烈冲突的社会现象中努力挖掘背景,从而升华人文精神,担当国计民生责任的职业情怀。

### (3) 新问题、新事物的调查

新出现的事物,如国家实施新的政策、举措,社会生活中出现的新事物,也往往成为社会的热点;经济政策的实施中因其波及面大,难度大,也常常会成为人们关注的焦点。所以从题材看,它和社会问题、社会现象的第二类题材也有交叉之处,但这里更强调的是新闻媒体面对国家的新政策、新举措实施,在社会中引起关注,而进行调查采访作报道。这类报道都有很强的时宜性,即适合当前形势需要的报道。《新闻调查》、《焦点访谈》堪为这类成功调查的诸多范例之一。

2004年7月26日《新闻调查》播出的《血液安全的隐患》,对自国家出台取消有偿献血行为的政策后,近年来时有发生的患者因输血感染事件展开调查,很快引起了有关部门对不安全血液制度性漏洞的查堵行动;其他如《"铁本"扩张始末》的选题是配合国家压缩基建项目,避免过热行业投资的经济决策;《中国医生在非洲》看似是一个反映中国医生在援助非洲友好国家的平面个案,实际上反映了新的历史条件下我国外交政策的宏观场景以及在实际操作中遇到的涉及援外人员未能平衡的工薪待遇、长居国外的心理慰藉等现实问题。

新事物的调查采访中还有一类选题是对人们生活有重要影响的,但人们目前还不熟悉,因陌生而不重视。它不是热点,但从社会发展方向来看,又具有重要意义,需要人们去熟悉、去关注。这类题材通常是科学上的新课题。《动物福利》的播出在很多观众中引发思考：当我们在向动物不断索取肉、蛋、奶的同时，可曾考虑到动物作为弱小生灵的生命尊严？可曾留意过动物在为人类作出最后贡献前的濒死挣扎？这不仅是关系到排解动物死后肉体毒素最终惠及人类的食品安全、身体健康，更关系到我们培养呵护弱者、敬畏生命、尊重自然等文明进步及可持续发展的普世价值。又如《虚拟中国人》，通过提取一位因食品中毒死亡的 19 岁女孩身体数据，以此完成构造我国首个虚拟人的过程揭秘，向公众介绍未来数字技术在新药试验、外科手术新技术开发、外太空宇航员工作状态模拟等领域的广阔运用空间。

### (4) 人物心态调查

人物心态调查，这是《新闻调查》从 1998 年开始探索的新的题材。用采访对话的方式，窥探人物的内心和人生道路转变的心理依据。《东方之子》访谈也是探索人物的心路历程。这种探索是通过对精英人物的采访，突出地展示人物的个性特征、人格魅力。同时，《新闻调查》还通过访谈的形式探索普通人，甚至是未成年人丰富的内心世界。2003 年 8 月播出了一期名为《双城的创伤》节目。在记者到达事发地双城之前，6 天内有 5 名小学生相继神秘服毒自杀。在外界邪教蛊惑、情感纠葛、游戏约定等种种猜测之下，记者追溯着自杀的链条，找到了和第一个自杀女生苗苗同时服毒的小蔡。此时的小蔡，还沉浸在失去同窗好友的悲苦之中。在记者的耐心询问下，小蔡终于展现了不为成年人所知的心灵深处：在回溯她和苗苗同时服下鼠药的瞬间，她听到了苗苗在告别这个世界前最后的清脆笑声，和自己内心感受到的莫名欣喜；在解释苗苗不堪流言侮辱的自杀原因时，无奈的泪水中隐含着超乎年龄的沉重；而在回忆和苗苗曾经的快乐往事时，明亮的笑容里又像什么惨烈的事情都没有发生过；只有在和记者谈及死亡本身时，那份和年龄相称的无知才激起成年人对孩子在成长期内心诸多烦恼关心不够的悲哀和自责。对苗苗表弟的采访也是以访谈的形式对人物的内心世界作出探索。记者适时的停顿，无声的握手鼓励，亲切自然地拭去孩子不能自抑的眼泪，都促使孩子敞开封闭已久的心扉，实现采访双方的真挚情感交流在影像里静静流淌。

◁ 图 8-2 《新闻调查》对服毒事件的当事人进行采访 ▷

### (5) 消费生活等调查

随着经济的发展，经济点的增长，经济领域的扩展，人们消费观念的变化，消费质量的提高，为调查性采访又提供了新的题材领域，即消费生活等调查。中央电视台《生活》栏目中设置有专门的消费调查子栏目。

《生活》栏目以“民以食为天”作为一期节目的选题判断依据，曾对食品安全问题进行了调查：包括对食品安全是否关注的态度；对当前食品安全的形势判断；对食品添加剂的看法等；经常遇到的食品安全的问题；加强食品安全首要措施，等等。结果有 97%的人表示对食品安全非常关注；73%的人对当前的食品安全形势表示失望；60%的人认为在食品中应不加或极少加食品添加剂；经常遇到的食品安全问题中以次充好占问题总数的 43%；认为加强食品安全的首要措施是加大处罚力度的占 32%。这样的调查虽然会耗费比较大的节目力量，但是，如果选择观众普遍关心的问题，并能通过具体的数字将一些重要问题具象化，不仅有助于观察了解真实的情况，也有利于引起职责部门的重视，促进问题的解决。

上海电视台的《都市调查》栏目，也以量化数据方式对社会话题进行调查采访，如《拾金不昧该不该》等以调查问卷方式作量化数据，用科学的方法收集资料，作为定性分析的材料依据，把社会科学研究方法和新闻报道技巧融为一体，是一种广泛的民意调查式的调查性采访。

中国社会目前处在改革开放，从计划经济向市场经济的转型期，观念的更新、文化的碰撞，体制的嬗变、历史的扬弃，错综复杂，纷繁多变，为新闻深度报道的选材提供了丰富的可能性。另一方面，改革开放不仅给群众以经济上的实惠，也拓展了人们的精神空间，不断增大的信息需求也为深度报道创造了良好的外部环境。同时，转型期层出不穷的新事物、新做法、新消费、新的生活方式，事物的新旧交替中都会产生很多的矛盾、困惑，也会有人趁改革开放之机为私人捞取好处，甚至不惜以身试法，这些都为新闻调查性深度报道以及深度基点的评论性节目，提供了极其丰富的题材。

调查性、纪实性、知识性和评论性是各类题材的调查性报道的共同特征。记者在采访时有调查意识，调查是调查性报道的基本特点，它意味着客观、理性、科学性，面对采访对象去探讨、分析研究，把不知到知的调查过程展现在观众面前，因此，它又有纪实性；调查采访重要的是挖掘新闻背后的新闻，现象背后的本质，因此有丰富的背景，具有知识性；调查采访最终目的是要挖掘出思想内涵，对丰富的观点引发观众的思考，因此这又具有评论性。

调查性报道是深度报道。记者采访过程是调查过程——事实性采访，记者采访过程也是论证、立论的过程——观点性采访，较之消息新闻中的现场采访。它对记者的采访提出更高的要求，尤其是在批评性的调查报道中，面对不合作的采访对象，记者更要有很强的采访能力和技巧才能取得采访的成功。本章的调查性采访，主要是围绕批评性、揭露性题材的调查报道作分析。在美国，调查性报道这个名词从《纽约时报》记者赫希深入调查报道越南《马来谋杀案》后，及赫希和《纽约时报》其他几位记者报道美国中央情报局的活动后，变得热门起来，《华盛顿邮报》两位记者沃尔德和伯恩斯坦对“水门案件”的调查使调查性报道声望达到最高峰。*（材料引自罗文辉：《精确性报道》，29页，台北，正中书局版）*

新闻界的舆论监督作用也因此被称为位于白宫、法院、议院之后的第四种力量。能否做好这类调查性报道，是对记者采访能力的考验与锻炼。

## 二、取证材料——事实性采访

批评性调查报道中，记者的采访任务之一是叙述事实，取证材料，即作事实性采访。即通过采访把事件的来龙去脉、前因后果交代清楚，通过采访过程的展示，让观众自己去判断是与非。采访中还要挖掘出能展示本质的典型材料。为增加调查报道的可视性，采访中还要注意有兴奋点。

### 1. 取证材料的典型性

《辞海》中，关于典型的条目说："典型原指模型或模范，现指同类中最具有代表性的人或事物。"（《辞海》缩印本，291 页，上海辞书出版社，1979）文学创作讲究典型人物、典型环境，电视新闻传统意义的典型

◁ 图 8-3　山西运城渗灌工程现状 ▷

报道通常是指先进人物、先进集体的报道，这里所指的典型性更强调的是《辞海》所解释的指同类中具有代表性的人和事，唯其典型，才最有说服力。批评性调查报道采访取证时必须注意事件、地点、人物的典型性。

渗灌技术是农田灌溉中的一项节水工程。1995年，山西省运城地区决定半年内完成100万渗灌面积的工程。当时专家对如此大面积推广此项工程的效果曾表示担心。3年过去了，情况到底如何呢？记者对此作了调查采访，他们选择的地区是临猗县和芮城，临猗3年承担的任务是全地区第一。在临猗调查了一个村——张村，调查结果是只有14%左右的渗灌发挥了作用。在芮城他们选择了3年前搞节水渗透的典型——学张乡进行调查，结果使用渗灌的地只有10%，全地区第一的典型尚且如此，那么其他地区的情况就可想而知了。

人物具有典型性，因为选择的都是当年亲自制订工程项目、指挥这场轰轰烈烈运动的领导、当年参与作假的村长、村民以及当年曾经提出过异议的水利专家，这些人物的语言也是具有典型性的。如采访平王村村长：

记者："当年这工程是怎么修起来的？"

村长说："工程是上边硬叫修的，村民没办法，早知道这玩意儿没用，灌溉成本太大。"

曾反对过大哄而起上渗灌工程的水利专家，在回顾当时他提了建议没人听时说："什么工作排队排下来，最后才是技术工作，总工程师说话是最没分量的。"

在采访取证时，记者王利芬麻利地纵身一跳爬上一个渗灌池，里面都是草，还长有向日葵。她还在一个池旁拔出一段管道。当她亲自取得这些假工程的物证材料时，与当年指挥工程的芮城副县长有这么一段典型的取证采访。

记者："我们看到有许多渗灌池没有配套。"

副县长："没有配套的可能占到三分之一，20%~30%，不能光说配套没配套，它没有配套也能发挥作用。"

记者："渗灌池里面长了几棵向日葵，长了一棵树，这些有什么用呢？”

副县长：“这不影响蓄水嘛，树把它一砍伐，再抹上水泥，还可以蓄水。”

你来我往的对话中，把一个不管百姓利益、只为自己升官而不惜弄虚作假，至今死不认错的官僚形象活生生地展现出来。

运城渗灌工程事件是典型的为要官、要钱而弄虚作假搞形式主义，这在全国各地有普遍意义，记者选择的采访地点、人物、语言也都典型地透视了这种可恶的行为。

### 2. 展现调查过程

中央电视台新闻评论部的节目，不仅被新闻界同行认可，也为群众欢迎，更受领导表扬。其原因是节目思想性强，舆论监督力度大，而且好看，观众爱看，达到这一水平，重要的是他们提倡让事实说话，这也是新闻评论部节目的个性，符合电视传播的规律。过程是事实本身发展的过程，是记者调查采访、记录事实的过程，也是观众对事实认知的过程。这三者统一于中间环节，即记者采访调查过程，这一过程做好了，理清了事实本身的发展脉络，观众对事实的认知也就到位了。不是直抒观点，很少对事实直接发表议论，更多的是对事实的陈述，让观众从记者现场调查采访中感受到强烈的褒贬色彩。实现这一目标的关键是记者现场调查采访要精彩，展现事实调查过程要到位，采访中调查意识要强，即通过调查展现从不知到知的过程；你做准备时，即使对情况已有所知晓，但采访时却一定要展现不知到知的过程。这个“知”是通过事实展现由观众得出来的，哪怕采访对方死不认账，百般狡辩、抵赖，观众却已有了正确的认识，这是从事电视调查性采访记者在现场要努力实现的境界。要做好采访，达到展现事实过程的目的，就需要记者调查采访的思路缜密，且有清晰的调查脉络，层次清晰地步步深入，最终抓住事物的根本。还要善于制造某种冲突，以语言（包括态势语言）的交锋，既展示矛盾也增加了节目的可视性。

以《新闻调查·死亡名单》为例，2002 年 12 月初，山西省临汾市尧都区阳泉沟煤矿发生一起伤亡多人的瓦斯爆炸事故。事故发生后，到底有多少矿工遇难，人们说法不一，当记者赶赴陕西临汾对这起原因并不复杂的矿难进行调查的时候，得到一份当地官方出具的遇难矿工为8人的死亡名单。当地群众虽对具体数字无法确知，但都表示了对这份名单的极不信任。那么，这份由官方出具的死亡名单究竟是真是假？真正的名单在哪里？为了寻找这份死亡名单，记者进行了行程三个省、历时半个月的调查追踪。记者先找到这个区安监局的局长李XX，李再次认定死亡人数为8人。随后，采访到的矿主、矿长都支持李的说法。此时，记者没有就此采信，而是来到名单上提到的一户当地遇难矿工的村里，作进一步调查。村民们反映，出事之后，矿区周围就被封锁，不让外人进入，因此他们只能得到当时在场的矿工透露的一些死亡人数在三四十人的消息，无法给记者提供直接的证据。就在记者在阳泉沟煤矿矿区不断寻找其他证据的过程中，一辆擦身而过的面包车被记者叫住问路，没想到车上坐着一位阳泉沟煤矿的四川籍矿工。这位偶遇的矿工提供了五位遇难的老乡名单，其中有三位不在官方提供的8人名单中，此时，调查仿佛取得了突破。可是，当记者满怀希望来到处理遇难矿工遗体的殡仪馆时，殡仪馆先是告知没有名单，接着在第二天又转给记者和官方名单相同的纪录。在所有线索无法递进时，一份由知情人提供的证明至少有5名遇难矿工不在8人名单的录音坚定了记者继续调查的决心。记者重回事故发生现场，在被遗弃的杂物中，记者找到了一个主人为“吕XX”的通讯录。那么，吕XX是谁？应妥善保管的通讯录被遗弃是否可能说明吕XX已经遇难，而吕的名字并不在名单中。历经辗转，记者来到了位于安徽的吕XX家中，首先遇到了吕的母亲，有了以下对话：

记者：吕世文那个到底是怎么回事？

吕母：他不是在那地方下矿伤（死）了吗？

记者：在山西临汾。

吕母：对。

这是记者对阳泉沟矿难调查的第19天后，查实的第一位被瞒报的遇难矿工。对遇难矿工吕XX的确认，使这起瞒报事件的调查取得了突破。根据吕XX父亲提供的线索，记者很快在相邻的河南省沈丘县找到了另一个被瞒报的死亡矿工高XX的哥哥。根据哥哥的记忆，记者在河南省上蔡县韩寨乡石桥村找到了第三个被瞒报的遇难者邱××的家属。随后，调查的深入，使得记者在半个多月的时间里，历经三个省终于查明：阳泉沟矿难中有6名遇难矿工被瞒报。至此，一起官商勾结、瞒报特大伤亡事故逃避刑事处罚的阴谋被揭开冰山一角。最终，瞒报22名遇难矿工的事件浮出水面。整期40多分钟的节目，攻与守，邪与恶，山重水复，环环相扣，逻辑的层进，冲突的铺排，都使得整个过程的展现有了让观众难以放弃的张力，最终有效地完成了激发观众对揭露罪恶渴望和对弱者的深切同情。不过需要注意的是，在剪辑过程展现时，要时时提醒自己顾及观众的收视心理，要做到悬念、冲突安排频率得当，避免过程展现的不必要冗长，引起观众的收视疲劳。

采访展现过程层次清晰，交代清楚，记者采访的过程也就是展现事实的过程，声画结合的信息传播，充分展现了电视调查采访的魅力。

### 3. 制造兴奋点

现场调查采访在展现事实过程中，为使节目好看还要有意识地通过提问来创造兴奋点，使批评性报道更好看。兴奋点也是节目的活力所在。

兴奋点是指能使观众特别感兴趣，让人振奋、激动或令人愤慨的某一细节或情节。批评性调查报道具有很强的理性思辨色彩，要把问题揭示透彻，又要有较长的节目时段，因此必须间隔一会儿就有个兴奋点，以使观众保持观看的兴趣。批评性报道事件本身也容易调动起观众喜怒哀乐的情绪，但要把这种情绪调动起来，还需要记者在现场调查的采访、拍摄中下工夫。

2003年7月，《新闻调查》播出了后来被证明创造高收视率的一期节目——《阿文的噩梦》。节目之所以吸引庞大的收视群体，和在现场调查的编导、记者灵活使用叙事策略、制造剧烈冲突有很大关系。2002年3月，一个叫阿文的女青年向《羊城晚报》揭露了广州市长洲戒毒所组织女戒毒人员卖淫的惊人内幕，此后广州警方根据举报取缔了这家戒毒所。然而直至2003年6月，涉案的主要当事人仍然逍遥法外。这样让人难以理解的结果促使新闻调查记者来到广州，对这起案件的前前后后进行了艰难的调查。首先，记者找到了接受阿文投诉的《羊城晚报》记者赵世龙，和后来为戒毒所一工作人员做辩护的律师。两个人都认为

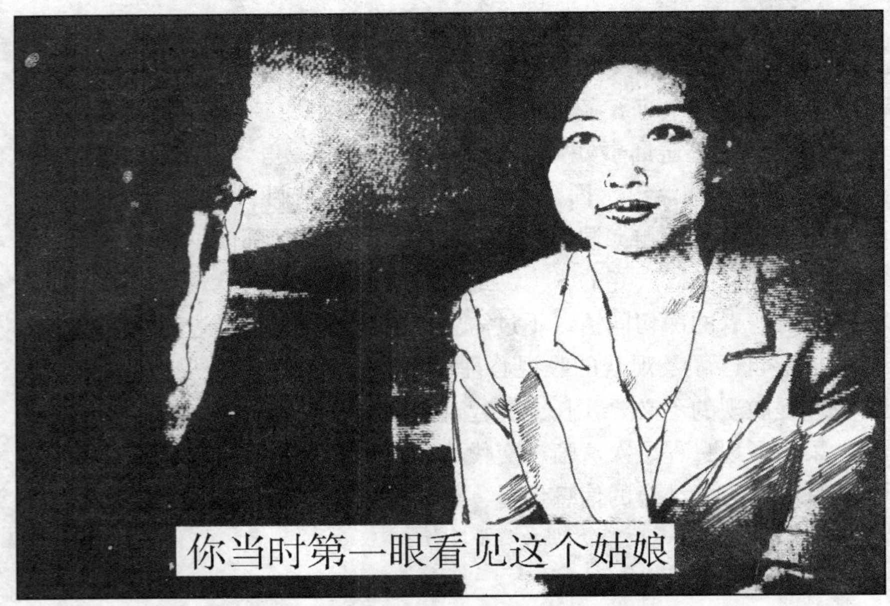


◁ 图 8-4 《新闻调查》记者采访事件的知情者 ▷

这个案件的审理非常蹊跷，而当记者追问戒毒所主要领导能逃脱制裁的原因时，产生了这样一个矛盾“打包”后的节点：

记者：我们在这份广州市人民检察院的起诉书上，没看到任何有关戒毒所管理层领导的名字，就是说他们没有被起诉……为什么呢？既然有那么多直接证据指向这个戒毒所还有更多的人参与……

王××：这些问题太尖锐了！

“尖锐”的问题无疑刺激了观众的神经，人们都想知道问题的背后究竟隐藏了怎样的真相。然而，此时记者并没有抖开这个包袱，而是将这个兴奋点暂时挂起，用寻找阿文这条线引出新的兴奋线。阿文的遭遇和问题的背后两条主线使得记者在调控观众的情绪时更加游刃有余。

记者：你（阿文）在那小街上看见什么了？

阿文：一出去到了那个小街上，我才看见原来以前在长洲（戒毒所）同一个室，就是同一个地方的女孩子，还有好几个都在那儿。

记者：到那儿之后这个“鸡头”怎么跟你说的？

阿文：他就说你就站在这街上就行了，像她们一样子，就指其他那几个女孩子。他说就像她们那样你就站在这儿。我以前我真的我都不知道，我可以这样厚颜无耻，我都觉得自己厚颜无耻，现在想起来也还是。你可以到那条街上站在那里跟别人讨价还价，不是说卖别人，卖什么，是卖自己呀！那是跟别人讨价还价卖自己！

阿文的屈辱遭遇更加强化了观众对真相的渴望，兴奋点的强度在渐渐积累。此后的记者，牢牢引领着观众的视线，不断游走于知情人和已改成疗养院的戒毒所之间，所有的线索逐渐汇集到同一个焦点——所长罗XX的身上。

2003年6月14日上午9点，新闻调查记者和羊城晚报的赵世龙再次来到广东省第二工人疗养院，见到了罗XX。

记者：戒毒所是什么时候没有的？

罗xx（原广州市长洲戒毒所所长）：是去年3月18号。

记者：是什么原因呢？

罗xx：说这里发现有个别的人，工作人员卖淫吧，组织他人卖淫。组织吸毒人员出去卖淫。

记者：这件事情是谁做的呢？

罗xx：谁做的呀？这个事情最先我也不清楚，戒毒所后来被砸了以后他们把我们十来个人都全部带去了，最后裁决我没有介入这个事，不应该负刑事责任，不能追究我刑事责任，我没有参与那个嘛！

记者：戒毒所内部发生的这个事情您没有参与？

罗xx：没参与。也不知道他有这个，再一个呢……

记者：您不知情吗？

罗xx：不知情。

罗的谎言激起了一旁赵世龙的愤慨，他曾经在阿文的陪同下亲自从罗的手中买走两个戒毒女，将她们解救出去。镜头很及时地跟上了赵的插话。

赵世龙：我可以证明你说的都是假话。

记者：罗所长，您认识他吗？

罗xx：不认识他。

记者：《羊城晚报》的赵世龙。

罗xx：哦，张记者！

罗 XX 故意打起马虎眼。

记者：赵记者。

罗xx：不认识。

赵世龙：没见过我？

罗xx：没有。

赵世龙：当时我买的两个女孩子，不是你们放出去的，是我来买的。是我扮成“鸡头”来买的，就从你手上买的。

罗xx：什么？在我手里买的？

赵世龙：是呀！邵丽爱他们跟我谈好价钱，说需要你们签字，说要所长签字，上午你没有来，我们一直等到下午。下午你来之后，最后你当时还开高价，最后我们讲价讲到一千，然后你同意。最后你们的财务那个姓谭，开的条，我到你们门口交的钱，交完钱后提人。

罗xx：我没有跟他交易。没有，没有！

记者：你很确定？

罗xx：我确定！我绝对没有跟他接触过！

罗 XX 虽然嘴咬得很紧，但眼里仓皇的眼神已经泄露了一切。

记者：戒毒所在这么长的时间里，发生这么严重的事情应该由谁来负责呢？

罗xx：戒毒所这个就是就事论事……

记者：您知道这个戒毒所把人卖出去之后这笔钱去了哪儿？

罗xx：不知道。我哪儿知道这个事。

记者：那这个“鸡头”买人的钱入不入戒毒所的账户呢？

罗xx：没有。我们都不清楚有这个事，根本就不清楚。

尽管罗依然不得不否认一切，可观众早已不再相信他的话，罗坐卧不安的体态语言所传达的信息彻底出卖了他自己，一个唯利是图、道德沦丧的“所长”已经形神毕露。观众心中的郁积的块垒终于在这时被引爆，兴奋点的调控功效在这里得到很好的体现。

兴奋点包括事件的矛盾、冲突、交锋，也有典型的细节、情节、事件，包括结构上的悬念等，在形式表现上电视各种元素都可展现。

好题材通过好的兴奋点，能为观众所喜爱。兴奋点通常也是批评揭露的重点，需要记者下工夫去着力渲染。无兴奋点的报道如死水微澜，平淡无奇，难以产生良好的社会效果。

### 4. 全感采访

全感采访是指记者在采访时，运用视觉、听觉、触觉、嗅觉、味觉等所有的感觉器官，获得对事物全面的感性印象，并由多种感觉综合为对事物整体的质的认识。

◁ 图 8–5　记者在朱集镇棉花加工厂采访 ▷

全感采访是采访中由感性到理性的过程，通过所有的感性印象，确定它们之间的内在联系，从而综合为一个整体。所以全感采访是形象思维和逻辑思维的结合，是从感觉、感性认识开始，最终归结到理性认识上。

全感采访，最早是文字记者提出来的，为使新闻报道写得活灵活现、生动、鲜活，要求记者在采访时把所有的感觉器官都调动起来，不仅用眼看，用语言问，还可用手触摸，用鼻子闻，用舌尝味，通过记者的五官感受，描写事实，形成对事物的认识。电视现场采访形象传播的优势，记者先在新闻事件现场有意识、有目的地运用全感采访，不仅使报道更具有现场感，好看且更可信，因为它传递的都是记者自己感官所得到的第一手材料。

《收购季节访棉区》里有一段精彩的全感采访，是《焦点访谈》中的一则调查性报道。1996 年，当时我国已实行社会主义市场经济，粮食、蔬菜等大部分农副产品价格都已放开，但由于种种原因，棉花收购还没完全进入市场，由国家统一定价收购，社会上也就因此而产生了不遵守国家法令，擅自抬高价格收购棉花的现象。在棉花收购季节将临之际，为从舆论导向上协助政府做好棉花收购工作，《焦点访谈》派记者到我国棉花收购大省湖北省进行采访，报道了一些棉花收购站秩序井然，棉农反映良好的现象，也报道了存在违法收购的现象。襄樊县朱集镇棉花加工厂在过去一年因以代农民加工的名义违法收购棉花，曾受到国务院有关部门通报批评。记者采访中得知今年他们依然在违法收购，于是前去采访。这个厂子是镇政府办的，有人向记者告知真实情况，也有人通报镇领导。得知中央台记者要前来采访，镇政府即下令工厂关门，让工人立即整理现场，当记者前去采访时，工厂大门紧闭。采访就从大门开始，记者问开门的工人，这里是否在收购棉花，一个说不知道，一个说没收。在记者追问下，又说收过。调查伊始就产生了悬念。以后的采访中记者巧妙地运用了全感采访——

触觉：记者按常规到厂干部办公室，办公室空无一人，但桌上有衣服、茶杯，记者摸茶杯，还有温度，于是向观众说："茶杯余温尚在，看来主人刚刚离去。"

嗅觉：记者来到车间，车间里也空无一人，记者凭自己的嗅觉闻到的气味说："空气中弥漫着尘土味，看来这里刚刚打扫不久。"

视觉：镜头随着采访记者的问话，运动起来，只见院子里的人能躲的躲，躲不掉了就坐在地上和台子上。记者指着跑着躲避的人，问一个蹲在地上的人，你们是这个厂子的？坐在高处的人回答说是来玩儿的。那么，这个呢？这个呢？回答说都是来玩儿的。更精彩的是当记者问一个工人，对方回答说，家里没事，来这里玩儿的，摄像记者的镜头已经推到她的头发上，特写展示她头发上沾着的棉花，当记者又追问一个身上沾满棉花的人问，你的身上怎么都是棉花？对方支支吾吾掩饰而走远了。

听、问、看、摸、闻等各种感觉调动起来的信息展现给观众的是一个鲜活的现场，到底这里有没有收购棉花，观众心中已有了自己的判断。

全感采访的现场动态展示，让观众的认知随着记者对现场事物的感性认识而上升为理性的判断；它展现的是第一手材料，是采访调查的过程，结论由观众自己得出，使调查报道更可信、更好看。

## 三、论证与论点——观点性采访

《焦点访谈》是新闻评论性节目，揭露批评性题材的深度报道具有很强的思辨性，它展现事实，同时也要展现观点。与报纸文字评论不同的是，陈述部分，即事实性采访，是形象化的论据——展现事实，评论的部分，特点是论证的群体化，即通过采访让各界人士来发表观点、见解。现场访谈调查结束后，回到演播室，主持人的言论则体现了评论的立论，并提出鲜明、精炼、导向正确的论点。论点的高度也体现了记者、编导驾驭题材，认识分析问题的能力。

### 1. 调查性采访论证

论证是运用论据证明论点的推理过程，是观点和材料的统一过程。论证就是摆事实讲道理。在事实性采访、展现过程时，实际上，记者已经是在有意识地运用形象化论据，即对事实作分析，透视，用来说明和印证论点，在现场采访的记者借助于形象化论据的展示过程，已经体现对批评问题的分析透视。评论部提出“让过程说话”、“论证过程事件化”的思路，这一思路要求记者在调查采访中要有编导意识，要有严密的逻辑作层层分析推理，强调既要用事实说话，又要用事实的逻辑力量说理，论证过程即是用逻辑力量说理的过程。

论据形象性，论证群体化是电视新闻评论性节目的两大特色。在充分展现事件过程时，适时地由不同阶层的人适时对事件发表观点、见解，在调查性采访中设问要引出观点。这是电视观点性采访取得论证的重要方法。再以上面提到的几个报道为例——

《新闻调查·校规第二十条》讨论的是在青春躁动的大学校园，当学生倾心爱慕，一旦出轨偷尝禁果后，周围的人们如何看待校园里的性。有这样一对青年学生，两人的意外怀孕，使得学校、老师、家长、学生都陷入了观念的碰撞中。学校的决定是开除这两名学生，这种在以前曾广为社会接受的做法，如今却有了不同的声音。

> 重庆市民：如果因为人家自己谈恋爱而影响了自己的学业和前程的话，影响了人家一辈子的前途，我觉得这种做法肯定太过了。
>
> 学生家长：我觉得那个太严重了一点儿，我觉得应该教育为主，还是应该给他一个改正的机会吧，就是这样。
>
> 大学生：这个怎么说呢，从两方面说都有道理，他们两个说是自己的事情，但学校说因为你是学生，你在这种情况下，就违反了校规，所以要处分。这种说不清楚了。
>
> 教师：因为文件有规定，有《学生守则》管着，都不处理，那学生以为是校方已经睁只眼闭只眼，我觉得以后不太好教育孩子。勒令退学两个学生，它（学校）也要维护其他一万个学生，维护学校的日常管理。

记者选择不同的人群，呈现了不同的立场，围绕大学生的性权利，一幅现代心理浮世绘带给观众各自不同的心理站位。

《新闻调查·心灵的成长》在这样的背景下关注两个家庭的疗伤历程：在中国，20%的青少年有抑郁症状，其中4%重度抑郁，需要治疗。两代人在家庭教育的方式、取向隔阂造成了亲人之间最让人心痛的伤害。一个叫宋X的孩子在治疗时，说出了让他父亲震惊的一句话。宋X对他爸说：我恨你。

记者：宋x当时的那个表现，给你是一个什么样的感觉？

宋x父：其实我当时是强忍着，我不想哭，但是他说了那一句话之后，我想控制也控制不了。

而造成这种局面的直接原因是父子两代人对一件事的不同处理态度。当宋X被寄住奶奶家遭受委屈向父亲倾诉时，父亲出于对长辈的孝心对孩子的抱怨没有顾及。伤害从这里播下了种子。

宋x：我跟你说有什么作用吗？你那会儿，你是自己逃避了，我呢？

记者对双方观点的呈现，向观众传递出对家庭教育、两代人不同心理认知的深深思考。

在《新闻调查·阿文的噩梦》的结尾，记者问阿文对整个事件的态度，阿文回答："除非这件事情有个说法给我，除非让我知道这个所长，或者幕后的操持人被绳之于法了，那我才会有安全感，不然的话我是没有（安全感）的。"

以上这些被采访人回答的语言不管是简短的一两句，还是条理清晰的说理，都是对具体事实的分析，是观点性意见，充分体现了电视评论论证群体化的特色。

### 2. 调查性采访论点

论点是对所论述的事件问题、现象表示的意思和态度，是对问题的高度概括、提炼，它是评论性节目的灵魂。《焦点访谈》、《新闻调查》等带有评论性质的节目，不能缺少论点。论点提炼是对记者调查采访展现事实过程的高度、精炼的概括，它展现了节目编导、记者们认识事物的能力水平，也决定了批评性报道的水平。好的论点需要有好的论据支撑，要有现场调查采访取证材料，要有精彩到位的分析论证。但是，若现场采访调查很到位，最后，论点却不够有力，概括评点不到位，就像煮饭缺把火，做成了夹生饭一样，会影响整个节目的成败。所以，问题批评性调查采访，最后还需要有好的论点来升华、点缀。电视界在谈到《焦点访谈》节目时，对主持人最后在演播室的点评力度颇为赞赏，认为《焦点访谈》点评的力度显示了中央台作为国家级电视台的实力，有思想深度的锋芒锐利的论点往往能对节目起到点石成金的作用。

《新闻调查》最终的记者点评，在有的节目中和出镜记者是同一人，因此，论点的提炼能让观众更直接感受到并体现出记者调查采访的功力。而《焦点访谈》主持人与现场调查采访记者则是分开的，观众表面上似乎感受不到立论与调查采访的直接关系，其实，主持人精彩到位的立论同样体现了主持人调查采访的功力。

另外，从《焦点访谈》发挥引导社会舆论主要功能的传播效果考虑，调查展示的本体部分强调用“事实”说话，演播室主持人则力图用事实“说话”，两者在结构上的有意识分开更符合新闻规律和受众接受心理。要注意的是，演播室的理性提炼需要主持人及其背后的策划人员具有深厚的学识，对社会的深刻认知，以及对政治政策深度把握的综合能力作为支撑。

2004年5月《焦点访谈》播出的《气派的路边工程》，报道的是吉林某乡的干部要求住在路边的农民修建造价昂贵的铁制玉米仓，追求面子工程不顾当地农民的经济承受能力。主持人在节目近结束时点评道：“您看像这样说是给农民做事，却不从农民的实际需要和现实可能去考虑，花了大把的资金，却没有给农民带来收益，甚至给农民生活添了不少的乱子。现在干部们都在谈求真务实，谈科学的发展观和政绩观，那么能不能把百姓的利益放在心上，着眼于长远、着眼于实际，在百姓生活还不很富裕的时候，把钱用到最需要的地方，把事办得实在一些，这也是对我们发展观和政绩观的检验。”

2004年7月播出的《红头文件和养牛工程》，同样反映的是基层政府施政不当的事件。佳木斯市为了一个企业项目，强迫干部、教师投资买奶牛，严重影响了当地的正常工作秩序和政府形象。演播室的评论是这样的：“市场行为应该是找市场，而不是找市长。虽说希望通过养奶牛来富区利民，出发点是好的，但是用发放红头文件下指标，违反国家规定，采取变相集资的方式这样来饲养奶牛成本和风险都太大了。好心未必办成好事，因为当地政府管的是政府不该管的事情，这种做法与依法行政的执政理念，与建设法治政府的施政目标都是相背离的。”

以上论点，话都不多，语句也十分平实，但却有高瞻远瞩的目光，把具体的问题向更广的范围、更宽的思路扩展，旗帜鲜明地表达了是非观点。评论类节目中，主持人、记者的评论是否有分量，能否通过短短几句话表达出来，却是他们最费脑筋的。既不能重复镜头语言已经表现过的，也不能离开节目高谈阔论。力求既点到为止，又说清观点；既短小精悍，又有回味的余地；跳出细节和过程，站到适当的高度去总结，或引申开来。对事件的深层次透析，是电视评论性节目的思想力度所在。立论高，才能使批评更有权威、使调查性采访更有说服力，才能强化舆论监督的力度。

## 四、调查性采访的要求

在批评性调查采访中，普遍存在着批评与反批评、揭露与掩饰的矛盾，从而使采访较之主旋律题材具有更大的难度，因此也对记者提出了更高的要求——要掌握更多的采访技巧。

### 1. 充分准备与随机应变

调查采访报道是让观众从不知到知，记者要把对事件进行调查的完整过程展现给观众，但也不能在进入采访时，对所要调查的事件一无所知。调查性报道的题材，多是重大、复杂的事件，因此，为保证调查采访的成功，记者要尽可能多地掌握有关的事实材料，深入了解事件的背景以及事实内部复杂的关系等多种因素。调查《透视运城渗灌工程》的记者到运城前就对这项曾经轰轰烈烈并让全国学习观摩的典型工程的有关情况作了了解，因而能较顺利地找到典型的采访地点、采访对象。也有的题材是突发事件，或新发生的事件，或群众举报的事件，记者到现场时了解情况有限，那就需要调动以往采访时的思想、知识、技巧、经验的积累。不管什么题材，调查采访前的准备，是必不可少的。当然，调查采访时准备再充分，也不可能预知到现场将会出现的一切情况，事件本身发展过程的动态性和不可预知性，需要记者有随机应变的能力，需要更多随时依靠记者在现场的分析判断力，迅速理清事件的头绪，根据情况变化而调整采访思路与方法。记者不仅需要事先周密的调查研究，也需要具有现场控制和快速反应的能力。

2004年曾经轰动全国的“西安体彩”案真相最终能水落石出，是众多媒体通力合作的结果。其中一些关键证据的取得，正是靠记者周密的前期准备和现场的随机应变。记者经过调查后得知，凡是中得大奖——宝马车的彩民回到指定地点——宝马陕西经销处兑奖。然而，当记者来到经销处时，发现宝马车并没有被领走，甚至在刘×闹出“假票”风波之后，中奖的彩民不仅没有来看过车，甚至连一个电话都没有打来问过自己的宝马车。记者马上意识到，这不可能！数个中得宝马车的人会一连十几天心态如此超脱平静，这在常识上无法解释。记者立刻索取来获奖名单，通过公安部门的配合，终于发现获奖名单的伪造真相，最终揭穿西安体彩承办者的骗局。

### 2. 感性印象与理性思考

电视采访特点是它的可视性。调查采访过程中双方语言交锋及表情、姿态、语音、语调等非语言符号真实地记录现场的一切，使有关这个事件的信息能够尽可能充分地展现在观众面前。强烈的现场感使电视调查采访给观众以强烈的感性印象。但感性印象只是感性上的认识，不是目的，目的是引发观众的理性思考，要实现由感性到理性的升华过程。

调查性报道要有结论，但不能结论先行，而是从观众对事实真相的渴望出发，事物的不可预知性正是调查采访的魅力所在。展现不可预知的调查过程，应是由表及里的过程，是从现象到本质的过程；过程展示是感性的，达到的目的是理性的，所以调查采访是感性认识和理性思考的统一，是记者的主观认识和客观事实表达的统一。记者每一个感性的展示背后都蕴藏着理性的认识。《透视运城渗灌工程》给人印象深刻的是记者王利芬居然轻轻一拔，就把一根水管子拔了出来，她纵身一跳，跳进没有一滴水，而只有野草、向日葵的渗灌池；赵微机灵地一步跨入院子，使主动建议陪她逛一逛的文管所领导只能尴尬地走进去，一脸难堪的面部表情和在记者追问下不得不吐露实情的窘困，都是客观事实的展示，都是记者在现场主体认识的判断。《新闻调查》提出“主题事件性、事件故事性、故事调查性”，其宗旨是指调查要为主题服务。新闻调查类的深度报道不仅是反映事物的过程，也是记者认识活动的产物，只是这种认识不是理性化阐述而是建立在感性基础之上，让感性事物作为理性思考的载体。记者在现场调查采访的感受及其表达要和理性的思考及对问题的客观把握判断很好地结合起来。

调查性采访切忌轻率地印证，要以一种追寻、探讨真相的态度去分析、论证；切忌结论先行，而重在展示过程。

### 3. 舆论导向与客观公正

《焦点访谈》、《东方时空》、《新闻调查》等节目把社会生活中牵动人们心弦的问题、事件揭示出来，令人思考；记者干预生活的胆识也赢得了观众的好评；它剖析生活热点，揭示社会问题、现象，其最终的效果，则是引导人们正确理解生活，认识现实，把握方向。它以揭示、批评为起点担负起消除谬误、弘扬真理的目的。问题报道要让观众心服口服，真正实现正确的导向作用，展示调查采访过程必须客观、公正。

新闻报道的最高原则之一是客观、公正，搞调查性报道的记者必须奉行这条准则。对于调查性报道来说，事实的结论尚在调查时，事件之中的任何一个人都是平等的，有其人格尊严的。那些在采访中对当事人带有明显成见，以法官自居，对人粗鲁的审问式的采访不但令人反感，而且影响观众对整个报道的信任与接受程度。

《新闻调查》1999 年播出的《绛县的经验》，一直被认为是调查性报道的典范之作之一，其细致的调查，严谨的取证，平衡的视点，使得在揭露绛县地方政府弄虚作假、骗取政绩时有理有据，无可辩驳。1999 年 1 月，山西省绛县被中国农业科学院确定为第三个全国农业科技示范县。仅仅过了一年，人们便从媒体上获悉，绛县已建成 142 个科技示范区，2687 个科技示范点。在如此短的时间内，建成如此大规模的农业科技园区，绛县一跃成为运城地区调整产业结构（简称“调产”）的典型县。绛县的经验，吸引《新闻调查》记者的明察暗访，得到的结果是：县乡干部们在上级来检查时，奔到检查车辆经过的地里装作拔草，联系群众；原本应该在田里的群众被逼着四处借牛装潢门面；普通的西葫芦、西红柿、西瓜被称作蔬菜新品种滥竽充数……凡此种种，骗局昭然若揭，观众畅快淋漓。然而，编导在编导手记还是非常遗憾地提到不该在采访该县副县长时将其晃动的脚剪辑在荧幕上，觉得自己“不够职业”。尽管编导没有在阐述为什么不够职业，但笔者以为，哪怕反映的是事件中的反面人物，也要把握客观、公正、平衡的原则，一定要树立是批判当事人的行为，而不是当事人的品质这一制作理念。原因之一，即使是触犯了公众利益，但作为人的基本权益和尊严也是需要尊重的，它们的退缩也是有限度的；原因之二，人性的善恶，随着环境、角色的不同，有太多的解释，截面式的白描往往不能反映当事人的内心精神全貌。媒体的基本操守之一应该是治病救人，而不仅是单纯的揭露和泄愤。

### 4. 交流式采访与思想交锋

双方互相信任，友好地进行交流式的采访是最佳采访形态。批评性调查采访，由于报道将会对被采访对象造成不利，出于自身利益考虑，一些采访对象往往会设置种种障碍，阻止、躲避采访，拒不接受采访。如果被迫不得不接受采访，大多会百般狡辩。在这种情况下就很难产生交流式采访的氛围。

有经验的记者力图尝试在问题性的调查采访中也要采用交流式采访，重要的一条原则是对事不对人。《透视运城渗灌工程》采访中，记者王利芬强调了这种平等性。问题调查在采访时首先态度要平和，无论面对什么人，都应以自然的态度，以平等的语气和对方交谈，要懂得尊重采访对象。即使像《从市长到囚犯》这样的面对囚犯的采访，也要以平视的心态。批评性调查采访，最忌讳居高临下的角色错位，以审问者的面目出现。调查性采访，记者在态度上也不能咄咄逼人，语气语调都要和平常与人们交谈一样的随和。争取以平和的方式进入采访是记者的功力。调查高手不是以态度上的强硬来震慑对方，而是以平和的态度，用抓住要害的问题，及有针对性、目的性的问题来获取真相。

2003年 11 月《新闻调查》播出的《事故的背后》，采访现场的气氛就具有静水深流的特点。在浙江台州一家规模很大的医药化工企业的厂区里，一条普通的下水管道在十几个小时内连续造成三人死亡，八人受伤。意外是在下水管道里的墙被凿通之后发生的。记者对这一事件进行了调查。发现了药厂为逃避检查，私自在下水道中违规排放有毒废水，造成大面积的环境污染和惨重的人员伤亡。记者在收集到坚实证据后，找到了这家企业的副总经理。

记者：海正有没有给附近的环境造成污染？

陈xx：应该说，基本做到了达标排放。

记者：你能在我们的镜头面前保证海正现在的排污是基本达标的？

陈xx：对。

记者：陈总，我们坐在这儿闻到的刺鼻的味道是什么味道？

陈xx：我的嗅觉可能不是像你们那样灵敏。

记者：您说您闻不到？

陈xx：没有您的灵敏度。

针锋相对的对答，利害攸关的机锋，是在看似云淡风轻的聊天中完成的。

《法律岂是儿戏》采访记者李玉强在回忆调查采访那令人惊讶（兴奋点）的一个段落时说："我们走进法院大门的时候，原以为会发生一场冲突，但采访却是在极其平和的气氛中进行的，平和得像是朋友在私下聊天。使人难以相信的是：一个法院的审判长——一个本应具有良好法律素养的人、一个应该最清楚自己所说的每一句话都要经得起推敲的人，竟然面对摄像机、面对有中央电视台（CCTV）标志的话筒、面对《焦点访谈》的记者（在采访前，我曾向他出示了采访证和介绍信），如此的信口开河——他几乎是从容不迫甚至是理直气壮地说出了法律是'只防君子不防小人，对小人也没有办法'、'法律是这样说，但我们通知他们（派出所）也没用'，云云。当我问道：'那么到哪儿才能找到朱XX？'时，他反问我：'我问你呀！'听到这话，我简直不相信自己的耳朵，马上又反问道：'你是在问我吗？'这样的对话，实在是太令人意外了。也许这位法官真没把我们当'外人'。"（《遭遇意外》，刊载于《中国电视报》，1998年第51期）碰到如此不忌讳，敢于面对摄像机平静地口吐狂言的采访对象，这是调查性采访的最佳机遇。

对态度蛮横的采访对象，为取得了解真相之目的，也只有用针尖对麦芒一般的语言作交锋式采访，交锋式采访应是思想交锋，而不应该是态度上的交锋。

交流式采访与交锋式采访形式不同，目的一致，要因人制宜，也可两者结合地运用。

### 5. 明察与暗访

批评性调查采访通常的方法是明察，在现场敏锐地边观察边分析边调查。只有当明确地感到若以记者身份采访不可能得到真实情况、且对方会竭力掩盖事实时，方可以用隐姓采访、隐蔽摄影的方法作暗访。

◁ 图 8–6 309 国道上的交警在蛮横地乱收费 ▷

《“罚”要依法》是曝光山西省长治市境内部分公路交警利用职权在309 国道上乱设卡、乱收费、乱罚款的现象。节目中最精彩、最令人气愤的是记者隐性采访所得到的取证材料。这个生动而典型的细节，是由摄像记者一个人完成的。记者装扮成搭车人，坐在驾驶室里与驾驶室外的交警讨价还价，设法拖延交警要的 20 元钱。一个强作笑脸、苦苦哀求，一个蛮横粗暴、强取豪夺，记者用偷拍设备把这一幕展现得淋漓尽致，摄取到了违法警察的"凶狠状态"，为另一幕中司机谈警变色、闻罚丧胆作了很好的铺垫。而在另外的采访中，记者基本都是采用显性采访，问话直抵要害，抓住破绽后穷追不舍，直到把对方追得无话可辩。

隐性采访由于采访对象处于不设防状态，一般都有很好的戏剧效果，但要慎用，只能在不得已情况下才可使用。

### 6. 心理较量技巧

由于批评调查性采访，一方要揭一方要捂，是一对矛盾，在采访对象处于对立状态下采访，必然有心理上的较量。采访记者要掌握这一特殊状态下心理较量的技巧。

#### *(1) 抓住矛盾，紧追不舍*

记者在批评性调查采访中，不仅要问，更要会听，要善于抓住对方语言中的矛盾点，紧追不舍。《"罚"要依法》中记者在潞城采访一位见车就罚的交警，当问到他为什么要罚款时，他说是在检查车辆是否违章，而且没罚过款。记者发现他手里拿着一大沓罚单和现金，就问他这怎么解释，他只好一走了之。这个细节充分说明这种罚款行为是名不正言不顺的。

#### *(2) 避长扬短，抓住弱点*

抓住采访对象的心理弱点，即使嘴上不承认，行为上也会表现出真实的情况到底是什么。《"罚"要依法》中记者在流河发现路边竖着一块标语牌，上面写着"执行政策，遵章守纪，文明执勤"，便问潞城交警大队指导员他们在执法时是否做到了这几条，他却回答说"那不是我们的，那是煤站的"，继而又说"这只是抽象地讲"，这样的一问一答，使面对标语牌的交警们虚怯的心态展示得淋漓尽致。这是抓住心理弱点进行采访调查的成功例子。

#### *(3) 有意设套，引出真相*

在被批评对象百般抵赖时，记者可以在设问中有意识地设下"圈套”，让对方在不防备的情况下说出真相。赵微在采访棉花掺假案时，采购员因收受贿赂而购买掺假棉花，事实真相本已清楚，但现场采访时，对方却一再说他并不知情，记者于是采访中有意给他设下了“套”。

上棉七厂的采购员胡XX，在购买棉花时，收受对方两万元贿赂，事实很清楚，他自己也供认不讳，但在采访当中，他却反复说对棉花掺假并不知情，纯属受骗上当。接着就表白自己为厂里买棉花东奔西走如何辛苦。记者顺着他的话茬问：“现在棉花好买吗？”“不好买。”“是一般的不好买，还是非常难买？”“非常难买。”“也就是说棉花完全是卖方市场了？”“是的。”至此，他还沉浸在表功的情绪当中，全没意识到这是个“套”。记者接着问：“既然是这样，你作为买方，应该求他才对，他怎么会倒给你两万块钱呢？”“……这我就不知道了。”这个解释显然很不合理。对观众的判断力而言，这就足够了。

### (4) 有意停顿，施加压力

采访中当采访对象被记者的问话步步紧逼，回答时矛盾百出，在记者追问下，一下子不知道该如何自圆其说时，有时会停顿下来；这时，记者不要再紧追着问，应让他去冷静一下，摄像记者应抓拍对方的面部表情，停顿、冷场说明他内心有压力、有矛盾，面部表情正好展示其内心思想的潜信息。

### (5) 巧妙追问，出奇制胜

调查采访陷于僵局时，记者若能巧妙地设问，常会得到出奇制胜的效果。赵微在揭示所谓“信息茶”的问题时，没有直接去问信息茶到底有什么科学根据，而是迂回地先问信息茶好处，让对方一下子放松警惕，夸说他认为的种种好处，趁他说兴正浓，不加防备时，记者话锋一转，问信息茶是怎么加工的，对方回答说用发功加信息，赵微紧急着追问，那你可不可以用这种方法让所有的茶叶都带上信息，造福全国人民？对方一下子语塞，无言以对。真相究竟如何，通过语言交谈已是不言而喻。

### (6) 实物取证，追问真相

用实物取证，即实证的方法，常常会使对方在确凿的事实面前说不出话来，或不得不说出真相。《雄县追车记》记者陪同失主到雄县去认领被偷的汽车。据了解，雄县公安局已把它改成公安局用车了。到雄县看到车，发现车号和发动机号与他丢的那辆车不同，亏得记者把车驾号等都拍摄下来，回到北京，当屏幕上映出车驾号后，大家都失声叫了起来，屏幕上的车驾号明显地被人改过！于是记者和失主二进雄县，当面指出车驾号被人改过的事实，迫使雄县公安局不得不自露其形。

批评性调查采访是探讨事实真相的战斗，是是与非的较量，也是一场智慧的交锋。调查采访对记者有更大的挑战性，更需要具有足够的智慧和勇气。付出总是和得到成正比的，作调查性采访对记者采访能力是最好的考验和锻炼。

## 本章重点

1. 调查性采访是在采访现场，记者以一个对事态未知的角色，在调查过程中发现问题、思考问题、组织问题，从而提出事实真相，揭示问题实质的采访行为。

调查性采访，重在“调查”二字，需要记者和采访对象进行面对面的交锋，经过深入地调查事实真相，把未知的东西变成已知，这样的采访更具挑战性，更能挖掘记者的采访潜能。

调查性采访是调查性报道节目的核心。调查性报道的题材大致分为：一是批评、揭露性调查报道；二是社会问题、社会现象的调查；三是新问题、新事物的调查；四是人物心态调查；五是消费生活等调查。不论哪类题材的调查报道，都是具有强烈思辨性的深度报道和以深度报道为基点的评论性节目。

2. 事实性采访是调查性采访中为取证材料而进行的，通过事实性调查采访交代清楚事件的来龙去脉、前因后果。取证材料要有典型性，要生动地展现调查过程，注意挖掘兴奋点，这也是电视调查采访最具可视性的优势。从电视特点出发，在调查采访中，记者还应善于调动所有的感觉器官，眼、耳、鼻、手、嘴等并用，用全感采访，使对事物的认识从感性上升为理性。让事实说话，让事实过程——记者调查采访的过程说话，这也是调查性采访在评论性节目中论据形象化的个性体现。

3. 观点性采访是取得论点和展现论证的过程。论证是运用论据证明论点的推理过程，因此要求记者在现场采访调查中要有编导意识，要考虑到后期编辑层层分析推理的严密逻辑关系，通过采访得到多种有分析性的观点、意见。论证群体化是电视新闻评论性节目的特色。

论点是对所论述事件、问题表示的意见和态度，是对问题的高度概括和提炼，它是评论性节目的灵魂。调查性采访的最终目的是为论点提供有说服力的材料依据。在材料基础上，记者、主持人发表论点，点石成金地提炼思想、深化主题。以引人深思，起到舆论导向作用。

4. 调查性采访要求处理好以下关系：充分准备和随机应变，感性印象与理性思考、舆论导向与客观公正、交流式采访与思想交锋、明察与暗访，还应掌握好心理较量的技巧。

调查性采访，由于记者和被采访对象之间是“揭”和“捂”的矛盾关系，因此，采访难度更大。采访是一场探讨事实真相的战斗，是一场是与非的较量，也是双方智慧与心理的较量。调查采访也因此更具挑战性，更能锻炼记者的采访能力。

## 思考题

1. 调查性采访与调查报道的关系是什么？
2. 调查报道有哪些题材分类？
3. 什么是事实性采访？如何做好事实性采访的材料取证？
4. 什么是观点性采访？如何做好分析论证与论点阐述？
5. 调查性采访的要求是什么？
6. 调查性采访的心理较量技巧有哪些？

# 第九章

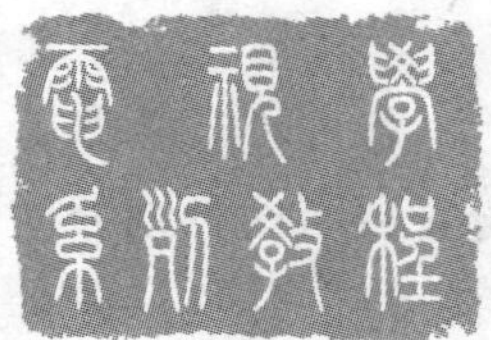


# 人物专访

人物专访是一种以交谈和问答的方式同采访对象进行交流，人物选择带有定向性、传播意图十分明确的专门访问。

人物专访也是一种吸引人的报道方式，体现着较深层次的信息交流，需要高超的采访技巧。世界上许多著名记者都将专访作为特别难得的机会和主攻方向加以重视。

电视屏幕上展现的人物专访已经逐步发展成为重大报道的组成部分和固定的节目样式。

美国广播公司的《20/20》节目专门设置了由名主持人巴巴拉·沃尔特斯主持的名人专访栏目，在美国社会产生了较大的影响。我国中央电视台《东方时空》节目中的“东方之子”栏目，在国内最早推出名人专访的形式，吸引了很多观众的注意力。凤凰卫视的《杨澜工作室》的人物专访成为节目表现形态的主要特征。

电视人物专访同报纸、广播中的人物专访相比较，既有共同点，又有很大区别。共同之处是二者都是以记者与采访对象之间的谈话为主要的内容；不同之处是电视人物专访由于引入屏幕，不但能够传达信息而且能够传达印象，而且在表现形式上更为灵活多样。

## 一、专访的类型与特点

人物专访的类型划分可以依据不同的概念、属性、标准进行分类。

归纳起来，中外新闻界关于人物专访的类型划分主要有两种划分标准。一是依照人物身份进行类型划分；二是依照专访的主要题目进行划分。

### 1. 不同人物的专访

依照人物身份进行类型划分，主要类型有：名流专访、权威人士专访、新闻人物专访。

#### *(1) 名流专访*

名流专访的特定对象是：有一定社会名气的公众人物，往往是某个领域、某个流派的代表性人物。

主要传播意向是：产生名人效应，吸引观众。

采访风格是：轻松型和严肃型兼而有之。

表现形态是：可以作为固定栏目定期播出，也可以作为一档节目中的组成部分穿插进行。

名流专访又可以细分为不同类型的名人的采访。

通常，主要有这样一些类型：艺术界名流、娱乐界明星、政界首脑、风云人物、科学家、文化名人、学者等。

名流专访的最大特点是：

其一，采访对象有一定社会名望，在某些领域有较为特殊的表现和成就，是公众认可的著名人士。因而，他们在电视上的露面本身就能够吸引观众的注意力。

其二，作为社会名流，他们在电视上亲口讲述的内容可以使观众产生较大兴趣，特别是可以增强真实性和可信性。

其三，可以展示名流们的不同风貌，不同个性。许多人物的言谈举止，给观众留下了较深刻的印象。

其四，由于名流专访的采访，大都由著名记者或主持人来承担，因而可以产生双向的名人效应。在西方电视界，名记者或名主持人对名流的采访，常常被看做是富有“魅力”的电视节目。

早在20世纪50年代初，美国著名记者爱德华·默罗就创办了《面对面》人物专访节目。在这个节目中，他采访了500多位社会各界名流和政界要人，包括1956年对中国总理周恩来的专访。默罗在《面对面》节目中，充分利用电视的特点，在以谈话交谈为主的同时，还穿插画面展示名流们的生活、工作、环境以及个人爱好。直到今天，默罗的专访节目仍然是美国新闻院校的教学例证材料。一般认为，默罗是电视人物专访节目的推动者，他开创了一种轻松的人物采访风格，并且将轻松的风格同高超的采访技巧结合起来。

◁ 图9–1 美国著名记者默罗开创的《面对面》专访节目 ▷

1993年5月，中央电视台《东方时空》中的“东方之子”栏目开播，至今已采访了众多的社会名流，其中仅学者型的社会名流就有上百人之多。“东方之子——浓缩人生精华”这句节目的提示语非常凝练，它概括了“东方之子”栏目的传播意向。也正是由于该节目选择的社会名流们身上所具有的独特“魅力”以及他们那令世人赞叹的精彩人生旅程和非凡的表现，深深地感染了观众、打动了观众。

名流的专访作为一种节目样式，确实是独具特色的。“《东方之子》节目的主要标志是人物访谈。访谈是一种节目形式，也是我们的表达方法。从世界电视节目的发展看，‘访谈’是一种趋势，而在国内却非常稀薄，可以说《东方之子》是开创性的。”*（时间：《精神的田园——“东方之子”学人访谈录》，5页，华夏出版社，1996）*我们看到，在《东方之子》栏目的带动下，我国电视屏幕上的名流专访越来越多，也越来越成熟。出现在新闻节目、体育节目、文化节目、文艺节目等各种类型的节目之中，表现方式也朝着多样化方向发展。

◁ 图 9-2 中央电视台“东方之子”专访节目 ▷

### *(2) 权威人士专访*

顾名思义，权威人士专访即是对在某些领域具有一定权威的人物的采访。

权威人士专访的目的是：体现权威性，增强报道的说服力和可信度。

特定对象的选择是：社会政治、经济、文化等领域中的专家、学者、政府部门的负责人等具有一定发言权的权威人物。

采访的风格是：庄重、严肃、客观。

表现形态是：可以作为报道的组成部分，也可以作为独立的节目。

权威人士专访主要的特点是：

其一，访问对象具有权威性。

同名流专访相比较，权威人士专访选择的对象可以是社会知名人士，也可以不是，但却一定是某个方面的权威性发言人。

举例来讲，一个医学界的博士，他可能在社会范围内没有特别的知名度，但他在医学领域的某方面是一个权威，那么，他在该领域内就有权威的发言权。记者可以根据报道需要，就相关的题目，选择类似这样的人物进行专访，以体现报道的深度和可信度。

其二，采访的侧重点不是个人的活动，而是着眼于客观物质世界的不同领域。

名流专访一定是选择社会名气比较大的公众认可的名人，采访的侧重点是：名人自身的生活、工作、个性。

权威人士采访的侧重点则是：社会现象、问题的揭示；思想、观点的披露；对重大新闻事件的反应、分析、评介；对国家和政府的方针、政策的解释、阐述。有些权威采访涉及个人生活，但往往衬托一定时代背景，有特定社会意义。

其三，权威人士的发言具有一定代表性。

在某种程度上讲，权威人士专访特别注重人物身份的代表性，这些人物在报道中起到的作用不仅体现权威感，而且具有一定代表性。而名流专访则比较注重人物身份的特殊性，报道的内容往往突出人物的特别之处，以展示人物的个性。有些权威性采访，允许权威人士持不同观点、不同看法，甚至允许思想观点的交锋。

其四，权威人士专访的结果将在社会上产生一定反响，引起公众的关注。

由于报道题目的重要程度和采访对象的权威身份，采访的内容具有一定深度，因而，这类采访能获得较为明显的传播效果，以至于引起国际社会的反响。

其五，权威人士采访本身具有新闻价值。

1986年9月，美国哥伦比亚广播公司《60分钟》资深节目主持人麦克·华莱士在北京中南海独家采访了当时的中共中央顾问委员会主任邓小平，成为第一个在电视上专访邓小平的电视记者。这次持续一个小时的专访本身已成为一条重要的新闻。邓小平表示愿意在任何时间、任何地点同戈尔巴乔夫会晤。世界许多政界首脑和舆论界对专访的内容加以研究和评价，苏联总统戈尔巴乔夫作出反应，准备在合适的时候到中国会晤邓小平。

其六，权威人士专访在一定程度上也具有名人效应。

中央电视台《焦点访谈》节目主持人水均益善于抓住时机专访了许多国际政坛上的风云人物。其中包括美国前总统克林顿、原国务卿基辛格、联合国秘书长加利、英国首相布莱尔、巴勒斯坦领导人阿拉法特等。这些权威人物的专访为中国观众了解国际政坛人物打开了一个窗口，事实上起到了名人效应。此外，他们对世界事务所持的观点、态度以及对中国问题的看法也引起了观众的特别兴趣和不同程度的反应。

其七，权威人士专访讲求时效，具有新闻由头。

目前，每当世界上发生重大事件，权威人士的专访就紧紧跟上。特别是在一些反应性报道中，权威性采访成为必不可缺的组成部分。

比如在美国有线电视网（CNN）的一天 24 小时全天候新闻报道中，反应性报道占有很大比重，而多数的反应性报道是通过权威人士专访来体现的。

1990 年海湾危机的报道，其基本的内容由两大部分组成，一是战场的动态；二是世界各国首脑、专家的反应，节目大部分时间安排的都是权威人士的专访。这些权威人士的专访大都具有一定的新闻性，讲求时效，讲求新闻由头。

其八，权威人士专访具有深度，有分量，是一种深层次的采访。

权威人士专访被比喻为“重量级”的采访，其含义不仅仅是指人物本身有社会名望或较高头衔，还指采访的内容具有一定分量。

在 1997 年香港回归的报道中，中央电视台专门在 72 小时节目中穿插了对香港权威人士的专访。凤凰卫视中文台在 60 小时节目中也穿插了大陆和香港的许多重量级权威人物专访，包括国际上的重要人物。

从发展的趋势看，权威人士的专访越来越受到电视机构重视，应用范围也逐步得以扩大。

### *(3) 新闻人物专访*

新闻人物专访的主要特点是：人物本身带有新闻性，专访讲求时效性。

△人物选择的着眼点。

新闻人物专访的人物选择比较宽泛，但要体现新闻性，即人物本身一定是新闻人物。主要包括：

其一，重大新闻事件的当事人，或重大事端的挑起者、制造者；

其二，科学技术领域中成就突出、重大成果的获得者；

其三，政治、经济领域中对社会生活产生重大影响的某些提出和实施新举措的核心人物；

其四，文化、艺术领域中取得新的辉煌成就，获得国际国内认可、拿到大奖的人物；

其五，体育活动中创造国际、国内新纪录的人物；

其六，做出平常人难以想象的、令世人惊讶、赞叹的、特别事迹的人；

总之，新闻人物专访选择人物的着眼点首先是新闻性。因此，新、特、奇是人物选择的代表性特征。

△同人物新闻报道的区别。

新闻人物专访同动态性人物新闻报道有所区别。二者虽然都是报道新闻人物，但在报道方式、报道侧重点、表现形式、表现元素调动和报道时机选择等方面都有很大区别。其中，主要的不同点是：

第一，报道方式与表现形态不同。新闻人物专访属于深度报道，主要采取的是谈话交流的形式，访谈是其主要表现形态。人物新闻通常采取消息、特写方式，活动画面加解说是其主要表现形态。现场氛围的烘托是新闻人物报道的优势，因而，它是一种形象画面的报道形式。它可以穿插人物采访，但比较简短，而且大都在现场同期进行。而专访的采访地点比较灵活，可以在现场，也可以在其他场所。它要求有特定的时代背景和新闻事件背景作衬托，但侧重访谈内容的“纪实性”呈现，给观众以独特的视觉、听觉感受。

第二，报道的侧重点不同。新闻人物专访大多以新闻事件为由头，深入挖掘人物的内心世界、思想观点、精神风貌或事件的缘由，报道侧重点是从不同侧面深层次展示人物的特点。人物新闻大多以人物的新闻活动为依托，侧重报道人物的事迹、行为。概括地讲，新闻人物专访是专题性报道，新闻人物报道是动态性新闻。

第三，表现元素调动不同。新闻人物专访在表现元素的调动上以采访交谈和问答为主、声音元素、主体画面呈现是记者和采访对象的交流过程为主。而人物的活动画面、音乐、字幕、特技等元素是为了配合专访而调动的，所以要根据声音传达的特定需要而插入使用。人物新闻大都以现场的人物活动画面为主要表现元素，采访的插入往往简短、快速，甚至只有一个片断，或者根本没有。

第四，报道时机选择不同。新闻人物专访和人物新闻报道都讲求时效性，但在时机的选择上有所不同。新闻人物报道往往体现动态性和即时性，报道时机选择大都是新闻刚刚发生或正在进行之中。例如，报道吉尼斯纪录的创造者，报道体育项目破纪录的运动员，结果一出来就立即报道，甚至就在现场抓拍。新闻人物专访不能够在事件正在进行的现场进行，因为还不知道结果。通常，报道时机选择是在新闻人物活动有了结果或持续一定时间之后。在一些特别重要的新闻人物专访中，可以在人物活动过程中选择恰当时机。例如，美国前总统克林顿访华期间，其活动作为重大事件重头报道要持续一定时间，对中国观众来讲，此时的克林顿成为关注的焦点，成为新闻人物。《焦点访谈》节目不失时机地争取到采访机会，对克林顿进行了专访。

第五，报道长度不同。一般来讲，人物新闻比较短，最多不超过 3 分钟。新闻人物专访则相对要长一些，大都在 3 分钟以上，重要的采访在 10 分钟以上。因为一定长度的专访，才能够容纳比较深层的内容。

以上，我们从几个主要方面阐述了新闻人物专访同动态性人物新闻报道的区别。通过比较，从中也就抓到了新闻人物专访的基本特点。

归纳起来，新闻人物专访是具有一定深度的专题报道，人物新闻是具有一定动态性的消息报道；新闻人物专访以访谈为主要表现形态，人物新闻以活动图像为主要表现形态；二者都讲求时效性，现实性，但在时机的选择上有所差别；二者都以表现人物为主要内容，只不过侧重点有所不同。

需要强调的是：新闻人物专访作为具有一定深度的专题性报道，要求记者在传播意向、报道内容、专访形式、采访方式、问题设计、提问技巧、表现元素调动等各个方面进行通盘考虑。

### 2. 不同题目的专访

依照不同报道题目，人物专访的侧重点和主攻方向，可以分为这样

图 9-3 美国前总统克林顿访华

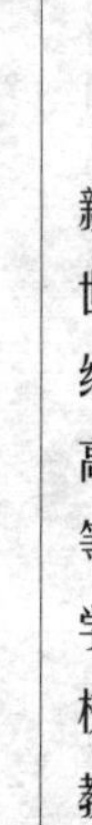

几种类型：观点采访、信息采访、个性采访。

观点采访侧重于思想观点的揭示；对社会问题的看法、主张；透露重大事件实质性内容。

信息采访侧重于提供新的情况、新的动态、新的趋向；披露事件的原委；透露新的具体计划、措施、打算、设想。

个性采访侧重展示人物的风貌、人物的突出表现；人物的思想境界、内心世界；人生哲学、世界观、突出人物的个性特征。

在一定程度上讲，观点、信息、个性专访是针对不同的报道题目和侧重点而进行的区分。在实际采访当中，记者的提问和采访对象的回答大都涉及观点、信息、个性。也就是说，这三者是相互渗透的，相互交织的。不过，由于报道的题目不同，在每个方面又是有所侧重的。因而，在采访实施过程中，既不能将三者等量齐观，又不能截然分开。

一般而言，事件性专访以透露信息为主，常常通过采访当事人或参与者以及新闻发言人来进行。问题性专访以披露、阐述观点为主，主要通过权威人士、代表性人物来进行。名流或新闻人物的专访以揭示个性为主，主要通过采访社会名流、公众人物及有显著特点的人来进行。

### *(1) 观点采访*

所谓观点采访就是记者向采访对象提出某种实质性问题，然后由对方表明态度，阐述自己或所代表的机构的观点、立场、态度、主张。

一般情况下，观点采访大多是对知名人士的采访，而这些名人又是各自领域的权威、专家或有一定职务的官员。他们发表的意见不仅代表某一领域、某一流派、某一阶层的观点，而且还有一定社会影响。

因此，记者进行观点采访时，基本的要领是：摆出问题，引出对方观点，然后再根据对方观点进一步展开问题。观点采访是有一定难度的，要求记者具有哲学头脑、学者风度、思想家的气质。这是因为观点与思想采访通常都要采访政府要员、各界名流、权威人士，而这些人一般都头脑清醒，见过大世面，记者若没有一定水平，难以胜任这项工作。

观点与思想采访范围较广，包括政治、宗教、道德、社会及各种经济问题的争论，以及对反对观点的验证。记者要揭示、碰触这些观点与思想，唯一可选择办法是广泛深入研究整个事件或某一人物的背景材料。

美国电视新闻超级新闻节目主持人沃尔特·克朗凯特 1952 年为报道总统选举活动，花了一春一夏的时间，研究美国政界要人的资料，从而使他在报道中的观点采访大获成功。又如哥伦比亚广播公司《60 分钟》节目首席记者迈克·华莱士 1986 年为采访中共中央顾问委员会主任邓小平，曾用几个月时间搜集有关资料，研究背景，设计问题，使他的提问有相当的深度。

作观点与思想采访，记者一定要有充分准备。对采访对象的观点、思想以至人格都应有所了解，有所研究。因为如果记者对此一无所知或知道甚少，就难以找出采访对象与其他人观点的不同之处，也就无法确切了解采访对象对某一问题的真正观点。

反过来说，记者事先若对采访对象了如指掌，就比较容易发现其新观点、新思想。第一个进入美国电视网的著名美籍华人电视新闻节目主持人钟康妮曾说过，在她报道白宫新闻时期，她对美国历届总统的主要经历以及观点、思想都作过较为深入的研究。所以她的采访得心应手。

许多政治或外交家往往不轻易透露自己的观点，这时就要全凭记者的经验、学识、机智来应付这种场面，迫使他们道出自己的观点与思想。首先得在思想上能同采访对象交流，否则采访就难以进行下去——即使进行下去，也不会有什么结果。

在验证某些思想观点时，记者有时亦可充当一个对手的角色，用从权威人士或有关方面获得的事实来抛砖引玉。比如，采访有关人口控制问题时，记者可以说："昨天某某评论说……"而不说"某某可能会对此做出这样的回答……"记者一般从不把结论下在前面，因为那样做，采访对象就会认为那是记者的观点，甚至会同记者配合下去。

有些探索性的问题，往往容易引起争议。记者在采访时要特别注意传播效果。是分别阐述不同观点，还是解释其中有代表性、方向性的观点，取决于探索性人物采访中是否包含有突出价值的观点。

### *(2) 信息采访*

信息采访的侧重点是传达新动向、新情况、新趋势。

信息采访要围绕事件本身及产生的连带反应进行提问，以求透露更多的信息。事件专访的采访对象选择可以是当事人、目击者，也可以是能够对事件发表看法的人。例如，海湾战争期间，CNN 运用专访形式，进行了多侧面、多角度披露新动向、新情况的信息采访，在全方位整体报道中产生一定影响。

信息采访属于为公众提供信息的一种采访类型。在这种采访中，记者主要是从对方口中为观众获取信息，而不是为了让对方发表观点。这种信息可以由事件的“制造者”提供，这类事件往往是正在进行之中，信息同事件发展密切相关。也可以由某一领域的权威、政界要人来发布，这类信息往往是比较重要的、外界欲知或未知的。如1986年邓小平同志接受美国哥伦比亚广播公司《60分钟》节目主持人迈克·华莱士的电视采访时，就发布一则重要信息：只要中苏关系的三大障碍得到解决，邓小平愿意在任何时间任何地点与苏联领导人戈尔巴乔夫进行最高层的会谈。

由于信息采访的主要目的是为了获取信息，因而记者一般都准备好完整的文字材料，从中整理出最重要的内容。采访对象既可以直接提供所要发布的信息，也可以依据某一事件或目的发布信息。

如果采访对象不善于上电视，记者一般都事先准备好一份详细的提纲提供给对方，并像现场即席一样先预演一次，以求取得最佳效果。电视采访不同于文字采访，只要一上镜头就难以修改，因此不论做哪种采访，记者都十分重视屏幕形象和效果，既要把采访搞得生动活泼，又要给观众一种采访是现场即席进行的印象。

有些复杂的有一定深度的新闻事件采访也属于信息采访的范畴。这种采访的目的，主要也是给人提供一种信息。值得注意的是，与新闻事件有关的重要人士接受采访时，往往把所提供的信息与其观点融为一体。这时记者就要分辨清楚哪些是信息，哪些是对方个人或所代表的团体或党派的观点。

### *(3) 个性采访*

个性采访注重人情味，力求以揭示某个人物的个性来更全面地反映一个人的本来面目，以便吸引观众。

在单独进行个性采访时，记者的落脚点不是在观点或信息上，而是在对方的个人生活、兴趣、工作、娱乐等方面上。而一般观众对名人的这些方面恰恰极有兴趣。在对名人进行严肃的采访时，高超的记者有时也穿插作一些个性采访，以配合观点，信息采访。比如华莱士曾询问邓小平的家庭、工作、业余活动等方面的情况。

从发展的趋势看，最成功的个性采访似乎在朝着探究个人思想、揭示个人信念和行动的方向发展。记者在正式采访前，首先研究采访对象的全部背景资料，从中筛选出关键性的问题，一一列出问题，并按逻辑顺序提问。这类问题概括起来大致有以下几个方面：

成长阶段：童年、少年、青年、中年、老年。抓住每个年代的特点，寻找不同年代的不同变化。

家庭：父母、兄弟姐妹、妻子或丈夫、孩子对他或她产生的影响以及本人对家庭生活的看法。

转折点：是什么时候在事业上发生了转折点？促成转折点的关键因素是什么？

成功的标志：为什么获得成功或成就？是什么动力促成成功？靠个人的奋斗还是受到某人的帮助或赶上了某种机会？

个人信念：有什么样的个人哲学？对从事的事业、追求的目标如何？为什么？对整个人类有何信念？

个人习惯与特点：对生活、工作、学习、娱乐的态度以及与众不同的地方。

## 二、专访的步骤与形式

电视屏幕上的人物专访同广播、报纸的人物专访既有共性的一面，又存在着个性特点。在专访的具体步骤和形式上，电视人物专访有其独特的要求和方式。

### 1. 专访的具体步骤

虽然每个记者都有各自的一套采访技巧，但是，只要剖析一下人物采访的程序，不难发现大体有以下十个步骤是每一个记者必须把握的。

第一，采访目的越明确，采访就越容易成功。

在人物专访中，采访的双方都应了解这一目的，这样双方就会按着这一目的的思路进行谈话。当然，有些采访纯粹是探索性的，无具体的目的可言；有些采访一般要对各种广泛的题目进行漫谈，不能局限在某一个思路中。

第二，研究背景材料。

这或许是所有步骤中最重要的一步。

正式采访前，通常要阅读所有能找到的涉及采访对象的资料，并做笔记……在进入提问阶段时，知道应该问些什么问题。

有一点是不言而喻的：你从一次采访中得到多少东西取决于你投入多少东西。表面的研究只能产生毫无价值的信息。

第三，请求采访约见。

首先要考虑的问题是："为什么这个人会同意我的采访呢？"倘若你有充足的理由并能解释它，你就不会遇到什么麻烦。

以下列出的是同意采访的一些标准理由：

获得认可和宣传的机会；

发布他自己的消息的机会；

成为一个"教育者"的机会；

阐明立场或消除误解的机会；

影响或给他人留下印象的机会；

新奇的体验，自我膨胀；

文字见诸报端，使之流芳百世。

以下是不同意采访的一些标准理由：

对采访者的动机表示怀疑；

没有时间；

对采访者处理复杂信息的能力缺乏信心；

对能否给出正确的答案没有把握；

害怕或担忧。

很显然，采访的请求应促进积极因素，消除被动因素。具体联系可通过电话进行。首先在电话中作自我介绍，解释采访目的及运用信息的目的。然后，再请求采访，约定好时间、地点。

比如，采访一位教师，如果只是说："我可以就教育问题采访你吗？"可能会立即遭到拒绝。那么，不妨这样开头："某某先生，跟我讲讲在你班里发生的令人兴奋的事情……也就是你让他们演一些剧中人物的角色的时候……你主持游戏活动很不错，所以我有一个印象，在你教的班里有一些令人兴奋的事情。我对此很好奇。你是怎样想出这些主意的？我想跟你谈谈您的经验，并在电视专访节目中采访您。”

这样做不仅可以获得采访的机会，还会激发对方的思想。当你们见面时，对方肯定还想到了教育问题。其结果是会产生一次富有成效的采访。

第四，拟订初步的计划。

在获准采访之后，首要的一件事是要着手准备采访计划。采访准备得越细，采访就越容易得到与计划相一致的机会。

准备和计划给记者一种安全感，如果出现差错，不至于措手不及。在采访过程中，如果出现没有准备的关键问题时，记者就可以轻松地放弃已经准备的计划。这种出乎意料的转变，会使你耳目一新，而这往往是记者采访的精华。

第五，会见采访对象及打开局面。

在《接触：最初的四分钟》一书中，美国作者伦纳德·朱尼恩认为，在初次见面的最初几分钟内如何打破坚冰将决定整个采访怎样进行下去。在这几分钟内，采访对象在判断你：你是否有诚意？你是否值得信赖，是否有能力处理我提供给你的信息，并且如愿地写出有关我的情况？所以，采访前的简短谈话是至关重要的。应尽可能富有人情味，给被采访者以信任感。

第六，开始正式采访。

你提出带来的问题，然后倾听对方的回答，注意从谈话中提炼货真价实的内容。

专访的难点是：驾驭采访对象的能力和把握提问进程。因而，正式采访时，一定要全神贯注。

第七，建立和睦的关系。

如果能建立和睦的关系，即使采访开始时有点不妙，随着谈话继续下去也会得到解决。

一个好的记者应有能力控制采访对象对提问作出的反应。记者要注意不要用众所周知的问题使对方感到枯燥无味或者用棘手的问题使对方感到尴尬。记者应知道怎样换挡、加速或减速，或提出更富挑战性和趣味性的问题。

第八，适时提出尖锐的问题。

真正成功的采访大都包含尖锐的问题。一位外国小说家曾经提醒说，他发现最好的人身上有30%~40%的恶行，最坏的人身上也有30%~40%的好德行。

任何一个刨根问底的记者可以把这一提醒作为一个参照，并在采访中始终不忘这一点。这样就可以间接地把问题引向敏感方向。如果你要针对某个人提问棘手的问题，可以先旁敲侧击。例如，采访一个人的事业成败问题，不妨先为他提供其他人或是他知道的名人在事业上成败的信息，这样做就比较容易展开话题。

最简单最稳妥的办法是，让尖锐的问题落在一个保险的舞台上，就好像在一个居民区砍掉一棵树而不伤害任何人一样。简单地一下子把树砍掉，会伤着邻居。所以一次只能砍一点儿，慢慢地用绳子把树拉倒。这样做没有任何害处，只是用的时间长一点儿。

第九，恢复和睦的关系。

如果方法得当，提出的尖锐的问题并没有伤着采访对象，那么，重新恢复和睦的关系不会有多大问题。在这个基础上，记者要谨慎、婉转而有力地说明这类问题对公众来说是至关重要的。

第十，结束采访。

结束采访的程序有以下几个方面的基本环节：

采访必须在规定的时间内结束——除非又特别增加了时间。一般来说，两个小时的采访是最高限度。如果要延长，最好重新约定时间，这样双方都可以重新考虑问题。

记者可以在轻松的气氛下，向对方表示结束采访的意图，这样做之前，想一想是否已经得到了你想要得到的东西。

问一下对方，看他是否还有想说的话。他通常会回答你没有问到但却是应该问的问题。

在采访中提到的文件、材料，可以这时索取。

当你准备离开时，再问一下如果有问题是否可以打电话询问。

再见——十分感谢你的帮助。

有经验的记者一般都明白：一些最好的、最适合引用的话往往是道别时等到的。在这时，对方经过“正式”的谈话后，已经轻松下来，很有可能提供有趣的逸事和观点。记者这时一定要留意倾听，并在事先提醒摄像记者不要关机。

### 2. 专访的表现形式

电视人物专访的表现形式由单一形式走向多样化，其表现形式已经成为节目样式的突出特点。过去，人物专访的方式基本上是一问一答，记者和采访对象端坐在电视屏幕前。现在，专访表现形式有很大变化，主要有这样一些形式：

其一，用画面加解说进行提要式引入，然后进行一对一采访问答。美国的著名女主持人巴巴拉·沃尔特斯对前总统布什夫人的专访就较好地运用了这种形式。

其二，画外音提问，将画面让给采访对象，扩大形象画面信息量。许多明星人物的专访采取这种形式，并利用特技手段进行艺术处理。北京电视台曾播出的《正大纵横》节目中的“星光灿烂”栏目大多用这种形式进行专访，视觉效果突出。

其三，多地点活动式。许多人物专访在特定的场所进行，记者跟随采访对象，转换地点进行活动式专访。现场场景带给观众从属的信息，增强了报道感染力。《张艺谋东京对话》主要的采访形式即是多地点活动式，成为节目的表现形态。

其四，面对面直接交流式。这种方式适用于比较严肃的事件、问题专访。人物的回答、记者的提问非常引人注意，观众全神贯注倾听，没必要插入活动画面分散注意力。例如，《60 分钟》记者华莱士对邓小平专访，持续一个小时，两人面对面坐着，进入采访最佳的状态。

其五，面对屏幕式。这种形式是利用通讯卫星，进行异地专访。开始电视画面上出现两个人的图像，中间也可切换突出一个人的图像。这种形式成为西方电视界人物专访中的常见方式，在我国重大体育比赛的报道中也经常采用。

其六，电话访问式。利用电话进行专访并配以图表、图片或者典型画面，是进行异地采访的有效方式。有时，由于条件限制，画面拍摄有困难；有时，采访对象不大愿意露面。在这种情况下，电话就成为有利的工具。电视新闻报道中的电话采访，除了记者同采访对象之间进行交流外，记者同记者之间根据报道需要，也可以进行一定长度的对话。

图 9–4　巴巴拉采访布什总统夫人

任何事物的内容都存在于相应的形式之中。人物专访同样要依据节目内容，寻求适当的形式传达特定内容。

在电视节目中，内容对形式起决定作用，但形式不仅作用于内容。没有不体现内容的纯粹的形式，也没有不借形式来表达的赤裸裸的内容。当形式是内容的表现手段时，形式和内容的联系是十分紧密的。如果把形式同内容分开，就等于取消形式本身，反之，亦然。因此，二者是相互依存不能割裂的。

以什么样的形式进行人物专访，取决于内容的规定。所谓随物赋形，并不是将内容的决定作用绝对化，而忽略表现形式的能动作用，那无疑会有碍于内容的传达。

## 三、专访的基本要领与创造发挥

电视人物专访的成功，需要记者在掌握基本要领的基础上，进行创造性发挥。

专门研究电视采访的美国俄勒冈大学研究生玛格丽特·莱恩曾就电视采访问题在俄勒冈州采访了 20 位电视记者，并阅读了大量有关这方面的书。她发现在文字采访和电视采访之间有一些重要的区别。但是，电视采访记者对这些区别没有引起足够的注意。相反，他们往往在电视采访中套用文字采访的方法。总之，他们不在电视独特的特征中应用他们的采访技巧。

电视人物专访提供了多方面的传播特征，例如，面部表情和形体语言有时甚至会比语言交流更能表现一个人或一种情形。“文字采访与电视采访的主要区别在于电视采访多少带有一点‘表演’特征。采访者必须做比提问更多的事。你必须设法创造一种有生气的和睦气氛，让采访对象忘掉摄像机、灯光、时间提示，在生动的谈话中充分表现他的个性，这种谈话将会告知、传播这个人的一种‘感觉’。”（肯·梅茨勒：《创造性采访》，95 页）

作为电视记者，应该研究电视的个性特征，展示电视人物专访的独特“魅力”，创造性地进行多维性思维方式，利用电视的优势。

### 1. 基本要领

根据中外记者长期采访经验积累，记者的专访成功主要取决于三个条件：

一是同采访对象的关系；

二是记者提问的水平；

三是访问对象愿意向记者透露些什么。

这三个条件是访问艺术涉及的主要因素。第一个条件是要求把握访问特点，因为访问不是单向的，而是双向的交流与合作。所以记者同访问对象关系是决定访问成功的因素之一；第二个条件要求记者掌握提问艺术，即提问的方式和技巧，因为记者不开口事实难到手，所以记者提问水平高低是决定访问成败的又一因素；第三个条件要求记者研究采访对象的心理，因为记者采访要同各种人打交道，每个人接受采访的心理都各不相同，所以采访对象在什么样的心理因素支配下接受采访对于记者的访问能够达到什么样的程度起着一定的作用。

那么，人物专访都要掌握哪些基本要领呢？

### (1) 采访基调

首先，要端正思想，把握好采访基调。

思想方式对记者提问的基调、角度有着决定性的直接关系。任何有意识的活动都是在一定思想支配下进行的，记者的提问也不例外。记者的提问存在着两种思想方法：一种是先入为主的形而上学；另一种是唯物主义的辩证思维的思想方法。

先入为主与反差现象：

提问的目的在于得到有价值的新闻事实。任何一个记者都期望访问对象能够明确回答问题并说出有分量的内容。然而，访问对象的回答并非都能构成新闻。记者时常会遇到这样的情况：对方的回答不能达到记者所期望的程度。有时，记者的期望越热切，对方的回答越没劲儿。这种反差现象往往同记者在指导思想上的先入为主有直接关系。下面的例证或许会说明问题。

体操运动员马艳红是第 20 届世界体操锦标赛高低杠冠军。1980 年在美国举行的哈特福德国际体操邀请赛中，她从高杠转体 180 度接前空翻落下时未能站稳，未完成动作。高低杠是马艳红的拿手好戏，这个动作未完成是出乎意料的。原因是她不习惯比赛使用的杠，国内训练时用的杠较硬，而那里的杠较软。马艳红失利后，马上要参加平衡木比赛。她沉着冷静，稳当地取得了好成绩。有一位记者在采访马艳红时作了下述提问：

记者：小马，对于高低杠的失利，是否给你带来一些思想负担？

回答：没有呗。

记者：你其他项目都和大家差不多，有信心再夺冠军吗？

回答：有呗。

记者：你难道就没有什么思想顾虑？或者压力、波动？

回答：哎呀，中间才间隔20分钟，哪有那么多想法，前一个失败了争取下一个好呗。

记者：你一上场，观众席上连台湾省来的华侨都喊“马艳红，加油！加油！”人不多，声挺响，你听见了没有？

回答：我一点儿也没听见。

这个例证是比较典型的在先入为主的观念的指导下提问的反差现象。从提问过程中，我们可以窥见记者的意图，即想当然认为马艳红失利后产生思想压力，而后想到祖国的荣誉激起必胜信心。记者一再追问，是期望能够上升到思想高度，然而却事与愿违。

先入为主所带来的反差现象是端正采访指导思想的一面反衬的镜子。从1958年刮“共产风”到“文化大革命”十年动乱，新闻报道中浓重的形而上学色彩是同先入为主指导思想有关联的。

今天，这种色彩虽已淡化，但却没有杜绝。这就提醒我们在提问过程中时刻防止先入为主思想的侵入。

辩证思想与差异形态：

提问过程中正确的指导思想应该是运用辩证思维的方法，把握具体运动着的客观对象。辩证思维方法运用到提问过程中，就是通过寻找差别和变化提出问题，这个过程是记者通过概念、判断、推理等思维形式发挥作用并表现出来的。为阐述清楚，我们不妨分析一下前边采访马艳红的例证。

首先，记者应该在头脑中产生一个概念，即马艳红的失利是意外差错，因为高低杠是她的拿手好戏；接着记者应判断马艳红没有因高低杠失利而产生思想负担，因为平衡木的成绩已经证明；第三步是推理，记者要推断出造成差异的可能原因。最后，记者根据比赛中出现的意外事件提出问题：“未完成高低杠比赛动作的原因是什么？”这是观众所关心的问题，也是马艳红想告知外界的问题。

在客观物质世界中，任何对象都是具体的，都是包含着多样性规定的。不包含矛盾和差异的客观对象是根本不存在的。因此，寻找差异现象是提出针对性问题的“钥匙”。

### (2) 方式选择

记者的提问方式是提问艺术构成的外部形态，采取什么方式提问取决于采访对象的合作程度及报道的特定要求。

由于记者在访问中会遇到各种不同的人，又由于记者的访问场合、报道方式不同，因而在访问中要灵活运用提问方式。

当记者得到访问对象的初步合作——接受采访之后，往往发现对方合作的程度不能令人满意。他们只愿回答记者提出的一部分问题，回避另一部分问题。有些人也许担心记者曲解或不能完全理解他所持的观点而不愿涉及更深一层的思想；有些人也许有某种顾虑而对某一事件不想表明看法；有些人也许因受到外部压力而不愿披露实质性问题；有些人也许因为谦虚谨慎而不愿倾谈个人成就……凡此种种，令记者感到棘手。遇到上述情况，必须灵活运用提问方式。

通常，记者提问方式有两种：一是开门见山，直截了当——围绕报道题目单刀直入提出问题；二是漫谈引导，迂回深入——选择与报道题目关系不大但却是访问对象感兴趣的话题闲聊，然后逐步引入正题。

在什么情况下运用直截了当的方式为好？

一些特定的报道方式要求记者必须直截了当提出问题。因为特定的报道方式有严格的时间限制和固有的方式规定，记者要在有限时间内挖出有价值的新闻事实来，东拉西扯是要失去时机的。比如，政治性较强的问答式的演播室专访、画外音问答式轻松专访都要求记者直截了当提出问题，以求得到迅速、明确的回答。

除了特定的报道方式要求采用直截了当地提问方式外，对于习惯于接受记者采访的人亦可采用单刀直入的方式提问。

在什么情况下运用漫谈的方式为好？

时间性不太强，不受固定场合及报道方式规定的访问用漫谈方式较合适。

对于情绪紧张不习惯接受记者采访或不愿同记者合作的访问对象，也必须用漫谈方式提问。

需要强调的是，漫谈的话题应该选择对方极有个人兴趣的问题，同时注意在一定时机转入正题，切忌海阔天空聊开来，最后没有丝毫有价值的材料。漫谈不是东拉西扯，而是为有目的的提问引路牵线。举例来说，如果问："请告诉我们有关市长的生活逸事？"人们往往很难回答，也许人们会知道一些，但追溯起来可能是没头没脑，零乱无章。"我想请你举几个例子"，通常也是不奏效的。有效的办法是问具体问题如：你在哪出生的？你生活的城镇怎么样？你的家庭生活怎么样？人们回答这些具体问题比回答笼统问题容易。

### (3) 规则把握

人物专访是双向交流，然而在交流的过程中，记者是采访的主体，采访对象是客体。因而，记者怎样开口、怎样提问是大有学问的。

记者的提问是一门艺术。提问是检验记者逻辑思维、判断事物、应变能力及口头表达能力的最佳尺度。

提问艺术的特征蕴涵于记者的创造性采访活动之中，往往是不能一目了然的。因而，把握提问艺术首先要掌握提问规则。

其一，准确清楚，切忌含混不清。

记者提问所表达的意思一定要含义准确，表达清楚。这是最起码的要求。如果记者提问含混不清，词不达意，采访对象就会处于迷惑不解的境地。

《创造性采访》一书列举了这样一个例子：

> 记者：我想首先提出有关您个人和个人之外的一些问题。您知道，对于公众来说谈及这些问题很重要，至少是有趣的。公众有必要了解各种各样的确实的信息。如果人们清楚了您所描绘的那个时代的环境和在您儿童时代所经历的各种遭遇，他或她将理解有关人生观的问题，以及……
>
> 采访对象：那么你是要问我是在哪儿长大的啦？
>
> 记者：是的。你知道这是很重要的。对于……
>
> 采访对象：我1932年6月10日出生在SANDUSK，OHIO。我是一个抑郁的孩童。作为一个孩子我最清楚的记忆是第二次世界大战。看在上帝的份儿上，为什么你刚才不提问题呢？我们是不是继续谈论这个题目？

这个例子告诉我们记者提问绝不能含混不清。记者提问最基本的要求是准确清楚。含糊、复杂的问题往往得不到明确的回答。

其二，讲求逻辑、切忌思路混乱。

如果提出四个逻辑上没有联系的问题，得到的回答则一定是支离破碎的，甚至连事件的来龙去脉也搞不清。

其三，讲内行话，防止话不投机半句多。

任何学有专长的人都感到，同他的专业领域一无所知的人交谈，是件索然寡味的事。科学家、音乐家、作家、政治家以及有名望的人往往轻视那些对他们的活动不甚了解的记者。俗话说，到什么山唱什么歌。对于记者来说，就是要会讲采访对象的语言。对访问的人及从事的活动一无所知便前去采访是一种危险的尝试。

其四，具体明白，切忌笼而统之。

记者访问如果提出笼统、较大的问题，对方往往很难回答。例如，采访教育部门负责人，如果问：请你谈谈对教育问题的看法，对方往往感到茫然。或者回答时讲些笼而统之的官话、套话。如果记者将问题具体化则能够使对方既不好回避问题又能提供具体的情况。记者可以问这样几个问题：目前教育面临的主要难题是什么？是经费问题呢？还是师资短缺、外流？或是其他困难？你认为解决这些困难首先应该从哪些具体方面努力？目前采取了什么具体措施？今后有什么打算？记者可以根据采访意图将问题分类，比如：中小学教育、大学教育、在职教育等。教育问题是一个全社会关注的且同每个家庭都有关联的问题，因此记者提问还要视不同采访对象而提出恰当的问题。你不能向一个普通教师问教育经费预算问题。记者要根据采访意图选择不同的对象，提出具体问题。

记者在提问过程中，一定注意问题不能太大。例如，全国科学技术奖励大会期间，有位记者采访陈景润，开口就说：请问 1+1=2 这道题在数学上是什么样的难题？陈景润说，这个问题太大了，几句话怎么能说清楚呢？美国有个初出茅庐的记者采访世界氢弹之父泰勒时，这样提问："可否请您解释一下相对论与现代空间时代的关系？"泰勒回答说："我怎么解释呢？爱因斯坦用了 13 年的时间才确立了这个公式。"

其五，先易后难，不要引起关系紧张。

一般情况下，记者提问往往先提出容易回答的问题，尖锐问题往往在后边提出来。除开记者招待会、新闻发布会等特别形式，先易后难的规则是记者在大多数场合提问所遵循的规律之一。《创造性采访》一书在采访应用一章中，专门就提敏感问题采访了一位有 10 年采访经验的记者。这位记者说："我试着在采访过程中的最后时刻提出这类问题。我常常先提出一些容易的问题，让他们轻松地回答，使他们的情绪松弛下来，然后在最后再击中要害。"*（肯·梅茨勒：《创造性采访》，156 页）*

其六，分门别类，切忌主次不清。

记者对采访的内容、范围进行了重点研究后，将问题分门别类进行归纳。在归纳过程中注意不要将问题等量齐观地一一摆出，而是要主次分明。通常，将重要的问题一一列出，争取在有限时间内采访到有价值的内容。

## 2. 创造发挥

电视人物专访并不是图像加上声音的简单采访。理想的电视采访，应该是传达某种信息，某种印象，某种只能用电视媒介才能传达的重要东西。

成功的专访衡量标准是：给观众留下深刻的感觉和印象、左右提问、掌握采访进程、驾驭被采访者、达到理智水平。

### *(1) 主动、积极、创造*

成功的电视人物专访包含着创造价值。

记者的采访不是被动的、消极的、模仿的，而是主动的、积极的、创造的。

◁ 图 9–5 华莱士采访邓小平 ▷

《60 分钟》节目主持人麦克·华莱士在采访邓小平时，首先以漫谈的方式同邓小平进行交流，巧妙地表露了他的意图：

华：我把今天同你的交谈看成是一次非常难得的机会。因为像你这样的人物，我们记者不大容易得到专访的机会。

邓：我是一个普普通通的人。

华：我希望我们在一起的一个小时对你是有趣的。

邓：我这个人讲话比较随便。因为我讲的都是我愿意说的，也都是真实的。我要我们国内提倡少讲空话。

华：你有没有接受过一对一的电视采访？

邓：电视记者还没有。与外国记者谈得比较多的是意大利的法拉奇。

华：我读了那篇谈话，感到非常有趣。法拉奇问了你不少很难回答的问题。

邓：她考了我。我不知道她给我打多少分。她是一个很难对付的人。基辛格告诉我，他被她克了一顿。

华：是的。我采访过法拉奇。但我也问了一些她很难回答的问题。

这段采访的三言两语的对话，至少表白了华莱士的四个意图：第一句对话表明他对此次专访的重视。老练的华莱士深知只有在访问对象确认记者确有诚意并非常重视访问的情况下，才能得到对方的信任，进而达到双向合作。第二句话道出他素以硬性采访著称，对美国政界首脑经常进行咄咄逼人的提问。第三句对话显示他的专访对邓小平是开创性的第一次电视一对一专访，这在某种程度上提高了此次专访的新闻价值。最后的对话用意在于引起邓小平对他本人的重视，因为他曾向难以对付的法拉奇提出过难以回答的问题，说明他本人也不是等闲之辈。

这段对话分析充分证实了记者在提问过程中创造力的作用。虽然华莱士采取的是漫谈方式，但每句话都是有意图的。

作为记者，高超的提问技巧应该达到这样一个标准，即能够积极主动地为实现特定目的进行创造。

### (2) 技巧、对策、思路

记者采访技巧的高低不仅直接关系到提问构思、报道意图的表现，使其思想观点、新闻价值得以具体化，从而影响报道水平的高低。

提问技巧本身也包含着创造性劳动的结晶。具体地讲，记者提问技巧的发挥体现在针对不同类型的访问对象所采取的对策上。这诸种对策又以语言表达的形式来实现。

在人物专访中，电视记者的提问技巧高低是采访成功的重要保证之一。

中外记者在长期采访实践中，摸索积累了多种多样的提问技巧和对策。在某种程度上讲，技巧的运用是因人因事而异的。记者怎样灵活地提问，怎样提出有分量的问题，或者怎样巧妙地用提问方式将信息引出来，这其中确有许多技巧在起作用。

归纳起来，主要有这样六种技巧和对策可以作为参照：

其一，充当对手，展开讨论。对不同思想观点的对象进行采访时，记者采取这种技巧往往能够开掘采访深度，比较适合于思想观点的采访。

其二，抛砖引玉，唤起回忆。采访往往涉及往事追溯，有人能够倾吐，有人则不愿回忆。记者若能选择一件特别能够触动对方情感的事抛砖引玉，则会唤起对方的怀旧之情，这一技巧适合于个性专访。

其三，探索询问，留有余地。记者选取具有伸缩性的问题提问，对方可以有余地地倾吐对某人某事的看法、评价。对于表态、反映性报道采用这种方法可以避免出现绝对化的倾向。

其四，恰如其分地肯定，鼓励对方讲下去。对显而易见的成就作恰如其分的首肯，对方会感到记者理解他的事业，他会不厌其烦地滔滔道来。这一技巧适用于新闻人物和名流专访。

其五，提出疑问，“激怒”对方全盘托出。当采访对象因某些做法不被人理解，或者引起社会上的不同议论时，记者可以引用其中某些否定性议论，以疑问口气提出问题，对方会为了澄清事实，一怒之下将事由原委吐露出来。此种技巧适用于有争议的事件、人物、现象的采访。

其六，宽窄结合，灵活多变。根据不同的采访对象、不同的报道题目采取灵活多变的提问技巧，可先宽后窄或先窄后宽。即先提出一个涉及范围较广的问题，然后收回到较窄的范围，或者先小范围提问，然后再放开来谈。

以上六种技巧仅仅是从众多提问实例中提炼概括出来的，并不能包括全部提问技巧。真正能够巧妙运用提问技巧不是一件容易的事，需要借鉴前人的经验并不断地实践。

经验不足的记者采访不知从何着手，想到的问题往往是一般化。

解决的办法是：理清思路。

怎样理清思路呢？寻找差异、着眼变化、把握具体运动的客观对象。下面分析一下《正大纵横》节目的“星光灿烂”栏目中对娱乐界明星张敏和奚秀兰的专访，从中可以学到一些有益的东西。

张敏专访的提问思路：

你是什么时候进入娱乐圈的？（信息）

你是公认的美女，可你为什么不参加选美？（观点、个性，同别人比较）

你拍过电影，也拍过电视，相比之下，更喜欢哪一样？（观点）

什么人对你的影响最大？（信息）

你是许多人的偶像、梦中情人，你的偶像是谁？（信息）

平时除了拍戏，都有什么消遣？（个性）

谈一谈你的家庭状况好吗？（信息）

将来还有什么理想？（信息）

奚秀兰专访的提问思路：

奚秀兰在歌坛已有22年，获奖无数……她也是参加歌唱比赛进入娱乐圈的，是不是？（信息）

平时你总是喜爱唱国语歌曲，是不是特别偏爱？（观点、个性，同别人比较）

现在许多人都谈论退休的问题，你在歌坛这么久，有没有感到厌倦？有没有想到退休呢？（观点、变化）

你是第一位被邀请到大陆演出的女歌星，还为熊猫和残疾人义演，当时的演出都很成功，请谈谈当时的情形？（信息、同别人比较）

我知道你有一位很爱你的丈夫，你们还是圈内的模范夫妻，可不可以谈谈你的家庭生活？（信息、个性）

对比分析：

从对张敏和奚秀兰专访的提问思路中，可以看到所有的问题都十分明白具体，针对人物的实际。

张敏是一个年轻的新秀，所以问及什么人对她影响最大，最后问她今后有什么理想。奚秀兰是一位有多年艺术生涯的明星，所以问及她对退休有什么想法，最后问现在的家庭生活情况。这些问题都是观众所关心的，同时也是新的信息。

涉及张敏的个性同奚秀兰个性的问题也是有很大区别的。例如问张敏喜欢拍电影还是电视；奚秀兰是否偏爱国语歌曲。这些问题都能揭示人物的个性特色，比之泛泛而问"你有什么感受?"要高明得多。因为这些问题本身，就已经为观众透露了一定的信息。

两个人物采访将问题、信息、观点有机地结合起来。由于问题具体把握了人物同别人相比之下的差异和变化，因而揭示了人物的个性。

特别值得提及的是，问题中凡是涉及个人生活的部分口气都非常婉转。比如，问及张敏的选美和偶像，奚秀兰的退休和家庭生活，提问前都用社会上的公认看法作为铺垫，这样既表示了礼貌和尊重，又得到了信息和观点。

### 3. 多维性思维

创造性采访的特定含义是：创造性采访不仅引出信息，而且它允许进行信息交流，从而创造出一种采访对象单方面不能达到的理智水准。

记者在专访中怎样引出信息、交流信息并达到理智水准呢?

人物专访是问、听、看、想四者结合的有机采访活动，因此，记者只有进行多维性思维，才能达到上述水准。

其一，理智的提问。

理智的提问，是采访者的知识、洞察力和创造性想象力的形成，指引着采访和建议应该采访什么题目，提出什么问题；成功的采访是那种忘记了摄像机和所有一切，完全沉浸于谈话及所有敏感的问题之中。准确的提问基调有赖于记者辩证思维的思想方法。总体设计是否有的放矢在于记者对采访的人物事物的整体框架构思；提问方式运用能否自如灵活在于记者机智地选择，达到提问艺术外部形式与特定目的的融合；提问技巧的发挥凭借记者积极主动的创造力而实现。

其二，聚精会神地听。

访问要求记者精神高度集中，全神贯注地倾听对方的回答。否则很容易发生致命的问题——没有听清访问对象说了些什么，什么重要，什么不清楚，什么不对头。

初出茅庐的记者有时只顾准备提出下一个问题，考虑怎样措词，以致没能注意到访问对象因为他的漫不经心而停止不语了。记者在访问时必须竖起两耳倾听每一个回答，每一句话，每一个观点，每一个细节。否则无法向谬论提出疑义；无法澄清含混不清的问题；无法抓住话头，补充提问。

记者不但要竖起自己的耳朵，而且要带着观众的耳朵倾听。对记者来说明白清楚的问题对观众并不一定也明白清楚，记者应该排除其中的障碍。

其三，细致入微地看。

西方有位心理学家经过多次实验，证实"谈话过程中自然流露出来的体态和面部表情，并不是出于无心的偶然活动……而是具有口头未能表达出来的特殊传感意义"。很多记者在访问中对此观点有深刻体会。很显然，访问中需要记者察言观色。

观察什么？如何细致入微？

一是观察对方说话的方式。包括表情、手势、神态、语调。这些因素往往体现人物的鲜明个性。

二是观察对方对访问的反应。是紧张、激动，还是兴奋、高兴，是烦躁不安，还是滔滔不绝。这些都可以表明访问对象对问题所持的态度。

三是观察对方的外表。包括外貌、身材、服饰。这些可以体现访问对象的外部特征。

四是观察对方所处的环境。包括他拥有的财产、室内的装饰、户外的地理位置。这些可以衬托人物的生活习惯、爱好。

其四，时刻不停地想。

访问是一个艰苦的脑力劳动过程。在整个访问中，记者的大脑要转个不停，就像装上马达开动的机器一样。

想什么？如何想？

一是围绕着事件想。当对方向记者叙述一件事的时候，记者应该想事件的开头、经过、结尾是否完整，细节是否具体，数字是否确实可信，发现有漏洞、疑问，应当立即澄清。

二是围绕着观点想。当对方提出了一个观点，一条经验，记者就要认真思考这个观点是否正确，是否具有科学性，该经验是否符合客观实际，有什么普遍意义。

三是围绕着主题想。主题在专访中的体现方式比较独特，它是通过一连串的提问或在不间断的交流过程中得以体现的。记者在采访前就对主题思想有所思考，在访问中应注意挖掘新鲜、生动、能够说明和深化主题的事实与观点。

四是围绕着专访的形式想。特定的专访形式有着特定的时间长度、表现形式的要求，记者必须考虑形式与内容的有机结合。

综上所述，可以发现：记者的多维性思维就是从不同角度、不同侧面去认识事物、分析事物、反映事物。

◁ 图 9-6　记者进行采访实际上是充当观众的“向导” ▷

## 4. 观众的“向导”

电视传播的目的，说到底是为了向公众传递信息、促动信息交流。在这个意义上讲，记者进行人物专访，实际上是充当着观众的“向导”，西方电视界称之为“代理人”。

记者千万不要以为自己知识渊博、无所不知，在提问时夸耀自己的学问。相反，记者要时刻想到观众，想到怎样更好地为他们提供信息。另外，还要注意不要过多地使用专业术语，因为这样得到的回答往往是

“是的”或“不是”。这种形式的一问一答是极为枯燥无味的。

当然，有时候一个简短的“是”或“不是”可能正是记者、观众要知道的东西。但是一般情况下，总是想从对方口中得到较为详尽的回答。如果用简单的提问，无法使对方回答得详尽，最好紧接着问：“为什么?”“为什么”不是一个可以用简单的“是”或“不是”来回答的。另外，这种“为什么”的提问往往给了对方一种无形的尊敬，迫使对方发挥他的专长，回答问题，而这问题或许恰恰是观众需要了解、知道的东西。

做“向导”、“代理人”就是要时刻想着观众。记者的提问、对方的回答，不但要引起观众的注意，还应该是观众想知道的东西。如果不考虑到这一因素并加以实践，即使你的提问技巧再高明，对方的回答又天衣无缝，这也是一次失败的采访。原因很简单：观众不感兴趣、不想知道。你们的对答如流只不过是自我表演、自我欣赏而已。

有时，你在采访前或许已经知道了某个问题的答案，或者你自认为那个问题并不太重要，不值一问，但大多数观众不像你一样对那个问题有所了解，甚至还一无所知。所以，不论你对某一个问题多么熟悉，甚至已料到对方会怎样回答，你还是要耐心地提问，把人们普遍关心的问题搞清楚，报道出去。

◁ 图 9–7 CCTV 记者采访欧盟委员会教育委员 ▷

◁ 图 9–8 CCTV 记者拍摄第一部老爷车 ▷

记者在选择采访对象时，也要考虑到观众。所选择的对象一定应与某一新闻事件有直接或间接关系，或者是某一领域内公认的学者、专家，或者是某种观点的权威代言人，而千万不要让那些与新闻事件毫无关系或根本不能回答问题的人做采访对象。

高明的记者虽然完全可以讲出对方要表述的某种观点、某种思想，但他不这样做，而是迂回而婉转地让对方把要说的话讲出来，直接与观众见面。切记：采访对象说出的话，才是观众想知道的事件——这不能用记者的话来代替。

经验不足的记者往往有一个通病：泛泛而谈、无边无际。例如有的记者喜欢问，“你对……有什么印象?”“你对……有什么感想?”等诸如此类的套话。其实对方的感想可能很多，非三言两语能尽言！这至少表明记者本人不懂甚至根本不懂他应该问什么问题，或者他根本就没有做采访前的任何准备工作。

采访不仅是一门艺术，而且是一门较深的学问。从一个记者的提问可以看出他的水平高低、对问题的分析、理解能力。另一方面，又可以看出记者的心中是否有观众，是否问到了一般观众想知道而还不知道的问题。我们的电视说到底，是为广大人民群众服务的，因此担任大众的“向导”、“代理人”是记者的责任。

电视记者采访时不允许让谈话成为深奥难懂的东西，那样就会排除了观众。如果采访忽略了观众，那么这种采访就是失败的采访。这种深奥的探讨就像两个学者之间就唯有他们自己懂得的问题进行探讨一样，那就不是新闻采访。

但这也并不意味着电视采访要问一些浅显的、初级的问题，而是要单刀直入，击中要害。

由于电视人物专访跃然于屏幕之上，记者还要考虑画面因素，不仅是从专访形式上考虑，更主要的是从观众的视觉感受角度来考虑。

因此，电视记者必须在专访的特定现场为看不见的观众进行画面“编辑”。

人物专访的结果超出个人范畴，在社会中产生影响，记者代表的不是个人而是新闻机构，采访对象是作为社会现象的代表接受采访，双方活动的结果受到社会的关注。

因而，访问无法凭借单方面的努力进行，记者不能单向提供信息，采访对象也不能单向透露信息，信息的披露只能是双向交流的结果。

电视记者应该全方位认识采访的特点——双向交流与合作；同时，深层次地理解这一特点对记者采访的要求——促动双向交流与合作；最后，获得理想的传播效果——产生广泛的社会影响。

## 本章重点

1. 人物专访是一种以交谈和问答方式同采访对象交流的专门访问。专访的人物选择带有定向性，传播意图十分明确。

人物专访是深层次的专题性新闻报道方式。它不但是重大报道的重要组成部分，而且成为吸引观众的节目样式。

2. 依照人物身份进行类型划分，专访的类型有：名流专访、权威人士专访、新闻人物专访。

依照报道题目进行类型划分，专访的类型有：观点采访、信息采访、个性采访。

3. 名流专访的特定对象是：有一定社会名气的公众人物，往往是某个领域、某个流派的代表人物。其主要传播意向是：产生名人效应，吸引观众。采访风格是：轻松但格调要高。表现形态是：可以作为固定栏目，也可以作为一档节目的组成部分。

4. 权威人士专访即是对在某些领域具有一定权威的人物的采访。专访的目的是：体现权威性，增强报道的说服力和可信度。特定对象的选择是社会政治、经济、文化等领域中的专家、学者、政府部门负责人等具有一定发言权的权威人物。其采访风格是：庄重、严肃、客观。表现形态是：可以作为报道组成部分，也可以作为独立的节目。

5. 新闻人物专访的主要特点是：人物本身带有新闻性，专访讲求时效性。采访对象选择着眼点首先是人物是否具有新闻性，新、特、奇是人物选择的代表性特征。专访的侧重点是：以用人物相联系的新闻事件为由头，深入挖掘人物内心世界、精神风貌、思想观点、事件的缘由，充分展示人物特点。

6. 观点采访侧重于思想观点的揭示，对社会问题的看法、主张。记者向采访对象提出实质性问题，然后由对方表明态度，阐述自己或代表的机构的观点、立场、态度、主张。观点采访带有探索性，往往产生广泛社会影响。

7. 信息采访侧重提供新情况、新动态、新趋向，披露事件的原委，透露新的具体的计划、措施、打算、设想。记者要围绕事件本身及产生的连带反应进行提问，以求获得更多的信息。

8. 个性采访注重人情味，力求揭示人物的特征。侧重展示人物的风貌、突出表现、思想境界、内心世界、人生哲学、世界观等，采访的落脚点是揭示人物的个性。

9. 人物专访的具体步骤是：确定采访目的、研究背景资料、请求采访约见、拟定初步计划、会见采访对象及打开局面、开始正式采访、建立和睦关系、适时提出尖锐问题、恢复和睦关系；结束采访。

10. 人物专访的表现形式由单一走向多样化。其主要体现是调动多种综合表现元素、利用电视的优势、展示专访的“魅力”。专访的形式表现取决于内容的规定。记者一方面要随物赋形，从内容出发寻求适当形式；另一方面还要注意形式的独立相对性及客观存在的能动作用。

11. 人物专访的基本要领包括：把握好采访基调；选择好提问方式；掌握提问规则；促动双向交流与合作。人物专访的创造性体现是：主动、积极、发挥；思路准确、技巧纯熟；进行多维性思维；为观众担任“向导”。

12. 成功的人物专访的衡量标准是：给观众留下深刻的感觉和印象、左右提问、掌握采访进程、驾驭被采访者、达到理智水准。

## 思考题

1. 为什么说人物专访是深层次的报道方式?
2. 人物专访的类型都有哪些?
3. 名流专访的采访风格为什么既要轻松又要格调高雅?
4. 权威人士专访的目的是什么?
5. 新闻人物专访的特点是什么?
6. 观点采访为什么能够产生广泛社会影响?
7. 信息采访的侧重点是什么?
8. 个性采访为什么要注重人情味?
9. 专访的具体步骤有哪些?
10. 电视人物专访在表现形式上有哪些突破?
11. 专访的基本要领有哪些?
12. 专访的创造性都体现在哪些方面?
13. 记者为什么要在专访中为观众担任“向导”?
14. 成功的专访的衡量标准是什么?

# 第十章

電視學系新教程

## 高端人物快速采访

国际政要人物采访一般被称为是高端采访、高层采访或是重量级采访。这种采访日益受到中外新闻媒体的重视，成为重大新闻报道的组成部分。

在当今信息时代，国际政要高端人物的活动往往是来去匆匆，且难以接近。记者要采访这样重量级的人物，绝非是一件轻而易举的事情。

国际政要高端人物电视采访一般分为两种类型：一是人物专访；二是人物快速采访。人物专访有比较充分的时间准备，事先预约好采访对象，可以在演播室或固定的场所作进行较长时间的采访。人物快速采访往往来不及作充分准备，采访对象常常要在现场约定，采访时间往往只有几分钟。相比之下，国际政要高端人物的快速采访对电视记者是一种新的挑战。探讨其采访特点具有一定的现实意义和理论研究价值。

### 一、国际政要采访的作用及意义

国际政要高端人物的电视采访具有重要的作用和意义。对电视媒体来说，其主要作用有：发挥媒体抢占话语权的影响力；树立媒体关注世界事务的形象；提升报道质量，增强新闻权威性。

对于采访记者来说，是一种难得的机会，也是对专业水平的考验。在某种程度上讲，是对记者职业生涯的挑战。

具体来讲，政界要人的采访在报道中可以起到加重新闻分量的作用。在美国、英国、日本等国家，这类采访受到特别的重视，成为评定新闻价值含量的重要标准之一。如果记者采访到这类人物，对其新闻报道价值评定的权重就要加码。

◁ 图 10–1 高端人物现场快速采访具有一定挑战性 ▷

在重大新闻事件发生的时候，国际政界要人本身往往成为焦点人物。他们的态度，观点，举止，对新闻事件能够产生直接影响。

美国明尼苏达大学教授福德认为，名字制造新闻。如果新闻中出现了一个重要的人物，其名字本身已具备了新闻价值。

从一定意义上讲，国际政要人物采访之所以具有重要作用，是人物本身具有的特点所决定的。

概括起来，国际政要这类采访对象的特点具有显著性、权威性、新闻性。他们在新闻报道中主要起到两种作用：

其一，增强新闻的权威性。国际政要人物的言论具有世界影响力，他们的观点、意见、态度、行为往往影响到世界大局，国际政策、法规的制定，政策的执行实施。

其二，国际政要人物本身是一种新闻符号，起到引起受众特别关注的作用。传播学者研究表明，显著人物在新闻报道中出现，本身就是一个重要信息。特别是在电视媒体中出现，重要人物往往成为观众关注的焦点。

## 二、把握采访机会——独家采访欧盟主席普罗迪

国际政要采访的前提首先是能否获得采访机会，而采访机会要靠记者积极主动去争取。可以说，争取到采访机会就是一个成功。

美国《60 分钟》节目资深制片人史蒂夫来中国讲学时，特别强调说，说服一个拒绝接受采访的重要人物上电视，本身就是件令记者和媒体兴奋的事。每当《60 分钟》节目记者独家采访到这样的人物，总编导休伊特就会异常高兴。因为这是在新闻竞争中的一个强于对手的举动。

2004 年除夕，CCTV 驻欧盟记者有幸争取到了独家采访欧盟委员会主席普罗迪的机会。

普罗迪是意大利前总理，现任欧盟委员会主席。在常驻欧盟的记者看来，能采访到他，特别是独家采访，是一件极困难的事。驻欧盟的各国记者约有 3 000 人，是世界上常驻记者第二多的地方。

CCTV 记者同其他驻欧盟记者一样，一直计划采访普罗迪，可是在近半年的时间里都没有合适的机会。2003 年年底记者了解到，普罗迪大年三十的前一天晚上要到中国驻比利时大使的官邸做客并参加晚宴。这是普罗迪上任 5 年来第一次接受中国大使的邀请到大使官邸做客。这个信息表明，中欧关系已经开始进入一个更新的阶段。如果能借此机会采访他，其意义不言而喻。

CCTV 记者立即向中国大使馆新闻处说明采访愿望，并请他们向大使转达。普罗迪拒绝接受正式的采访，但是没有完全拒绝电视记者拍摄造访活动。记者没有放弃争取采访机会，准备在现场直接进行采访。记者请使馆有关人士向普罗迪进一步表示，中国人民在过年时有一个习

惯，即是相互拜年，祝贺新的一年吉祥幸福。他能否在大使官邸通过电视镜头向中国人民问候新年，普罗迪高兴地接受了这种采访方式。记者感到十分兴奋，立即同台里新闻部门联系，得到特别支持。新闻编辑部门以特有的新闻敏感十分重视这一采访活动，列出 7 个有关中欧关系的具体采访问题供记者参考。记者根据普罗迪接受采访的态度，估计他有可能不会直接回答这些问题。于是，作了两手准备，将主要问题梳理成 3 个，准备在现场提问。

2004 年的除夕前一天，普罗迪按照约定时间应该于晚上 8 点到达大使官邸。CCTV 记者于 7 点半就在大使官邸等候。可是，普罗迪并没有在 8 点钟到达。到晚上 8 点半，仍然没有露面。中国大使有一些着急，一时又无法同普罗迪联系。记者坚持耐心等待，快到 9 点时使馆接到普罗迪助手的电话，对方解释说，普罗迪因临时公务活动延迟了时间，现在已经从欧盟总部出发，20 分钟后到达。

晚 9 点 15 分，普罗迪的汽车终于停在中国大使馆官邸门口。他一下汽车，首先表示歉意，之后直接进入会客厅，与大使进行礼节性的交谈。CCTV 记者迅速跟进拍摄会谈的画面，之后回到会客室旁的大厅，选好采访背景，等候普罗迪出来。

◁ 图 10-2 CCTV 记者现场快速采访原欧盟委员会主席普罗迪 ▷

15分钟后，他和中国大使一同走出会客室，欲穿过大厅直奔餐厅，他好像全然忘记了要在电视上向中国人民拜年这件事。CCTV 记者赶紧走上前对他说："普罗迪主席，您答应过在电视上向中国人民问候新年，现在是否能在摄像机前说几句话？"

他说："现在？好吧。"

记者问道："主席先生，明天是中国的除夕，您可能知道，春节是中国人民最重要的传统节日，中国人民对春节非常重视，我请您向全中国人民问好。"

普罗迪用法语向中国大使询问："春节快乐用中文怎么说？"

大使用中文告诉了他。他自己学了两遍。然后先用中文笑着说："春节快乐"，接着又用英文说："我要对全中国人民说，春节快乐！我祝愿今年是一个吉祥之年，是和平的一年。"

记者看他兴致很高，立即提问："您如何评价中国在当今国际舞台上的作用？"

普罗迪说："中国是国际舞台上的一支重要力量，我们期待着中国在国际事务中发挥更大的作用。"

记者继续追问："您对目前和未来中欧关系的发展有何期待？"

普罗迪回答："目前，中国在国际事务和国际政治中扮演着重要角色。欧中双方的关系是友好的，是没有障碍的，而且双方的友好关系还在继续发展。我认为欧中双方有许多共同点。我们应该进一步加强合作，在科技、文化、教育等方面有进一步合作的空间。我们双方确实有许多共同点：我们双方都不想谋求霸权；我们只是要积极参加国际事务。我们双方都认为，我们的合作有利于世界的和平与稳定。"

普罗迪终于说出了有价值的信息和观点。中国大使站在他旁边，也接受了 CCTV 记者的采访，采访氛围十分融洽。最后普罗迪还主动跟大使和记者合影留念。

CCTV 记者采访结束，迅速回到记者站进行编辑，撰稿，联系卫星传送。这是中国驻欧盟记者首次独家对欧盟第一号人物的采访。

除夕晚上，普罗迪出现在《新闻联播》节目中。这次节目有两个国际政要重量级人物向中国人民拜年，一是联合国秘书长安南，另一个是欧盟主席普罗迪，这在过去是没有过的。

从这个侧面也可以看到中国受到世界的关注和重视的程度。特别是普罗迪还讲了对中欧关系的期待和今后在具体领域的合作趋向以及中国在世界舞台上的作用。时间虽短，但是信息含量是深层次的、也是有一定国际意义的。他在温家宝总理访问欧盟前说这番话，传达了一个重要信息和一种态度。

这次采访正式拍摄只有 3 分钟时间，从中可以感受到快速采访的紧张，因而，记者还要有较好的心理素质。CCTV 记者对普罗迪的采访，突出体现了快速采访国际政要的特点。

要做好现场快速采访，第一，要有强烈的采访意识，想尽一切办法获得采访的机会；第二，要掌握快速采访的技巧；第三，要了解电视新闻报道方式对这种采访的特殊要求。

## 三、快速反应——瞬间采访德国总统劳

国际政要人物的采访有时要在现场进行，这也是快速采访的特点之一。是对记者新闻判断力、反应速度的考验。

国际政要人物的快速采访难度是：由于受到采访时间的限定，它要求记者在非常有限的时间内采访到有价值的新闻，把握好采访的进程。

有时候，这种采访是在现场瞬间完成的，事先没有预约。这时，全凭记者的快速反应和准确判断。

2003 年 6 月 26 日，德国总统劳在总统府院内草坪上向 1 000 多名获洪堡奖学金的中外学者和留学生发表演讲。CCTV 记者在演讲台下拍摄，事先已经被告知不安排采访。

洪堡奖学金是面向全世界知识精英的欧洲最著名的奖学金，世界上许多著名科学家都是该奖学金的获得者。

演讲完毕，劳总统突然向听众走过来，这是事先没有安排的程序。警卫人员没有阻拦。

一种职业的敏感反应，CCTV 记者立即走上去，大声说，“总统先生，总统先生!”

劳总统听到有人喊他，把头回过来，面向记者。记者赶紧把话筒递上说：“劳总统，我是中国中央电视台记者。在今年获奖的洪堡学者中，中国学者获奖的人数居各国获奖学者之首。对此，您有何评价?”

劳总统脱口而出："中国学者和中国留学生非常勤奋、非常聪明。目前在德国留学的中国学生有三万人。我有一个梦想：就是想让德国成为中国留学生最多的国家。"

看到劳总统回答了中国记者的提问，各国记者和德国记者一拥而上。

CCTV记者迅速追问道："总统先生，您怎样评价目前的中德关系?"

劳总统说："德中关系发展势态很好。目前在中国的德国企业已经有 1700 多家。这些企业与中国建立了良好的关系。下一步德国的中小企业要和中国建立合作关系。"

"总统先生，……" 记者接着要往下问，这时，总统的警卫人员上前打断了采访，并请各国记者让开，让劳总统走向人群，边握手边迅速离开。

整个采访时间只有 1 分 10 秒钟，但劳总统的现场采访，对于提升报道洪堡奖学金获奖者大会这条新闻的价值具有凸现的作用。同时，从信息层面上还有所引申：评价了中国留学生；对中德关系表明了观点；透露了下一步中德合作的信息。

在一定程度上讲，国际政要人物的快速采访也是一种令记者产生报道激情的采访活动。快、新、短是新闻的特性，可以锻炼记者的速度和反应能力。讲求实效是新闻报道的特点，同时也因此使记者采访具有挑战性和创造性。

## 四、巧妙提问——采访北约秘书长夏侯雅伯

国际政要人物的采访活动，多数情况下在新闻现场进行。一般来讲，在新闻活动之后才能正式拍摄采访的内容。因为政界要人到新闻现场有严格的时间规定，他们不会提前到现场，等到他们出现，新闻活动也就马上开始了。

记者常常在采访对象要离开时，抓紧时间对他们进行采访。有时，采访对象能否接受采访还是一个不确定的因素。等到记者正式采访，采访对象已经参加完活动，工作重心开始转移。这时候，记者采访能否成功的关键取决于提问技巧。

国际政要人物的电视快速采访，不但时效性强，而且政治性强。记

者在紧张的采访活动中，必须保持清醒的头脑，不能有半点疏忽。此外，还要注意国际采访活动的纪律。要看不同情况，适度把握运用巧妙的提问技巧。

每年 10 月 1 日，中国驻各国使领馆都要举行国庆招待会。2003 年中国驻荷兰大使馆的招待会定于 9 月 30 日晚举行。荷兰使馆邀请记者前去参加招待会。

按惯例，一般不报道招待会。CCTV 记者了解到，荷兰外交大臣可能参加招待会。荷兰外交大臣夏侯雅伯当时已当选北约秘书长，正处在候任秘书长的位置上，已经是世界瞩目的人物了。

北约是当今世界上最大的军事集团，而北约秘书长则是北约的最高行政长官。CCTV 记者意识到这个人物的重要性。同时考虑到，即使他参加招待会，也不会有多少时间接受采访。于是，提前把采访夏侯雅伯的计划告诉了使馆。使馆方面回答说，不敢保证他能否同意接受采访。

重要人物的出场似乎总是要晚一些。8 点开始的招待会，夏侯雅伯 9 点半才来到中国大使馆。CCTV 记者感到，采访的可能性微乎其微，因为招待会 10 点就结束了，迟到的政要们往往顾不上理睬记者。

CCTV 记者即刻把提前准备的问题压缩、调整。准备用引起注意的方式进行提问。

◁ 图 10-3　CCTV 记者现场快速采访荷兰外交大臣、北约秘书长夏侯雅伯 ▷

◁ 图 10-4 CCTV 记者现场快速采访中国驻荷兰大使薛韩勤 ▷

中国驻荷兰大使薛韩勤与夏侯雅伯交谈一结束，CCTV 记者就走上前对他说："大臣先生，您今天来参加中国驻荷兰大使馆的国庆招待会，这本身是否表明您对中荷关系的重视?"

"当然，我重视中荷关系。"他简短地回答说。

"那您能否评价一下目前的中荷关系?"

他看起来似乎来了情绪："中荷两国的关系目前非常好，但还有进一步发展的空间。我最近刚刚访问中国回来，中国给我留下了美好的回忆。荷兰政府会积极努力促进两国关系的发展。"

"您现在是北约候任秘书长，将于明年 1 月 1 日正式出任北约秘书长。您上任后，将会集中精力做哪些工作?"

"北约秘书长是一项很重要的职务。我对担任这项职务感到很荣幸。北约目前正处在重要的转型期，北约参加了联合国领导下的阿富汗维和行动。明年还将吸收 7 个新成员国。所以说，对于北约秘书长来说有很多工作要做。"

"您对北约的军事改革有何打算?"

"北约的军事改革就是建立新型的指挥机构，提高北约快速反应部队的作战能力。同时，北约各成员国应该密切合作，协调一致，这样才能更好地发挥北约的作用。而这也是我本人的职责。”

采访非常顺利，CCTV 记者通过巧妙的提问达到了目的，实现了预期的效果。

事实上，CCTV 记者采访的重点有两个：一是他对中荷关系的态度；二是他对即将上任的北约秘书长职务有何打算。记者第一个问题使他不能回避，这是一个中性的问题，很好回答。第二个问题强调目前的中荷关系，使采访的内容具有现实意义。第三个问题着眼于他现在的工作变化，对观众来说是新的信息。第四个问题比较尖锐，触及北约的军事改革，这是世界关注的焦点问题。

国际政要的采访技巧运用要根据不同情况、不同人物的特点灵活掌握。其中，有一个重要的方法，即记者在提问时心中一定要清楚，要从采访对象口中得到哪些要点，用以阐明所报道的题目。

此外，记者提出的问题不能过多，一般围绕一两个重点问题展开，问题之间要有逻辑联系。提问方式开门见山，直截了当。

## 五、国际政要快速采访的其他要领

国际政要的电视快速采访的其他要领主要有这样几个方面：

采访预约：

国际政要的采访预约自有一套程序。通常，有三种方法。一是在现场当即决定，记者要想办法接近采访对象，可以用直接提问的方式采访，也可以先征求对方同意，然后采访。二是通过官方途径，一般是依靠使馆来牵线搭桥。三是通过政要的新闻发言人联系，简洁清楚地说明采访意图，可以强调采访的重要性，说明电视采访的方式和要求。

采访时间、地点：

国际政要的采访时间、地点选择也有自身的特点，主要在两种情况下来选择。一是选择新闻发生的现场，采访时间可以安排在新闻进行的间歇，也可以安排在新闻结束之后。二是选择其他固定场所，一般在政要办公室里采访比较多。这种采访大都要提前预约，是实效性不太强的反应性报道，或者是有新闻由头的观点采访。

采访插入方式：

国际政要的快速采访在新闻中的使用以片断插入的方式为主。大多数情况下，以动态新闻的方式播出。有时候，政要采访自身也可以构成新闻的主要内容。采访对象在现场大多数以站立的姿势接受采访，记者要考虑出镜的方式。采访对象在办公室大多数以坐下来的姿势接受采访，记者要考虑采访的背景，最好能够提供从属信息。

国际政要高端人物的现场快速采访是一种较深层次的信息交流，对记者的职业素养和采访能力有较高要求，只有不断实践，不断总结，才能不断提高采访水平，不断进取。

**本章重点**

1. 国际政要高端人物电视采访一般分为两种类型：一是人物专访；二是人物快速采访。人物专访有比较充分的时间准备，事先预约好采访对象，可以在演播室或固定场所作进行较长时间的采访。人物快速采访往往来不及作充分准备，采访对象常常要在现场约定，采访时间往往只有几分钟。相比之下，国际政要高端人物的快速采访对电视记者是一种新的挑战。

2. 国际政要高端人物的电视采访具有重要的作用和意义。对电视媒体来说，其主要作用有：发挥媒体抢占话语权的影响力；树立媒体关注世界事务的形象；提升报道质量，增强新闻权威性。

3. 从一定意义上讲，国际政要人物采访之所以具有重要作用，是人物本身具有的特点所决定的。概括起来，国际政要这类采访对象的特点具有显著性、权威性、新闻性。他们在新闻报道中主要起到两种作用：其一，增强新闻的权威性。国际政要的言论具有世界影响力，他们的观点、意见、态度、行为往往影响到世界大局，国际政策、法规的制定，政策的执行实施。其二，国际政要人物本身是一种新闻符号，起到引起受众特别关注的作用。传播学者研究表明，显著人物在新闻报道中出现，本身就是一个重要信息。特别是在电视媒体中出现，重要人物往往成为观众关注的焦点。

4. 要做好现场快速采访，第一，要有强烈的采访意识，想尽一切办法获得采访的机会；第二，要掌握快速采访的技巧；第三，要了解电视新闻报道方式对这种采访的特殊要求。

5. 在一定程度上讲，国际政要人物的快速采访也是一种令记者产生报道激情的采访活动。快、新、短是新闻的特性，可以锻炼记者的速度和反应能力。讲求实效是新闻报道的特点，同时也因此使记者采访具有挑战性和创造性。

6. 国际政要的采访预约自有一套程序。通常，有三种方法。一是在现场当即决定，记者要想办法接近采访对象，可以用直接提问的方式采访，也可以先征求对方同意，然后采访。二是通过官方途径，一般是依靠使馆来牵线搭桥。三是通过政要的新闻发言人联系，简洁清楚地说明采访意图，可以强调采访的重要性，说明电视采访的方式和要求。

**思考题**

1. 采访的类型有哪些？
2. 高端人物快速采访的作用和意义是什么？
3. 高端人物的快速采访有哪些特点？
4. 如何做好高端人物的现场快速采访？
5. 国际政要的采访预约有哪些主要方法？
6. 国际政要的采访时间和地点应如何选择？

# 第十一章

# 采访方式与手段

人的行动是由一系列的动作组成的。行动能否顺利完成，大都要依靠人对实现这些动作方式的掌握程度。当某个人掌握了某种特定的动作方式，并根据这种特定的动作方式完成动作系统时，他就形成了某种技能。

人在客观环境中实现特定的行动，都必须通过练习，而后才能形成技能。例如，初学驾驶汽车的人，开始阶段是按照预定的顺序操作每一个动作，当驾驶动作熟练以后，某些动作就从意识中解放出来，变成“自动化”的动作。技能动作中的“自动化”程度越大，动作就越完善，动作的效率就越高。这种通过练习而巩固下来的、转变为“自动化”、完善化了的动作关系被称为技能。

就电视采访技能而言，它包括对采访具体方式的把握以及采访技术手段的运用。由于电视采访方式的多样化发展，又由于新的技术手段日益渗透，从而促成了电视采访方式手段的复杂化特性。

## 一、采访的具体方式

采访的具体方式是指记者在进行采访活动过程中采取的一系列行为

方式。“任何实现动作的方式，都不是身体某些部分的简单、机械的组合，而是这些部分有目的、有组织的运动。”（曹日昌：《普通心理学》，101页，人民教育出版社，1980）在采访过程中，一系列行为方式的顺序排列、过渡、组合能否达到协调统一，依赖于记者掌握技能的熟练程度。例如采访新闻人物多地点的活动，事先要等候在人物即将露面的场所，然后要不断追踪，其间还要见机行事，抓住一切机会抢拍。

归纳起来，常用的具体方式有这样10种：等候采访、追踪采访、即席采访、同步采访、体验采访、匿名采访、书面采访、预约采访、调查采访、联合采访。采访具体方式的运用往往是由一种过渡到另外一种，几种方式交替发挥作用。记者采取的每一个方式“都是根据对刺激物的感知而作出的反应，是开始于感知而终止于动作反应的过程”。（曹日昌：《普通心理学》，103页，人民教育出版社，1980）为表述清楚起见，我们分别对每一种方式进行阐述。

### 1. 等候采访

等候采访即是记者预知或预测即将有新闻发生，提前到特定场所等待采访。

表面上看，等候采访似乎是一种简单的方式，其实不然。记者经常在烈日下，严寒下，风吹雨打下，不分昼夜地等候——等待新闻人物的出现，新闻事件的发生。然而，有时预定的时间可能会变动，地点可能会更换，所做的一切准备都须重新调整。一旦新闻发生，众多记者蜂拥而上，新闻人物来也匆匆，去也匆匆，特定现场稍纵即逝……这一切都给等候采访带来了难度，同时也提出了特别要求。

第一，记者要磨炼出非同一般的耐性，不但有耐心，甚至于要有恒心。丹·拉瑟认为，许多难得到手的新闻是在会议外面、门口台阶上或者某个能够观察采拍到事态发展的角落里等到的。一次，他为采访一个重要谈判会议，来不及换掉新买的高档皮鞋，站在雨雪地里直到深夜。他的旁边还站着一位坚持等到底的记者，她就是名人采访的行家巴巴拉·沃尔特斯。

第二，事先选择好拍摄位置和采访线路。1987年优秀电视新闻《南通市百万市民和中外宾客喜看日环食》，报道的是9月23日发生在

20世纪的最后一次日环食，南通是最佳观察点之一。记者组从 9 点开始，分别在 6 个观察点拍摄并选择采访的路线和人物。由于事先准备充分，不但拍摄到精彩的现场画面，而且报道中还穿插了对一位 87 岁的日本老人的采访。

第三，抓住一切能够接近重要新闻人物和进入特别现场的机会，抢先采拍。一般对比较重要的人物或重大的事件采访，保卫人员往往对记者采访限制较严。记者要想方设法解释疏通，否则电视采拍将很难进行。《大瑶山隧道胜利贯通》这条新闻，就是经过多次交涉才进入现场采拍到的。1991 年初的海湾战争震惊了世界，除了战争本身的因素外，还由于 CNN 记者事先留守巴格达，在历史上首次把一场战争的实况同步展现在 150 多个国家的观众面前。

同文字、广播记者相比，电视记者在等候采访中要更为艰辛。因而，不但要有“守株待兔”的精神，而且还要能够眼观六路，耳听八方。通常，等候采访在下述四种情况下进行：

第一种情况是：事先预知必有新闻发生。

这类新闻大多是非突发性事件，其主要类型有三种。一是重大会议或活动举行之前，发起者向外界先透露出信息，一般告知准确日期，记者或拿到通知或得到线索，为不误时机事先赶到特定场所以准备采访。比如，党的十三大召开之前，400 多名中外记者云集北京等待采访。二是某些新闻事件发生前已显露出特别迹象，表明必有新闻很快发生，记者不能测定准确日期，只能事先赶到等待采访。比如南斯拉夫总统铁托病危的消息传出后，世界各地的 200 多位记者涌入贝尔格莱德，等待采访铁托逝世的消息。三是某些新闻人物和领导人的移动性活动，起启、到达等往往要记者事先等候在车站、机场以及活动地点进行采访。比如世界拳王阿里抵达北京前，许多记者守候在机场等待采访。

第二种情况是：预测可能有新闻即将发生。

同前一种相比，记者事先并没有得到准确信息或已有特别迹象，而是凭自己的新闻敏感预测可能会有新闻发生。记者为抓住时机，事先到特定场所准备应付突然会发生的新闻。这类事件常常有突发性，有经验的记者往往能在这种情况下搞出独家新闻。

1945 年 5 月，联合国在美国旧金山开成立大会。重庆《大公报》社长、中共秘密党员胡霖以“无党派”身份参加了中国代表团。他是采访过第一次世界大战的老记者，估计在那个历史时刻会有意外新闻发生。他给正在随美军第七军采访抢渡莱茵河的萧乾拍了急电，要他火速返旧金山等候采访。

萧乾到了旧金山住在皇家饭店，同胡霖保持密切联系。一天，胡霖告诉他，当晚苏联代表团要举行宴会招待中国代表团，可以不必找胡，自由活动。正当萧乾快入睡时，电话铃突然响了。胡在电话里急着说："你务必马上来，马上来，一切见面后再说。"萧乾赶到时，胡霖正候在大厅门口，气喘吁吁地说："刚才莫洛托夫向宋子文敬酒碰杯时说的话给我听到了，翻译出来是：欢迎中国派代表团到莫斯科来签订中苏互不侵犯条约。我赶紧装着上厕所出来给你打电话。"萧乾马上直奔大西洋海底电缆电报局，给重庆《大公报》发急电，几小时后成了轰动中外的独家新闻。

显而易见，在预知或预测即将有新闻发生的情况下，事先不等候采访，就容易失去时机。等候采访的事件一般都发生在特定场所，现场转眼即逝，人物来也匆匆，去也匆匆，这些都给记者采访造成了一定的难度。

第三种情况是：预知新闻发生时间突然变化。

等候采访常常碰到意想不到的变化：会议推迟、火车飞机晚点、试验出障碍……遇到这类情况记者要有持久耐力，不能一走了之。

20世纪50年代，武钢出第一炉铁水时，湖北电台的记者在炉前等了大半夜，铁水还没出来，比原定时间拖延了12个小时。工人和技术人员意见发生分歧，争论异常激烈。记者没有因此离开现场，在困倦疲劳的情况下继续等候。到了下半夜，意见统一，铁水出来了。记者不仅亲眼目睹了激动人心的场面，而且还录了音。假如记者一走了之，那么就错过了这个难逢的机会。虽然事后也可以发消息，但是实况影响却无法补录，记者的激情也是很难产生的。

第四种情况是：新闻人物不断出现在特殊场合。

等候采访有时众多记者一拥而上，把人物团团围住，争先恐后地提问。多么机灵的记者也不可能每次都能靠上前，每次都能提问并得到回答。因此，要求记者能够借助别人提问来充实自己的报道。有时候，记者只能进入某些场合，不能进入另一些场合。这时记者一定要等在不能进入场合的外边，并想方设法从能够进入特别场合的人那里了解情况。

付溪鹏采访拳王阿里时，靠等、看、听、问，写出了《世界拳王在北京》的报道。请看部分摘录：

> 十二月十九日上午十一时许，一架银燕降落在首都机场，带来了一位不寻常的客人——美国黑人拳王穆罕默德·阿里。他一走进机场休息室，马上被中外记者包围起来。
>
> “欢迎你来做客，可惜你只能在中国逗留一天，太短了。”中国奥委会副主席宋中对阿里说。
>
> “时间虽短，总不会什么东西也吃不着吧？”阿里风趣地说：“我早就听说北京烤鸭的名气了。”
>
> “是的，吃了北京烤鸭，会使你更有力气，在拳坛上取得更大的成功。”
>
> “太好了，不仅是北京烤鸭给我力气，友好的中国人民会给我更大的力量。”
>
> 下午三时许，阿里参观故宫……
>
> 下午五时许，邓小平接见阿里……
>
> 邓副主席请阿里抽烟。阿里微笑着谦让说：“拳王运动员是不能抽烟的，抽烟会使人容易疲劳。我将来为中国训练运动员，第一件事就是不准他们抽烟。”
>
> “幸亏没有让你来训练我，要不我也不能抽烟了。”……

付溪鹏在前边引用的宋中同阿里的对话是在无法靠近访问对象的情况下尽力倾听到的；邓小平接见阿里时记者没有在场，是事后从翻译那里采访出来的；阿里参观故宫时，记者事先等候在那里，在提问机会极少的情况下，主要用眼睛观察。

### 2. 跟踪采访

跟踪采访就是顺着新闻事件的发展过程，穷追不舍尾随采访。这类新闻事件多是正在进行中的活动。

通常，跟踪采访在四种情形下进行：

(1) 持续一定时间的新闻事件；

(2) 游动性的群体活动;

(3) 新闻人物或首脑人多地点换场所活动;

(4) 范围大、头绪多的复杂事件。

跟踪采访是常用的采访形式,特殊情况下,是唯一有效的方式。跟踪采访往往时间节奏快,记者要马不停蹄地进入采访状态。

1985年1月下旬,诺贝尔和平奖获得者、印度修女特里萨到北京访问。中外记者紧紧跟踪特里萨的行踪,进行了为时三天的跟踪特里萨新闻采访竞争。

20日下午4时40分,特里萨出现在首都机场候机大厅,早已等候在这里的记者群立即涌上前去。接待人员为保证这位老修女休息,把记者挡在机场休息室外面。只得到一点只言片语的中外记者都不肯罢休,候在休息室门外,等特里萨出来准备上车时,记者们上前提问,硬是把特里萨拖住了几分钟。

次日上午9时,特里萨本人尚未到达中国天主教会和中国天主教神哲学院所在地前,跟踪她活动的电话铃早已响个不停,许多记者要求爱国会工作人员证实特里萨是否会见了爱国会成员并要求提供下一个活动内容和时间。这些要求被婉言拒绝后,记者们并不泄气,早早地候在天主教堂门口。当特里萨在天主教堂庭院内从车上下来时,记者们又冲上前去。在短短的通往天主教堂会客室的便道上,合众国际社记者手持录音机连珠炮似的提出六个问题。

特里萨每一个活动地点和内容事先都没有准确提供给记者,记者们凭着“三寸不烂之舌”追问不止,才得到零星的线索。下午2点,新华社记者在香山转了好半天,才寻到特里萨下一个活动地点——北京市香山橡胶制品大理石厂。不一会儿,美联社和路透社记者也找来了,他们是凭着多方询问和一张北京市地图找到的。

22日上午,中国残疾人福利基金会副理事长邓朴方与特里萨会见。新华社、中国新闻社、《中国日报》都派出了记者。可是由于新迁会址,外面未挂牌子,记者们费了很长时间寻找地址。有的心灰意懒,悻悻而去。最后当中国记者终于走进会客厅时,令他们吃惊的是,美联社记者已先到一步。片刻,路透社、合众国际社记者也陆续赶到。

特里萨在北京访问三天,中外记者跟踪三天,每一次都处在刻不容缓的状态下。由此可见,跟踪采访是相当讲求时效、节奏较快的采访形

◁ 图 11-1　众多记者等候采访常常是一拥而上 ▷

式。记者必须急中生智，不辞劳苦、眼明腿快才能适应不断变化的环境，抓住不断延伸的线索，得到切实可靠的事实。

跟踪采访是比较常用的方式，在特殊情况下亦是最有效的方式。1988年11月云南澜沧、耿马一带发生7.6级强烈地震，人民解放军西南驻军8300名官兵神速赶赴现场抢险救灾。中央电视台军事组和成都军区记者站记者以追踪采访方式，采用日记体手法，记录了部队在20个昼夜里拼搏奋战的事迹。《神兵天降八千三》以部队迅速开进为开头，顺着事件的发展进程，运用现场纪实手法，有力地表现了主题思想。全片节奏感十分强烈，灾情不断发现，余震不断发生，部队不断开进，受灾面不断治理，险情不断被排除。可以说，这部纪录片在追踪采访方式运用上达到了炉火纯青的程度。

在日常采访中，持续一定时间的新闻事件；流动性的群体活动；新闻人物多地点的活动；范围广、头绪多的复杂事件等采访任务，大都需要采取追踪采访方式。记者要抓住不断延伸的线索，适应不断变化的地点环境。只有不辞劳苦、急中生智、动作敏捷，才能追踪到有价值的新闻。

### 3. 即席采访

即席采访多用于新闻发布会、记者招待会的采访。在电视报道中，即席采访已成为最富吸引力的电视报道方式之一。

早在美国总统罗斯福执政初期，记者招待会就成为一种采访方式为记者们所运用。50年代，艾森豪威尔执政期间，他已经允许电视转播他的记者招待会。到肯尼迪时代，这位电视“造就”的总统率先让电视直播记者招待会，这一举动被视为电视传播的重大突破。在我国，即席采访引起特别关注的开创性举动，要首推1987年中央台播出的关于政协和人大会议的八次中外记者招待会录像专辑。

富有戏剧性意味的是，即席采访对新闻发布会和记者招待会的“介入”，构成了新闻事件的组成部分。有时，记者本身就是人们注目的人物，还会成为新闻中的新闻。比如，第一个到中国内地参加人代会采访的台湾记者在招待会上站起来提问时，被中外记者层层包围。丹·拉瑟在白宫记者招待会上同尼克松总统的互相讥讽，被作为吸引人的新闻加以报道。

在某种程度上，即席采访是高档次的采访，其难度就在即席二字上。可以说，即席采访是对记者洞察力、判断力、反应能力、口头表达能力的综合检验。同时，即席采访也是观众检验记者提问水平的“透明窗口”。记者若要在强手如林的记者席中占有一席之地，就要练就一手即席采访的本领。

即席采访要注意以下几个问题：

其一，直截了当将问题一次提出。记者招待会、新闻发布会有严格的时间限制，记者不能一次又一次站起来提问，因而要珍惜站起来提问的机会和时间，准确地将重要问题一次提出。

其二，一次最多提两到三个问题。即席提问要能够让新闻发言人充分回答问题，一般人们一次听到太多问题反而记不住主要问题，回答时难免顾此失彼。

其三，借助别人提问充实自己的报道。有些即席采访不进行转播或直播，而要以动态消息形式进行报道。记者在现场要注意倾听其他记者的提问，不要只顾自己如何站起来提问。

其四，随机应变、临场发挥。即席采访前记者已经准备的问题或许让别的记者提出，这时就要临场考虑从别的角度、别的侧面提出不同问题。此外，在采访过程中，可能会得到意料之外的重要信息，这时应该利用电传或电话发口播稿，不要按部就班等到采拍结束才发稿。在中美建交的新闻发布会上，许多外国记者刚刚听到这个信息，便纷纷立即离开席位去发稿。

通常，即席采访在下述情形下进行：

(1) 国家政党、国家政府部门要宣布某项重大决策或外交活动时，由要职人员举行记者招待会，与会记者将事先得到通知，届时到会采访。一般来讲，具有世界影响的国策和活动招待会规模就较大，本国记者同外国记者同时进行采访。

比如，“十三大”期间，新闻报道的突破就是以记者招待会结束了过去党代会半封闭形式的报道，会议期间召开8次记者招待会。

(2) 国家对于世界关心的本国事务需要解释说明时，由具有一定权威的人召开记者招待会。

比如，审判“四人帮”前，司法部门和中央领导人举行了记者招待会。中国刚刚提出四化建设时，国外对此十分关注并存有很多疑团，为此，邓小平举行记者招待会，回答记者提出的普遍关心的问题。

(3) 国家领导人出访时，常在访前和访后举行记者招待会。一般随行记者和所驻国记者届时参加采访。比如，邓小平访美结束后，在美国举行记者招待会，回答了记者们提出的中美关系、中苏关系以及对世界重大事务所持态度等问题。

(4) 有特殊影响的人物，需要解释与本人有关的重大事件时，由本人举行记者招待会。比如，李宗仁回归祖国，西哈努克在国内动乱后来到北京、黄文欢离开越南到中国等，这些人物都举行了记者招待会。

(5) 国家政府部门公布与国计民生有关的统计数字时，也举行记者招待会。比如国家统计局每年都要公布当年的各项预算、支出情况以及国民收入数字。

即席采访不同于其他形式，众多记者坐在一起当场提问，采访对象是共同的目标。若要在强手成群的记者席中占有一席之地，就要练就一手即席采访的本领。

目前，中外记者招待会上的即席采访已经形成了新闻时速和质量上的竞争局面。广播、电视新闻媒介利用传播功能优势往往先将招待会实况直播转播。通讯社、报纸面对这种挑战，改变过去全文发稿的做法，突出要点并开始注重解释分析、提供背景。这种高强度竞争对记者在招待会上的即席提问提出了更高的要求。即席提问是对记者洞察力、判断力、反应能力、口头表达能力等综合能力的检验。

### 4. 同步采访

严格意义的同步采访是指记者始终置身于新闻事件的现场，摄像机以记者的采访视线为转移，报道以记者在现场出面采访为主线。例如《望长城》、《从北京到莫斯科》等纪录片，采取的方式就是以主持人从头至尾的采访活动为全片的主体线索。

同步采访在时空上同事态的发展相一致，但不一定在报道传播环节上也达到同步化。一般而言，同步报道应该是事件——采访——报道——传播——接收同步化。同步采访则可以兼而有之，既可以在同步报道中发挥作用，也可以先采访，然后制作再播出。

目前，国内的许多现场报道大多是采取同步采访方式进行的。例如《我国结束蒸汽机车生产历史》、《我国成功发射“亚洲一号”卫星》、《我国首例试管婴儿诞生》等优秀电视新闻，都是在同步采访方式上进行的成功尝试。中央电视台播出的《吉尼斯世界纪录》节目，《正大综艺》节目中的《世界真奇妙》专栏，显示了同步采访的魅力——亲切、自然、富有感染力。

同步采访要求记者具有较强的观察能力和口头表达能力。记者在现场需要观察、叙述、访问、倾听，还要在现场流动采访。作为电视记者，掌握同步采访的技能是起码要求，也是最高要求之一。大凡优秀的记者，不但练就一手高超的同步采访技能，而且还形成独特的个性风格。

采访、报道同步化是电子新闻采访区别于报纸新闻采访最显著的特点。

采访、报道同步化的优势有二：一是快；二是真切。快在于采访、报道同时进行，真切在于有现场感。这种传播速度与效果的优势最早是在第二次世界大战时期得到证实的。

早期的广播新闻完全沿用报纸新闻的模式，确切地说是重复报纸新闻的内容。第二次世界大战的爆发给广播提供了充分显示其优势的机会，西方许多国家的记者利用无线电短波，从现场进行了采访、口播同步化的报道，从而开创了广播新闻采访、报道同步化的方式。这种方式不但使广播先于报纸得到了许多重大新闻，而且由于它给听众带来的现场感，使得广播新闻备受欢迎。可以说，第二次世界大战中广播记者同步采访开创了广播新闻的新局面，从而使广播进入“黄金时代”。

同步采访对于电视记者来说是必须应该掌握运用的基本技巧，也是难度较大的高档次采访。同步采访是衡量记者新闻敏感、观察判断、叙述描绘、口头播报能力的最好尺度。

在世界广播电视新闻史上，最有影响、最优秀的同步采访记者，当首推美国哥伦比亚广播公司（CBS）的爱德华·默罗。在第二次世界大战中他进行的战地采访《这里是伦敦》堪称报道同步化的楷模。他的报道极大地促使当时保持中立的美国政府和人民领悟到战争的实质，同时他的报道在形式上发挥了广播的优势，从而确立了广播新闻的地位。下面我们分析默罗在“二战”中的同步采访报道的片断，从中可以领略默罗独到的报道风格，也可以进一步清楚同步采访对记者的特别要求。

默罗在 1940 年 8 月开始《这里是伦敦》的现场广播，以其平静而富有感染力的声音、细致独到的观察、准确生动地描绘了“不列颠战役”。下面是他对伦敦大轰炸的一段报道：

> 我站在屋顶上，俯瞰着伦敦全城。此刻万籁俱寂。为了国家和个人的安全起见，我不能告诉你我现在说话的确切位置。……我想大概不出一分钟，在我们周围附近就会听见炮声了。探照灯此刻正向着这边移动。你我就会听见两颗炸弹的爆炸声。听，炸弹响了！我想过一会儿，这一带又会飞来一些弹片。弹片飞过来了，越来越近了。
>
> 飞机还是飞得很高。刚才我们也听到一些爆炸声，——又响了，那是在我们上空爆炸的。早些时候，我们似乎听到许多炸弹落下来，落在附近几条街上。现在我们头顶上就是高射炮弹的爆炸声，而且是在更远的地方，听，又响了！声音是那么冷酷无情……

这段报道是默罗站在英国广播公司大楼顶上进行的同步采访报道。从中我们可以看到在战火纷飞、随时有生命危险的情况下，默罗沉静的叙述、机智的判断、敏锐的观察确实是不同凡响。默罗不但成功地描述了千变万化的战争场面，而且成功地抓取了典型事件和细节。

1945年 4 月，默罗从德国发出同步报道，对一直令人难以置信的德国集中营作了描述：

> 请允许我告诉你们，你们看见了什么，听见了什么……我想告诉你布痕瓦尔德这个地方，此地位于离魏玛约四英里的一个小山丘上，这里是德国最大的集中营之一。
>
> 现在，请允许我以第一人称向你们报告。在我周围是一群不幸的人，男人和孩子们伸出手来抚摸我；他们衣衫褴褛，身上只剩下几片破布。死亡注定要降临在他们中的许多人头上，但他们用眼睛微笑着……
>
> 当我们走进院子时，一个男人倒下死了。另外两个人——他们一定是60多岁了——向厕所爬去。我看到了这情景，但我不想描述它……
>
> 有两排尸体像木材一样堆起来。他们骨瘦如柴。一些尸体皮开肉裂，……我试着尽力数这些尸体，共有五百多个男人和孩子躺在那里。

从这个片断中，可以看到默罗在同步采访报道中独到的观察能力和准确的表达能力。第一段交代集中营的地理位置；第二段描述了一群不幸的人，对衣服和眼睛的描述令人们感到难言的悲状；第三段选取两个老人和一个刚刚倒下死去的男人，暴露法西斯的惨无人道；第四段描述了两排尸体，并且提供了数字，进一步揭露集中营的罪恶行径。

默罗的同步采访是美国广播新闻学生学习的教材。通过以上分析，我们可以十分清楚同步采访对记者来说是一个难度较大的技巧。除了作为一个记者应该必备的判断、观察等能力以外，还有其独特的要求：

***(1) 必须有出众的口才，这是同步采访必备的条件之一***

口才出众并非是指音调多么纯正，音质多么动听，而是指口头驾驭语言的能力。对于记者来说，同步采访是在现场随事件同步进行的，不同于发表演说有充分的时间准备，并且有提纲和稿子在手。同步采访往往没有充分时间准备，因此，口头表达要求就更加高一层次。口头表达在一定程度上反映记者的思维能力和判断事物的速度。

***(2) 形成富有个性的报道风格，这是同步采访对记者的又一特殊要求***

由于同步采访是采访报道同时进行，所以对记者来说其难度较一般采访要大。默罗的风格可以用八个字概括：沉静、庄重、克制、准确。他的采访报道既不失去尊严又不呆板僵硬；既避免冲动又做到毫无狂热无度的语言，而使用简洁生动的语言，用口语而不啰嗦，形容贴切。每一个有独创精神的记者，都应该形成自己的风格。

### 5. 体验采访

体验采访就是亲自尝试感受现实生活中与采访活动相关的事物，以求获得切实而深刻的认识。

体验采访也称作参与性的采访，如果在电视上展现，可以给观众最大限度的可信感。台湾著名主持人凌峰主持的《八千里路云和月》节目中的许多片断都是采取体验采访的方式，特别是对少数民族风俗习惯的采访，在穿着打扮、衣食住行方面都进行了体验，为节目增添了情趣。

日本TBS拍摄的《万里长城》纪录片，主持人在许多场合都身体力行亲自参与，同普通农户的孩子一道翻墙，在老百姓家过年吃饺子……可以说，体验采访对于比较轻松的题材来说，不失为行之有效的方式。

体验采访可以缩短记者对事物的认识过程。很多生疏的事物，亲自参与一下便能体味到其中的全部内容。体验采访还可以消除记者同采访对象的距离感和紧张情绪。双方能够在共同的活动中彼此亲近，产生共同语言。

### (1) 体验是全感采访

体验采访不仅仅是简单的参与，而是要全身心地投入，去感受和领悟客观事物。因而，体验是一种全感采访。

全感采访的过程是：由体验产生感觉——由感觉渐近到感知——由感知触发思索——由思索引起联想——由联想进行比较——通过比较做出判断。

### (2) 体验采访的目的

简要概括起来，全感采访的目的是：

真实准确地描述体验事物的基本现场环境；

生动、具体地再现活动场所的气氛和细节；

客观、公正地展示事件的发生、发展及结果。

### (3) 体验采访的作用

根据记者的体验，全感采访的作用是：

第一，增强新闻的实证性。

体验是记者获得第一手材料的最有效途径。第一手材料在新闻报道中的作用不言而喻，它具有切实可信的说服力，给人以最大限度的可信感和实证性。新华社记者郭超人在20世纪60年代初为采写中国登山队员攀登珠穆朗玛峰的新闻，亲自同登山队员一起登上6600米的高度。亲眼看到了珠穆朗玛峰神秘而壮丽的自然景色，深入感受观察了登山队员的生活，为生动报道我国登山队员征服世界第一高峰创造了很好的条件，比较准确、生动地反映了《英雄登上地球之巅》的壮举。

第二，增强报道的感染力。

新闻报道中的千篇一律、干巴无味的原因是多种多样的，缺少现场感是其重要原因之一。记者通过体验则可以抓取活生生的有声有色的细节，从而可以增强报道的感染力。

第三，获得判断事实的依据。

记者亲临现场体验可以验证第二手材料。在记者阅读了文字材料和倾听了别人转述的事件之后，有时会发现基本事实不够完整、支离破碎，或者令人迷惑不解，存有疑问。遇有此类情况，亲临现场体验往往可以获得判断事实的依据。

第四，触发记者的情感，增强责任心。

记者采访是否深入现场，其感受是大不一样的。激动人心的场面会使记者产生激动、兴奋的情感，从而激发写作的灵感、报道的冲动；令人痛心悲愤的场面会使记者产生悲壮的义愤，从而增强本职工作的责任心，憎恶、揭露黑暗与丑闻，赞扬光明坚持真理。

### 6. 调查采访

严格意义上的调查采访特指披露事件真相和内幕的采访。在西方新闻界，这种采访方式被喻为“侦探式”。

调查采访是伴随着调查性报道应运而生的。美国资深电视记者，大众传播学教授特德·怀特认为：“调查性报道，是对某人或某集团力图保密的问题的报道。”“报道的事实必须是你自己发掘出来的。”（特德·怀特等：《广播电视新闻报道写作与制作》，294 页，中国广播电视出版社，1987）

在广义上，记者的采访都是在进行调查，但调查的对象和采取的方式却有很大不同。从记者采访的实际情况看，可以分为一般性采访、深入采访、调查采访三种类型。动态性的新闻大多通过一般性采访就能获得；详尽的带有解释、分析性的报道往往需要深入采访；揭露性的社会问题报道则必须经过艰难的探索调查采访才能达到目的。比较之下，可以看到调查采访是最具难度的采访方式。

调查采访的目的在于披露被隐藏起来的情况，其题材相当广泛，涉及人类活动的许多方面。

调查采访往往能够得到公众的称道，提高传播媒介的声誉。1992 年 3 月 15 日，中央电视台《消费者之友》晚会的高潮是——揭露“庐阳牌”热水器坑害用户致死后仍然生产的内幕。

调查采访由于存在必然障碍，有时采取匿名方式。山西电视台《记者新观察》节目，对出租汽车乱收费的采访采取了有效的调查采访技能。《60分钟》作为美国电视调查性报道的样板节目，其影响之大已经变成人们餐桌上的一个话题。

一般地，真正的调查采访应该给社会带来某些变化。举例来说，美国“水门事件”的揭穿，导致尼克松总统班底的垮台。《60分钟》对“格特”案件的报道，将格特从监牢解救出来。福建《新闻半小时》节目，对福州影院承包后不履行合同的报道，使合同重新生效。1992年《中国质量万里行》的报道，唤醒了国人在经济改革中的质量意识。

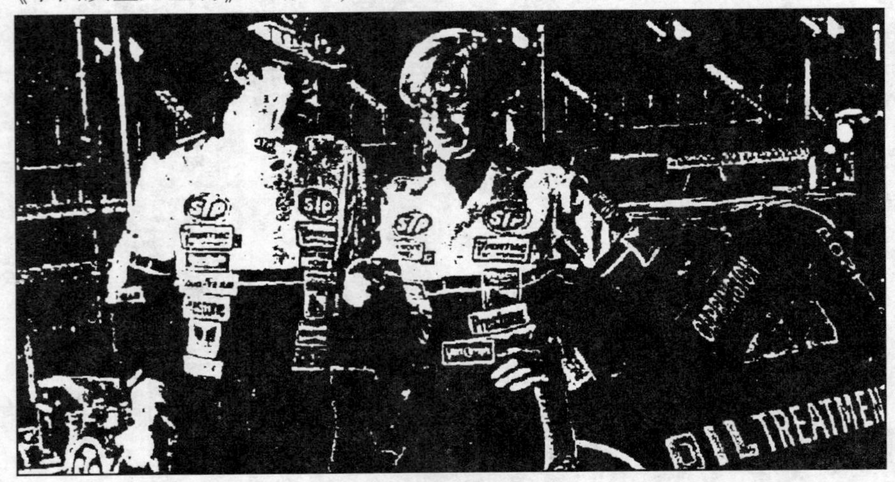


◁ 图 11-2 美国 《60分钟》节目的调查采访成为节目的表现手法 ▷

调查采访适用于复杂事件或处于发展阶段争议较大的事件。

调查采访一般采取先把网撒开，从外围入手的办法。当捕捞到大量情况后，再集中到关键点上进行突破性调查。

调查采访往往时间较长，很多时候还会遇到阻力和危险。在西方新闻界，特别注重调查采访，认为调查采访最能考验记者各方面的能力。我国新闻界也十分强调记者要有调查研究基本功。同西方记者比较，我国记者在调查采访活动中，对政策实行，新出现的情况调查采访较多。西方记者则对发生后的有疑点事件以及复杂的社会内幕调查采访较多。

记者调查采访到大量情况，最后总要得出结论，结论可以用事实说话，也可以用自己的判断推论。怎样下结论，要凭记者的判断能力。第二次世界大战后期，美国在日本的广岛、长崎扔了两颗原子弹。一时，关于原子能的科技报道成了热门题材。英国记者波来克特没有停留在一般介绍性的报道上，而是花三年时间深入调查，终于在 1984 年出版了《恐惧·战争和原子弹》一书。书中以充分的事实，在西方世界第一个指出美国使用原子弹轰炸日本，在军事上对战胜日本法西斯是没有意义的，其真正的战略意图是迫使苏联按《雅尔塔协定》对日宣战。这个结论轰动了整个西方世界，当时的美国国务院也不得不承认他是正确的。

一般说，调查采访的结果往往能对政府修改政策提供依据，对一些颠倒的事实予以纠正，对模糊不清的复杂情况理出头绪。

20 世纪 80 年代以来，新闻竞争正朝着高速、高质、高度的趋势发展，深度报道成为在新闻竞争中取胜的关键因素之一。在很多情形下，调查采访是深度报道颇能奏效的采访方式。

以美国《60 分钟》为代表的调查性纪录片节目是电视调查报道的样式之一。记者的调查采访不仅成为一种方式手段，而且成为节目的表现手法和基本形态。

◁ 图 11-3 中央电视台《新闻调查》节目以调查采访方式结构全篇报道 ▷

我国中央电视台《新闻调查》节目在调查采访方式上也是动了很多脑筋。当记者作为调查记者形象出现在屏幕上时，观众往往产生期待的心理。因而，这类节目必须讲求情节性，引人入胜。

在某种程度上讲，引入屏幕的调查采访对记者的形象、采访技能、个性风格等方面都提出了较高要求。

关于如何做好调查性采访，本书将有专章阐述，这里仅就其采访形式的特点作简要概括的分析。

### 7. 匿名采访

匿名采访是不暴露记者身份的特殊采访方式。

匿名采访在西方电视界采用闯入性和非闯入性两种方式。

在闯入性匿名采访中，记者要和人打交道。记者成为他观察的一群人或某个场景的一员，匿名观察。记者同人打交道，但不因自己的介入而影响被观察者的活动。比如，《北京青年报》有个记者为了采写监狱里犯人的情况，经有关部门允许，身居牢房，同犯人生活在一起，观察其活动。20 世纪 60 年代美国曾出版过一本畅销书叫《像我一样黑》，该书作者约翰·格里芬是个白人，为了深入了解黑人生活的状况，他用药物和化装术改变了自己皮肤的颜色，看起来同黑人没有两样。然后，他到美国南部几个种族歧视最严重的州去旅行，混在黑人群体中，亲身感受观察黑人受到的待遇。这种不暴露身份的匿名采访在日常采访中是不多用的，一般只在特殊情况下采用。然而，这种观察却常常具有不可替代的作用。

在非闯入性匿名采访中，记者采取独立的秘密的观察方式，不暴露身份，也不同观察的人进行相同的活动，相对来讲更为隐蔽。

西方新闻界把这种采访比喻为“藏在角落里的老鼠”。举例来说，美国有个记者，曾亲自偷偷数垃圾箱里的威士忌瓶子，从而证明某个城镇居民并非不嗜酒。这种秘密的匿名采访方式在比较特殊情况下可以起到一定作用。

匿名采访同体验采访相比较，有一定区别。有时，匿名采访也采取体验感受方式，但目的不是感受体验的生活，而是为了披露事实真相。多数情况下，匿名采访往往针对的是有一定难度的采访。如果公开身份，将会遇到难以克服的障碍。

电视记者的匿名采访，通常和偷拍相结合。利用闯入性和非闯入性的方式，披露事实的真相。例如，《60分钟》记者曾以病人身份向心理医生咨询，通过玻璃窗进行偷拍，以此来反映某些心理医生的行骗行为。

匿名采访有时也会受到一些指责，引起争议。80年代初期，《60分钟》曾做过一个自我反省的节目，在节目中对隐藏身份、潜入内部、“扮演”另外的角色、偷偷拍摄、伏击式抢拍、圈套式采访等形式进行了讨论。主持人华莱士提出了这样一些问题：“记者是否应该搞秘密活动？是否应该使用匿名新闻来源？是否应该拥有出乎意料的证人和文件同调查对象进行面对面的对质？记者该不该假装其他行业的人去猎取新闻？该不该在镜头前冒险引诱（实际上是刺探）没有提防的调查对象，或潜入工厂及劳工组织内部去揭发它的内幕？这些是否公正、适宜、正当？”（特德·怀特等：《广播电视新闻报道写作与制作》，308页，中国广播电视出版社，1987）节目讨论的结果是没有严格的定论。有人认为可以使用；有人认为不可以使用；有人认为在可能情况下尽量用其他办法。

在我国，匿名采访主要出现在深度报道、调查性报道中。中央电视台《焦点访谈》节目、北京电视台《今日话题》等节目中，由于经常披露一些社会问题，有时也运用这种方式。

在一定程度上，匿名采访是一种比较冒风险的采访方式，运用得当能够起到其他采访方式起不到的作用，产生较大的影响，获得意想不到的效果。

◁ 图11-4 电视记者匿名采访往往和偷拍相结合 ▷

运用匿名采访方式应该从各种角度加以考虑、慎重、小心、稳妥、适当。不可以盲目地加以运用，防止适得其反。

### 8. 书面采访

书面采访是记者以书信形式将问题写下来，寄给或面交采访对象，然后根据对方的回信或面谈进行报道。

书面采访是伴随着职业记者产生而出现的较早的采访方式，今天仍然在沿用。

书面采访的好处有三个：

(1) 可以节省时间和经费开支；

(2) 可以在双方见不到面的情况下进行采访；

(3) 可以在双方有语言障碍下进行准确的提问，减少口头翻译过程中的误差。

书面采访的形式有三种：

其一，是以书面形式将问题写下来，送交被访问者，待被访问者看后再进行面谈。这种形式多用于政治或学术观点与思想采访，特别是在双方有语言障碍下，先将问题写下来可以做到措辞达意上的准确无误。

1956 年，美国著名电视记者爱德华·默罗在仰光采访周恩来总理时，周总理要求先看问题单，默罗列出 20 个问题送交总理，总理回答了其中 10 个问题。

斯诺当年在延安采访毛主席时，事先也是将问题列出来，递交毛主席，然后待毛主席看后又进行面谈。

其二，是以书面通信方式，将采访报道意图、要问的问题写下来寄给被采访者。此种方式适用于较轻松的题目，如异国观感、往事的印象等，一般不宜涉及敏感问题。

近年来我国一些报纸上刊登的有关留学生来信谈所在国印象及留学生生活等内容的文章，有的就是编辑记者同他们以书信往来形式索得的。

其三，是以填写调查表格的方式进行书面调查采访，根据调查数据和结果进行报道，或在报道中引用。

西方记者还常以书面通信形式采访报道较大范围、较大题目的事件。但是这些事件大多是时间性不强，回答起来可振振有词。因为他们选择的采访对象都是对采访的问题了如指掌，有所研究或同其个人有关联的。举例来说，40 年代后期美国畅销书《美国内幕》作者约翰·根舍为了搜集有关美国社会的素材，给当时 48 个州的州长去信书面采访。他提出三个问题请他们回答：贵州与其他各州有何不同？贵州对整个国家作过什么贡献？您从政的动因何在并自认为有何主要成就？48 个州长中有 47 个做了答复。根舍足未出户便得到了大量素材。

书面采访既有简单易行的一面，又有保险系数不大的一面——可能得不到答复。为此，书面采访要注意下列一些问题：

（1）说明采访意图；交代清楚自己的身份；告诉对方他的回答会起什么作用，以引起对方的重视；写信之前对采访对象做必要了解。

（2）问题要言简意赅；问题与问题之间应留有空白，供对方填写回答之用。

（3）给对方一个答复日期，但不能硬性规定，而要以商量的口气定一个期限。

（4）写清对方和自己的地址以免误投；随信附上一个贴有邮票和自己地址的信封，供对方回信使用。

（5）如有问题需要面谈，请对方及时联系，联系方法必须写清，打电话或写信。

### 9. 预约采访

预约采访是随着新闻竞争日趋激烈而出现的一种采访方式。目前，在西方电视界已成为一种不可缺少的采访形式。

进入 20 世纪 80 年代，新闻竞争达到白热化程度，每当有重大新闻发生，各个电视台都设法找到能够对新闻事实发表见解的人上电视发表意见、提供背景。由于这项工作在新闻报道中占有很大比重，因而导致了职业记者的进一步分工，产生了预约记者（亦称预约导演）。

预约采访的任务是设法找到同新闻事件有联系的并适合上电视发表意见的人物。同时还要撰写人物简历、进行事先预约采访、观察对方态度、判断对方能够发表什么样的意见，达到什么样的效果。此外，还要负责安排交通工具并到指定地点迎接预约的客人。这一切都是在分秒必争的情况下进行，只有机智敏捷、擅长交际、不辞辛苦的人才能胜任。

在美国大型电缆电视网工作的预约记者，一人一天必须得找到18~25个预约客人。他们的工作相当紧张，个个都是同各种人打交道的能手。在印度总理英·甘地遇刺事件发生时，美国广播公司于半夜前获得这一消息，立即决定抢在早晨新闻播发前，在《夜间新闻》里编发一个反应性报道。高级预约记者斯蒂芬·刘易斯好不容易用电话找到一位哥伦比亚大学教授，说服他马上起床来电视台。刘易斯估计教授可能找不到演播室，于是跑到路口两眼紧盯着来往车辆。教授果然走错了地方，刘易斯眼疾手快，一把抓住教授，拔腿就跑。两分钟后，教授出现在电视屏幕上。这是西方新闻媒介播出英·甘地遇刺的消息两个半小时后发出的第一个电视反应性报道。

西方一些大广播公司，早、午、晚各档新闻节目都离不开预约记者。预约记者是节目主持人的得力伙伴。他们永远随身带着人名地址通讯录，里面写满了几乎所有各类问题专家们的家庭地址和电话号码，他们视这个名录为“生命线”。若遇到那些委婉拒绝上电视的人，他们往往纠缠不休，千方百计说服对方。

预约采访主要适用于电视讨论、辩论节目以及重大事件的反应性报道和人物专访节目。

◁ 图11-5 电视上的讨论、谈话节目及重大反应性报道都要预约采访 ▷

《实话实说》节目中请来的电视客人以及现场观众都是要经过预约采访的。有时候，预约采访比正式摄制节目花费的时间和精力还要多。

1987年10月16日，“黑色星期五”的全球股市大动荡，震惊了经济界，也冲击了各阶层人的思想观念。为此，中央电视台《今日世界》节目组织了一个座谈会，约请在京的中外经济界人士发表看法。事先，记者用一个星期时间预约采访对象。确定好人选后，还要预约正式拍摄节目时间，交代节目时间长度、程序等等。同时还要对每个人的讲话侧重点事先进行了解，以避免重复。最后，节目拍摄时间仅用了两个多小时，剪辑只用了三个小时。可见，预约采访并不是轻松的举手之劳。

预约采访要求记者判断人物能否适合上电视；撰写人物简介；交代采拍程序；确定主要内容。

### 10. 联合采访

联合采访是两个以上新闻机构进行合作，对重头报道或特别题材的采访。

联合采访是电视采访的一大特色。从全球范围看，报纸、通讯社、广播记者很少进行联合采访，即使是组成记者团，也是以独立采访为主。而电视采访却经常进行国际间、中央与地方之间、地方与地方之间的联合采访。这是为什么呢？一是由于电视采拍、制作节目比较复杂，如果争取到当地的合作就比较容易熟悉环境和沟通各个环节；二是电视报道日益讲求时效，传播中继环节要经过微波或卫星线路，没有当地的合作是无法传送的。

从我国的电视联合采访历史及现状看，这种方式越来越普遍。从1979年中日联合采拍、制作《丝绸之路》开始，国际的联合采访始终没有中断。中央同地方、地方与地方之间的联合则更为普遍。

联合采访要求记者对各方的工作方式、采访意图等都了如指掌，这样才能合作默契。联合采访可以相互取长补短、共享信息、集思广益，多快好省地完成任务。

联合采访能够从各个不同角度来共同报道一个事件，可以避免漏掉有价值的新闻事实。

联合采访要求记者有合作精神，共同使用材料，发挥集体智慧，不能搞消息封锁。现在联合采访成为一些重大事件采访的有效形式。

以上我们对记者日常采访中运用的具体采访方式进行了归纳和

分析。

记者采访的各种方式是随着记者的新闻实践经验不断丰富、新的技术手段的不断渗透而发展扩充的，任何一种形式都具有自身的特点与效果。

采访的各种方式同采访中的访问、观察、研究资料这些基本方法又是什么关系呢？采访的各种形式是指采访的具体方式而言，采访的基本方法是采访的实施手段；每种形式都离不开基本方法的运用，每个基本方法都依靠各种形式来体现。

## 二、采访的技术手段

在某种程度上，电视采访技能的发展依赖于现代技术的开发利用。不掌握电视采访技术手段，就不能够充分发挥采访的潜在功用。

熟练的电视采访技能一旦形成，动作的反应速度，一个动作过渡到下一个动作的敏捷性以及动作的灵活性，将从“有意识”地支配转变为“自动化”地实现。然而，这种技能的“自动化”并非是无意识的，而是由于大脑皮层建立了巩固的动力定型。所谓动力定型，是指大脑皮层经常接受到按一定顺序出现的刺激物的作用，因而，形成某种与之相应的联系系统。动力定型的建立，使一系列动作方式能够按照一定的顺序自动化地、一个接一个地实现出来。

以现实和发展的眼光看，电视记者应该掌握这样八种主要采访技术手段：电话采访、话筒采访、录音采访、航空采访、演播室采访、现场切换采访、摄录一体采访、卫星电视采访。

### 1. 电话采访

电话采访是跨越空间距离的采访技术手段。

电话采访不仅是记者联络预约、获取线索、传递信息、核实补充采访的有效手段，而且还是一种引入屏幕的颇具吸引力的报道方式。

1992 年《消费者之友晚会》，设置了现场投诉电话，不仅沟通了晚会同观众的联系，而且产生了直接的传播效果。1998 年抗洪救灾的报

◁ 图 11-6　电话采访 ▷

道中，引入了多次电话采访。

在西方电视界，利用电话开办谈话节目受到观众的特别欢迎。美国全国广播公司主持人拉里·金在午夜时间主持的《对话》节目以直接通话的方式解答观众提出的问题，具有相当的威望。除了开办类似这样的谈话节目，西方电视界记者的现场采访也通过电话联络方式在屏幕上显示，直接插入正在播出的节目之中。节目主持人坐镇演播室，常常是手中不离电话同现场记者通话。在他的演播室，电话录音设置同电视画面显示结合为一体的采访系统，随时可以利用进行跨越空间的采访。

电话采访是现代化采访手段。1982 年美国出版的《广播新闻写作报道》一书，将电话采访列为广播记者的特别要求之一。

电话采访具有哪些优势？

(1)跨越空间。

这是电话采访的显著特点。当记者想同一个访问对象面谈遭到拒绝，或因为地理距离相距甚远，没有经费前去面谈时，利用电话则可以跨越空间进行采访。记者不但可以在本国国土内进行电话采访，还可以跨越国界进行越洋采访。

记者采访或许会被访问对象拒之门外，但有时候访问对象持续不断的电话铃声却不能完全不理睬。西方记者经常在被拒绝当面接受采访之后利用电话完成采访。

(2)节省时间。

不言而喻，电话采访最能节省时间。正是这种实用而又讲求速度的特点使电话采访成为记者常用的采访形式。当记者必须采访一个关键性人物，而时间又非常紧迫，亲自去面谈已经来不及，这时电话采访就显示出其优势了。

美国记者西奥多·欧文认为，电话采访对写综合报道来说是一条非常有效的途径。一次，他采写几名在国外负伤的飞行员的报道，从一位在纽约的飞行员那里了解到另一位在华盛顿养伤的飞行员姓名，由于采访任务紧，他没有时间到华盛顿去，就给这个正在住院的飞行员打电话采访。正巧，他旁边躺着另一个飞行员，欧文从电话里也采访了他。通过这个飞行员他又得到另一个在阿拉巴马的飞行员地址。欧文就这样通过这种连锁反应，利用电话采访了 8 位飞行员。

(3)补充扩展。

在新闻采访中，常常发现采访归来后还有个别数字、细节存有疑点，这时再去一次采访从时间和经费上讲都是浪费。记者打个电话，将疑问提出来，请对方进一步解释即可解决问题。

除了超越空间、节省时间和补充扩展的优势，电话采访还有一些其他好处。比如可以使访问对象轻松自如地谈话，因为他看不见记者记录或录音，情绪不会紧张。然而，电话采访也存有一定的局限和不足。

电话采访有哪些缺陷呢？

(1)容易造成听觉上的误差。

如果电话线路出毛病，记者同访问对象双方可能都听不清对方的话，或许会答非所问。另外，有些语音语调上的相似字眼可能不易在电话里辨别清楚，以致造成失实。有个美国记者在60年代初因语音相似将民权运动领袖詹姆斯·麦雷迪斯头部中弹轻伤而误听成头部中弹命丧。

(2)获得材料有限。

电话采访难免因材料有限而落空。有时记者只能得到百分之五十的有用材料。《纽约时报》记者约翰·阿普尔一次创造了一天打100个电话的纪录，其中25个电话回答是具体情况不详。

(3)缺少形象画面。

除了以上两个缺陷外，电话采访还不能获得亲临现场目睹、面谈的生动效果，缺少形象画面的感染力。

通过分析电话采访的优势与缺陷，我们可以在采用这一方式时注意选择访问对象和报道的题材。一方面要能够利用电话，一方面也不能完全求助于电话。

电话采访具有下述基本规则必须注意遵循：

△交代身份、讲明意图。

电话采访首先要交代自己的身份，要注意不仅要通报新闻机构名称，而应将自己的姓名、身份一起告诉对方。然后讲明意图，消除对方疑虑。

△准确记录、核实要点。

电话采访前记者应将问题单、有关材料和记录本准备放好。记录时最好在所提问题下面记录，以便对号入座，有些关键性要点最好再核实一遍。比如说某人丧生，记者最好追问一句是死了吗？这样就可以避免语音上的误差。

△提问简洁、语气平和。

电话采访最忌问题啰唆，谈吐不清。此外，对方单凭记者声音来判断记者是否可以信赖。因此，记者千万注意讲话口气，一定要平稳和气，不要急促高调门。

△录音要征得对方同意。

现在，中外许多编辑部里的电话附带录音系统。如果要录音，特别是若要在电视节目中使用声音，必须征得对方同意。

△致谢与回音。

打完电话千万不要只说一声“好了”、“完了”，而要以礼貌方式表示感谢。采访完毕后应将是否报道、怎样报道给对方作一个说明。

### 2. 话筒采访

话筒采访是电视采访的“常规”技术手段。

称职的电视记者应该熟练掌握话筒采访技术。

第一，必须熟悉话筒的特性，各种话筒所具有的性能。“有些话筒方向性很强，只能从它们指示的方向收集声音。有些话筒可以别在衣服上或挂在脖子上；还有些话筒需要拿在手里或装在吊杆上。有时我们使用无线话筒，它们从远处传回声音时不用连接电缆。”*（罗伯特·蒂勒尔：《电视新闻的采制方法》，101 页，中国广播电视出版社，1989）*

第二，必须能够选择合适的话筒，选择合适的话筒可以产生理想的效果。虽然许多电视报道有专职的音响技师负责话筒的选配，但是采访记者不能完全依赖技术人员。因为创造性地采访也包括声音的运用，如果记者忽视这一环节，在声音的采录技巧发挥中有可能处于被动地位。

第三，必须能够熟练地使用话筒。许多初学采访的记者，都有过采访时忘记打开开关导致采访失败的教训。大多数记者在开始手持话筒采访时，忘记传递话筒以至于录下单方面的声音，也有的记者将手持式话筒举到了被采访人的脸上，还有的记者用话筒挡住了自己的脸……凡此种种失误，说明掌握话筒采访技术之于电视记者的重要。

◁ 图 11–7　话筒采访 ▷

### 3. 录音采访

录音采访是随着录音机日趋小型化而日渐流行的现代采访手段。

录音采访被西方新闻界称为“新的浪潮”，录音机同电话一样成为编辑部必备的工具。

电视记者使用录音机采访同广播、报纸记者有所不同。广播记者往往采用录制的声音组合成报道；报纸记者也能够采取记录体方式进行报道；而电视报道采用的是摄录系统的同期声，因而使用录音机采访的目的不是播放，而是完整录制采访谈话。

录制采访谈话有什么用途呢？主要作用有助于记者快速决定使用哪几个片段的同期声以及音响切换的长度。

在记者招待会、新闻发布会、人物专访等采访中，使用录音机采访是最便利的手段。“你可以在返回编辑室的途中重新放一遍录音，从中找出需要在报道中使用的音响片段。当回台后没有编辑位置时这样做大有好处。待编辑开始后，可以很快挑选出所要的段落。”（特德·怀特等：《广播电视新闻报道写作与制作》，330页）

录音采访自问世以来，虽然已被广泛采用，但是中外新闻界都对此种形式产生过争论。有人认为使不得，有人认为很好用。究其原因，是由于录音采访也如同电话、航空等现代化采访形式一样一方面带有自身的优势，另一方面也带有一定的局限性。此外，还有一个采访对象对于新形式的适应与不适应的问题。为此，我们有必要分析一下录音采访的长处与短处，以便正确得当地运用这一形式。

录音采访的长处：

(1) 具有清晰的真实感。

引入到广播报道中的录音访问以及电视屏幕上的录音访问可以给听众、观众最大限度的真实感，这是录音采访的优势所在。现在，文字记者也创造了一种录音访问记录的报道形式。他们认为，对于有争议的问题与长篇的系列文章会使读者产生许多疑问。读者可能会认为记者曲解了采访对象的原意，或者记者根本就没有经过采访而发表个人的观点。如果用问答体录音记录形式报道则可以让读者深信不疑。1972年美国总统竞选期间，《华盛顿邮报》记者海恩斯·约翰逊和戴维·布洛德在采访中广泛地使用了录音机，写出了大量的录音访问记登在报上。海恩斯·约翰逊认为现在的人们普遍对报纸上的说法持怀疑态度。只要你就某个有争议的问题发表了一系列文章，就会发现来自于你观点不同的读者的强烈反应，甚至不相信你曾到过现场。因此，我们通过录音采访来做报道，就是为了给读者一种“不管我信与不信，那人所说的确实如此”的感觉。

(2) 节省记录时间。

不言而喻，用录音机采访可以节省记者用笔记录的时间，改变边记录边提问的方式。节省了记录时间，这样一方面可以使记者更有效地利用时间多提问题，一方面可以尽快结束采访进行报道。

(3) 避免漏记与误记，保证引语来源的准确。

用笔记录难免出现漏记、误记的现象，录音采访可以避免这种现象发生。特别是遇到有争议的引语使用时，录音可以万无一失地证实引语的准确来源。

(4) 在无法作记录场合发挥作用。

有时记者在宴会、餐桌上进行席间采访，如果做笔记就破坏了环境气氛，这时录音机就可派上大用场。有时记者在人声嘈杂的场合采访，一群记者争先提问，问题一个接一个，回答速度又非常快，记者要往前挤着提问，腾不出时间做记录，这时伸出话筒就可以帮助记者一臂之力。

录音采访的短处：

(1) 易使访问对象感到紧张。

录音采访对于不习惯接受录音的访问对象来说容易造成神经紧张，以致张口结舌，导致采访失败。西方新闻界称这种现象为“话筒恐惧症”。

(2) 整理录音耗费时间。

虽然录音采访在采访时可以节省记录时间，但过后整理时却要花费一定时间，有时要听上几遍才能整理出有用的材料。

(3) 容易造成谈话的中断。

有时当访问对象正谈得起劲，正谈到节骨眼上时，录音磁带用完了，记者只好请对方停下来翻转或换上新的磁带。这样必然会给对方的情绪造成某种影响，甚至使对方草草结束谈话。

◁ 图 10-8 录音采访 ▷

(4) 分散访问对象的注意力。

录音采访可以使记者集中精力，但却容易使访问对象分散精力。话筒、机器的转动声音都会吸引对方的注意力。

分析了录音采访的长处与短处，我们可以对录音采访有一个比较全面的认识，以便在实践中灵活使用这种形式。

现在，微型袖珍录音机的出现可以使记者将话筒和机器放置在口袋里、本子里等不被访问对象发现的地方进行秘密录音。秘密录音是否违背了职业道德呢？我们认为不存在这个问题，秘密录音就同偷偷作记录一样是记者采访的技巧。一般说被采访者接受记者采访就表明同意记者进行报道，所以记者录音不录音都不涉及侵犯被访问者的权利。但是，需要指出的是，如果记者录音之后准备用到节目之中，最好要得到对方同意。

录音采访需要注意的是，当场要以笔头记下录音的时间长度、人物讲话顺序、主要内容录制在哪盘磁带上面，这样就更便于收听录音。

### 4. 航空采访

乘坐热气球和飞机在空中采访是现代电视采访的有利手段。

航空采访的优势是：不受地理环境限制；扩大活动范围；开阔视野。

现在，在空中采访已经构成电视报道的独特视角。航空工具已不仅仅是单一的交通手段，而成为采访报道的技术手段。

大型纪录片《望长城》能够在画面表现上展现不同的空间层次，正是由于较好地运用了航空采拍手段。《神兵天降八千三》从采访到报道都在很大程度上依赖于航空采拍。地震发生后，山区公路、通信中断，灾情不明，13 架不同机种的飞机盘旋查寻，记者跟随飞机采拍，耿马重灾区就是记者随机采访发现的。重灾区与昆明微波传送点相距 800 多公里，汽车要走两天，记者采取接力传送形式：直升机→思茅场站→大运输飞机→昆明场站→CCTV 军事部昆明记者站→云南电视台（微波）→CCTV。由于利用直升机和运输机组成“传输线”，灾区的采拍录像当天就传到中央电视台，保证了时效。

航空采访在特殊情况下，还是唯一有效的采访方式。第二次世界大战期间对柏林大轰炸的报道，完全是靠记者在空中采访报道，在地面无法进行。

◁ 图 11-9 航空采访在澳大利亚已非常普遍 ▷

航空采访有两种形式:

(1) 随机采访飞机内人的活动。比如付溪鹏采访拳王阿里时，在阿里从北京取道上海飞往香港的途中，跟机采访到上海，利用了极有限的机会。今年3月，《人民日报》记者陈树荣、徐建中乘飞机采访广东全国人大代表政协委员，写出了报道《蓝天畅谈鹏程万里》。

(2) 随机采访地面的活动。这种形式有时是特殊情况下唯一可行的采访途径。美国向日本投放原子弹时，《纽约时报》记者威廉·劳伦斯是唯一获准随机采访轰炸长崎的记者。他的采访报道后来获得普利策奖。

航空采访在经济发达国家，已经相当普遍。这主要因为航空采访可以不受地理环境的限制。比如，在澳大利亚广播公司，新闻编辑部备有好几架直升机，随时准备出动采访突发事件，航空采访已成为该公司新闻采访的特点之一。日本在20世纪60年代开始也对大场面报道采用航空采访方式。

航空采访有其长处:可以扩大活动范围，开阔视野等;但也有其短处:噪声大，不够安全，世界上有不少记者因随机采访而丧生。另外，有的低空采访，还给地面活动带来了干扰。

1965年4月，日本琵琶湖举行马拉松赛，飞机掠过地面时所卷起的灰尘，影响了长跑运动员的行进。为了防止类似情况发生，日本新闻协会编辑委员会制定了《关于航空采访规则》，规则指出:利用飞机采访、报道，随着机种、架数的增加和采访方法的多样化而复杂了。……请特别注意下述两点:(1) 不搞给采访对象造成麻烦和妨碍活动的采访和报道;(2) 为了确保安全，要避免危险飞行。规则中还对高速机、低速机，先来后到的飞机回旋方向都规定了较细的规则。

这些规则说明，航空采访在日益普及中正在不断改进、完善。

### 5. 磁带采访

利用录音磁带作为中介进行采访是一种现代化采访形式。西方记者采用此种方式较普遍，许多记者用磁带采访取代了书面采访。

一般情况下，记者在一盘盒式录音带上录上一段话和一组问题，然后寄给采访对象。采访对象收到磁带听完录音后，在磁带未录音的一面作出回答后再寄还给记者。

由于盒式录音磁带价格越来越低廉，使用范围越来越广，给磁带采访创造了有利条件。

磁带采访有两个较突出的优点：一是可以使访问对象无拘无束地不受干扰地回答问题；二是便利省时。

磁带采访适用于时间性不强的采访。对于较深思想观点的采访，磁带采访比较适合。学者、政治家往往不愿意别人打断他们的话，因而长时间地论证正好可以用磁带录音。此外，较轻松的题目也适用于磁带采访。

美国记者约翰·布雷迪曾用寄送磁带方式进行过环球性采访。他发表的关于弗兰克·西纳特拉演唱节目的文章就是将磁带寄送到英国、南美、澳大利亚、日本等地的对西纳特拉演唱有特殊爱好的录音收藏家手中，然后根据他们的回答写出报道。他认为，磁带采访事先最好写信或打电话同采访对象联系一下，然后在对方同意下再寄磁带，这是对采访对象尊重的表示。

### 6. 演播室采访

演播室录像采访是电视记者独有的采访技能之一，它既是一种固有的报道方式，也是一种讲求技术的采访手段。

演播室采访就是把采访对象约请到演播室进行面对面拍摄采访。

演播室录像采访分为快速采访、人物专访、座谈讨论、辩论等形式。通常，需要注意下述几个特别问题：

#### *(1) 事先指导*

经常上广播、电视的采访对象往往熟悉此道，不用事先指导。但从未上过广播、电视的采访对象，则需要指导，以使他们消除紧张情绪，表现得自然一些。

美国新闻界做过这样的试验：记者如果手里什么也不拿，仅仅同采访对象交谈，这个人就会表现得比较自然；当记者拿出笔记本记录时，对方稍微表现出慎重；记者把对方拉入演播室，坐在麦克风前录音时，对方谈吐就很紧张；记者如果打开摄像机，对方则低下头，眼睛斜视或下垂，甚至手脚僵直，语调变调。这个试验告诉我们，做演播室专访首先要使访问对象放松情绪。

一般情况下，记者事先把访问的范围、程序告诉对方，让对方对这种采访方式有个大概了解，以求得良好的合作。

◁ 图 11-10　演播室采访 ▷

### (2) 掌握时间长度

做演播室专访，记者必须掌握好时间限度，因为专访往往是实况直播。在 4~5 分钟内，记者既要准确、及时、精确地完成一次采访题目，又不能使人感到慌乱急促。如果是直播，一定稍为提前一点结束，超过原定时间，将会给下一个节目带来麻烦。

因此，记者必须做出一个确切的估计，在规定时间内能够得到多少所需要得到的东西，从一个问题转向另一个问题需要多少时间。记者也可以同被访问人商定，用一个不太引人注意的信号表示时间已到。在掌握时间限度的同时，还要注意不要过早结束采访，不要低估在几秒钟内也能说几句有用的话。

### (3) 设计好问题

演播室专访一般都是围绕某个题目在一定时间内完成采访，所以事先一定要把问题设计好，在有限时间内得到有用的信息。

如果是快速采访则更要注意，既要采访到有价值的内容，又不能拖泥带水。如果是人物专访，也要避免不必要的冗长拖拉，还要考虑到超过原定时间会给编辑带来太多麻烦。当然，也要注意避免慌乱急促。较好的办法是，事先商定交代清楚，采访过程中又能够引导。

### (4) 同摄像机配合

演播室录像多采取固定机位和流动机位结合的录像方式，记者同摄像人员配合好，才能取得完美的效果。同时，记者也要告知采访对象如何面对摄像机，特别要注意采访过程中的交流感，不要两眼死盯着摄像机。

## 7. 现场切换采访

现场切换采访是在 20 世纪 70 年代采用小型电视转播车而得以发展起来的采访手段。

小型电视转播车的出现，使电视现场的流动采访得益匪浅。它不但简化了以往多机拍摄素材回到编辑部剪辑的程序，而且提高了采访环节的艺术处理技巧。现场切换采访可以作同步报道，也可以进行再编辑剪辑。总之，这种方式对于采访、编辑、报道都带来了进步与突破。1984年国庆35周年阅兵大典，中央电视台动用5辆转播车、23台摄像机、14套微波线路的庞大技术装备和200多人员的报道队伍，将这一盛况同步传送到全国乃至世界。

◁ 图 11–11（A） 现场切换采访 ▷

◁ 图 11–11（B） 现场切换采访 ▷

现场切换采访最大的特色是可进行流动式现场采访。故此，记者要对活动画面的切换技巧及其要求有所了解和掌握，否则就很难同摄像和切换剪辑环节配合好。

### 8. 摄录一体采访

一体化摄像机的问世，预示着电视记者独立采访将成为普遍的方式。

ENG的问世使得电视记者的工作方式由“采摄合一”过渡到“采摄分工”，虽然这并不意味着电视记者可以不掌握拍摄技术，但是“采摄分工”毕竟减少了记者动手拍摄的实践。相对来讲，拍摄技术操作水准同专职摄像人员相比自然会出现差距。然而，ENG 的更新换代摄录一体化的普及将电视记者又推上了操作摄像机的第一线。

◁ 图 11-12（A） 摄录一体采访 ▷

毫无疑问，摄录一体化采访将会在今后的采访活动中普遍应用。因为它能够轻装前进，可以深入到任何地方，对于突发性新闻采访则更具优势。“一体化设备大受欢迎是因为电视台如果想采访所有的新闻线索，报道组显得太少了。不管是地方台还是电视网，眼下记者的人数都比摄像组多。当电视新闻记者和摄像组的比例变得更加相称时，电视新闻机构就能采制出更多的富有创造性的新闻。”（特德·怀特：《广播电视新闻报道写作与制作》，327 页）当然，这也并不意味着回到“采摄合一”的方式。采访技术手段并不是互相排斥的，而是互相补充。电视记者的出画采访还是要以“采摄分工”为主。

摄录一体化，要求电视记者一专多能，如果遇到突发事件，能够抢拍到精彩的画面和场景。

1981 年 3 月 30 日下午 2 点 25 分，一条震惊全美国波及全世界的重大突发性新闻事件发生了：里根被人行刺。

事件发生还不到 10 分钟，电视就已向全国报道；半小时后，电视屏幕上放映了枪击录像；两个小时后，电视新闻录像通过通信卫星传遍世界。由于电子科学的发达，这一重大新闻事件得以以最快的速度展现在亿万观众眼前。

◁ 图 11-12（B） 摄录一体采访 ▷

在这一事件中，电视又一次显示了它的威力，它那扣人心弦、真实可信的画面把这起行刺的过程表现得淋漓尽致，一下子深深印入人们的脑海之中。

里根当时作为西方国家的著名政治人物，上台 70 天就被行刺，美国朝野一度陷于惊慌状态，各国密切关注。这同时也是一场新闻争夺大战。在里根走出希尔顿饭店，向他的防弹专用轿车行走时，一名叫辛克利的青年用左轮手枪向汽车射出 6 发子弹，掩护在前的新闻秘书布雷迪和两名警卫人员一一被击中倒地，一颗子弹从车门击中里根左胸。这时现场一阵喧嚣，保安人员立即掏出武器，迎接这场悲剧。正在拍摄里根向人们招手的美国广播公司摄像师汉克·勃朗听到枪响，镇定自如，迅速抢拍总统被保安人员推入轿车的镜头。全国广播公司的希尔登·弗里曼冒着生命危险，把刺客伸出的手枪和总统被推上车的情景一同拍了下来。由于电视摄像机“旁若无人”地在现场抢拍着画面，因而又留下了珍贵、惊险的镜头。

事件发生 8 分钟后，有线电视新闻网首先以口播形式播发了这条消息。紧接着，美国广播公司的主持人雷诺兹在 2 点 34 分出现在屏幕上告诉观众，“我们拍到的录像带已经送到，马上就要播出实况，马上……” 2 点 42 分，电视上终于播出了枪击事件的镜头。一个小时内，电视反复播出了 12 遍。其他电视网也相继播出了自己的报道，如刺客的情况、目击者的叙述、医治手术，等等。

里根被刺的报道又一次说明人类已完全进入电子传播时代。电子新闻传播把时间空间的限制降到最低点，使人们很快就看到了现场的情景，其中包括事件的景象、动态、声音、色彩，这样的速度与效果是其他任何媒介都办不到的。事件发生后仅过了 18 分钟，美国广播公司就播出了现场实况录像，这不能不说速度惊人；又由于通信卫星的作用，使得全世界都能以最快的速度目睹这一事件的全过程。

在许多观众的心目中，电视与现实没有什么区别。

当人们谈到发生的某个事件、庆典、灾难的时候，与其说是事件本身，倒不如说是电视节目中的所见所闻。

观众在电视上看到活生生的画面，有身临其境的感觉，就像是种种事件的参与者。

由此进一步表明，电子科学技术对大众传播事业起着极为重要的作用；电视展示的力量与速度已经到了毋庸置疑的地步。

摄录一体采拍可以说是电视记者的基本技能。作为电视记者，只有熟练地掌握拍摄技巧，才能了解电视画面对采访报道的要求。从发展走向看，一专多能的记者，往往能够应付各种采访活动。

### 9. 卫星电视采访

卫星电视采访是利用通信卫星技术而进行的最现代化的采访技术手段。

卫星电视采访不但可以跨越空间距离，而且可以在电视屏幕上进行面对面的交流。一般情形下，卫星电视采访在屏幕上显示记者和采访对象的图像及同期声，也可以经过特殊编辑插入活动画面。

◁ 图 11-13（A） 卫星电视采访将演播室同现场记者联系起来 ▷

在电视发达国家，卫星电视采访已不仅仅是局限于演播室内的采访了。由于移动式卫星地面站的投入使用，对于现场新闻事件亦能够作同步采访。美国 CNN 对海湾战争的报道，就不惜重金购置了小型伞状卫星通信设备，并将通信卫星同它的电缆电视网相连接，使记者的现场采访同总部演播室主持人的主持有机地结合在一起。1982 年 10 月，美国全国广播公司（NBC）利用卫星，在中国北京和上海现场制作大型报道《变化中的中国》节目。节目中通过卫星采访了美国前总统尼克松、当时的中国外交部部长钱其琛、上海市委书记江泽民等人物。

在我国，近年来也开始利用卫星进行同步采访报道。最大规模的是香港回归的报道。1998 年，海湾地区再次出现风波，《焦点访谈》节目主持人水均益到事件的现场，通过卫星进行了同步报道。从发展的趋

◁ 图 11-13（B） 卫星电视采访将演播室同现场记者联系起来 ▷

势看，卫星同步采访正在朝着立体化、多元化方向发展。以一个正在发生的重大新闻事件为主线，穿插其他报道。通过卫星，以共时态报道方式播出。比较典型的报道有：美国三大电视网对挑战者号航天飞机升空失事的报道；CNN 对海湾战争的报道；中央电视台对香港回归的报道；凤凰卫视中文台对戴安娜王妃葬礼的报道等。此外，全球对奥运会的报道，大都采取卫星同步采访报道方式。值得提及的是：随着电视事业的全球化渗透，利用共用信号进行报道已成为一种新趋势。在利用共用信号的同时，各电视机构都力图显示自己的特色，因而同步采访作为重要内容成为立体报道的重要组成部分。

最具全球化卫星同步采访报道的重大活动当属奥运会的多元化立体采访。

早在 1935 年在德国举办奥运会时，电视就对重大体育比赛的同步传播进行了尝试。从 5 月 1 日到 16 日，收看奥运会电视转播的人达 15 万之多。这个人数在今天看来，似乎是微不足道，但在当时却是非常可观。因为 1935 年的电视业还是刚刚显示出潜在功用，世界上的许多国家还没有涉足这个领域。

◁ 图 11-14（A） 利用卫星进行人物专访 ▷

◁ 图 11-14（B） 利用卫星进行人物专访 ▷

奥林匹克运动会成为全球关注的盛会，在很大程度上是电视同步采拍报道促成的。

时至20世纪70年代中期，电视在世界范围内得到普及。也就在这时，美国全国广播公司（ABC）于1976年争得了奥运会独家电视转播权。素以体育报道出色著称的ABC成功地转播了蒙特利尔奥运会，向全世界的观众展现了壮观的场面：激动不已的竞赛过程与令人心跳欲止的瞬间冲刺、运动员的高水平竞技以及他们身上所凝聚的力量和人类自身的能量美。令观众振奋、激动、遗憾、惊叫的每一个时刻，都是一种力量冲击下产生的结果。

◁ 图11-14（C） 利用卫星进行人物专访 ▷

奥林匹克运动会的体育同步采拍、报道、播出，具有全球意义。这个意义在于：不仅全世界的体育健儿在同一地点进行体育比赛，而且全世界的观众也在同一时间、同一地点观看这场体育盛会。在某种程度上讲，观众的参与进一步促动了奥运会的发展壮大。

对于电视机构和记者来说，同步报道奥运会本身又成为一场“战斗”、成为技术与力量的较量。

◁ 图 11-15（A） 同步报道奥运会成为技术与力量的较量 ▷

1984 年洛杉矶奥运会上，140 个国家和地区共派出大约 1 万名记者进行现场同步采访报道。这是新闻记者人数最多、采访时间最长的一种竞争（同年美国民主党召开全国代表大会期间，有 14000 名记者前去采访报道，但时间只有 4 天）。ABC 在这场竞争中仍然是得天独厚，派出 3500 人的庞大队伍进行独家电视同步报道。

ABC 制作两套节目：一套是专门给美国观众收看的节目，这套节目中侧重报道了美国运动员的情况；另一套是可供世界各国选用的节目，总长度为 1300 个小时，这套节目中将各项比赛的基本情况、结果全部拍摄下来，力求做到全面、公正。

ABC 以 2. 25 亿美元的高价买下奥运会转播权，此外还要有 1 亿美元用于现场直播。体育部主任鲁尼·阿利奇毫不担心这笔钱投入是否会收不回来，因为 1976 年的经验已经证实，花大价钱是值得的，奥运会转播已成为 ABC 黄金时间收视率上升的突破口，不仅可得到直接利益，而且能带动其他时段节目的收视率上升。

电视的魔力使其他传媒相形见绌。有人形容说，摄像机出现的地方，已经不是其他传播记者立足的地方。在奥运会上尤其是这样，虽然在开幕式上所有记者都坐在记者席上，占上个好座位，但是对这种宏大场面的描述已没有必要，一幅真实的现场画面胜过任何文字的描述。文字记者们分散到运动员驻地、比赛结束后的休息室去采集花边新闻或背景材料，往往是疲于奔命，顾此失彼。

◁ 图 11-15（B） 同步报道奥运会成为技术与力量的较量 ▷

电视转播本身还能创造出奇迹。前国际奥委会主席萨马兰奇认为：将来体育运动会简单地归纳为两大类：一类适合电视的口味；另一类则不适合。体育项目只有在属于第一类的情况下才有机会发展。否则，要么衰落，要么踏步不前。因为只有更多的人看，才会有更多的人干；比赛的水平越高，电视的兴趣越大。

的确如此，电视对奥运会同步播出的热情投入远远超过了对一般活动的支持与重视，从而，使奥运会形成全球性的号召力和感染力。

1988 年汉城奥运会、1992 年巴塞罗那奥运会、1996 年亚特兰大奥运会的空前盛况在电视屏幕上的充分展现，似乎变成全人类的盛大庆典活动。富有戏剧意味的是：不同国家、不同民族、不同信仰、不同文化背景、不同语言的亿万观众在同一时刻聚集在电视屏幕前共同为这个盛大庆典喝彩。

从奥运会的卫星同步采访报道中，我们可以领略到现代技术对记者采访的作用，也可以领略到电视同步报道的魅力所在。对于记者来说，要具备临阵发挥的能力，敏锐的观察能力，准确的判断力和高超的采访技巧，才能在这种利用现代技术手段采访方式中发挥出较好的水平。

今天，电视业的发展和技术的进步，为电视采访展示潜在功能和力量提供了前所未有的机会，电视记者对采访具体方式和手段的掌握，直接关系到电视传播的效果。为此，作为电视记者，应该在采访实践中进行多种尝试，以期达到较高的水准。

## 本章重点

1. 采访具体方式，是指记者在进行采访活动过程中采取的一系列行为方式。通常，采用的具体方式主要有：等候采访、追踪采访、即席采访、同步采访、体验采访、匿名采访、书面采访、预约采访、调查采访、联合采访。

记者对采访方式的运用往往是几种方式交替发挥作用。

2. 等候采访对记者的要求是：首先要有耐心；其次要选择好采访路线和拍摄位置；其三要抓住一切能够进入现场和接近对象的机会。

一般情况下，事先预知有新闻发生或预测有重大新闻发生，都要记者到新闻现场等候采访。对电视记者而言，有些场景和自然景观的出现也是要等待时机进行采拍。

3. 跟踪采访是顺着新闻事件的发展过程，穷追不舍尾随采访。跟踪采访在四种情况下运用较多：一是持续一定时间的新闻事件；二是游动性的群体活动；三是新闻人物或首脑人物多地点的活动；四是范围大、头绪多的新闻事件。

4. 即席采访多用于新闻发布会、记者招待会。在电视报道中，即席采访直接引入屏幕，成为最富吸引力的报道形式之一。

即席采访要注意的问题是：直截了当一次将问题提出来；一次最多提 2~3 个问题；借助别人提问来充实自己的报道；能够临场发挥，随机应变。

5. 严格意义上的同步采访是指记者始终置身于新闻事件现场；摄像机以记者采访视线为转移；以记者在现场的出镜采访和口头叙述为报道方式。

同步采访在时空上同事态的发展相一致，但不一定在播出环节上也同事态发生、发展同步进行。同步采访不是同步报道，同步报道是共时态的报道，事件—采访—报道—播出同步进行。同步报道离不开同步采访，同步采访的新闻不一定都采取同步报道方式。

6. 体验采访是记者亲身去感受尝试现实生活中的事物，以求获得切实而深刻的感受。

体验采访不是简单的参与，而是要全身心地投入，感受领悟客观事物。

在电视报道中，体验采访发展成为一种颇有吸引力和趣味性较强的报道方式。

7. 严格意义上的调查采访特指披露事件真相和内幕的采访。调查采访是伴随着深度报道和调查性报道应运而生的。

在电视报道中，调查采访发展成为一种表现手法，一种节目样式。

8. 电话采访是跨越空间距离的采访技术手段，今天已发展成为特定的报道形式。

电话采访的主要优势有：跨越空间；节省时间。电话采访的不足之处是：容易造成听觉上的误差；获得的材料比较有限；缺少形象画面的感染力。

9. 话筒采访是电视记者的“常规”技术手段。话筒采访要求记者：熟悉话筒的特性；选择合适的话筒；熟练使用话筒。

10.航空采访是现代电视记者利用的有利手段，它的优势是：不受地理环境限制；扩大活动范围；视野开阔，视角独特。

11. 演播室拍摄、录像采访是电视记者独有的采访技术手段。主要用于演播室现场快速采访、人物专访、讨论、座谈、辩论节目。记者要注意：事先指导、掌握时间长度、同摄像机相配合。

12. 卫星电视采访不但可以跨越空间距离，而且可以引入屏幕，进行面对屏幕的人际交流。这种引入电视的卫星采访在大型报道中发挥着不可替代的作用；不仅时效性强，而且具有真实感。

## 思考题

1. 电视采访的具体方式有哪些？
2. 电视采访都利用哪些技术手段？
3. 等候采访对记者有哪些基本要求？
4. 跟踪采访适用于哪些报道题材？
5. 即席采访要注意哪些问题？
6. 同步采访的特定含义是什么？

7. 体验采访的目的是什么？
8. 调查采访的发展趋势是什么？
9. 电话采访引入屏幕有哪些形式？
10. 话筒采访要注意哪些问题？
11. 航空采访对电视报道来说有什么益处？
12. 演播室采访要注意哪些问题？
13. 卫星电视采访引入电视有什么优势？其发展趋势是什么？

# 第十二章

電視學系列教程

## 电视采访心理剖析

采访活动的最基本特点是社会活动，是专和人打交道的。记者要深入生活、深入社会，以广泛的社会交往去了解人、熟悉人，了解社会、研究社会。因此，人们把记者称为社会活动家。

记者在向采访对象作采访时，不仅仅是向对方收集材料，访问过程是双方彼此观察，彼此交流思想感情，挖掘内心世界的心理交流活动。采访过程中双方心理活动又是互相感应的。布雷迪说："采访是一种取得信任并获得消息的质朴而自觉的科学。"*（约翰·布雷迪：《采访技巧》，91页，新华出版社，1986）*

取得信任是获得事实的前提，采访对象有真诚合作的心理才能打开心扉。作为主动访问者，记者既要把握好自己的心理，又要探索采访对象的心理。记者必须掌握人际交往中心理沟通的学问，去接近采访对象，取得对方的信任与合作。

### 一、采访交流的心理吸引因素

在人际交往中，心理活动是影响人们行为的重要因素。当采访双方相互间产生某种吸引力时，交流才有可能成功。采访活动是特殊的人际交流，记者在驾驭采访时，必须结合新闻采访的特点，借鉴人际吸引律来增强采访交流中的相互吸引力量。社会心理学概括人际交流中产生相互吸引的规律有：一致吸引律，补偿吸引律，对等吸引律，强迫吸引律，诱发吸引律，和晕轮吸引律。（宋及群：《社会心理学》，67页，人民教育出版社，1980）借鉴这些人际吸引律，记者与采访对象接触时，要能互相产生信任，彼此吸引，且还需要注意以下因素——

### 1. 相似因素

心理学上有“一致吸引律”，是指交流双方有某些一致性。如都能意识到这一点，则容易相互吸引，彼此产生亲密感。记者采访中运用“一致吸引律”，寻找与采访对象的一致、相似的地方，从而用语言告诉或暗示对方，以让采访对象产生好感，配合采访。

生活中一致性的内容范围是十分广泛的，如同一出生地，同样的年龄，共同的朋友，共同的爱好，相同的文化修养，相同的社会地位等等。除了这些表面现象上的相似，更重要的一致性在于心理上的认知。文人说“心有灵犀一点通”，“忘年之交”，民间说“物以类聚，人以群分”，都是指因心理上的认知与沟通使人们交往中产生的亲密感。采访的人际交流中，记者因需要而选择的采访对象是多种多样的，因此很重要的是寻找心理上的认知。在准备采访时，要熟悉对方情况，有意识地利用一致吸引的因素接近采访对象，与对方交流沟通。

### 2. 需要因素

心理上有“补偿吸引律”，是指当双方的需要和满足的途径正好有互补关系时，就会产生强烈的互相吸引力。比如一方能满足另一方的某种需要，或能弥补对方某种短处时，交往双方之间就会产生吸引力。

互相需要，是人际交往的基础。交往本来是互通信息或联络感情的有目的的活动，只有能实现互换信息，交往双方之间才有一定吸引力。

采访中记者要运用“补偿吸引律”，把采访由单向索取变为双向的需要。记者采访活动是有明确目的、有需要的，同时又要积极主动地创造融洽采访气氛，使对方由被动接受采访变为主动的配合，把“一厢情愿”的访问变成“两厢情愿”的互相需要。采访中记者也应给予采访对象以信息，或提供知识、或情感鼓励等等，必要时也要给采访对象以帮助。

在我国，电视台作为新闻机构是联系党、政府和群众之间的桥梁、纽带。记者的报道和群众的需要是共同一致的，因此，记者采访中一般都会受到热情接待与配合。在问题的调查采访中，许多群众主动地向记者反映情况，希望记者的报道能帮助他们解决难题，这些都充分说明“需要因素”在采访交流中的作用。记者不能因此而满足，在挖掘深层次问题中，在揭示本质现象时，遇到不太合作的采访对象时，应有意识地运用“补偿吸引律”打开采访局面。

### 3. 对等因素

人们都有一种心理倾向，喜欢那些喜欢自己的人；喜欢那些信任自己，能把心里话向自己倾诉的人；喜欢那些在情感上一致的人。俗话说“同病相怜”、“惺惺惜惺惺”，社会心理学把人们交往中的这种心理活动称为“对等吸引律”。这是指人际交往中因为双方评价对方态度对等，相互尊重和自我暴露对等，从而产生互相吸引力。

根据这一规律，采访中，记者应有意识地利用对等因素，主动向采访对象表示好感，与对方作情感上的交流。当采访对象倾诉内心情感和他们遇到的麻烦、不幸及苦恼时，记者要发自内心表示体谅、理解、同情。当采访对象谈他的成绩、成就时，也要表示赞赏、钦佩之意。总之，用对等因素从情感上赢得采访对象的好感，是接受采访对象、激发其谈话情绪的途径。

对等因素也体现了相似的吸引力和情感上需要互补的吸引力。

### 4. 强迫因素

强迫，在这里不指外界的强制性，而是指自身心理上不由自主地被某人吸引。出于种种客观因素，从心理上强迫自己对某人表示喜欢，从而慢慢地导致心理上不由自主地被对方吸引，心理学上称为“强迫吸引律”。“强迫吸引律”是在实际生活中经常遇到的一种心理现象。比如说，出门旅行时，彼此陌生的人坐在同一节车厢同一排座位上，住在同一旅社的客房里，陌生的环境，特定的场合，客观上提供了比其他人更多的交往机会，从而迫使心理上产生互相吸引力。心理学上把这种现象归纳为“连续相互作用期望”，驱使自己用积极的态度去接受对方，彼此选择对方为心理趋向的对象。在这一因素驱使下，除非有一方有特别令人讨厌的毛病，一般情况下，都会因客观环境而产生吸引力。

记者作为社会活动家，在采访交流中，应积极地有意识地利用心理上这种强迫因素，不仅在正式访问时，也在平时工作八小时以外的社会活动中以此去接近采访对象。以往新闻界曾要求记者在采访活动中与采访对象实行“三同”，即“同吃、同住、同劳动”，其目的是为了更好地接近社会、接近群众，了解真实的生活。“三同”客观上也因为“强迫因素”的作用使采访对象对记者产生好感从而有助于推心置腹地与记者交谈。

### 5. 仪表因素

在人际交往中，人的穿戴装饰、举止神态等往往会在双方接触时产生某种印象，这种印象从心理上产生吸引力或排斥力。心理学上有“诱发吸引力”之说，就是指这种仪表因素所产生的心理现象。

当交流双方具有以下的诱发吸引因素时，双方就会产生互相吸引力。

(1) 自然诱发吸引因素：是指人天生的外貌、长相等。天生丽质或慈眉善目或英俊挺拔等外表总是给人以好感。

(2) 装饰诱发吸引因素：是指人的穿戴装饰得体，端庄大方总能给人以好感。

(3) 行为诱发吸引因素：是指举止神态所产生的印象。神态自然大方、亲切有礼总能给人以好感。

采访中，记者的仪表是给采访对象的第一印象。第一印象对心理冲击力有先入为主的强烈作用。因此，记者要重视自己的仪表。爱美之心，人皆有之，美好的东西总给人以吸引力。但评价美与不美，重要的是长相与言谈、穿着举止的综合效果，即人的气质风度，是外表美与心灵美的结合。穿着打扮与神态举止是人的心灵在外形上的体现。得体大方的举止在第一印象中更为重要，它可弥补长相的缺陷，心灵美给采访对象以更大的吸引力。周恩来总理对仪表美的格言是“面必净，发必理，衣必整，纽必结。头容正，肩容平，胸容宽，背容直，气象勿傲勿怠，颜色宜和宜静宜庄”。这对记者衡量自己的仪表，也有指导意义。

### 6. 能力因素

人际交往中，如果对方多才多艺、知识渊博，在某一领域内颇具盛名，从心理上就不由自主地对他产生吸引力，甚至会产生崇拜、敬仰。具有盛名的人头上似乎有一层光晕笼罩着，社会心理学把这一现象称为“晕轮吸引律”，也叫“晕轮效应”。它是指对某人或群体的主要印象会影响到对其具体特征的认识和评价。比如生活中常见到的崇拜英雄，仰慕明星，个别人甚至心理上达到狂热程度，都是因为这些人头上有光环晕轮吸引着人们。

从“晕轮效应”看记者的采访活动，至关重要的是记者在采访中的个人能力。名记者头上本身就有一层光晕吸引着采访对象。记者作为职业群体，也有一层光环。西方把记者称为“无冕之王”；在我们国家记者工作也是令人羡慕的。在人们心目中记者是能上能下的活跃人物。电视记者如果常在电视荧屏上采访，为人们所熟悉，也就有了名人的光晕。这些都会使采访对象从心理上乐意接近，乐意接受采访。在采访过程中，记者的言谈举止、提问水平都能展示他的修养和业务能力。随着这种吸引力逐步增强而使采访顺利进行。

总之，人际交流中双方都在互相选择对方，心理学把它称为“互择”，即“彼此都把对方选择为心理趋向对象”。采访是特殊的人际交流，记者是从采访目的、要求决定选择对象，而不能更多考虑对方的吸引力。但是采访对象对记者的选择却影响、决定着他接受采访的主动性、积极性。所以记者应该学会掌握相互吸引的因素，以求采访中达到两厢情愿的“互择效果”，这样才能创造良好融洽的气氛，为采访成功创造基础条件。

欲达到以上境界，采访中记者首先要有良好的心理素质。

## 二、采访记者心理

记者是采访活动的主体，他要把握采访谈话的主动权。面对采访对象和采访现场情景的千变万化，记者要根据自己的心理特点，把握、调节好心理活动，以适应不同采访对象和环境。

### 1. 自信力

采访时记者应该是充满自信的，并以自己的自信力影响、激励采访对象的情绪。

不同的记者有不同的个性差异：有的感情细腻，观察事物细致而准确；有的性格豪放，感知事物敏锐粗放；有的情绪稳定，注意力集中；有的则易于激动；有的对人一见如故，谈笑风生；有的则老成持重。不同个性的记者在观察事物、谈话交流中有不同的方式，也各有利弊。从采访要求出发，都要扬长避短、驾驭自如，其中很重要的是要有自信心。尽管有个性差异，但在采访现场都要充分发挥自信的心理优势，掌握谈话的主动权。

在采访活动中，记者保持充分的自信心，关键在于做好准备工作——平时的准备和采访前的准备。平时的准备工作，也就是日常的政策学习，政治理论的学习和广泛的知识积累，及报道思想的积累。这一切集中反映了记者的政治思想和新闻业务水平。在采访活动中，有经验有水平的记者，总能保持心理上的优势，有扎实的多方面知识作后盾。他们面对任何采访对象，都能应付自如，即使是突发性事件的采访来不及做临时准备，平时积累的知识和经验也能使他忙而不慌，自如地去做好采访工作。

在强调经常性准备工作重要的同时，对于一个具体的采访活动，也要求记者做好临阵前有针对性的具体准备工作。海德在总结采访的 39 条建议时说：“仔细研究采访对象的背景、经历、造诣、态度、地位和信仰，以及他现在对即将采访问题所持的态度，同其他 38 条总和一样重要。缺乏必要的准备工作，即使是具有采访所需要的风度、时机、品格、顺利的制作以及其他多种条件，也不能取得优秀的采访成绩。”(海德：《电视记者采访技巧》，刊载于《新闻广播电视研究》，1985年第1期）可见临阵磨枪对采访成败也是非常重要的。临阵的准备工作是经常性准备工作的一部分，而日常的准备为临阵提供了方便条件，两者为互相作用的关系。

长江三峡大江截流，为了让中国乃至全世界能够亲眼目睹这一壮举，中央电视台作了14小时的电视直播，新闻中心前后作了近3个月的精心策划准备。主持人之一白岩松则从10月中旬开始的《三峡人物系列》节目就开始对三峡工程、三峡人给予关注。掌握大量关于三峡工程及与之相关的人、事材料，为主持直播积累了知识，对三峡工程也有了更深刻的认识。由于这个节目涉及移民、论证、设计、施工、文物保护等诸多方面，为了保证前期采访的顺利进行，白岩松和编导组翻阅了大量的有关三峡工程的专业书籍。临阵磨枪似的高速吸纳新信息，白岩松把它比喻为海绵吸水。久而久之，涉猎的范围越来越广，采访的人物与日俱增，知识占有量就有很大提高。因此可以说，主持大江截流电视直播，白岩松是有备而来。所以他作为记者型主持人，亲自为直播撰写文字稿也颇感顺手；主持直播时，也更为自信，给观众多了份成熟感。记者和主持人在事件报道现场因自信而展现的良好精神状态，是节目成功的重要因素。精彩的采访总是建立在大量占有信息的基础之上，信息的准备依靠临时有针对性的收集，更重要的则是日常有意识的积累。自信心源于自身丰厚的知识准备，凡事预则立，不预则废。记者在采访中不仅要做好准备，还要做好预测，培养锻炼自己在任何突发情况下都能从容处事的能力。

### 2. 心理调节

面对任何采访对象都要有一份自信，这就要求记者能够做好自我心理调节。当面对有“晕轮效应”的采访对象，记者有时会产生“心理势差”。所谓“心理势差”是指交往中不由自主地屈从于对方的精神、气质、态度等压力或身不由己地被对方的魅力所迷惑，从而失去了正常采访所应有的清醒、自信的心理状态。这种心理势差也会影响记者的正确判断力，所以采访名人时，记者的自我心理调节尤为重要。

心理调节实际上也是采访记者和采访对象之间在不同的采访情境、目的时的心理适应或心理较量。采访名人时这种心理调节更加重要，因为不管面对任何人，记者都要掌握采访的主动权。意大利著名记者法拉奇以采访世界政坛风云人物而著称，她的访问常常使被采访者无可回避。这除了她善于设问外，也因为她善于从被访者的外部表情动作把握他的内心世界，包括情感与个性。在现场察言观色的能力，帮助她把握交流的主动性，她在回忆采访基辛格时这样写道：

> 1972年11月2日，星期四，他如期在白宫接见了我。他气喘吁吁地向我走来，板着脸对我说“早安，法拉奇小姐”，然后，还是板着脸，把我让进了他那陈设华丽的书房。
>
> 我发现他毫无诱人之处，粗壮的矮个子，顶着一个羝羊般的大脑袋。我还发现他并不从容，并不那么自信……他读完了那份打字稿以后，转过身来请我在长沙发上坐下，自己则坐在旁边一张比沙发高的安乐椅上，居高临下，开始向我发问，口气像一位教授在考问他所不信任的学生。
>
> 还有，他坐在那里的姿势，靠着椅背，右臂抱着扶手，跷着二郎腿，以致上衣紧绷绷地随时有绷掉纽扣的危险。（《风云人物采访录》，7页，新华出版社，1983）

可见整个采访过程中，基辛格的神态表情，甚至穿着都在法拉奇的注意之中。可以设想，它始终在提醒或告诫法拉奇如何夺回提问的主动权，如何将采访引向深入，如何从他那里发掘自己所需要的材料。法拉奇对基辛格的描述只是她当时的主观感受。但是基辛格作为世界政坛有影响的人物，接受太多记者的采访，不可能热情地对待每个记者，这肯定也是事实，记者面对这样的采访对象更需要消除“心理势差”，机智地运用技巧使对方变冷淡为积极，变不合作为合作。

擅长国际题材报道的水均益，经常采访世界政坛著名人物，荧屏上的水均益始终给观众以平等对话的魅力。善于心理调节，使水均益常常能在采访中使采访对象进入采访情境，不知不觉消除戒备，打破框框。如水均益采访基辛格时，对方开始只答应给5分钟采访时间，而实际的采访时间却延长了，做了一期出色的长度达8分45秒的节目——《有朋自远方来——专访基辛格》。节目中的基辛格给观众以很有人情味之感，

◁ 图 12–1 水均益采访基辛格 ▷

整个访谈充满风趣机智。基辛格博士情绪饱满地回答问题，最后还和主持人一起向中国电视观众道了再见。访谈所以会成功，和水均益良好的采访心理及精心设计分不开。水均益在回顾采访的文章中写道：

采访开始后，第一个问题我就问他，中国和美国现在是朋友还是敌人，博士先生听完后愣了一愣，也许他没想到我会上来就这么问他，于是，他认真地分析了“冷战”后的国际关系，包括他的大国平衡论。在此之后，我便根据我们事先的设计，接连问了他美国能否当世界警察、对华最惠国待遇问题、中东问题、中国的改革等问题，由于这些都是基辛格的长项，他乐此不疲，开始滔滔不绝。当他用一个极幽默的回答，回答了我问他为什么美国议会总是通过有关中国内政的议案问题后，我将话题转向了轻松而又简短的个人问题，包括他的乒乓球球技、家庭、子女、近期著作。这里要感谢当时在场的方宏进编导，“方导”不失时机地插问基辛格来北京有没有吃烤鸭，使当时现场的气氛一下子活跃了许多。71岁的基辛格显得格外兴奋。采访进行到这一步，我突然惊奇地意识到事先准备的所有问题都已经问完了，再看基辛格那里丝毫没有结束的意思，我灵机一动，干脆就在现场向观众说再见。凭着《名人录》

上提供的资料，我告诉基辛格提前10天祝他生日快乐，博士脸上立刻露出喜悦的光芒，连声称谢。然后，我请他向代表几亿中国电视观众的镜头讲两句，基辛格照办了。*（引自《焦点外的时空》，37~38页，生活·读书·新知三联书店，1997）*

著名的《有朋自远方来——专访基辛格》节目就是这样诞生的。良好的心理素质，使记者面对任何采访对象都能充分发挥自己的聪明才智，取得采访成功。

水均益采访西哈努克亲王时，更是靠沉着而机智的心理调节让采访大获成功。这次采访是在80岁的西哈努克亲王到中国时进行的，采访在《世界》栏目中播出。西哈努克决不同于一般的国家元首，他和他的夫人莫尼克公主，宾努首相等一班人，已经成为一代人过去经历中难以磨灭的记忆，而且，这位国王是个“中国通”，对中国的政治文化极其了解。国王同意接受采访，但要求把采访内容事先传真过去，国王办公室主任还通知，因为国王身体不好，采访时间只能安排20分钟，但对这样一位经历丰富的政坛名人，20分钟采访时间显然不够。最终，水均益和节目编导想到用“怀旧”的方法调动国王的讲话积极性，延长采访时间。由于西哈努克在中国战斗生活过多年，他的画面资料也很丰富，节目组预先做好了《流金岁月》的片子。但最让水均益担心的事发生了，西哈努克亲王接到采访问题的传真后竟然派人专程送来一个近万字的文稿。“老国王真的要照本宣科吗？”“近万字的文稿，念完也得半个小时呀，”心里犯着嘀咕，水均益还是自信镇定地开始了采访，果真，老国王在水均益问完第一个问题后就开始一板一眼地读文稿，神情坚定，态度固执，丝毫不理会水均益的暗示、引导。半个小时在国王的阅读中过去了，在场的人全慌了神，有的跑到录制场外大喊“完了，完了”，这时，外交部的人说：“老国王有可能记不住今天的事，30年前的事记得可清楚着呢！”于是，场外的人给水均益递了个纸条，提示他按原定思路行事：让老国王怀旧。

西哈努克亲王的“标准”讲话结束后，就有了结束采访之意，这时的水均益并不慌神，而是镇定自信地用事先准备好的编辑机播放了《流金岁月》的第一段，采访情形马上改变，一个老人，一个80载沧桑岁月的老人，满怀对旧日峥嵘岁月的怀念，开始了声情并茂、滔滔不绝的回忆，采访时间持续了两个半小时，严肃的老国王终于笑了，结束时，意犹未尽的老人用柬埔寨最高礼遇，四次拥抱水均益，水均益又一次靠他的自信，靠他在现场采访中镇定自若的心理调节赢得了采访。

心理调节的目的是要恢复采访必须具有的清醒的头脑和自信力，首先要从心理上确立平等感，明确记者的社会职责。有了完成报道任务的责任心和对事业的信念，就会填平各种心理鸿沟，增强自信心。

采访经验不足的记者更要注意克服紧张感。紧张，从心理学的角度分析是情绪两极性的一种表现，“紧张是与活动的紧要关头，最有决定性意义的时刻相联系的”，也是“和活动的积极状态，活动之前的准备，注意力的集中，脑力积极性的提高等等相联系着的”。*（斯米尔德夫：《心理学》，405 页）*记者要排除紧张感，一方面努力克服心理势差，同时又要积极做好充分的采访准备工作，努力以仪表的第一印象，以采访提问的第一句问话给对方以好感。当对方感到记者是有修养、有能力、老成持重、可以信赖的人时，就会乐意接受采访，主动提供材料。

### 3. 意志品格

记者的心理和个人的意志品德也有极大关系。

意志，是为了达到现实的目的而自觉地努力的心理状态。这种自觉努力的心理状态持久、稳重、坚强，一般能够达到现实的目的。为实现采访的既定目标，记者的意志是十分重要的。采访中出现心理势差，有的是因缺乏经验而紧张，这就需要以意志力去克服。坚强的意志来自于对工作的责任心、事业心。心理势差出现也有的是因个人品德造成的，有的人在权势面前望而生畏，语无伦次，而在普通老百姓面前却颐指气使，趾高气扬，这种媚上欺下的劣性品德是最令人反感的。记者在任何时候都要以诚待人，国内外调查资料一致证明，绝大多数采访对象最推崇的记者品德是真诚，最喜欢最愿意接受以真诚待人的记者。记者应明确自己的社会职责，面对任何采访对象都应一视同仁地进行采访，既不媚上也不欺下，要平等待人，不卑不亢。我国名记者邵飘萍的名言“谦恭而不流于谄媚，庄严而不流于傲慢”应为记者采访时的座右铭。

记者的意志品德对采访心理的影响还在于碰到困难、阻力时要有毅力，有战斗到底的坚强的意志力。每个记者在采访时都会碰到各种情况：顺利与不顺利，态度好与坏，积极合作与拒绝采访等等。碰到不合作时，要求记者有较高的修养和百折不挠的精神。精神来自于强烈的事业心和责任心，这是记者必须具备的优秀品质，也是碰到任何情况都能保持良好心理状态的基础。“谁都热爱自己的生命，而一旦选择了电视记者这个职业，就要敢于冒险，这样才对得起屏幕前那么多观众”，《中国电视报》记者在题为《迎接生命的挑战》一文中，用许多实例说明电视记者职业中的艰辛和记者应具备的意志品格。擅长航拍的摄影记者，为了电视效果，有时甚至冒着风险让飞机“蜻蜓点水”作“零点公里飞行”；在山西壶口瀑布拍摄时，为了离瀑布更近些，水花都溅到摄像机上；赴伊拉克波黑等战争地区的记者，亲身体验了“死亡区”内战争的激烈与残酷；赴黎巴嫩采访组记者作现场报道，所站的地方是一个被炸弹炸出的大坑，为选择最佳拍摄角度，离以军碉堡不过 300 米。

非典时期，许多记者深入一线，进入隔离区，和医护人员战斗在一起。疫情考验着记者的意志力和使命感，记者虽然不是能将患者从死亡线上拉回的医生，却同样是战斗在一线的勇士，他们将个人安危置之度外，抢镜头，抓新闻，广大电视观众获得了及时、准确的消息，战胜非典的信心也得到了增强。中央电视台记者王志谈到非典时期在广州呼吸病研究所 CIU 进行现场采访时的心态时说：“有人问我，你进 CIU 怕不怕？怕不怕，这实际是一个心理层面的问题，面对非典我会想，我应该怎么正确对待，我有这种心理准备，有这种心理承受能力，这也是一个心理调节的过程，到任何场合去采访，都需要这种心理素质。”*（引自王志《浅谈对新闻人物访谈栏目〈面对面〉的把握》，《电视研究》，2003 年第 8 期）*

战争报道更是向记者的意志力提出挑战，2003 年 4 月中旬，伊拉克战争爆发，当我们从屏幕上看到满目疮痍的土地，无辜受难的民众时，当我们听到战地孩子的哭喊，老人的哀号时，一定也能想到那些在战火中为我们忠诚记录的记者。顽强的意志，使他们出生入死履行记者的神圣职责。

在 2002 年 3 月 26 日中央电视台《东方时空》播出的一期节目中，我们看到了中央电视台记者到阿富汗地震灾区时的一张航行图，路线图上有世界上最难穿越的喀喇昆仑山脉和喜马拉雅山脉，还要经过世界上当时最不安定的克什米尔地区，终点是联合国认定的战争一类危险区——喀布尔。行程的危险程度让保险公司向每位记者要出了5万元的保费。在执行这样的采访任务时，往往要求记者有足够的意志力和心理调节能力。

意志品德影响记者采访活动中的心理，记者采访实践又进一步锤炼了意志品质，两者是密切关联的。意志品德对采访的成功及记者的成熟都具有重要意义。

意志品德来自记者的责任感、职业精神。如同卢宇光在2005年首期《鲁豫有约》中回顾别斯兰事件的报道时说“把新闻第一时间公正客观地传回来，这是记者的责任”。责任感使卢宇光在战地现场展现了极强的意志力。

《面对面》栏目摄像王扬回顾“非典”期间的采访拍摄时说“在采访中，我们所接触的医护人员都没有把自己的安危、得失放在第一位，而是全心全意挽救着病人的生命。我们用镜头记录下抗击‘非典’的一幕幕紧张场面和一个个动人的故事，我们也在其中被感染着、教育着、鼓舞着。采访对象钟南山的话，给我留下了深刻的印象：‘对医生来说，我们最大的政治就是抢救病人，使他们康复出院；对你们记者来说也是一样，你们最大的政治就是拍好每一个画面，做好每一段采访’”。我想，拥有崇高的职业精神，不仅可以使我们在这场看不见硝烟的战场中战胜“非典”病魔，大而言之更可以加速民族的振兴、加快人类社会前进的脚步。

这次采访对于我，不仅仅是一个挑战和感动，对于职业精神的认识和感悟是我得到的最大的收获。*（《“非典”时期的中国人》，161~162页，上海文艺出版社，2003）*

### 4. 应变能力

记者有无应变能力，对采访实践中的心理因素也有重要影响。采访中情况常常是猝不及防的，应变能力强的记者在任何情况下都能机智地作出反应，从容自如地去处理。

记者在采访前做好准备工作，有步骤地实施采访计划，但在采访中一旦发生意想不到的情况，采访对象的情绪就会发生突如其来的变化。这些情况的发生往往会打乱记者预先准备好的采访方案。这时，心理上不能因此而产生压力，而要用健康的心理状态去应付变化，迅速主动驾驭事态。有应变能力才能立即调节好自己的心理，才能有自信心、自控力。有无应变能力决定于记者的个性特征，但更重要的是在采访实践中，记者应不断地、有意识地培养、锻炼自己的应变力及预测力。美国名记者、普利策奖获得者瑞安在谈采访经验时说：“如果我是在等待某个事物的爆发，我就考虑好各种可能性，以便在事件发生时，我就做好了构思的提纲。”（《美国名记者谈采访工作经验》，40页，新华出版社，1982）

我国的名记者也是以长于随机应变，而获得采访的成功的。再以水均益为例，上面说到采访基辛格时，访谈时间由对方限定的5分钟到最后实际采访达20分钟，甚至巧妙地让基辛格博士面对摄像机向中国电视观众讲几句话，并友好地和主持人一起道再见，这一成功是从现场临时随机应变地由一个让对方意想不到的硬性问题而开始的。而采访当时的联合国秘书长加利时，则又巧妙地让普通观众加入，使加利在采访结束时依旧兴趣盎然、谈笑风生。他幽默地反问水均益：“你的问题在哪里？你总是说，这是一个小男孩、小女孩的问题，或是一个老人的问

◁ 图12-2　水均益在故宫采访布莱尔首相 ▷

题，你的问题呢？”水均益也不无幽默地回答：“我把我的问题都藏在他们的问题中间了。”加利听后笑着说：“那下一回我也把我的回答藏起来。”（赵晖：《让观众关注什么》，刊载于《中国电视报》，1998年，第30期）

1998年10月6日，英国首相布莱尔到中国访问，借此机会，水均益在故宫对布莱尔进行了独家采访。由于是走出演播室在广场上，水均益也想到现场肯定会有人围观，但没想到围观的人那么多，于是他根据现场情况，灵机一动提出了第一问题：“您看那边有那么多人在看、在围观，我相信他们可能不知道您是谁，但猜到今天来了一位很重要的客人……”由这个问题的巧妙切入，使采访显得很轻松。记者要把现场所有能应用、调动的情景及信息都用来为报道服务，就应有“眼观六路，耳听八方”的机智、敏感。

### 5. 自我修养

电视的直观性，要求从事现场采访、现场的即兴报道与点评的记者要有较高的政策理论水平、相应的文化知识功底及对事物分析、判断、理解的能力，并应有即席发挥、临场应变的能力。这些能力展现在屏幕上，便是观众对记者政治、业务修养的综合评估标准。

修养也是衡量一个人文化层次的综合标准。它包括人的知识水平、举止礼仪、审美情趣、人际交往、思维方法、表达能力等等。因此，提高个人的自我修养也是提高人的综合素质。在综合素质中，文化知识是基础，它可以带动其他素质的提高。所以电视记者要博览群书、博闻强记、力争做饱学之士。在生活中，还要注意培养自己高尚的道德情操和良好的思想品德，要磨炼自己的意志，行为举止要符合社会基本的行为准则和道德规范。培养良好的职业道德，同样是个人修养的重要方面。电视记者应当把伸张正义、客观真实地报道新闻事件的真相，看成是自己的天职，千万不要为某些人的好恶而影响自己的立场，更不能为某些小恩小惠和金钱所动，进而破坏自己的形象。

初上屏幕的记者在作现场报道采访时常会出现紧张情绪。这里有个人原因，如适应能力差，自我控制心理素质不够好；也有客观因素，如变化特别快的突发性事件，特别重大的新闻事件等，记者作为现场采访主角，不论在何种情况下都要培养、锻炼心理自控能力，学会自我心理调节。

记者的自我修养不是一朝一夕、或突击一段时间就能奏效的。要树立长期自我培养的思想，并要从工作中的一点一滴做起。只有持之以恒，才能有所收效。总之，电视采访实际上是一种心理战，要想打胜仗，记者首先要战胜自己，把握好自己的心理状态，才能把握住采访对象。

## 三、采访对象心理

采访对象是新闻事件的当事人或有关人士及新闻事实的知情者等。在采访活动中，记者应掌握主动权，但采访对象也不是消极被动的，他们的态度、谈话内容直接影响到采访的成败。因此，记者必须研究采访对象的心理，从而在采访活动中掌握并调节采访对象的心理状态，以便采访活动取得良好的成果。

### 1. 采访对象心理分析

采访对象在采访中有合作的，也有不合作的，不同情况的采访对象各有其心理因素。

合作者往往有以下心理——

(1) 需要：人与人之间的交往都是有目的，有意识的活动。记者的采访是为了收集材料，报道新闻，有的采访对象乐意接受记者采访是因为采访活动符合他们的需要，意识到记者采访是在支持他们的工作，或报道本身有利于他们工作的展开，或能从记者的谈话中取得新的信息。在这种需要心理中，有个别人或单位是想利用记者的采访报道为他自己或为其单位扬名的，甚至有企图收买记者为他个人吹嘘的。对这样的采访对象要谨防谈话中有水分，不可轻信。

(2) 信任：采访对象的信任是记者采访得以深入的条件。这种信任心理的产生有出于采访对象对党的新闻事业的信任，也有出于对记者——采访者本人的信任。对记者的信任来自于过去交往中的友谊，或记者的学识修养。记者的举止谈吐可以影响采访对象的信任感。

(3) 善谈：采访对象个人的修养、气质、职业不同，在接受记者采访时心理状态也不同。有的采访对象反应敏捷，思维清晰，善于表情达意；有的因职业的锻炼有较好的口头表达能力。这样的采访对象在接受采访时不胆怯，不紧张，善于表达自己的意思，采访谈话中能处于良好的状态。

(4) 情绪：采访对象的情绪往往会影响到采访谈话的心理。轻松、稳定、愉快的情绪，有利于采访谈话的进行。因此，记者要选择在采访对象情绪稳定、心情愉快时去采访，使双方在良好的情绪气氛下打开话匣子。

不合作的采访对象往往有以下心理因素——

(1) 谦逊：有的采访对象，特别是一些先进人物，尽管有许多感人的事迹，但出于谦逊的品德，认为不值得夸耀，也不愿记者去宣传报道，因此采访中常常避而不谈自己，不积极向记者提供生动的材料。碰到这种情况，记者只好先打外围战，如去采访熟知他的人或与他共事的人。

(2) 紧张：有的采访对象不善言谈，或个性腼腆，不善社交活动，或没有接受过采访也没有对工作进行总结，因此在接受采访时，出现紧张的心理状态，越紧张越不善谈。

(3) 反感：有的采访对象对记者有反感的心理情绪。产生反感的原因是多方面的。或是因为以前吃过新闻报道的亏，于是“一朝被蛇咬，十年怕井绳”；或是因为新闻机构以前曾有过虚假浮夸的报道而导致对记者不信任；或是因为单位风气不正，担心报道后反而会遭受孤立、打击，不愿当出头的椽子；或是出于某种不满情绪而心有怨愤；或是自知做错事，怕被曝光揭露。凡此种种，都会造成对采访活动的反感心理。

### 2. 影响采访对象心理的因素

采访对象的不同心理决定他们对采访采取合作或不合作的态度。要全面研究采访对象的心理规律，必须分析他们在采访中的心理是受哪些因素所制约、所影响。

### (1) 社会群体心理影响

每个人都生活在社会一个阶层，一个环境之内，不能不受环境的熏陶和影响。不同社会地位、社会条件的人对事物有不同的观点；不同文化素质、不同生活水准的人对事物有不同的感受；不同信念，不同生活情趣的人对事物有不同的好恶。这是人作为社会群体的一分子，群体心理对个人的影响所致。不同社会群体、不同职业的人接受记者采访时，其心理也因此而不同。经常和人打交道的职业，如党政工作者、企业家、教师等，职业特点决定他们都比较善谈，善于分析、归纳问题，也能较好地与记者合作。他们对新闻工作重要性有认识，有的还有所需要，希望通过新闻媒介传播他们的观点。针对这一心理因素，记者在采访前应对采访对象的社会职业的心理特征作准确的了解、判断。社会生活条件制约采访对象对待采访的态度。

### (2) 个性特征的影响

个性特征制约着人的行为。不同的人有不同的个性特征，有的性格外向、开朗，善于交际言谈；有的内向、沉静，不善于交际言谈。不同个性的采访对象对待采访态度不同，采访对象不同的气质、能力也影响他们接受适应采访的能力。

心理素质强，自信心强的采访对象回答问题痛快，能直言不讳，积极主动。而缺乏自信、心理素质差的采访对象回答问题则往往缺乏果断力。采访对象的能力不同在接受采访时的心理也有所不同。能力强的采访对象反应快、理解力强；观察力强的人谈及事实可如数家珍，有情有景，分析归纳事实有条有理；记忆力强、言谈能力强的人可滔滔不绝地回忆往事。相反，能力弱的采访对象配合采访就困难，因此他们接受采访的反应相对较慢。针对不同个性、能力特征，要求记者在采访中对症下药，采取不同的方法。意大利名记者法拉奇在采访中就十分重视被访者的个性心理，她在采访人物时除了像小学生准备大考似的，做好必要的知识、资料准备，还常用几次连续采访的方法，把第一次采访作为熟悉掌握对象性格特点以及对对方心理反应方式的摸底，从而在下一次采访中调整采访方案。

### (3) 记者能力的影响

采访是双方的交流，在整个采访过程中，双方都在互相观察对方，双方心理活动也都是在互相感应着的。记者的提问水平，言谈能力，采访中态度、气质、风度等都从语言和无声的体态语言上影响着采访对象的心理。从这一现象出发，记者要从仪表因素、能力因素等方面给采访对象以吸引力，以激发对方接受采访时具有良好的心理。

采访过程有阶段性，在接触阶段，仪表因素所产生的第一印象很重要，而在谈话访问过程的观察阶段，设问水平，访问技巧等能力因素则起着更为重要的作用。在整个采访过程中，客观上记者总是以自己的能力给予采访对象诱导的动因。从这个意义上说，记者心理在采访过程中是始终起到影响对方心理的主导作用。

电视记者还要善于消除采访对象的紧张心理，用语言、用神态、用采访环境等因素使对方能以松弛的心态接受采访，这也是心理把握的重要一环。

善于观察对把握心态也有重要作用。记者在观察中能得到许多信息。一名善于观察的记者，可以从对方的服装和修饰上，看出他的个人修养和文化层次；从对方的生活环境，看出他的生活习惯和个人爱好；从对方的眼神里，判断出他说的话是真还是假；从对方的举止，看出他的性格特点。细心观察所得到的信息，是记者决定在采访时采用什么样的提问语言或提问方式的有益参考。善于观察还能使记者从中找出双方相互沟通的共同点来。

### (4) 事实利害的影响

采访中涉及的事实和采访对象的利害关系，对采访对象的心理影响也是至关重要的，它也决定着采访对象的态度。涉及有利于采访对象的事实，对方无所顾忌地积极配合；涉及不利于他的事实时，则会躲闪回避，消极抗拒采访。人际交流中的这种现象，社会心理学把它概括为“酬赏性关系”与“处罚性关系”。人们喜欢给自己带来酬赏的人，讨厌给自己带来处罚的人。酬赏性的关系能使人的物质、精神需要得到一定的满足，处罚性的关系则破坏了这种满足。采访有利于对方的事实，对采访对象来说是酬赏性的关系，反之则是处罚性的关系，必会导致不同的心理状态。因此，在批评性调查采访中，采访难度更大，更需要记者调动一切积极因素，使采访对象转化心理态度，变抗拒为合作。

采访实践中，影响采访对象的心理因素也都是交织在一起的，记者要用眼观察，用心思考，利用有利因素，避开不利因素。事实上，采访技巧的运用就是记者对采访对象心理规律的分析与诱导。准确地掌握对方心理，针对不同的心理运用不同的技巧，以接近采访对象，打开采访局面，是使采访成功的必由之途。

## 四、沟通心理的桥梁

记者和采访对象都希望能在轻松、友好、诚恳的气氛中谈话。推心置腹的采访才能卓有成效，才能搜集到新闻报道所需要的大量事实。为创造这样的采访气氛，需要借助于某种因素来缩短记者与采访对象之间的心理距离，寻找沟通双方心灵的桥梁，这是采访谈话中应掌握的技巧。海伦·斯诺说得好："要采访一个人，尽可能先了解他，了解到像一个未见面的老朋友一样。待到见了面，又要有捷径，找一沟通对方思想的桥梁。"*（《中国记者经验谈》，487页，中国人民大学出版社，1983）*在实际工作中，运用这种"桥梁"的方法很多。

### 1. 寻找共同点

寻找共同点是利用人际交流中的"一致吸引律"，以双方有共同、相似的因素而导致亲切友好的采访关系。生活中相似的因素很多，因此，寻找共同点，成为国内外记者采访中最常用的沟通心理的桥梁。比如与采访对象地理上的同乡关系，人际上的共同熟人，经历上的相似遭遇，观念上的相对接近等较多的相似、相近，均能增加双方的认同感，从而使采访气氛，趋于融洽。

采访中记者主动亮出接近点，显示友好的姿态，也可消除采访对象的戒备心理。双方在某一点上的相同、相知、共识，可以增进彼此的感情。有了共知、共识，也容易促进谈话兴趣，这就像乐器上的共鸣一样，有了共鸣，就有了和谐的关系。

寻找接近点的方法也是灵活多样的。一般说在采访前准备工作中就要有意识寻找接近点，来设计开场白。如在一次记者招待会上，中国台湾女记者站起来提问时，开始就抛出接近点："江总书记，我也姓江，我向本家提一个问题。"巧妙地利用中国人很看重同姓同宗，活跃采访气氛，给人留下了很深的印象。

除了用预知材料外，记者还要注意在采访现场的观察，借谈话中得到的材料去发现、找出共同点，并借助它融洽采访气氛。

### 2. 做合格的对话者

合格的对话者，也是利用"一致吸引律"来协调采访关系。合格的对话者是指在知识学识上合格对等。俗话说："酒逢知己千杯少，话不投机半句多。"在人际交往中，人们都有愿同知音者谈话的心理。要使双方谈话投机，很重要一点是让对方感到你是位知音，是值得与之交谈的人。记者希望采访对象是善谈的合作者，采访对象同样希望记者是合格的、能与之讨论问题，且有共同语言的高层次的记者。

合格的对话者在采访学有所长的专家、学者时尤为重要。这些人都很忙，惜时如金。如果记者在采访中对他们所从事的专业一无所知，对他们的成绩、著作缺乏常识，对方就会感到不被重视、不被尊重，就会痛惜浪费时间。西方记者也特别重视这一点。他们从经验中得出，任何一个学有所长的人，同一个对他的专业领域一无所知的人交谈，都会感到索然无味。越有成就的人，越看重这一点。他们欢迎的是了解他们的事业、成就的记者。

记者自身的知识修养和采访前的认真准备，包括通过外围采访熟悉采访对象的专业知识、成就等，是成功地采访专家、学者的关键。

### 3. 平等交流

面对任何采访对象，记者都要平易近人，平等待人，不卑不亢。这是记者应有的品德修养，也是从心理及仪态上接近采访对象，沟通双方心理的方法。记者的采访对象从领导干部到普通劳动者，从老人到儿童，各行各业，男女老幼都有，不论采访谁，记者与采访对象的关系都是一样的。面对领导人或知名人士，要敢于提问，面对普通群众，更要平易近人，切忌沾染欺下媚上的陋习。采访中，记者的态度会直接影响到采访对象的心理，会使采访对象因而产生愉快之感或厌恶之情。前者可使采访谈话顺利进行，而后者则会妨碍交流。因此，记者视人不应有高低贵贱之分，需要的是不卑不亢，礼貌待人，以诚相见。

有人说采访是快速交友法。尊重采访对象则是采访交友的基础，尊重作为一种情感也是互相补偿的。古人云："敬人者，人恒敬之。"记者尊重采访对象，对方才能对你有好感，并能回报你以尊重。要尊重对方的感情，尊重对方的劳动，千万不能有伤害对方自尊心的语言举止。尊重别人，也是记者显示个人思想道德修养高低的表现。当对方讲话时，记者认真听，需要时应主动表达自己的态度，或称赞或附和，以激发对方谈话的热情，但态度要真诚，千万不能虚假。

平等和尊重是态度和心理的反映，有真诚的品格，才会去平等地待人，从内心尊重别人。

中央电视台记者王志经过多年的采访实践，将记者和采访对象之间的平等关系进行了更深层次的拓展，他认为，记者和采访对象之间的平等，不仅仅是姿态上的平等，还有实力上的平等，和思维上的平等，如果对某件事的理解水平和采访对象不在一个层次上，那就无法实现真正的平等采访。所以，在《面对面》第 31 期节目采访世界卫生组织驻华代表贝汉卫时，王志就做了充分翔实的准备，提的问题与贝汉卫站在同一个高度上，而且不失时机地提出质疑式问题，使采访对象刮目相看，在心理层面上就有了平等感。所以，王志认为，要做到记者和采访对象平等交流，记者不仅要真诚面对采访对象，还要在采访前把事情琢磨透，反复思考，进行思维的训练。

### 4. 感情交流

快速交友，相互间迅速由陌生人变为朋友，需要记者以身投入，以心相交，运用人际交流中"补偿吸引律"，心灵上产生相互的需要。记者要使采访对象由生变熟，双方间有种信任感，在采访中必须把自己摆进去，既要了解对方，同时也让对方了解自己；既要收集材料，也要设身处地为对方着想，必要时帮助对方排忧解难。这样双方在思想、行动上才能联结在一起。

由于历史和现实中的种种原因，使得一些采访对象对记者的采访有反感心理。遇到这种情况时记者应以赤诚之心去感动对方。理想的采访者与采访对象的关系，应是可以与之倾心交谈的朋友关系，而不是一问一答、公事公办的关系。以真挚的感情去融化冰冻的心，打开对方紧闭的心扉，这是我们的记者应有的工作作风。记者不应把新闻采访活动看做仅仅是向采访对象索取材料，更不能为了达到索取的目的不惜用欺骗的手段。在采访中，对因多种原因而不合作的采访对象，应以心相交，以自己的真诚去换取对方的信任。俗话说“心诚则灵”，心诚才有可能感动采访对象。采访应是双向的给予，在可能的条件下记者也应为采访对象排忧解难。名记者范长江在采访中广泛交朋友的经验，被誉为记者工作的典范。今天，记者与采访对象因采访活动而结下深厚友谊的也不乏其例。

### 5. 适宜的时空

#### *(1) 采访时机*

要使采访对象接受并积极配合采访，还应注意选择适宜的采访谈话时机，即在对方有良好心理情绪时去采访。人的心理情绪会影响到谈话的进行，采访对象心绪良好，在有激情或平和的心理下接受采访，就能集中注意力，使谈话能逐步深入。相反，如果采访对象心情不好，或手头忙于不能拖延的工作，或工作刚刚结束处于疲劳状态，这时候记者应另选择时机，也可以让采访对象自己约定谈话时间，或见缝插针，见机行事，而不能勉为其难，让他放下手头要事来应付采访。

#### *(2) 采访环境*

人的活动离不开环境空间。人无法脱离环境而生存，环境也不能离开人而显示其意义。无论是自然环境还是社会环境，都会对人的心理情绪和行为产生影响。古人说“触景生情”、“情以景起”等都是指环境影响情绪心境。从这一心理现象和规律出发，记者应慎重地选择适宜于采访对象的环境，选择能触动他（她）情绪的空间或能消除其紧张心理的空间。如果采访不太善谈的老工人等，采访若在办公室里进行，必会让他感到拘束、紧张，而在车间，在他所熟悉的劳动环境，紧张感就会消除。而且熟悉的环境也能帮助他回忆、激发他的思路。理想的采访空间是事件发生的现场，是能触景生情的空间。

◁ 图 12-3 柴静河边采访李 X ▷

以《新闻调查》节目中《迟来的审判》一期为例。《迟来的审判》的新闻由头是宁夏青铜铝厂的女工付 XX 被工厂人事劳资处负责人强奸，夫妇告状近半年，付 XX 在市检察院得知被告将不予起诉的消息后当场服毒自杀，付 XX 死后，她的丈夫李 X 给《新闻调查》节目组打电话，记者柴静到宁夏青铜峡市对事件进行采访。采访李 X 时，选取的采访地点是付 XX 去世前，夫妇俩经常散步聊天的小河边，应该说，这样的采访场所的选择本身就有利于采访者和采访对象之间的交流，睹物思人，由境生情，特定的环境不仅勾起了李 X 对往事的回忆，对告状过程的讲述，画面和声音都传递出了一种震撼人心的哀愁和无奈感，增强了采访对观众的情绪感染力。

电视现场报道，特别是直播的现场环境选择，也在影响着记者、主持人的心理，选择好现场会激发记者、主持人的灵感和情绪。

中央电视台三峡工程大江截流特别报道的直播现场“总指挥部”设

在一条趸船上，是这次直播与众不同的特点。主持人方宏进、白岩松就在船上这一露天的演播室主持节目，相对于封闭式的一切都准备好的演播室，这是在长江最靠近工程的现场。这种现场，对主持人是一种挑战，白岩松说他更喜欢这种以实景为背景的演播室，因为它“使你的激情和感触有来源，你会有一些即兴的发挥。从日出到日落，观众将与我们一同感受大江截流的进程，彼此的交流得到加强”。为了强化这个现场的特征，编导还专门找了一个救生圈，挂在船边的护栏上。

### 6. 强硬采访的心理

中外记者在总结成功的采访经验时，都强调最好的采访是在一种自然、友好、非正式气氛中进行的。从心理学角度分析，成功的采访同成功的会谈、谈判一样，应该是“双方在亲切友好的气氛中进行”。友好的氛围可以使双方进入最佳心理情绪，采访就不会是挤牙膏式的一问一答，而是双向需要的交谈、讨论。一般情况来说，采访更应是君子之交，但是，必要时也得短兵相接。

不同的采访目标与对象决定了采访方法的不同。在批评报道的调查性采访中，记者的目的是挖掘真相，而被采访者则捂住真相，一揭一捂的矛盾决定采访很难做到友好地交谈讨论。为了达到采访目的，在无可奈何时，迫使记者采用强硬之道——向对方施加一些心理压力。西方记者说，“融洽的关系也只是一种手段，而不是目的，你要的是回答，而不是为了给人留下好印象”*（约翰·布雷迪：《采访技巧》，121 页）*面对特定的不合作采访对象时这话是有一定道理的。

在西方以强硬著称的记者因能揭开事实真相而闻名。法拉奇以提问的尖锐、泼辣而著称；美国电视新闻主持人芭芭拉·沃尔特斯也因严峻的采访手法而成名；丹·拉瑟被誉为哥伦比亚广播公司的铁记者。但西方记者在运用强硬之道时，还是十分掌握分寸的。拉瑟说：“提问强硬的名声正是我愿意有的，与人作对的名声却是我要避免的，我根本不追求这个。”强硬同样是手段，而不是目的。事实上，采访谈话越深入，越可能要求记者要有强硬的提问，但强硬不等于卑劣、蛮横，问题强硬是从气势上迫使对方就范。“我们的方法探幽索微，剖析心理，坚忍顽强，不屈不挠。”

西方记者从实践中总结强硬采访之中的心理区别的把握，对我们类似的采访也有借鉴作用——

“不能直刺对方疼处。”

“运用语言作桥梁，突破常规，闯入对方的禁区。”

“设法让采访对象心平气和后才提出尖锐的问题。”

“采访的策略是以简单的问题开头，微妙尖刻的问题往后放。”

“要慢慢地升温，然后抛出爆炸性的问题。”

“让采访对象展开谈，然后在他意想不到的时刻，不知不觉提出实质性的问题。”

“在棘手的采访中，应该以轻松的问话开头，然后提出尖锐的问题，接着越逼越紧，直到，比如说，最后两个问题。”*（约翰·布雷迪：《采访技巧》，116 页、122 页、124 页）*

在怎样提出令人难堪的问题时，《采访技巧》中还总结了“归诸客观”、“人皆有之”、“旁敲侧击”、“诿过于人”、“寓庄于谐”、“欲诘先褒”、“分而问之”等等方法。

强硬之道是只有在对方拒绝合作时迫于无奈才采用的，而且运用时要掌握好“度”。从我国新闻事业承担主旋律为主出发，电视记者与采访对象在绝大多数情况下可以建立起融洽友好的关系。在批评报道和问题调查性采访中是需要掌握强硬之道的。

采访是一门学问，既涉及政治、社会问题，又和心理学紧密相连。记者的素养、能力都在采访中体现。研究采访心理，提高采访质量是电视记者必须培养、锻炼、掌握的基本功。

**本章重点**

1. 采访活动的基本特点是社会活动，是和人打交道。记者必须掌握人际交流中心理沟通的学问，去接近采访对象，取得对方的信任与合作，进而获得所需的信息。

采访中人际交流心理的吸引因素有相似因素，具体是指交流双方的某些一致性，导致的互相吸引；需要因素，指双方需要和满足的途径有互补关系；对等因素，指双方评价对方的态度对等，相互尊重或自我暴露对等；强迫因素，指自身心理上不由自主被对方吸引；仪表因素，指通过举止神态，衣着等产生心理上的吸引力或排斥力；能力因素，是指记者个人能力特征，对采访对象的影响。

2. 记者是采访活动的主体，面对采访对象和现场情景的变化，记者要根据自己的心理特点，把握、调节好心理活动；通过自信力、意志品格、应变能力和自我修养，把握好采访主动权。

3. 记者要了解采访对象的心理，对不同的采访对象作心理分析。影响采访对象的心理因素有社会群体的心理影响，个性特征的影响，记者能力的影响和事实利害的影响等。

4. 掌握、构架起沟通记者和采访对象之间的心理桥梁是采访成功的先决条件。“桥梁”包括寻找共同点、平等交流、情感交流、寻找适宜的时机和环境等。

**思考题**

1. 采访活动中人际交流的心理吸引因素有哪些？

2. 采访记者如何从心理上把握采访主动权？

3. 影响采访对象的心理因素有哪些？

4. 沟通记者和采访对象之间的方法有哪些？在采访实践中如何运用？

# 第十三章



# 电视采访的思维方法

思维，即思考，是人脑对客观事物的间接概括的反映。思维是电视节目报道创作的先决条件。在节目创作和采访中，重要的环节是记者头脑对客观事物的思考。

人们通常把思维分成逻辑思维和形象思维。著名科学家钱学森提出还有灵感思维。记者工作的特点是要有新闻敏感，在思维方法上和文学艺术家一样要重视灵感的萌发与运用。电视报道形象化的特点，又要求记者要更好地调动、运用形象思维的能力，电视记者要重视用形象事实说话。电视工作者的思维方法可称之为视觉思维，或具象思维。为区别于一般意义上的形象思维，我们把电视记者的形象思维统称为具象思维。总之，电视记者要以新闻敏感到生活中去发现、捕捉题材，到新闻现场去感受，去挖掘有价值的材料，对它进行理性的思辨，并以生动感人的声画结合的视觉形象把它表现出来。电视节目传播特征决定了电视记者不仅要创造性地运用理性思维，还要有形象思维和灵感思维，即对客观事实除了作理性的思考，还要重视具体可视形象的发现、捕捉、表现和灵感的触发。就电视节目创作来说，创造永远是其不变的本质特性。创造即创新，是人类特有的能力，人类社会进步就是依靠不断提高的创造能力。

创造是要打破旧有的审美适应关系，走出旧的审美适应的静止状态，要求编导、记者以创造性思维，用新的方法，用前瞻性的活力去向传统审美习惯挑战，以有创造性的节目的自身魅力，引导观众去追逐适应新的审美力，构架新的审美境界。把握电视节目创作和观众审美适应的辩证关系，这是电视节目采编的活力所在。社会在日新月异地变革，电视节目也面临挑战。迎战的方法，是电视工作者要运用创造性思维方法，真实、全面地反映社会、反映生活，既迎合又提高观众的审美水平和欣赏水平。

作为思维方法的创造性体现在电视采访过程中的具象思维、灵感思维和理性思维等各方面。

## 一、具象思维

与理性思维依靠逻辑推理、判断的方法不同，视觉思维是以具体的形象，以表象、意象作为思维材料和工具。具象思维是通过对现实生活进行深入细致地观察、体验、分析、研究以后，选取并借助种种具体的感性材料，通过伴随着强烈情绪色彩的想象、联想，以具体的形象来表达自己的观点和思想。

### 1. 具象思维的意义

人脑是思维的工具，人脑的构成和思维又有什么关系呢？有资料说，20 世纪 70 年代，国外科学家通过脑生理的实验证明，人脑左右两个半球的功能是有所区别的，左脑具有语言中枢的功能，能够读和理解文字、数字，按照事物发展客观规律来考虑问题。左脑擅长语言、文字的逻辑分析及推理。左脑的逻辑性、语言性功能，能够将复杂的事情细分成简单的要素，然后加以说明。这种语言逻辑表述的功能是记者工作中必不可少的。记者工作的要点就是要通过采访，把收集到的材料加以分析、归纳、综合和表述，这也就是我们所强调的逻辑思维。

与之相对应的是右脑。右脑则在绘画、音乐等感觉领域内十分敏感。它具有对节奏、声律、图形等形象性的、非语言性刺激的感知机能。它能穿透事物来捕捉形象，凭直观来判断事物，然后把它作为一个整体来理解，这都是右脑的能力。也就是说，右脑擅长对绘画、音乐等形象作直观的、综合的理解，长于形象思维。

对大脑的作用，人们习惯上比较重视大脑的思考、分析能力，似乎左脑是处于优势的地位，起着主导作用。经科学家分析，右脑的形象思维也是十分关键的。在某些方面，如记忆力等，右脑比左脑更为重要。根据加拿大的一位脑外科医师的报告，某一事物，一旦被忘掉，是由于大脑在不断地接收新的信息、新的记忆，旧的信息会被盖住，叫人想不起来，所谓好记性，就是能立刻想出所记忆的事情。记忆有四个过程：一是记牢信息，二是保持它，三是回忆，四是对记忆过的信息再认识。在这四个过程中，前三个方面占优势的都属于形象思维。形象思维对记忆事物具有无可辩驳的重要意义。记忆力是脑力劳动者的必备条件，电视记者在报道过程中离不开记忆力。对事物作分析、比较时就需要把头脑中积累的知识等材料搬出来，记忆也是理性分析的基础。

记忆中对形象图形的记忆又要比文字记忆更能巩固。人们通常借助于图表、图画等格式，把复杂事物作为一张平面线条图展开，利用图形的形象来表达抽象的事物，抽象的概念，其目的只有一个，便于记忆。这是依靠右脑所具有的图形辨认能力，去增强记忆力的捷径。

从电视传播特点出发，电视记者在采访报道中，要比报纸、广播记者更多地运用形象思维。电视记者用心去观察形象，用心感受形象，用摄像机捕捉形象，用画面表现形象。节目创作在选题→采访→构思→拍摄→编辑→声画合成→播出这一过程中前期、后期的每一个环节都离不开具体的形象。即使是采访、讲话等用语言表达的部分，也同样要考虑到形象——讲话人的神态、表情、动作、衣饰、环境等。以形象画面传播新闻信息，也是电视新闻所以能后来居上的根本原因。

记者要善于捕捉有思想内涵，有内容张力的形象画面，这一形象不是简单地再现、复制生活场景，而应是一种创造。用形象表现作品的目的、立场、观点，以形象激发观众、感动观众，达到创作目的。

2002年获奖新闻《南京冠生园：年年出炉新月饼，周而复始陈馅料》是充分发挥画面表现力的代表作。记者在线人的帮助下，用隐蔽拍摄的纪实手法，历经一年，拍摄下了用陈旧馅料生产月饼的完整流程。画面语言具有极强的实证性和冲击力：工人切割未售出的月饼，从中取出馅料；在对陈旧馅料回炉时把掉在地上的馅捡起扔到搅拌馅中；馅料上长出的斑斑霉迹的特写，并用特技将其圈起来以凸显霉点。这些画面在编辑时又按照内在逻辑把它组接起来。精练到位的画面，配上注释性的文字解说，使问题展现环环相扣、滴水不漏，整条新闻具有极强的震撼力。

电视记者的形象思维，不仅体现在单个画面上，连续画面的形象思维则更突出地体现了电视记者工作的这一特点。凡是看过美国“挑战者号航天飞机升空爆炸”新闻的观众，恐怕都难以忘怀这令人震惊的爆炸景象。画面随着火箭上升跟摄到空中，突然冒出几股浓烟，宇航机爆炸了，又一个镜头重复这悲壮的景象。紧接着是目瞪口呆的观众，一个个惊愕、不知所措的脸部特写，无言地揭示着不幸事故的悲剧色彩，震撼人心。

### 2. 想象与联想

逻辑思维重在判断能力，形象思维重在想象力。对电视记者来说，两者缺一不可。

想象、联想是形象思维的重要环节。想象、联想作为一种思维方式，不仅是文学艺术家创作中离不开的，也是记者在电视节目创作中必须运用的。电视新闻报道需要用形象事实说话，新闻不能像文学创作那样搞“合理想象”的虚构。但是新闻记者要有敏锐的观察力，在观察、分析事实，构思主题时，也要有丰富的联想力，也需要以形象思维来想象。

想象是人们在感知事物时所共同具有的特殊的心理活动。想象是指人在反映客观事物时，不仅感知当时直接作用于主体的事物，而且还能在头脑中创造新的形象。相对论之父爱因斯坦认为在科学研究上，有时候想象力比知识更重要。因为知识是有限的，而想象力则可概括世界上的一切，推动着进步，并且是知识发展的源泉。科学的突破也有赖于想象力。牛顿发现“万有引力”，是从苹果落地而想象到的；浮力定理的发现则是科学家阿基米得在洗浴中通过水溢出浴缸而悟到的；爱因斯坦卓越的发现不仅是从长期知识积累中产生，也可以说是由丰富的想象力所带来。把想象力与平时积累的形象思维结合起来，就可能从新的视角出发作出新发现，所以爱因斯坦把想象力看成是科学研究中的重要因素。

记者对通过采访所得到的感性材料和文字材料，总是用自己已经有的经验和价值标准去选择、衡量，以提炼思想，决定取舍。在提炼主题，结构报道时，也总是要联想到已经有过的报道，对已经采访过的人和事，与之进行比较。这个过程，既有逻辑推理，也有想象、联想。想象联想又总是和记忆联系在一起。记忆是过去感知的储存在头脑中的事物和形象的再现；想象则是把记忆唤起的东西经过加工，重新赋形，组成新的形象。没有想象力就没有创造性。新闻报道不能虚构，但要求创新，能以新的角度，新的立意来报道事物。事实之间的纵横联系，不发挥想象力就难以发现和表述。电视是表现视听结合的形象，以画面为基础，借助文字、语言来开拓画面的意境，也需要有丰富的想象力。由此及彼，由表及里，举一反三，触类旁通等综合思考，都是依靠丰富的想象，跨越时空组合的形象构思更需要有想象力。

想象力最活跃的因素是联想。当想象力和记忆交织在一起时就会产生联想，会由此及彼，由此事物联想到彼事物。联想是指人在看到某一客观事物时，由于某种感情或情绪的作用，而由此事物想到另一与之相关的事物。“触物以起情”、“睹物以寄怀”等人类思维的习惯和感情活动的特点，也是由联想而产生的。新闻所报道的事物不是独立存在的，它和周围事物有复杂的联系。电视记者要正确地认识事物和报道事物，就必须开拓思路，运用联想力，把联想思维方式加入采访、构思等报道过程中去。这种联想力能够使思维活跃，使报道有情感，有意境，有深度。优秀的电视节目无一不是出色地调动想象力，以联想来对事物进行类比、衬托的。

获奖新闻专题《难圆绿色梦》里有不少能让人产生想象、联想的画面形象。被砍伐的树，羊啃吃树叶；老人抚摸被砍大树老泪纵横；记者在纪念碑前向观众叙说碑的来历及遭遇。

记者：观众朋友，这座纪念碑是 1986 年达拉特旗政府为徐治民老人建造的，这上面的碑文记录了老人一生植树治沙的业绩。但是我们现在看看这个碑的正面，这上面有 3 个字没有了。据说曾有几个人在林子里砍树，徐治民老人制止他们，他们就把这几个字打掉了。但是这 3 个字恰恰是最要紧的。林没了，治沙不要了，那我们的家园又怎么样了呢？

◁ 图 13–1　羊啃吃着树叶 ▷

随着他的话音，画面从纪念碑摇向天空，从白云、蓝天组接到无垠的沙漠，虫子在沙中爬，孩子们在沙漠中追逐着小耗子，由此报道转向下一个层面：风沙的侵袭，使园子塔拉村又沙化了。“人进沙退”，“沙进人退”，“前人栽树，后人乘凉，前人毁树，后人遭殃”的主题一下子在观众脑海中形成了，这就是画面形象的内涵张力。

### 3. 情绪与情感

想象、联想思维的运用，其最终目的是增强节目感染力，调动起观众的观看心理，激发起观众的情绪、情感。

触物生情、借景抒情等就是运用联想力的一种感情活动。从弗洛伊德开辟了潜意识的领域以来，人们已越来越重视情绪、情感的作用。情绪是指人的心境，人对外界刺激所采取的一种内心态度。它的表现形式是喜、怒、哀、乐、惧、爱、恶、欲等。它是一种心理状态，一种内心的感受。这种感受、状态又不是凭空产生的，而是建立在感性认识的基础上的。它由感性认识所唤起，并与自己已有的知识、态度、心理相结合，是由超越认识之外的感受、体验而得到的。

情感和情绪是既有关联又不完全等同的心理活动。情感，是在一定的心理刺激和内心体验、现实感受的条件下形成的。情感产生可以和认识相结合，成为带有理性的感受，也可以是非理性的心理态度。

情绪是比通常人们理解的“情感”内涵大得多的概念。它是主体对周围现实及对自我本身的感受、体验的总和，这种感受，有时是有理性参与的。对文学艺术家来说，情绪与理性一样是艺术创作不可缺少的两大部分。作家在创作时，内心总是要有创作要求及创作冲动，有把他对生活的感受、思考表达出来的欲望。这种创作激情、创作情绪是艺术作品成功的基础。艺术创作是在情感推动下进行的形象思维活动。

在文学艺术领域里，没有人会忽视艺术家的情绪对作品情感的作用。在电视采访的过程中，记者也需要特别重视自己的情绪和在报道中对客观事实的情感表现。新闻的真实性与情感表达是不矛盾的。对于挖掘人物心灵深度报道的节目，更应该注意表现真情实感。通常观众评价电视节目，特别是有思想有深度的节目，常会以情感因素来衡量。那些入情入理，以情感人的报道总是能起到拨动观众心弦，引起心灵震动的作用。

心理学家认为，认识、情绪、意志是人类三种主要的心理活动。它们彼此之间是互相联系，互相制约的。在新闻报道中，这三种心理活动也在起重要作用。生动的新闻事实，总会触发记者的创作激情，报道才能有情感。好的新闻报道，在传播过程中，情绪、情感的作用大致是沿以下轨道进行的：事实→记者感知→创作激情→报道的情感→观众的情感→观赏情绪→社会效果。认识产生情绪，记者的情绪体现在报道的情感上。有情感的报道能使观众感动，激发他们的观察情绪。情绪、情感的作用在新闻报道中与文学创作中同样是重要的。

2003年获奖新闻《总理为农民退工钱》是一条情绪表达上感人至深的好新闻。温家宝总理在年末走访基层时，没按当地政府为他事先安排好的路线去访问，突然拐弯来到了农妇熊德明的家。在交谈时，熊德明面对中央领导勇敢地实话实说，向温总理反映了她丈夫进城打工，大半年的工钱至今没有拿到。温总理当即说“好多事在地方上是小事，对农民是大事”，并表示一定要解决此问题。临走时，温总理还紧握熊德明

◁ 图 13-2　温家宝总理紧握农妇熊德明双手 ▷

双手告别。新闻现场感人的情景不仅生动地展现求真务实、一心为民的国家领导人形象，也因为熊德明的敢说真话，在温总理亲自推动下，有关部门开始真正着手解决拖欠农民工工资这一久拖不决的问题。熊德明也因此被评为年度公益人物。

情感，是电视新闻的重要因素，节目的情感来自记者的情绪；记者的创作情绪，同样受记者的立场、观点所制约，受记者的世界观所支配。

## 二、灵感思维

科学家钱学森在对思维科学进行深入探讨后，他把过去被一些人视作虚无缥缈的灵感纳入思维科学范畴。

我们每个人在实际工作中，在专心致志地探讨某一事物时——不管是社会科学还是自然科学，总是会或多或少、或明显或隐约地感觉到灵感的出现与作用。文学艺术创作中因灵感萌发而文思如潮的千古佳话多有记载。科学家有的创造发明往往也借助灵感。一些天才的发明，天才的创造力，首先是以跃动的、具体的形象出现，右脑智慧火花一闪，左脑赶上去将它条理化。灵感思维总是呈现着活跃的想象，伴随着形象思维。灵感的闪现总和想象、联想联系在一起，同时也需要理性思维的配合。在人类思维活动中，这三者是相辅相成的；在采访活动中，这三者也同样互为作用。

### 1. 灵感思维析

灵感思维是一种触发性思维，它主要发生在潜意识，是在外界某一事物刺激下，突如其来产生的。它具有猛然悟到的爆发力。灵感思维是一种直觉。“灵感”这一概念的出现最早可追溯到古希腊，它的原意是诗人和艺术家在创作构思时，吸入了“神”的灵气，神灵的感受传送给他，使他处于如醉如痴的狂迷状态中，从而产生了神奇的创作能力。古人无法解释灵感，于是借助于“神”。后人则认为“灵感”并非来自“神”的灵气，而是艺术家通过对客观事物形象的奇妙的接受，突然使意识和思维活动高度集中，在感情的强烈驱使下而萌发的，是受创作意识所支配的。

灵感，从字面上解释，灵，即奇、妙。感即悟。它是人们通过与客观事物接触而产生的某种具有创造性的认识。创作中的灵感，可以说是艺术家在生活实践中，由于受某种事物形象的激发，情绪极端高涨，从而产生强烈的创作欲望，表现出神奇的创造能力。灵感是创造过程中达到高潮阶段出现的最富有创造性的心理状态。在灵感的火花迸发时，往往预示着创造成果的诞生。

对于灵感思维的轨迹，钱老在《关于思维科学的研究》中指出，是灵感的形象思维扩大到潜意识，当人的中枢神经系统接受外界的信息时，人脑有那么一部分对于这些信息进行再加工，但是人的潜意识却并没有意识到。假如一个很难的问题在这些潜意识里加工来加工去，得到结果了，这时可能与我们的显意识沟通了，随即得到答案。整个的加工过程，我们可能不知道，这就是所谓的灵感。许多人总把灵感作狭义的理解，看做是文学艺术创作特有的。而从灵感作为思维活动的形式来看，灵感思维是存在于一切领域中的。同样，这种思维方式的“顿悟”

也存在于记者的采访报道之中。

灵感产生的先决条件是对某一事物、某一问题的思考。它是在长期苦苦思索之后，突然获得的一种“顿悟”。记者在观察生活中，在构思立意时，对于某个问题，某个形象，冥思苦想得不到解决。突然在一个偶然的时机，这个“偶然”也许在你与他人聊天时，受对方谈话中某一思想火花的启示；也许在你偶然见到的某一事物中，受这一事物的启示，你的思想闸门突然被冲开了，苦苦思索的问题立即有了答案，紊乱的头绪亦随之理顺了。这种灵感的产生，在善于思考的记者、编辑的采访、报道中也经常发生。《话说运河》主要撰稿人陈汉元谈他撰写首集解说词的创作过程的例子，极好地说明了灵感思维对电视记者工作的重要意义。一个大型系列节目，开篇起着提纲挈领的作用。为写好开篇第一集，他苦苦思索，久久不能下笔。一天，他又坐在书桌旁苦思冥想至深夜，桌上放着一张中国地图。他注视着地图上长城和运河的走向，长城从北京向北延伸到山海关，运河从北京向南走向江南名城杭州，一北一南的走向恰好构成了“人”字。这一“偶然”发现，使他突然萌发了灵感。长城、运河等中华民族的举世成就都是人创造的，运河的破坏也是人为的，重建运河也要依靠人的力量。人，被高尔基称为大写的字，把运河的昨天、今天和明天联系在一起，把运河两岸的历史遗迹，今日的风俗民情，改革开放以来的巨变联系在一起。这一发现使他的思路顿时条理化，方方面面的材料在“人”的统帅下成为有机的整体。

在有灵感的状态下创作，文思如泉涌，下笔如有神。“万斛泉涌，不择而出”，得意之作，成功之举往往如此得来。灵感的产生不是偶然的，它的前提是思索。周总理概括作家创作活动是“长期积累、偶尔得之”，八个字形象又精练地道出灵感思维的实质。电视记者需要积极投身于生活，潜入到生活海洋中去遨游，去积累，去体验，去感知事物，以产生灵感，增强新闻敏感。

### 2. 新闻敏感析

新闻敏感是记者发现和识别新闻价值的能力，是记者政治和业务水平的集中表现，也是灵感思维在新闻采访活动中的体现。它表现为记者对新闻事实的一种迅速、综合的反应判断能力。新闻敏感对于记者工作，就像画家必须善于辨别色彩，音乐家必须懂得和谐一样，是工作中不可缺少的条件，是必须具备的素质。

平时我们常戏称某人为“富记者”，某人是“穷记者”。这里的贫富不是指金钱财产的多少，而是指头脑中装有的新闻线索、新闻材料的多少。新闻采访的基本方式是社会活动，记者被人称为“社会活动家”。记者工作决不能像一般机关工作那样局限于八小时工作制，有新闻敏感的记者可以说随时随地处于采访状态之中。八小时以外，当他漫步在大街上时，他在观察感受；当他和朋友聊天时，会言者无心、听者有意地获得线索。他随时都在积累生活，积累知识，积累报道思想，这样才能在碰到某一事物时触发灵感。在这点上，记者工作和文学艺术家创作有异曲同工之处。

有敏感的记者，能迅速判断事物的典型意义和指导意义，能在新闻事件现场众多的事实中，迅速判断最重要、最有价值的事实，能判断事物是否为群众所普遍关心和感兴趣；能在常人看来是司空见惯，很一般的线索中，挖掘出有重大价值的新闻；能通过对事物发展的调查分析，就新闻的出现作出科学的预见。

◁ 图 13-3　饰演朱卡嘉的演员跪倒在卡嘉母亲的面前 ▷

获奖短新闻《朱卡嘉没有走》就是记者凭着新闻灵感抓来的好新闻。在杭甬高速公路开通典礼的晚会上，记者得知最后一个舞剧节目是表现为高速公路呕心沥血、积劳成疾，最终献出了年轻生命的工程技术人员朱卡嘉的，卡嘉的母亲也要来观看晚会。凭着多年新闻工作的积累，记者敏锐地预感到会有激动人心的景象出现。因此，他们没有按照以往的程序，拍摄一些台上的演出场景便一走了之，而是坚守在晚会现场。舞剧开始后，一台摄像机紧紧抓拍卡嘉母亲潸然泪下的画面。演出结束后，卡嘉母亲上台，表演朱卡嘉的演员还沉浸在角色之中，看到英雄的母亲后情不自禁地跪在了她的面前，致使台上台下人人情感涌动。正因为记者的敏锐意识，有预见性，才能抓住突发的有情感爆发力的情境，好新闻也因此而诞生。

电视记者在工作中还常说“顺手牵羊”，这是指在去某地摄制新闻题材时，顺手又拍摄了另一新闻。这样的新闻，往往是记者看到某事、某现象或某问题，凭借着新闻敏感，发现了它的价值而即时拍摄的。在每年全国优秀电视新闻评奖时，常有这样顺手牵羊的新闻或临时改变报道角度和报道思想的新闻获奖。可见，记者工作也如同“事事留心皆学问”一样，是处处留心皆有新闻。

### 3. 新闻敏感的特点

新闻敏感作为新闻工作者的灵感思维所特有的形态，它也具有灵感思维的特征。

#### *(1) 突发*

灵感的来临常常是出其不意地倏然而至，如闪电般照亮思维空间，使本来混沌的思绪顿开茅塞。“文为物，自然灵气，恍惚而至，不思而至。”唐朝文人在论及做文章的灵气时，十分形象地道出灵感的突然性特征，时间上它是突如其来，效果上则是使冥思苦想的问题突然得到解决。

记者的新闻敏感也是突然发生的，是受到某一事物冲击，凭着直觉对被感知的事物在瞬间迅速判断它是否具有新闻价值，是否值得抓取报道，或从哪个角度报道。

朱自清先生把突如其来的灵感喻为“心头一动”；节目采访报道中受外界刺激而猛然“心头一动”，思路顿开，几乎每个善于思考的电视工作者都有过此类经验。新闻敏感是突发的，但它又得自于长期工作经验和知识的积累。

### (2) 偶然

灵感的产生带有很大的偶然因素。“机遇偶触，文忽生焉”就是指写文章的灵感得到之偶然。大自然景色司空见惯，而在偶然的机会里，这些平时看来很寻常的东西，会激发起创造的灵感，科学家受自然界外物的启迪而产生灵感，从而创立新的理论和学说。牛顿看到苹果落地而触发灵感，创立万有引律；阿基米得看到沐浴水溢出而顿受启发，总结出浮力学原理。这些杰出典型的事例早已被广为传颂。文学家因偶然机遇而触发灵感，使创作难题迎刃而解的事例更为多见。

有人把灵感的偶然性视为机遇，能否及时抓住机遇决定于个人的知识修养。偶然诞生于必然之中，同样受因果律的支配。启发灵感的信息，从时间、空间、条件、机遇上表现了某种偶然性，然而一旦触发为灵感，又包含必然性。新闻敏感的触发也同样如此，能否及时抓住机遇，取决于记者对事物的判断力。厚积薄发，在新闻采访活动中同出一理。

### (3) 顿悟

灵感思维的形式起点是“顿悟”。顿悟，本是佛家用语，指佛性的获得是通过某种契机，直接顿悟，一次完成的。灵感来到也是如此，在大量认识积累的基础上，碰到某一机遇切入而顿然悟到。顿悟过程是直觉力、想象力、知解力三者在瞬间合为一体的升华、飞跃，它产生于直觉之中，是不经推理分析的直截的活动。但直截的基础是积累，直觉不是无意识的，人脑在刹那间悟到某一道理看似偶然，其实早已在平时的意识中酝酿了很长时间，是知解的积累下，契机推动下的爆发。

新闻敏感的触发同样具有顿悟性。记者在采访过程，在认识、感知新闻事实时往往会因情况复杂，材料繁多而一时理不出头绪，理不顺思路，因提炼不出报道主题而迷茫。遇到某一契机，接触到某一事物，突然受到启发，又可能会顿时揭开迷雾，理清头绪，创作中这种“山重水复疑无路，柳暗花明又一村”的豁然开朗的思维活动，就是顿悟。顿悟是一种质的转变，是在感性认识上升到理性认识的过程中，由量变到质变的突破。

记者经历每一次采访活动，在接触社会中头脑里都会积累很多事情，有许多认识和感受，但并不是每一次认识、感受都能见之于报道中。许多材料被大脑储存起来，一旦遇到某事的触发，这些记忆库中的资料就会被调动起来，使其对事物的认识从各个个体上升到理性，即对事物有根本性的领悟。所以说顿悟，在采访思维活动中，总是和日常理性思考的积累结合在一起；它对事物从现象到本质，从浅层到深层的认识过程，是增强电视节目思想性所不可缺少的思维活动。

### (4) 敏捷

心理学认为敏感是人在生理或心理上对外界事物的迅速反应，新闻敏感的特征就是迅速、敏捷。它要求记者在感知事物，进行思考时要当机立断，强刺激一旦出现，就要敏捷地对它作出反应，理性思维也要紧紧跟上，迅速作出判断。新闻报道的时效性，使新闻敏感的敏捷这一特点更为突出。面对采访事实，需要刻不容缓地对新闻价值大小及取向作出判断；需要在现场敏捷地捕捉到反映事实本质的形象，敏捷地选择采访对象，选择采访报道语言。

### (5) 创新

新闻敏感是具有创造性的思维活动，是记者打破常规，冲破传统的习惯性思维定式的束缚而产生的新颖独到的想法。它体现在电视节目创作中，是主题提炼上的创新，也是材料选择、组合及组织结构上的创新。《话说运河》中“人”的发现，以“人”统帅材料，作为整个节目的“纲”是创新；《难圆绿色梦》中以纪念碑的三个字被砍作承上启下的转折是创新，《朱卡嘉没有走！》中以预见力捕捉感人的情节，并以情节为报道角度是创新。这种创造力是记者在准确揭示客观事物本质及内在联系的基础上产生的，是在对新闻事实较之其他事物所独有特征的正确认识和揭示的基础上产生的。创新需要记者发挥想象、联想能力，创新使报道独具特色，别具一格。创新是电视记者采访报道中所追求、奋斗的方向和目标。

白岩松在《面对面》中经常有出色的联想。在说到中国对足球的无奈时，他连用了13个排比句，说了13个“不行”，体现了语言风格犀利的个性。在中国人同长江特大洪水的抗争中，他又把桑兰和长江连在一起；桑兰在美国面对突如其来的灾难，表现出的顽强毅力，灾区人民面对世纪大洪水同样展现出一种精神，把这两种同一本质的精神连在一起，体现了他思维的敏锐活跃。这一切都是创新，活跃的思维来自创造力的活跃。

新闻敏感所表现出来的思维特点，在实际工作中也是互相交织、互相起作用。电视记者要有意识地锻炼、培养自己的新闻敏感；要注意不断提高自己的理论水平、政策水平；要自觉地积累丰富的知识，要尽可能深入生活、观察生活、熟悉生活，熟悉实际工作中点和面的情况。用句新闻界的术语，即要吃透两头。要学会使用分析、比较的方法；要不分八小时工作时间的内外，采访的弦都要绷紧；要学会言者无意，听者有心，从人们习以为常、司空见惯的事物中去发现、捕捉新闻。电视记者的灵感思维，要和形象思维、理性思维紧密结合起来，在采访报道中同时发挥作用。

## 三、理性思维

理性思维，即逻辑思维，是电视记者在采访报道中，对由调查研究而获得的材料进行由此及彼，由表及里，去粗取精，去伪存真的分析综合，从而揭示出事物本质的思维过程。它是记者以自己的立场、观点和方法从理性上对客观事物的归纳思考；以求透过事物的现象——直接被感觉器官所感知的事物的外表形象、外部联系，即事物表面现象，进而看到事物本质的过程。

面对改革开放的社会实践，面对层出不穷的新问题、新情况，电视记者采访中的理性思考尤为重要。时代的跃动，多变的现实，人们在思索，在探寻，观众的需求也向电视记者提出更高的要求，要求电视节目有思想深度，有思辨性。单向、直线式的思维模式已不能适应现实社会的复杂的多因果关系的现状，已不能满足观众的需求，更无法迎接时代的挑战。

思维模式是对思维方式结构的表述，是人们按一定的方式、规则、程序输入和输出信息的思维活动的形式。旧的单向、线性思维模式在思维方法上是固定、僵化的；表现在电视采访中，分析、认识事物有诸多的弊病：如主观立意，随众求同，片面提高，以偏概全等。冲破旧的思维模式，发明或发现一种新方式，用它来处理或表达某种事物的思维过程，心理学把它称为创造性思维。它是个人在已有经验的基础上从某些事实中寻求新关系，找出新答案的思维方法。创造性思维运用于新闻采访中，要求记者以辩证、系统的观点，多方位、多层次、多角度去观察、剖视事物；要求记者善于以新的视角提出新的见解；善于对事实、材料进行分析综合、归纳与演绎；善于从感性蒸发出抽象的规定，即从微观的事实中提炼出有宏观高度的思想立意。

创造性思维是富有进取心的思维方式，它勇于探索未知的领域，以立体的、多向辐射的方式思考问题，因此它开拓了电视报道的深度。

理性思维的创造性在电视采访中的具体运用，可归纳如下：

### 1. 系统思维

这是一种把报道对象作为一个系统来考察，注意被报道事物的整体性、层次性的思考问题的方式。它运用系统科学的原理和方法来观察事物。

系统论认为任何事物都是由许多相互之间互有联系，互为作用，互相制约的要素按一定的结构方式组成的有机整体。系统科学强调对系统各要素之间相互联系的研究和揭示，它运用辩证法观察事物，而不是片面单向地观察事物。采访活动中的系统思维方法的核心是承认事物的整体性、复杂性，把事实置于一个系统中观察，从整体着眼判断它的新闻价值，认清其本质内核。

驾驭深度报道的采访中，系统思维尤为重要。深度报道的题材一般多是重大的事件，重要的社会问题、现象，事态本身比较复杂，采访时必须用系统思维对整个事物进行考察审视，否则把复杂事物简单化，会导致报道的偏差和失误。

《东方时空》的“百姓故事”曾讲述一个名叫“小花”的女孩上学的故事。小花出生不久即被父母遗弃，是麻风村的徐老汉收养了她。小花因此生活在一群被治愈的麻风病人中间。到了上学年龄，徐老汉想尽办法为她上学而奔波。在多方努力下，小花终于进了学前班，故事似乎很圆满地解决了，主持人最后说“小花今天也许不知道上学的意义，等她长大了，她就会明白上学对她的生活有多重要”。编导是真诚地为电视观众讲述一个“爱心”的故事，但善于思考的观众看后却觉得沉重：这些老人是因不被社会容纳而被迫隔离在“麻风村”的，他们的生活是靠民政局的福利费而维持，老人一旦过世了，小花该怎么办？今天徐老汉东借西凑地为小花筹够了上学费用，以后又怎么办？更为重要的是小花是被老人捡来收养的，没有户口，落户需要领养证明，要办一系列手续，而小花的被收养完全不符合领养的条件。没有户口，今后又该怎么办？一系列的问题让人觉得故事并不圆满，仍然为小花今后的生活、命运而担忧。这就是缺乏系统思维而导致的失误。复杂的事情不是简单的“爱心”可以解决的。

《焦点访谈》、《新闻调查》等栏目的记者经常要面对复杂事物的题材，所以，在采访中运用好系统思维是报道成功的关键。系列报道的每个报道之间在系统思考及策划时都要精心予以关照。

### 2. 横向思维

横向思维是指在思考时，从事物的一个方面转向另一个方面去做联系、比较。它是基于对事物纵横交叉关系的认识，而用对比、对照、呼应等方法对事物做多侧面、多角度的展示、分析的。成功的深度报道运用事物的横向联系来作分析比较。对比是新闻报道最常用的角度，对比，是对事物有相应关系的分析比较，是横向思维的具体运用。

前面提到农妇熊德明向温家宝总理反映农民打工讨不回工资的新闻，在温总理的亲自过问下，维护农民工权益的行动在全国掀起，相关的政策法规陆续出台，维权也成了 2004 年新闻报道的热点。《农民工维护权益》的系列报道就是其中的代表作。

◁ 图 13-4 公布维权的热线电话 ▷

系列报道包括“记者调查：投诉热线打通不易，服务态度各有不同”，全面反映了在中央重视下，各地开通了为农民工维权而设的热线电话的现状。在肯定成绩的同时也指出尚存在的问题；“湖北赤壁：亮点工程的痛点”，揭露了又一拖欠农民工工资的反面典型；“河北定州：黑砖厂非法用工何时休”，记者用隐蔽拍摄和隐性采访的方式，现场追踪黑砖厂非法用工，还真实记录下被关押劳作的农民工逃离砖厂的情景。系列报道不仅让观众看到了在政府有关部门关注下，农民工维权有了途径，更进一步指出了各地还存在的严重问题。上情下达，下情上达地为政府进一步做好维权工作提供了依据。

运用横向思维，对相同或相似的事件作联系、比较，记者要通过自己对事物的观察，调动正确的认识、经验、情况的积累，作宏观分析与研究，从事物横向联系中捕捉到有普遍意义的事物，加以对照，从而使报道具有一定力度。

### 3. 异向思维

异向思维是指面对事物时要善于从不同方面、不同角度进行创造性的分析、思考，它与随众求同的思维方式截然相反。在新闻采访中运用异向思维要求记者始终注意事物的差异——此事物和彼事物的差别，同一事物的许多事实之间的差别，同一事物现象与本质的差别等。它要求记者不是人云亦云，随大流、求大同、一窝蜂、一边倒地作采访报道；而是用自己的头脑对事物作独立的思考，去追求与众不同的独特的报道角度与见解。

《东方之子》曾报道过“张先芬及她的女子婚姻驿站”。张先芬离了三次婚，在和男人们的“争斗”中，饱尝辛酸苦辣，最终摆脱婚姻走自立自强之路。因自己的遭遇，她联想到社会中有许多共命运的姐妹，为此她付出了所有的财力和精力，办起了中国第一家女子婚姻驿站，为那些离了婚，生活无着、意志消沉的女人们提供走向新生活的一切可能的帮助。采访中，问到女人的幸福是什么？张先芬还是不无向往地说，最大的幸福是挽着最心爱的男人在大街上悠闲地走一走。采访结束后，主持人白岩松在演播室请来了张越，白岩松认真地问张越什么是女人的幸福，张越认为女人不应该只生活在和男人争短长的所谓成功感中；白又问，让你挽着最心爱的男人在大街上走一圈，是否幸福？不！走两圈呢？不！三圈呢？也不！张越坚毅地总结，女人应该有一种纯女性化的成功。

多元化社会，人们有多元化的选择，不是非好即坏、非黑即白。因此，异向思维在采访驾驭节目中可以给人以多种思考选择，以丰富节目的思想内涵。

对事物作异向思维，能培养、增强记者的新闻敏感。如善于从小事反映大问题，善于抓住事物特点，找出报道新意。碰到突然发现的新问题、新情况能及时抓住它变动中的特点，以新的角度作报道。

黑龙江台记者到黑河去报道当地的三级干部会议。本是去拍摄会议新闻的，但记者在采访过程中发现，这些担负着黑河地区经济发展、社会安定重要职责的干部们，白天忙于开会，晚上忙于娱乐。记者及时抓住这一具有鲜明反差的事物，并以此为角度进行报道。新闻中呈现了娱乐场所门口一辆辆公家牌照的汽车、娱乐场所内不堪入目的情景。记者采访娱乐场所的工作人员，回答说来这里消费的人 90%以上要开发票。用公家的车、公家的钱去做不健康的消费，实在是令人愤慨。新闻用事实对这一现象作了有力的抨击，令人深思。

求新求异是人在认识客观事物时不可缺少的思维方法，新闻采访中的异向思维，着重于认识事物之间的差异性和特殊性，尽量避免重复的报道，力求到无人涉足的领域或以别人没有报道过的角度去触及事物。

### 4. 逆向思维

逆向思维是指对事物进行观察思考时，把人们通常思考问题的思路逆转过来，用逆方向，即相反方向观察事物，用对比、对立的方法分析问题。

新闻工作历来主张记者要做“冷静的促进派”。当某一事物、现象处于“热点”时，记者却要“冷”下来，冷静地观察、思考；当某一事物出现，人们都纷纷肯定、赞扬时，记者要冷静地找出问题与不足，以促进事物向更好的方向发展。这就是新闻报道中逆向思维的具体体现。

人云亦云，趋众附和不是好记者。好记者面对事物应善于用自己的头脑去冷静地思考。

《东方之子》播出过的人物访谈中，曾有一个为业内人士所赞赏，至今还常被提及的节目《访张贤亮》，当时时代背景是改革开放涌起了商海大潮，许多人都纷纷“下海”，其结果是“两头小中间大”：畅游商海的成功者和因不识水性又跳得过猛因而沉没于商海的，这两种情况都是少数，大多数情况是跳下去后因不适应又纷纷上岸。张贤亮则是少数成功者之一。面对商海大潮中的成功者，按传统模式化的思维，记者采访的主题走向都会定在对其成功经验的探讨上。当时《东方之子》的特邀主持人胡健的采访却是成功地运用了逆向思维。把采访走向定位于“作家下海与文学创作有没有矛盾”的探讨上。这一采访宗旨是具有前瞻性的，符合新闻界倡导的好新闻应是“今天的新闻报道，明天历史的见证”。事实证明张贤亮从商后再也没写出过他早期作品《绿化树》、《男人的一半是女人》等有影响力的著作，作为商人的张贤亮是成功的，作为作家的张贤亮却在后退。

古语说：“学起于思，源于疑。”“疑”就是提出问题，“思”就是分析问题。记者采访中离不开“疑”与“思”。“疑”与“思”即质疑。新闻媒介在对政府有关部门所制定的法令的上传下达中，也应体现质疑的品格。北京电视台《今日话题》栏目在选题时，就很注重以群众利益为宗旨的逆向思维的质疑精神。在 2003 年所播出的节目中，《银行该收点钞费吗?》、《谁来管管公交巨无霸》、《停车泊位变味了》、《莫让文物变冤魂》等都体现了为民质疑的精神。

逆向思维可以帮助记者拓宽思维的广度和深度，是记者正确认识事物、探寻事实真相所不可缺少的方法。

### 5. 扩散思维

扩散思维是开放型思考问题的方法。在电视新闻采访报道中，是指记者面对具体的报道题材、接触到某一具体事物，思路打开、扩展，要从一个事物出发而扩散到多个方面、多个领域去思考。思路就像打开一把扇子一样，由点扩展成面，扩散思维有助于我们开拓报道的新思路、新领域。

横向、异向、逆向等也都是思维的扩散。《新闻调查》2002 年最有影响力的节目《与神话较量的人》，在记者王志层层递进的采访下，节目的内涵与思辨性也在不断地扩展。采访不只是停留在经济学者刘姝威 600 字短文粉碎了蓝田神话，也不是停留在蓝田对刘姝威发难上。王志采访刘姝威，通过双方的语言交流，引发了人们一系列的思考：是什么使蓝田在毫无还债能力时，银行还会几亿几亿往黑洞里填？为什么那么多有着博士、硕士学位的金融专家面对黑洞会集体失语？这么严重的失误是单纯技术原因还是技术以外的原因？为什么机密的《金融内参》会泄密？为什么洪湖法院会违规操作？执法部门是犯了“知识”错误还是滥用权力？为什么刘姝威正义之举却要承担如此重的压力？我们的社会机制又是怎么了？这一系列的思考已经不只是刘姝威与蓝田之间的较量，而是扩散到金融系统、法制系统乃至社会对敢于反腐、敢于说真话的公民保护机制的全方位的思考。对刘姝威的采访，最终引发了金融行业的改革，充分体现了记者采访中扩散性思维驾驭事实的力度。

扩散思维也表现在记者的选题上，由于我国水涝灾害频发，因此每年的抗洪救灾都是报道的热点。以往抗洪救灾报道大都集中在抗洪抢险护堤上，近几年，记者选题的思路大大拓宽了，除了护堤抢险等报道，还有“教师被困洪流，将军指挥解救”、“寻找亲人解放军”、“抗洪前线父子兵”、“洪水中再现红嫂情”、“幸福村拥军情”、“武警官兵救助被洪水围困的麋鹿”、“苹果树下好九连”、“洪水进军营，牵动群众心”、“大堤上的兵妈妈”、“千里送菜拥军抗洪”等，选题思路由抢险扩散到围绕抗洪救灾的方方面面，使报道更贴近生活、贴近实际，更全面反映了中华民族在洪水面前的团结一致的凝聚力、战斗力。

扩散思维能拓宽选题，拓宽采访挖掘与报道思路。

### 6. 集中思维

集中思维是与扩散思维相对应的，指记者面对具体的报道题材，在由点到面的扩散思考的基础上，又由面到点地对材料进行集中归纳的思想梳理。任何一个报道、一个节目，都有明确的目的，有中心思想，所以编导、记者离不开集中思维的归纳、总结、提炼，集中思维也离不开创造力，即主题提炼的宏观高度及前瞻性。

那些社会问题、社会现象报道，问题、现象所涉及的人和事都是多点的。记者采访和收集材料时，面对的是多种情况、多个人群，是散点式的。但提炼主题时必须从散点集中，以集中思维的能力提炼出鲜明、准确又有深度的主题思想。上海电视台《1/7》栏目《他们为何感染艾滋病》，成功地运用集中思维使报道具有很强的社会意义。节目从小侃（化名）因使用上海生物制品研究所生产的“凝血八因子”而患上了艾滋病开始，引出了一群因同样原因而患上艾滋病的病人的境遇。他们来自天南地北，通过网络组织起来为自己和病友们的遭遇寻求公道。记者在采访收集资料时，还收集到美国早在1982年就发现此问题，国际上对此曾做出法律规定，禁止生产“凝血八因子”，而我国在20世纪80年代因对艾滋病认识和重视不够，所以“凝血八因子”一直被当做治疗血液病的特效药，这也是导致他们病上加病、雪上加霜的困境。记者采访时用扩散思维访问大量的病人及收集了国外的材料，以纵向、横向的背景材料，有力地说明、分析事实，最后把主题集中在“要一个解释，要一个说法”，对人权的尊重、对病人利益的关注上，这是所有因用“凝血因子”而被感染上艾滋病人的愿望。节目深深体现了对弱势群体的关怀。

集中思维是升华主题的启动力。

心理学研究表明，当人们感知认识世界的时候，只有最新的信息才具有刺激性和吸引力，而这种信息又不能距离人们的生活和过去的审美经验太远，必须保持一个适当的张力。因此，电视记者在采访选材，提炼主题等各个环节，都要用发现的眼光，从人们司空见惯的事物里发掘出深刻的生活哲理。具象思维、灵感思维和理性思维各个思维环节，都要把握这一原则。在实际采访工作中，它们都是你中有我，我中有你，互相关联，互有联系的。只有综合运用，才能全面、深刻地观察事物，反映事物本质，才能以鲜活感人的形象来传播对观众有吸引力、能发人思考的信息。

## 四、电视记者采访的新视角

面对现代的电视受众，电视记者的采访报道应有现代的视角，现代的观念，优秀的电视新闻栏目都有极富个性的栏目形象宣传语。简短精练的语言，确立了栏目定位的个性特色，也规范了记者采访的视角走向。

### 1. 真诚面对观众

《东方时空》开办时，就响亮地提出“真诚面对观众”。在这一思想指导下，新闻评论部的每一个节目，在设计自己的栏目定位形象语时，都体现了“真诚面对观众”的原则。《东方之子》“浓缩人生精华”，《生活空间》“讲述老百姓自己的故事”，《焦点访谈》“用事实说话”，今天已深入人心。真诚面对观众，真诚地关注人，用讲故事的方法向人们传递最新、最接近观众心理的信息，已成为今天电视记者的追求；它反映了电视记者采访视角的新走向，也是中国电视现代化的标志。

真诚面对观众，也体现了中国电视现代化的走向。

媒介是什么？记者角色又是什么？是高高在上的指导者、教育者，还是平等的信息传播者及观众的知心朋友？对这一问题，理论上似乎从不矛盾，但实际工作中长期以来却总是重视前者而忽视后者。新闻媒介过去又惯于对上负责而不对下，片面强化了党和政府的喉舌意识，也就在自觉或不自觉中，忽视了要做好人民群众的喉舌及应起到党和政府联系人民群众的桥梁作用。于是，我们的媒介多了份教化，少了份平和，我们的记者多了份严肃，少了份亲切。

中央电视台新闻中心新闻评论部的成立，《东方时空》的推出，是中国电视上可载入史册的革命。她有方方面面可圈可点的成功经验可总结，其中十分重要的意义是在中国电视屏幕上响亮地提出了“真诚面对观众”。更可贵的是，这句话不是停留在口号上，而是记者们脚踏实地，在采访报道中真正去实践；于是，中国电视屏幕上开始吹来一股股清新之风，电视观众开始感受到了电视人的平和与亲切。

真诚面对，使中国电视少了许多生硬刻板的说教，多了许多真诚亲切的关怀，使电视记者从指导者、教育者变成观众的热心服务者和朋友。记者在采访时，用一种真诚平和的心态去关注人，关注人的生存状况，人的心灵，人的命运，从而使电视节目真正和观众接近了。真诚面对，是具有现代电视传播理念的电视记者对电视媒介本性的崭新的认识。电视记者在现代电视新理念的指导下，更深层次地走入生活，走进人的心灵，使得中国电视更进一步具备了人文关怀的意义。电视也因此从单纯的宣传工具，发展成为现代社会人与人相互间沟通理解的最有效的媒体。

电视的主体是人，人是电视的主人。中国电视的现代化，体现在将人民群众的需要作为自己安身立命的根本，通过节目及时、形象、准确地反映社会生活，确认人民群众在电视传播中的主体地位。党的十三大就曾提出重要情况让人民知道，重要问题经人民讨论的协商对话制度，也强调电视媒体在实现对话中的重要作用。“真诚面对”是对这一要求的真正意义的具体实现，电视媒介在实现对话时有得天独厚的优势。

从传播学角度看，电视媒介的一个突出特点是在于它消除了文字符号对大众的限制。传播学家施拉姆曾强调在大众传播中最有效的传播方式是面对面的人际传播，而在所有大众传播媒介中，只有电视可实现“面对面”的人际传播、人际对话。电视声画立体信息转播，使它有先天的优势去反映个体的人，去反映人的生存状态，也有得天独厚的优势去面对面和人作思想交流。以民为本，以百姓的心态，平民的情绪去体察历史和时代，我们的电视才能真正赢得广大观众的喜爱。

以《东方时空》为起点，紧接着《焦点访谈》、《新闻调查》、《实话实说》等节目的推出，为电视界树立了如何真诚面对观众的榜样。

“真诚面对”，在理念上体现的是中国电视的现代化走向，在方法上，则要破除呆板的说教，摈弃让采访对象说套话、官话、大话的做法，而要提倡说实话，提倡用说故事的方法去关注人，也就是讲老百姓自己的故事，讲老百姓身边的人和事，这就是新闻评论部记者对“真诚面对观众”在实践中的成功探索。

《东方之子》人物是高位的，记者的采访是平视的，以平视的心态，用访谈的方式走入人物的内心世界，展现人物成长的坎坷历程，使观众通过精英人物的成长故事受到激励启示。《生活空间》记者进入普通老百姓的家，用摄像机——第三只眼睛去讲述老百姓自己的故事；长于纪实的电视开始以平等意识把镜头对准各色小人物，从而也使节目进入观众的心灵空间。观众从屏幕上看到了与己相似的普通人的生存状态，人物的命运使他们关注、感兴趣，由人及己地引发思考，从普通人的生活中悟出生活的哲理。《焦点访谈》舆论监督的力度也源于记者对群众生活、命运的深刻关注；为人民服务，为忠诚地维护人民利益，而不惜冒着风险，凭着机智向各色人等作调查采访，挖掘问题真相，揭露腐败、丑恶现象，实现新闻媒介改造社会的重要任务，对社会风气具有警戒、鞭策作用。因此，《焦点访谈》记者在老百姓心目中树立了主持公道的可贵形象。

◁ 图 13-5 敬一丹与梁晓声谈王向英 ▷

《新闻调查》为追求栏目的高品位，既有思想深度又使节目做得好看，让观众爱看，力求观众的思想参与，为此，他们形象地概括了采访报道做节目的思路——主题事件化，事件故事化，故事人物化。《新闻调查》作为有一定长度的新闻性节目，要有厚重的思想内涵及深刻的主题，但这个主题不是理论、说教，而是以事件为主体展开，事件又不是泛泛地去讲，而是要用调查采访的“讲故事”手法来阐述，调查采访中人又是主体，围绕人所发生的事来讲述、调查。

榜样的力量是无穷的。真诚面对观众，关注人的生活、人的命运，讲述人的故事，新闻评论部记者的成功实践，今天已成为中国电视记者的普遍追求。以《山里·山外》——一个乡村女教师的故事为例，说明“真诚面对”的意义。电视记者在讲述老百姓故事的时候，在真诚面对采访对象时，也就实现了真诚面对观众。

《山里·山外》是《东方时空》在1998年教师节时播出的特别报道。报道的主人公王向英是贫困地区的民办教师，也是个有理想、有能力的年轻人。培养好学生是她的理想，对自己，只希望能尽快转成正式教师。当北京电视台拍摄专题片《拨亮烛光》时，她成了“烛光工程”的典型。在专题片中，她第一次面对记者的反应是真诚地倾诉了自己的心声。她喜爱教师工作，唯一的愿望是转正为正式教师。节目播出后，王向英得到了社会的帮助，但同时，“出名”也给她带来了非议。无奈之下，王向英从山里出走，来到山外，在北京打工，但最终还是割舍不了教师的情结，她又回到了小山村。在这一过程中，王向英经历了许多人生困惑，心态也由天真单纯变得成熟起来。《山里·山外》没有沿用记者多年来养成的惯常的思维模式，对王向英的出走、回归做一些简单草率的评判，没有急于下结论，而是用平视的眼光，宽容的心态去展示人物的命运，凸现客观矛盾，沟通人们的心灵，给观众提供自由思考的空间。在这里，电视一改“指导者”面目，恢复了它关注人性、关注命运的本性。再次上镜的王向英坦诚地向记者、也向观众倾吐着自己的沉重与彷徨。于是通过记者真诚的采访，观众看到了一个说真话的王向英，理解了她的苦衷。与此同时，主持人敬一丹也以女性特有的细腻体贴和记者的职业理性，向王向英，也向所有贫困地区的教师投出了深深的人文关怀。节目通过敬一丹采访作家梁晓声，从人文角度关注所有的“王向英们”。梁晓声诚恳地呼吁：乡村教育的前景应寄托在全社会，而不是个别奉献者身上；呼吁大家对王向英应多一份理解，多一些体恤，少一些指责。节目最后，敬一丹又极其真诚地说，无意评判王向英选择的对错，只愿在以后的所有日子，乡村教师能面临人生多种选择，走好人生的每一步。

能让一个农村女孩在电视上不违心地唱高调，又有这么多人在为她“说话”，这是以前的电视上比较少见的。《山里·山外》以特别的平和与真诚，给一个受委屈的乡村女教师一份真诚的理解，而不是去责怪她作为“烛光工程”的典型，离开山村是对烛光工程抹黑。节目不仅打动了观众，引发了他们对贫困地区教师命运的关注与思考，相信也打动了女教师本人。电视报道真诚而完整地帮她道出了心里话，同时也替她说了句“公道话”。

真诚面对观众，不仅体现在讲述百姓的故事中，即使在政治性很强的新闻报道中，记者的视角同样应是“真诚”的。以真诚的视角来实现政治报道的人性化，真正使新闻实现三贴近。

以“两会”报道为例，两会年年有，电视新闻工作者年年出新招。2004年“两会”报道体现了用“人文”的方式传递人文精神。报道的中心是以人为本，集民智、聚民意、凝民心，体现新一届国家领导人执政为民的亲民意识。在实际运作中，为帮助观众更好理解“两会”精神，把抽象的议题逐层分解为具体议题，使不同知识背景的观众都能感受“两会”。为拉近观众与两会的距离，让知名主持人主持或参与节目，如敬一丹既是与会者，又以记者的身份带领观众去看“两会”对代表提案的处理情况，加快“两会”信息在观众中的传递速度，也增强了报道的亲和力。

电视的技术优势决定了它适合反映人物命运，适合交流思想、撞击矛盾，适合给人以真诚的关注。因此，电视应该去关注人、展示人、尊重人、爱护人，电视记者应该有人性的视角，具备人文思想，不断超越习惯性思维的浅层与唯上，面对采访对象，面对观众，少一些主题强加，多一层平视，多一些理解，多一分宽厚与爱。只有这样，老百姓的故事才能更好地讲下去。

### 2. 给思想一片飞翔的天空

这是《对话》栏目的定位形象语，简练而又带有诗情色彩的语言，体现了《对话》栏目的宗旨与目标。

如果对21世纪流行用词的频率作个排列，“对话”一词肯定会名列前茅。时代的进步，社会的发展，生活的和谐都在呼吁对话，倡导对话，都需要通过对话来实现相互间的理解。于是，为实现广泛对话而设置了各种论坛，这成为今天社会生活中不可缺少的耀眼一景。宏观如政治、经济课题：各国首脑关于国际政治事务的论坛，世贸会、APEC会议的经济巨头论坛，科技界精英人士关于科技发展合作论坛；微观如在社会生活中的亲朋好友聚会，在餐桌上、在教室里，甚至在互联网上，也到处都有鲜活、开放的对话。对话，在今天已不仅是一种语言的表达方式，更成为一种平等、开放的生活态势；对话，不仅是社会的潮流，时代的需要，更是社会变革的征兆。

作为社会镜子的新闻媒介，伴随社会的进步而发展，作为拥有最广泛的受众、最多表现手段的电视媒介，小小荧屏上必然最充分地对这一时代变革的征兆予以足够的反映。电视声画形象全方位传播信息的特点使其较之其他媒体对再现对话、传播对话具有得天独厚的优势，电视节目报道对话、直播论坛，电视不仅报道对话，电视工作者也在创办各种各样能展示“对话魅力”的节目。

电视传播最主要的功能是对话里信息的沟通交流，在我国电视界，如果说这一观点在20世纪还未被广泛认同的话，那么，当历史的车轮驶进21世纪，中国电视也进入了对话的时代。

时代需要对话，媒介推动对话，生活中的对话与电视媒介所展现的对话已成为推动对话、沟通的良性互动。美国媒介研究专家斯科特对此现象曾分析说：脱口秀成了一种供公众交流的通气口和渠道，因为许多人觉得他们找不到一个对话的对象来对他们的想法做自己的反映。幸好，他们在脱口秀节目中找到了一个由电视媒介明星和出人头地的公众人物组成的一个谈话阶层，脱口秀既维护了这个阶层的观点和权威性，同时又通过轻松的方式拉近了他们的距离，普通人通过与他们场内和场外的交流，提供了一种沟通和提升思想的途径。

《对话》创办时，他们自己的希望是“建立一个充满现代气息的具有互联网时代特色的开放的创新平台，让中国、世界最新的思想与理念在我们这里得到反映，让最前沿的人物在演播室里得到聚焦。知名人物、热点人物、焦点人物、有争议的人物……只要是他愿意将自己的思想与智慧与观众分享，接受观众的提问与质疑，我们都愿意来共同烹制每一场思想与智慧的盛宴”。（材料引自《对话》栏目的策划方案）《对话》力争做到每一场对话都是思想的盛宴，都能为受众提供一片思想飞翔的天空，都能启发思维的活力和创造力。

中央电视台《新闻会客厅》提出“新闻因人而精彩”，《对话》体现“新闻因思想而生动”。《对话》一直把选题的新闻性当做一个门槛，符合的进来，不符合的留在门外。《对话》栏目致力于为新闻人物、企业精英、政府官员、经济专家和投资者提供一个交流和对话的平台。

当全球股市老大思科公司意欲斥资100亿美元控股斯坦福大学之际，思科首席执行官约翰钱伯斯先生在《对话》演播室谈笑风生，畅谈“高处不胜寒”；当新经济的浪潮来袭时，英特尔公司首席执行官贝瑞特博士在《对话》中坦言，中国也需要互联网；当摩托罗拉公司做出在中国增资19亿美元的重大决定之后，董事长高尔文先生与《对话》观众一起回顾走出困境的点点滴滴；当基金黑幕大幕拉开时，《对话》推出《感受吴敬琏》，让观众聆听经济学家那最真实的声音；当北京掀起申奥热潮时，《对话》推出《梦想奥运》、《奥运离我有多近》；当三联收购郑百文时，《重组郑百文》中两派在节目中争得不亦乐乎；当史玉柱出来还债时，《一个著名的失败者》节目中柳传志、段永基等各路高手箴言迭出；当手机市场风云突变时，诺基亚、爱立信全球总裁畅所欲言。《对话》中出现的人物颇具分量，其中有左右经济走向的权威人士、经历商海沉浮的企业巨头、见证热点事件的当事各方，嘉宾成了《对话》最大的卖点。

《对话》的每次节目由突发事件、热门人物、热门话题或某一经济现象导入，捕捉鲜活事件、探讨新潮理念、演绎故事冲突，着重突出思想的交锋与智慧的碰撞。

留学归国人员在20世纪80年代是“物以稀为贵”的栋梁之材，90年代也还是各单位竞相聘用的人才。进入21世纪，随着海归队伍越来越大，在职场竞争中已失去了优势，甚至出现“海归”变“海待”的趋势。这是21世纪的一个社会热点和难点。2004年春节，《对话》播出了“海外归来”，对此展开了有意义的讨论。台上嘉宾是新一代“海归”，台下嘉宾中有早期海归人士，也有企业老总。对话从“一个年轻海归回国找工作所遇到的困境”这一假设性话题开始，在主持人不断提出问题（需要强调的是《对话》“把采访变成对话”的理念，要求谈话节目中主持人的问题即是采访。它主导着谈话内容的走向）的导引下，就如何看待“海归”成“海待”；海归们如何忘掉自己的“海归”身份，把自己回归于零；如何卸下优越感，克服所谓的“水土不服”，迅速适应本土环境；如何把中西文化放在同一起跑线上，在本土环境中脚踏实地学会“爬行”……在主持人的采访（问题）掌握下，台上台下就上述问题热烈地交流。各种观点、思想的碰撞、交流，为正在寻求未来的“海归”人士，也包括投入职业大潮中的所有年轻人提供了思考的空间。

新闻因思想而生动，给思想一片飞翔的天空，这是《对话》的启示。

### 3. 质疑，记者采访不可或缺的品格

2003年，《新闻调查》经过多年的探索调整，明确提出把“做真正的调查性报道”作为栏目的核心竞争力，并将“探询事实真相，接近真相从现场开始，接近真相从质疑开始”作为栏目的定位语。《新闻调查》强调“质疑”品格是调查性报道的精髓所在，要求记者在调查中能够提出问题、求证问题，在不断的质疑中做出自己的判断、引发观众的思考。例如在《派出所里的坠楼事件》这期节目中，《新闻调查》的记者杨春始终围绕坠楼者“是自杀还是他杀”这个核心问题，在事发现场进行质疑式调查采访，采访环环相扣、层层深入，引发了观众对事件真相及真相背后深层原因的思考。

秉承《新闻调查》的质疑品格，2003年初，新闻人物专访栏目《面对面》从《新闻调查》母体中脱胎而出。《面对面》从一开始就将质疑式采访风格作为栏目的品牌元素倾力打造。在2003年春夏之交的“非典”时期，《面对面》推出一系列成功的人物专访，充分显示了“质疑”式访谈节目的魅力。质疑式采访风格是新闻媒介质疑品格的具体的外化形式之一，《面对面》对王岐山、钟南山、吕厚山等人物的专访，进一步引发了各界对新闻媒介“质疑品格”的关注和探讨。

美国报人普立策曾将新闻记者喻为“船头的瞭望者”，认为记者应担负起监测“浅滩暗礁”、预警各种危险的重要使命。作为这一观点的延伸，美国传播学家哈罗德·拉斯韦尔在《社会传播的结构与功能》一

文中，提出新闻传播首要的社会功能应该是“监视环境，揭示那些会对社会及其组成部分的地位带来影响的威胁和机遇”。（张国良：《20世纪传播学经典文本》，210页，复旦大学出版社，2003）在我国，新闻媒介的“瞭望者”角色和“监视环境”功能也逐渐得到政府、公众和传者自身的重视。对新闻媒介社会角色和功能的强调，必然相应的对其素质和品格提出一定的要求。

“质疑”既是传播者符合传播规律的职业行为模式，又是传播者履行社会责任和功能必备的品格。质疑的品格要求传播者能够从事物的发展变化中敏锐地发现问题、及时地提出问题、合理地分析问题，并在关键时刻正确发出预警信号，确保社会平稳发展。质疑不仅是传播者个体应有的品格，还应成为新闻媒介整体的品格；质疑并不是揭露性、曝光类报道的“专利”，在政策宣传、舆论引导中同样需要质疑。

时代社会发展迅猛，新生事物层出不穷，各种观念激烈碰撞，更迫切需要新闻媒介对错综复杂的问题进行冷静的思索，对不符合社会发展规律、违背公众利益的现象进行理性的质疑。在社会发展进程中，质疑已经演变为新闻媒介履行社会责任的重要手段和必要途径。媒介的社会责任需要传播者以独特和锐利的视角，对矛盾问题进行准确的剖析，使问题还处在萌芽状态时就能够得到足够的重视，促使矛盾得以及时解决，确保社会平衡、有序和健康发展。这就必然要求传播者敢于和善于“质疑”，能够主动地发现问题、准确地提出问题、冷静地剖析问题，既报喜又报忧，担当名副其实的“舆论领袖”和国家“瞭望者”。

再以新闻媒介关于拖欠农民工工资问题的报道为例：2003年春节前，个别地方出现了农民工因领不到工钱而跳楼自杀的事件，引起了一些媒体的关注——领不到工资对农民工意味着什么？拖欠农民工工资原因何在？拖欠问题是否具有普遍性？这一问题如不解决会造成什么后果？等等。虽然这时媒介质疑的声音还较为微弱，但毕竟发出了预警信号，引起了国家领导人对这一问题严重性的重视。前面提到的2003年的获奖新闻《总理为农妇讨工钱》播出后，在社会上形成了巨大的冲击波。总理的表率作用掀起了新闻媒介关注农民工的热潮，质疑也不断向纵深发展：从欠薪的深层原因到解决问题的可行途径，从农民工的生存状况到心理健康，以及农民工长期不能与家人团聚容易引发的问题，等等。新闻媒介的质疑触及面广、调查分析深入，引起了社会各界对农民工问题的普遍关注和认真思考，为党和政府着手解决农民工问题提供了决策参考。

2004年关注农民工生存状况的一系列报道，体现了媒介的社会责任意识和人文关怀精神，对促进社会各方面的相互关爱、相互理解起到了良好的作用。反之，如果新闻媒介忘记肩上沉甸甸的社会责任，对关乎百姓冷暖、社会稳定、国家发展的问题不能及时提出质疑、发出预警，那么一些尖锐的问题就会因得不到及时解决而引发更严重的矛盾。同时，“质疑”品质的缺失不仅会使新闻媒介的公信力受到公众的“质疑”，还将直接影响其正确导向作用的发挥。因此，无论从新闻事业的本质还是从新闻媒介的社会责任来说，“质疑”都是必不可少的。新闻媒介只有满怀对群众的感情、对生活的热情，既做好上传下达的“喉舌”，又当好发现问题的“耳目”、分析问题的“大脑”，才能实现对新闻本质意义的回归，成为推动社会发展的一支强有力的力量。

从长远来看，新闻媒介的“质疑”品格还是打造社会理性思维精神，推动社会创新的重要途径。据报载，在一项对北京市1200名中学生的抽样调查中发现，敢于向老师提出质疑的仅占21.5%，课堂上敢于当面指出老师错误的不到6%。*（李元卿、徐建华：《重视培养学生的质疑能力》，载于2003年12月8日《人民日报海外版》）*古今中外一些学有所成者对“质疑”都非常重视，例如我国古代学者黄宗羲认为“疑”与“悟”是成正比的，大疑则大悟、小疑则小悟、不疑则不悟；相对论之父爱因斯坦认为，提出问题比解决问题更重要。所以说，缺乏质疑精神的学生很难获得真知，同样，缺乏质疑精神的民族就难以超越自我。如果说创新是一个民族进步的源泉，那么，质疑精神可以说就是创新的基石，是否具备一定的理性思维能力，关乎这个民族创新的动力与潜力，我们很难想象一个缺少质疑精神、不求甚解、冷漠盲从的民族能够不断创造出令世人瞩目的奇迹。

按照麦克卢汉的观点，“传播媒介最重要的效果在于影响了人们理解与思考的习惯”。*（沃纳·赛佛林、小詹姆斯·坦卡德：《传播理论起源、方法与应用》，第4版，郭镇之等译，296页，华夏出版社，2000）*新闻媒介作为人们感官的延伸，它对新闻事件、新闻现象的不断质疑，可以拓宽和深化人们观察、认知客观世界的视野，有助于打造民众的质疑精神。正如古希腊哲学家亚里士多德所说，“说话人的品格是一切劝服的手法中最有说服力的”。*（刘京林：《大众传播心理学》，172页，北京广播学院出版社，*

1997）新闻媒介在履行武装人、引导人、塑造人、鼓舞人使命的过程中，要以自身鲜明的质疑品格去影响、改变社会公众的思维方式，在全社会形成科学求实的精神氛围。

新闻媒介在上情下达中体现质疑品格，是保证舆论导向正确的重要途径。媒介在以正确的舆论引导人的过程中，要避免大轰大嗡、盲目跟风，报道要冷静、客观、辩证，通过理性的质疑，确保新闻的具体真实和总体真实。新闻媒介切中肯綮的质疑，不仅可以使某些不合理的决策及时“刹车”，而且可以让决策者“兼听则明”，时刻保持头脑的清醒，使决策更加符合实际发展的要求。

新闻采访活动中的质疑精神是新闻媒介不可或缺的品格，新闻媒介只有在质疑中生存，在理性的质疑中实现导向功能，才能真正成为推动国家发展和社会进步的“最丰富、可靠的和生气勃勃的源泉”。

## 本章重点

1. 思维即思考，是人脑对客观事物的简洁概括的反映。电视采访的重要环节是对客观事物的思考。电视特性决定了采访活动需要具体的形象，及具体形象展现的形象思维。采访中的新闻敏感（即灵感思维），及对事物认识把握的理性思维，是现代电视节目创作具有创造性活力的思维基础。

2. 具象思维是以具体的形象，以表象、意象作为思维材料和工具，记者要通过对现实生活深入细致的观察、体验、分析、调查后，选取具体有内涵张力感性形象、发挥联想和想象的能力，以具体形象来表达自己的观点和思想，其最终目的是增强节目感染力，激发起观众的观看情绪和情感联想。

3. 灵感思维是潜在意识在外界事物触发下，产生的是激发力。灵感思维在采访中的具体表现是记者的新闻敏感。新闻敏感具有灵感思维的特有形态——突发、偶然、顿悟、敏捷和创新。这些思维特点在采访实践中是互相交织、互起作用。

4. 理性思维是记者在采访报道中对事物由此及彼、由表及里、去粗取精，去伪存真的分析、综合，从而认识事物本质的思维过程。现代的采访要求记者在理性思维时，摈弃旧的对事物单因果思维方法和旧的思维模式，用复杂的多因果关系运用系统思维、横向思维、异向思维、逆向思维、扩散思维、集中思维等创造性的方法去正确地认识判断事物。

5. 中国电视走向现代化，要求记者的采访有新的视角。真诚面对采访对象，真诚面对观众是中国电视记者采访的新走向和新追求。电视记者应真诚地关注人的生活、人的生存状态和命运，以平民意识、平等视角去面对采访对象。“真诚面对”在理念上体现了中国电视现代化走向，在方法上则要破除呆板说教的模式，提倡说实话、用说故事的方法去关注人，讲老百姓自己的故事，讲老百姓身边的人和事。采访中对采访对象多一份平视理解、多一份宽厚与爱心，从人性的视角使节目多一份人文的关怀。受到观众喜爱的中国著名记者的采访实践和他们的亲身感受说明“真诚面对观众”是电视记者采访报道发展的必然趋势，也是每一个有责任心的电视记者的追求。

**思考题**

1. 现代电视节目中创造性思维的重要意义是什么？
2. 具象思维的意义是什么？采访中如何运用好具象思维？
3. 灵感思维的意义是什么？采访中如何运用好灵感思维？
4. 理性思维的意义是什么？采访中如何运用好理性思维？
5. 电视记者采访的新视角是什么？阐述它的意义和方法。

# 结语

新闻采访是记者通过观察、访问和调查，迅速采集信息、报道事实的职业活动，也是记者最基本、最经常的活动。采访是前提和基础，报道是采访的结果。“三分采，七分写”，文字记者以量的比例充分肯定了采访的重要性，他们还形象地用“十月怀胎，一朝分娩”比喻采访和写作的关系。那些奔波活跃于新闻事件现场的采访者的形象，被誉为最能代表记者职业的典型形象。

在科学技术的推动下，电视的报道手段和传播方式发生了重大变革，一个突出的特点就是记者纷纷走上屏幕采访报道。于是，传播学界在比较报纸、广播、电视不同的时候，对电视传媒特点的表达也由“当电视记者扛起摄影机之时，就是电视新闻诞生之日”到“面对面地交流思想是电视最大的长处，讲话在电视中具有举足轻重的作用”。因此，相对于其他媒体而言，电视传播更突出表现为一种人格化的传播。展现在艺术作品中的电视记者形象，也变为手持话筒在新闻事件现场进行采访报道的形象。ENG 把记者的采访过程直接呈现在电视屏幕上，也把记者的采访能力和因采访能力而产生的个性魅力呈现在观众面前。这一变化促使电视记者从电影模式时代的“重摄影、轻采访”，转变为真正重视采访活动，提高采访水平也成为电视记者重要的业务修养。

1986 年，国际纪录片大师伊文思最后一次访问中国，曾在北京广播学院（现为中国传媒大学）和电视系老师进行了座谈。当回答“在电视的冲击之下，新闻电影纪录片和电视有什么不同”这个问题时，他幽默地回答：“采访讲话是电视的专利。”

电视采访既表现为电视记者在事件现场进行的大量的信息收集活动，也表现为主持人在演播室对嘉宾的访谈。今天，采访在电视屏幕上无处不在，除了一批优秀的记者外，主持人队伍中间也出现了采访高手。主持人的职责以传播信息、引导舆论为主。一个真正合格的主持人，要能够给观众树立起成熟可信的信息传播形象，乃至权威形象。国外对主持人的要求是“采编播一体”，这个“一体”不是说他要在每一次节目中，把采访、编辑、播报的工作都承担起来，而是指他应该具备采、编、播的素质，是指素质要求上的“一体”。从素质要求的排列次序上，也可以看出是把采访的能力放在第一位。

采访包括问题的设计是否恰当独特，挖掘问题的深度，分析问题的思辨力，出现突发情况的应变能力，现场主持的即席发挥，面对面传播信息的亲切交流等，都是电视记者、主持人应该具备的素质。电视记者和主持人的气质形象自信、有活力，就能够吸引观众跟随他去关注新闻事态，透视新闻事件的意义。记者、主持人既是题材的选择者、事实真相的调查分析者，也是面对观众的直接报道评述者。采、编、播各个环节都有专业技巧的要求，在众多的素质条件中，最重要的是新闻业务素质；在众多技巧中，最需要掌握的是采访的技巧。电视形象化的传播特点使记者、主持人的个人魅力在卓有成效的采访中能得到充分地展示，没有高水平的采访，也就难以展示记者、主持人的个人魅力。

值得欣慰的是，今天的中国电视屏幕上，已经涌现了一批具有娴熟采访技巧的高素质的记者、主持人队伍。名记者是随着中国电视节目的实践而出现，而名记者作为群体诞生，得归功于中央电视台新闻评论部建立之初提出的培养人才的思路：第一步，把所有的记者推向屏幕做采访，从中培养因采访报道出色而让观众认可的名记者；第二步，在名记者队伍中培养主持人；第三步，在主持人队伍中培养新闻评论员。电视屏幕上进行的这一实践，为中国电视名记者的产生提供了良好环境，新闻评论部也成为培养中国名记者的实验田。实践证明，他们的做法是成功的，他们的“样板效应”也推动着地方台记者纷纷走上屏幕搞采访、搞报道。“中国电视名记者”就是在这样一个庞大的走上屏幕做现场采访、报道，主持演播室访谈的记者、主持人群体中涌现的。

中国电视五十年来有了长足的进步，并逐步趋于成熟。其中，一批擅长采访、有权威、有个人魅力的记者、主持人的出现，是中国电视成熟的重要标志之一。

新闻评论部的著名主持人，首先是著名的记者，在采访主持实践中，已形成了风格，而真诚地面对观众，却是他们共同的特色。

敬一丹给人的总体感觉是端庄、睿智又亲切朴实，善于拉近与采访对象的心理距离，也拉近了与观众的心理距离，使人们能时时感到她对普通人的关照和尊重。她是平易地在和采访对象及观众作心与心的交流、沟通。因此，她收到了许多观众来信。她十分看重观众的来信，并对它们整理归类，她的著作《声音》就是她和观众的又一次心与心的交流。

白岩松，思想敏锐，语言犀利，不时随口而来的排比句如同警言发人深省，折射出他的文化底蕴。尽管他采访的大都是精英人物，但他的视角是平视的、平等的。采访中，处处透出以人为本的责任感与热情。他说“主持人首先是在做人，而不是做主持”。

水均益是报道国际问题的专家，人们评价他睿智、大气、机敏，有外交家风度。在他的专著《前沿故事》中，能感受到他对记者工作的深切的热爱，这份爱源于对新闻工作的追求，因这份热爱与追求，才有他在巴格达拉希德饭店顶层冒着导弹、炮弹隆隆的爆炸声作现场报道，向观众传达第一线的第一手材料，让观众感受了一个战地记者的独特魅力。《高端访问》更展示了他作为中国电视界国际报道第一人的实力。

王志是《面对面》的主持人。王志对“非典”期间的一系列新闻人物的成功专访，使《面对面》迅速蹿红。王志秉承了《新闻调查》质疑式采访的风格，也造就了《面对面》在人物访谈节目中的独特品格。王志自己把这种采访比喻为“剥洋葱”。《面对面》的社会影响也使王志成为中国电视名记者队伍中的佼佼者。王志的质疑并非一味的咄咄逼人，而是有控制的“质疑”。他全神贯注倾听的神态、他的简短有力的提问方式，面对不同采访对象灵活的调适能力，都在展现着成熟记者的功力和魅力。

方宏进，给观众印象是沉稳、庄重、从容、深刻。作为《焦点访谈》主持人，“访”——现场部分由记者来完成，而论点的“谈”则是对采访事实的评点升华。方宏进“谈”的语气、语调和神态透出与观众以平等、贴近、亲和方式所进行的沟通，而不是以居高临下的状态做播讲。他对问题性报道的点评恰到好处地提炼升华了主题，他以自己的方式去实现平民意识。他的点评语言都是极其口语化的与观众作交流，即使讲理论也多用通俗的比喻，用百姓最容易接近的平民化语言传递观点。他的谈话形式和内容能使观众产生心里默契。在谈到采访提问的经验时，方宏进说，从一个老百姓的角度看问题，你用一种很平实的心态，很平和地去看待，你就会捕捉到一般大众最想问的几个问题是什么。今天，方宏进作为“东方卫视”的新闻主持人，在《东方夜谭》和《财经评论》中继续展示他采访与评论的风采。

这几位名主持人，首先都是名记者，当初新闻评论部成立之初，主任孙玉胜就颇有见地地提出了培养名记者和记者型新闻主持人的思路：他要求每一个记者都走上屏幕做采访，在现场采访中培养名记者，在名记者队伍中培养主持人，最终在名主持人中培养新闻评论员。这种思路完全遵循新闻和电视的规律，实践证明这一个思路是正确的。它为中国电视开创了新局面。上述名记者如今都在主持人岗位上展现风采。

培养名记者的途径还在于新闻事件现场，在现场记录着“正在发生的历史”的记者是最具光彩的。闾丘露薇因在伊拉克战争中的表现、在炸弹横飞的巴格达街头做现场报道的勇气而被誉为“战地玫瑰”。2004年凤凰卫视的卢宇光在别斯兰人质事件中第一时间赶到现场而备受瞩目，打出了知名度。他作为在现场的唯一华语记者，在重大突发事件面前发出了中国记者的声音。“现在恐怖分子已经向我们冲过来，打伤了很多人，我们正在跑。”任何人听到卢宇光从现场传来的最真实的、喘着粗气和带着些许颤抖的声音，都不能不动容。

新闻事件特别是重大的、复杂的新闻事件的采访报道是成就名记者的舞台，再以《新闻调查》为例，质疑是《新闻调查》的品格。以睿智的、质疑的采访能力挖掘新闻背后的新闻，探寻事实真相，给新闻以思想，给思想一片飞翔的空间，使电视节目因而生辉。新闻主持人首先是名记者，是采访高手。“真诚面对观众”，对他们的采访心态、视角提出新的要求、新的走向，也使他们因此而更为观众所接受、所喜爱。

在新思路、新理论的指导下，中国电视正在走向成熟，中国电视记者的采访水平在日趋提高。“真诚面对观众”，是电视记者采访报道发展的必然趋势，也是每一位有责任心的电视记者的追求。

中国电视经历五十年的实践探索，从中央到地方各省、市电视台形成了庞大的媒体网络，已培养造就了一批为观众所喜爱、在观众中有影响力、有知名度的名记者和名主持人。正是因为有了这么一支能战斗、善采访的队伍，有了他们的敬业精神和知识智慧的耕耘与浇灌，电视节目的百花园才能姹紫嫣红、异彩纷呈，电视今天才能成为百姓心中的“第一媒介”。

# 参考书目


1. 朱羽君，王纪言等. 中国应用电视学. 北京：北京师范大学出版社，1993。

2. 艾丰. 新闻采访方法论. 北京：人民日报出版社，1982。

3. 申凡. 新闻采访学纲要. 湖北：华中理工学院出版社，1985。

4. 申凡. 采访心理学. 北京：人民日报出版社，1988。

5. 水均益. 前沿故事. 海南：南海出版社，1998。

6. 张宁. 电视新闻采访的理论与实践. 北京：中国广播电视出版社，1998。

7. 中央电视台新闻评论部. 焦点访谈系列丛书. 北京：中国政法大学出版社，1999。

8. 叶子. 中国电视名记者谈采访. 北京：长城出版社，1999。

9. 梁建增.〈焦点访谈〉白皮书。

10. 蔡雯. 新闻传播的策划与组织. 北京：新华出版社，2001。

11. 孙玉胜. 十年——从改变电视的语态开始. 北京：生活·读书·新知三联书店，2003。

12. 师永刚. 解密凤凰——凤凰卫视时事开讲影响力. 北京：作家出版社，2004。

13. 钟大年. 凤凰考. 北京：北京师范大学出版社，2004。

14. [美] 查尔斯·拉格米奇. 美国名记者谈采访工作经验. 北京：新华出版社，1981。

15. [美] 密苏里新闻学院写作组. 新闻写作教程. 北京：新华出版社，1983。

16. [苏] 格. 萨加尔. 苏联名记者写作经验谈. 北京：新华出版社，1983。

17. [美] 约翰. 钱塞勒等. 记者生涯. 北京：世界知识出版社，1985。

18. [美] 约翰. 霍恩伯格. 西方新闻界的竞争. 北京：新华出版社，1985。

19. [美] 约翰. 布雷迪. 采访技巧. 北京：新华出版社，1986。

20. [美] 戴维. 哈尔伯斯坦. 无冕之王. 北京：新华出版社，1985。

21. ［美］罗伯特·赫利尔德. 电视广播与新媒体写作. 北京：华夏出版社，2002。

22. ［美］康拉德·劳克. 冲击力——新闻评论写作教程. 北京：新华出版社，2002。

23. ［美］杰里·施瓦茨. 如何成为顶级记者. 北京：中央编译出版社，2003。

24. 本刊编委会. 中国广播电视学刊. 北京：中国广播电视学会（期刊）。

25. 本刊编委会. 电视研究. 北京：中央电视台研究会（期刊）。

26. 本刊编委会. 现代传播. 北京：北京广播学院（期刊）。

# 参考节目

《新闻联播》
《焦点访谈》
《新闻30分》
《新闻调查》
《东方时空》
《现在播报》
《中国中央电视台新闻》
《社会经纬》
《北京您早》
《今日话题》
《纪实报道》
《60分钟》
《20/20》
《48小时》
《今日美国》
《今天》
《法国电视一台自我介绍》
《凤凰早班车》
《小莉看时事》
《杨澜工作室》
《时事直通车》

# 后 记

从在讲台上讲授《电视新闻采访》课开始，我们边讲学，边积累写作素材，边调整理论体系框架，历经数年之久，书稿终于完成，绷紧的弦也终于可以放松一下了。高兴的是从《中国应用电视学》中仅8万字的“电视采访”章节到40余万字的《电视采访：探寻事实真相》专著，我们为中国应用电视学教材建设又填补了一项空白。忐忑的是这份书稿作为开拓之篇，难免会有所不足，我们诚恳地期望和欢迎来自电视界、新闻界等各界人士的指正。

电视新闻既要遵循新闻规律，又要遵循电视规律。同样，电视采访既要有新闻采访的共性，又要体现电视的个性。从早期的“当电视记者扛起摄影机之时，也就是电视新闻诞生之日”到如今“面对面地交流思想是电视最大的长处，讲话在电视中具有举足轻重的作用”，对电视媒介特点认识上的变化，也促使电视记者从新闻模式时代的“重摄影，轻采访”，转变为真正重视采访活动。提高采访水平也成为电视记者重要的业务修养。

电视采访既表现记者在事件现场进行的大量的信息采集活动，也表现主持人在演播室等特定场合对被访对象的访谈。采访，在电视屏幕上无处不在。

电视记者既是题材的选择者，事实真相的调查分析者，也是面对观众的直接报道评述者。记者的采访能力包括问题设计的独特，挖掘问题的深度，分析问题的思辨力，现场的应变能力，主持报道的即席发挥，面对面传播的亲切交流等都直接关系到电视节目的成败。电视记者自身的素质条件最重要的是新闻业务素质，在众多的技巧中。最需要掌握的是采访的技巧。电视记者的魅力正是在高水平的采访中得以尽情展示。

随着中国电视走向成熟，有越来越多的电视记者活跃在荧屏内外，在娴熟的采访技巧中展现个人魅力，提高节目的可视性。是他们的采访实践为本书写作提供了最宝贵的素材。书稿完成之际，我们首先要感谢的是活跃在电视采访第一线的有思想、有智慧、有激情的电视人。他们成功的探索，丰富了荧屏，也是本书得以成形的基础。

实践是永不枯竭的源泉，千万条涓涓细流纳入百川，汇成江河。教学理论工作者离不开实践的源泉。从这意义上说，《电视采访：探寻事实真相》是我们教学工作者和电视实践工作者共同探索的成果和结晶。

书稿第 1、2、3、4、9、10 章由赵淑萍教授撰写，第 5、6、7、8、11、12、13 章由叶子教授撰写。由于这是第一本系统梳理“电视采访”理论的教材专著，且已列入国家“九五”高校重点教材科研项目，在 2006 年被列入普通高等教育“十一五”国家级规划教材，因此在写作过程中我们尽力想把电视界采访实践的最新探索与成果都能在书中有所体现。

电视节目在科技的推动下不断发展着，记者采访的实践与能力也在发展着、增长着。特别是经过了 2003 年伊拉克战事和“非典”疫情等特大事件报道的锤炼，电视记者的采访更趋于成熟。随着《焦点访谈》、《新闻调查》等一批精品栏目的影响日益巨大，栏目主持人、采访记者的影响力、知名度也在日益增长。

实践的发展呼吁着教材的更新，《电视采访：探寻事实真相》（修订版）也是在这一背景下推出的。修订版力争收集容纳电视采访中最新的理论和实践，在分析实例中除了保留经典实例外，均用 2000 年以来的新的实例替代老的例子。

感谢博士研究生李艳在本书的修订过程中，做了大量的实例收集和文字整理工作。北京师范大学出版社提供了教材修订出版的机会，景宏和李宽同志为书稿编辑及绘图做了大量工作，在此一并表示感谢。

我们努力去做了，最终效果需要社会检验。事物在不断创新发展，教材的修订也会不断继续。

作 者